曾生传

中共广东省委党史研究室
广东中共党史人物研究会 　编

★

陈立平／著

SPM
南方出版传媒
广东人民出版社
· 广州 ·

图书在版编目（CIP）数据

曾生传 / 中共广东省委党史研究室，广东中共党史人物研究会编；陈立平著 . —广州：广东人民出版社，2021.9
ISBN 978-7-218-15190-8

Ⅰ．①曾…　Ⅱ．①中…　②广…　③陈…　Ⅲ．①曾生（1910—1995）—传记　Ⅳ．① K825.2

中国版本图书馆 CIP 数据核字（2021）第 164060 号

ZENG SHENG ZHUAN

曾生传

中共广东省委党史研究室、广东中共党史人物研究会　编

陈立平　著

出 版 人：肖风华

责任编辑：卢雪华　伍茗欣
责任校对：吴丽萍
装帧设计：闰江文化
责任技编：吴彦斌　周星奎

出版发行：广东人民出版社
地　　址：广州市海珠区新港西路 204 号 2 号楼（邮政编码：510300）
电　　话：（020）85716809（总编室）
传　　真：（020）85716872
网　　址：http://www.gdpph.com
印　　刷：广州市浩诚印刷有限公司
开　　本：715mm×995mm　1/16
印　　张：27.75　字　　数：450 千
版　　次：2021 年 9 月第 1 版
印　　次：2021 年 9 月第 1 次印刷
定　　价：85.00 元

如发现印装质量问题，影响阅读，请与出版社（020-85716849）联系调换。
售书热线：020-85716826

编委会

-主 任-

陈春华

-委 员-

（以姓氏笔画为序）

刘　敏　陈立平　曾德平

目　录

引　子

深圳革命烈士陵园，庄严肃穆，松柏常青。

中国共产党的优秀党员、久经考验的忠诚的共产主义战士、无产阶级革命家——曾生，走完了他一生奋斗的历程，与牺牲的战友们长眠在这里。

他生于 1910 年 12 月，逝于 1995 年 11 月，在这 85 年，他见证了旧中国内外忧患的历史，经历过新中国曲折发展的岁月。

他的一生，几经风雨，几经磨难。然而，他对中国人民的解放事业和社会主义建设事业矢志不渝，奉献毕生，功勋卓著。

深圳革命烈士陵园

人们来到深圳革命烈士陵园，缅怀革命先辈曾生和其他革命烈士，传承红色基因，汲取精神动力。

人们在这里回顾、学习曾生等革命先辈和革命烈士为中国人民谋幸福、为中华民族谋复兴而奋斗终身的英雄事迹，誓言不忘初心再扬帆，牢记使命续新篇。

第一章　东江之子

一、家乡坪山

蜿蜒曲折的东江，发源于江西省寻乌县桠髻钵山，流经广东境内的龙川、河源、紫金、惠阳、博罗、东莞，在石龙进入珠江三角洲，于增城禺东联围东南汇入狮子洋。滔滔江水奔流不息，养育了一代代生活在东江流域的儿女。

公元1910年12月19日（清朝宣统二年，农历庚戌年十一月十八日），在东江流域的广东省惠阳县坪山乡石灰陂村一户曾姓华侨人家，诞生了一个男婴，取名曾振声。长到25岁时，曾振声到香港工作，因家乡的客家话"振"与"曾"音近，"声"与"生"同音，他便改名为"曾生"（与父亲的小名相同），从此一直沿用此名。

惠阳历史悠久，旧称归善县，1912年易名惠阳县。惠阳地处东江下游腹地，濒临南海。

惠阳坪山原来叫"东头岭山"，早在南宋时期，已有大批汉人从中原南迁而至，在这一带生息繁衍，成为客家民系聚居地。清朝康熙二十三年（公元1684年）至乾隆四十五年（公元1780年），曾、张、黄、戴四姓的客家人，先后从兴宁、南雄、福建等地迁居龙岗东头岭山周围。那里地势较平坦，仅东南部有一座稍高的山叫"田头山"，其余均为山丘，比较低矮，故起名"坪山"。坪山有一座远近闻名的客家民居"大万世居"，又称"大万围"，是曾姓客家人于清乾隆五十六年（公元1791

年）建造的。这座具有民族特色的古代园林式的客家民居建筑群，如今已被列为广东省文物保护单位、深圳市重点文物保护单位。

石灰陂村因当地的特殊环境得名。那里有一条小河，先民们为了提高水

坪山客家民居"大万世居"

位灌溉两岸农田，在河上筑坝截流，客家人称拦河坝为"陂"（客家方言发音"bi"）。陂下的西岸是一片平地，有几座烧石灰的窑（当地人称之为"石灰窟"）。曾姓先辈迁居到此后，就把聚居地称为"石灰陂"。

坪山南临大鹏湾。大鹏湾又称马士湾，是一个位于香港和内地之间的海湾。坪山南部与大鹏半岛接壤。坪山有条主河流，称为坪山河，属东江水系淡水河的一级支流，发源于马峦山及三洲田。

坪山从 20 世纪 50 年代后期起，区划建制几经变动。1958 年 11 月，坪山从惠阳县划出归宝安县管辖。1979 年 3 月，宝安县建置撤销，改为深圳市，坪山归深圳市管辖。1981 年 10 月，建立深圳经济特区后，宝安县恢复建置，由深圳市管辖，范围包括深圳经济特区外的原宝安县地区，坪山归宝安县管辖。1992 年 11 月，宝安撤县建立深圳市直辖的两个区——宝安区、龙岗区，坪山归龙岗区管辖。2009 年 6 月，深圳市委、市政府为推进以大工业区为中心的东部片区统筹发展，全面提升城市化水平，把原深圳市大工业区和原龙岗区的坪山街道、坑梓街道整合为坪山新区，作为新的经济开发区，行政区域隶属龙岗行政区。2016 年 9 月 14 日，国务院批复同意设立深圳市坪山区，以坪山、坑梓两个街道的行政区域为坪山区的行政区域。至此，坪山区成为深圳市九个市辖行政区之一。

坪山区位于深圳市东北部，总面积168平方公里，截至2018年末，常住人口总数44.63万人，其中户籍人口约7.4万人。坪山区坪山街道坪山社区石灰陂居民小组由石灰陂上屋、下屋、永贞三个小自然村组成，均为曾姓人家。

坪山有着光荣的革命斗争历史。

在坪山南部的马峦山，至今仍保留着"庚子首义"旧址——罗氏大屋①。1900年，中国爆发义和团运动，清朝政局混乱。孙中山趁机组织会党举行武装起义，以图推翻清朝统治。1900年10月6日夜，正是农历庚子年闰中秋的前两天晚上，起义军600余人集结在马峦山上的罗氏大屋前，举行起义祭旗仪式。起义军下山攻打沙湾，首战告捷；随后又四战四捷，迅速发展到2万多人，并挥师东进。后因枪支弹药无法补给，孙中山电告起义军自决进止。总指挥郑士良遂决定起义部队大部分解散，只留下精锐千余人回师三洲田，准备联合新安（今宝安）、虎门义师围攻广州。11月7日，起义军终因弹尽粮绝，解散了队伍。这次武装起义，史称"庚子首义"，被看作是辛亥革命的前奏，在中国近代史上留下了浓墨重彩的一笔。

1925年2月和10月，广东革命政府先后举行两次东征，讨伐军阀陈炯明。东征军的胜利，有力地推动了包括惠阳在内的东江地区农民运动的迅猛发展。同年11月，惠阳县第一次农民代表大会在惠州举行，宣告惠阳县农民协会正式成立。其时，坪山也成立了农民协会组织，在惠阳县农民协会的领导下，开展了如火如荼的农民运动。坪山农民协会及其武装——农民自卫军，发动坪山农民群众，打击地主、土豪、劣绅，实行减租减息，取缔高利贷，废除苛捐杂税，维护社会治安。这场农民运动，成为坪山人民革命斗争史的光辉篇章。

---

① "庚子首义"的起义总指挥部设在三洲田。其旧址已被1958年兴建的三洲田水库淹没。罗氏大屋只是起义指挥部的一个分部。

家乡坪山的革命斗争历史，对曾生少年时代的思想成长起到了潜移默化的作用。

二、家世及童年

石灰陂下屋的屋场中间有座曾氏宗祠"三兴堂"，其名来由现已无从考据了。这是石灰陂下屋的开基祖曾仁周于清朝乾隆二十三年（公元1758年）建造的。"三兴堂"为三进结构布局，一进与围屋相连。大门两边有副对联："东鲁家声，南丰世泽"，揭示了曾生的家世源流。

曾生家乡——坪山石灰陂下屋

据《曾氏简辉公世系总谱》记载：坪山曾氏的开基祖为曾简辉。曾简辉祖籍山东嘉祥县，其先代从公元10年起，先后迁移江西吉安、南丰，福建宁化，广东潮阳、兴宁、五华。清朝康熙三年（公元1664年）农历五月初四，曾简辉在广东五华县水寨出生。康熙四十三年（公元1704年），他与弟曾简良到坪山赤坳，以开荒种地伐木烧炭谋生，后其弟为老虎所啖。经过数年的创业，他在坪山龙背村安家，然后返回五华水寨，带领妻儿移居坪山龙背村。

曾简辉生三子，名元庆、元文、元恭。第三子曾元恭生于康熙三十六年（公元1697年）农历七月二十日。元恭生四子，后举家从坪山龙背移居坪山三洋湖立业。元恭的大儿子仁周，生于清朝雍正五年（公元1727年）农历二月十八日。乾隆二十二年（公元1757年），曾仁周率妻儿从坪山三洋湖迁居至数百米远的石灰陂下屋开基立业，成为石灰陂下屋曾氏的一世祖。

曾仁周生三子，名苍霖、苍震、苍浩。曾生的父亲曾庭杰，是曾仁周六世孙，曾苍震第五代孙。1870年，曾庭杰生于一个贫苦农民的家庭。他自小读过几年私塾，因生活所迫，只身跑到香港，在英国轮船上当厨工。他随船到过世界多个国家的大城市，算是石灰陂村见过世面的乡下人。

1900年，曾庭杰利用一次随船到澳大利亚的机会，留在澳大利亚悉尼市一家餐馆当厨工。后来，他加入了澳大利亚籍，成为一名华侨。不久，他转行到一间由华人老乡借用自己名字开的名为"安和昌"的商铺当伙计，干些搬运杂活。曾庭杰有着客家人艰苦奋斗、勤劳俭朴的传统，努力干活，省吃俭用，陆续把积攒的钱寄回家乡购置田地。之后，他家有十几亩田地，成为石灰陂村一户较富裕的家庭。

曾生的母亲叫钟玉珍，也是客家人，1890年生于龙岗圩沙梨园村一个贫苦农民的家庭。她没上过学，但思想开明，通情达理，勤俭持家，同情贫弱。她嫁到曾家后，除了下地干农活外，还帮人缝补衣服，以补家计，是村中公认的一名贤妻良母。

父母勤劳、善良的品德，对曾生的一生有着重要的影响。

曾生6岁那年，在村里"福音堂"的知新书室接受启蒙教育。一年后，转到龙岗圩外祖母家乡的沙梨园小学读初小。初小毕业后，通过堂伯父曾学田的关系，与堂侄曾琼一起到香港超然学校读高小。但由于他们不懂粤语，学习上遇到很大困难，在香港仅读了一个学期，便返回家乡，就读于坪山学校（今坪山中心小学）。

　　曾生的童年时代，正是中国社会动荡、军阀割据的年代。1911 年的辛亥革命，推翻了清朝统治，建立了中华民国。但革命胜利果实很快就被北洋军阀袁世凯窃取。1913 年，孙中山发动讨伐袁世凯的"二次革命"遭到失败。此时，广东被袁世凯的走狗龙济光盘踞。他为了扩充势力，横征暴敛，搞得民不聊生，怨声载道。为了反抗暴政，广东的革命党人多次发动"反袁讨龙"武装起义，其中规模较大的有围攻惠州城之役。这场战役历时数月。龙济光的军队所到之处，烧杀抢掠，无恶不作，祸及离惠州不远的坪山。1916 年 10 月，龙济光被赶走，又来了桂系军阀。桂系军阀统治广东近五年，承袭龙济光的劣政，对人民实行残酷的政治压迫和经济掠夺，给广东人民带来了深重灾难。

　　孩童时代的曾生，常常听到父老乡亲气愤地谈论这些军阀的劣迹，使他从小就知道封建军阀是坏人，军阀打仗百姓遭殃的道理。

三、留学澳洲

　　澳大利亚地处南半球，位于南太平洋和印度洋之间，四面环海，是世界上唯一国土覆盖整个大陆的国家。澳大利亚是大洋洲的主体，故人们又称其为澳洲。曾生在那里曾有过 5 年的留学经历。

　　曾生高小毕业前的一个学期，父亲来信要他到澳大利亚去读中学。曾生先是兴高采烈，能够出国留学，这是寻求新知识的一个好机会，随后又忧心忡忡，害怕与朝夕相处的母亲分开。曾生是个独子，由于父亲长期在外谋生，只有母亲与他相依为命。因此，母子感情非常深厚。

　　知子莫若母。慈祥的母亲看出了儿子的心事，便安慰和鼓励他说："你就放心出去吧。到父亲那里好好读书，有了知识将来才能找个好职业，不要为了我而耽误了自己的前程。"听了母亲这番话，曾生决定按照父母的意愿赴澳留学。

1923 年 2 月 8 日，曾庭杰向中国驻澳大利亚总领事馆申办儿子来澳留学所需的中国护照和入境签证。曾庭杰以在悉尼做工的"安和昌"商铺作担保，承诺每年供给儿子"膏火"（学杂费和生活费）100 澳镑。5 月 28 日，护照办妥。次日拿到澳大利亚内务部核发的入境签证。不知何故，父亲为儿子填写的申请表以及中

曾生留学澳洲的护照

国驻澳大利亚总领事馆签发的护照，将曾生（其时仍叫"曾振声"）的出生日期写为"1909 年 1 月 20 日"①，这与曾生自己历来填写简历的出生日期有较大出入。

1923 年 7 月，曾生在坪山学校高小毕业。父母为他定好了去澳大利亚的日子。8 月上旬的一天，母亲替他收拾行装，带着他离开坪山到香港坐船。母亲一直把他送到船上，才依依惜别。

这艘从香港开往澳大利亚的远洋轮船，叫"圣阿炉滨士"（St Albans）号，轮船上有个工人"阿头"（领班）叫"曾三叔"，是曾生父亲的旧同事。曾三叔是惠阳县淡水人，他受曾生父亲的嘱托，细心地照顾船上的曾生。

在船上，曾生偶然发现船舱一个幽暗的角落里蜷缩着一群人，他们神情惶惑，默默无声。曾生感到惊奇，问曾三叔这是什么人。曾三叔说：有许多中国穷人想出国谋生，但买不起船票，只好靠相熟的船员帮忙偷

---

① 申请表和护照的影印件由澳洲华人学者粟明鲜提供。

偷躲藏在船舱里，当军警或船老板来检查时，他们就像蛇一样蜷缩在床底下或木箱内，如果被发现了，就要抓去坐牢或驱逐出境。用船上的行话来说，这些人就叫"屈蛇"。曾生听了，想到祖国的积贫积弱，看到同胞的可怜境况，心里感到非常难受。事隔多年，那些"屈蛇"的形象仍深深地留存在他的记忆之中。

经过半个多月的海上航行，8月25日，船终于到达悉尼。靠岸后，曾生由曾三叔等人带领，来到"安和昌"商铺，见到了父亲。父子相见，分外高兴。曾生就住在这间商铺的阁楼上，开始了在国外的新生活。

澳大利亚的官方语言为英语。为了能顺利就读中学，1923年10月下旬，曾生首先到悉尼的一所教会学校——基督堂书院学习英语。曾生在学校的表现良好，校长对他的评价为"学业和品行皆优"。半年后，基督堂书院停办。曾生转学到中西学校继续补习英语，为期半年。

经过一年的英语补习，曾生已经适应澳大利亚的学习环境，可以进入正规学校念中学课程了。1924年10月初，他到优等公立学校读初中。1925年4月，转入炮台街初级技校，学习中学程度的商业和技术课程。1926年底，结束了该校的商科课程。1927年初，入读中央技校，主修汽车机械课程。为了更好地掌握汽车机械和维修技术，1927年6月，他转入效能汽车学校继续学习修车技术，用半年时间完成了该校的汽修课程。1928年初，进入悉尼沙特尔商学院继续深造，主修簿记（即会计）、打字、广告、通识教育等课程。

父亲把儿子送到这些学校去读书，就是为了让他掌握一门谋生技能和经商知识，日后好挣钱养家糊口。

"安和昌"商铺的顾客主要是华侨和中国海员，夜间生意比较旺。曾生白天在学校学习，晚上回到"安和昌"商铺协助营业，因而接触了不少华侨和中国海员。在与他们的交谈中，曾生增长了不少见闻和社会知识。

悉尼是澳大利亚第一大城市。20世纪初期，中国人到这里谋生虽然比较容易，但被看作是"东亚病夫""劣等民族"，常常受到白人的歧视和欺侮。初来乍到的曾生，也少不了受白人孩子的嘲讽和凌辱。这些遭遇，深深地刺痛了曾生的民族自尊心。他"暗地里立下了效忠祖国、振兴中华的志愿"，"希望自己长大了能为祖国多作贡献，希望祖国尽快地富强起来，使中国人能够在世界各地昂首阔步地走路，不让别人看不起"①。

1928年10月，曾生完成了在悉尼沙特尔商学院的选修课程。此时，年近花甲的父亲提出要回家乡安度晚年，落叶归根。在异国他乡受尽了屈辱的曾生，早就有回国的念头。父亲这么一说，正合他的心意。11月10日，父子二人搭乘"圣阿炉滨士"号轮，离开澳大利亚，经香港回到家乡坪山定居。

四、元配黄萍

曾生有个元配夫人叫黄萍。这是双方父母包办的婚姻。结婚5年后，双方自愿解除婚姻关系。这段婚姻以及黄萍一生的经历鲜为人知，《曾生回忆录》对此也没有提及。

1929年，曾生已长成高大英俊的青年小伙子了。父母盼望这个独子能够早日成婚传宗接代，于是托媒婆介绍坪山谢陂村一个叫黄萍的富户人家闺女给曾生。曾生很不情愿过早地结婚，想继续读书深造。母亲为此整天唠叨，甚至要死要活地逼迫儿子就范；同时，父亲也允诺他结婚后可以出外继续读书。孝顺的曾生经不住父母的软磨硬逼，只好百般无奈地答应了这门婚事。

同年秋，曾生与黄萍结婚。黄萍也是客家人，1907年生，高小毕业。

① 《曾生回忆录》，解放军出版社1992年版，第9-10页。

她长得高大俏丽，性格爽朗，为人正直，勤劳能干，贤良淑德，深得公婆的欢心。

曾生与黄萍结婚后，头胎生了个儿子。儿子1岁时因种"牛痘"（预防天花病毒的疫苗）消毒不好而夭折。黄萍随后怀上第二个男孩，也因早产而夭折。1933年12月，再生下一个女儿，取名曾亦兴。曾亦兴于1946年6月跟随父亲曾生北撤山东，在山东解放区上学读书，1948年加入中国人民解放军。中华人民共和国成立后，她先后调到南京军区和福建军区部队工作，1984年4月以正团级离休，1993年迁到深圳罗湖区定居。

1934年春，曾生的父亲因脑出血去世。黄萍挑起了照顾家婆和女儿的生活重担。此时，正在广州国立中山大学读书的曾生，以全副身心投入到抗日救亡运动中去，很少有时间回家团聚。黄萍为了不拖累曾生在外面进行革命活动，又觉得自己文化水平低，配不起曾生，遂产生了离婚的念头。

1935年暑假，曾生接到黄萍来信要他回家一趟有事商量。当曾生赶到家中，黄萍突然提出要跟他离婚。曾生毫无心理准备，一时不知如何是好，跑到家门口对面小学校的阳台上走来走去，急得满头是汗。[①] 黄萍态度十分坚决，并主动提出离婚不离家，留下来继续照顾婆婆和女儿，好让曾生安心在外干革命。就这样，曾生与黄萍自愿解除了婚姻关系。

曾生在外面参加革命活动偶尔回家看望家人时，对母亲和黄萍宣传一些抗日救国的道理。因此，她们的思想觉悟逐步得到提高，坚决支持曾生的革命工作。抗日战争全面爆发后，在曾生的启发和影响下，黄萍在坪山积极参加抗日活动。1939年9月，黄萍加入中国共产党，后来还参加曾生领导的抗日游击队，负责交通联络工作。

曾生再婚后，把最先出生的两个子女曾世平、曾克顽送回坪山老家，

---

① 曾亦兴：《母亲，一位坚强的革命者》（未刊稿），2011年1月。

交由母亲和黄萍照顾。

黄萍像对待亲生儿女那样悉心呵护孩子们。曾生母亲要孙子孙女们叫黄萍为"娘娘"（客家音 niàn niàn，"娘亲"的意思），一家人相处融洽。

1940年至1941年，日军以及国民党顽军频频向活动在惠（阳）东（莞）宝（安）地区的广东人民抗日游击队进攻。国民党顽固派甚至悬赏捉拿时任广东人民抗日游击队第三大队大队长的曾生。曾生的家人无法在坪山生活下去了，只好跟随游击队颠沛流离。

在恶劣的斗争和生活环境中，黄萍坚强地挑起照顾曾生全家老小的责任。随游击队转移地方时，由于孩子太小，黄萍就把他们放在箩筐里挑着赶路。一次，黄萍带着老人小孩到东莞的一个村庄避难，随后发现这是汉奸管辖区。为了安全起见，黄萍决定离开那里。于是，在村中地下党同志的帮助下，黄萍带着老人小孩连夜悄悄转移。黄萍用箩筐挑着两个最小的小孩曾世平和曾克顽，一名地下党员背着曾亦兴，曾生的母亲提着行李，在夜色朦胧中高一脚低一脚地一口气走了八个多小时，直到看见前面有个村庄才停下来歇脚。他们又累又饿，坐下后许久仍站不起来。刚要吃饭，日军就追上来了。他们急忙丢下筷子准备转移，幸好此时曾生带着游击队前来接应，才避过一劫。[1]

1946年6月，东江纵队北撤山东后，黄萍与曾生的母亲带着曾生未满2岁的儿子曾德平逃难到九龙深水埗隐蔽下来。同年12月初，中共江南地区特派员蓝造根据广东区党委关于恢复武装斗争的指示，决定抽调地方党组织的部分党员干

黄萍

---

① 曾亦兴：《母亲，一位坚强的革命者》（未刊稿），2011年1月。

部和动员东江纵队复员人员归队，重新建立人民武装队伍。1947年1月，黄萍归队，担任江南游击队香港联络站通讯员，后升任副站长。1948年4月，她调回惠州直接参加广东解放战争，编入广东人民解放军江南支队第二团。1949年春，黄萍所在的江南支队改编为中国人民解放军粤赣湘边纵队东江第一支队，黄萍担任东江第一支队医院政治指导员，为广东的解放作出了贡献。

1949年10月，广东解放后，黄萍担任中国人民解放军广东军区^①东江军分区卫生处休养所政治指导员。

1951年1月，黄萍转业到地方工作，最初在惠阳县东江医院担任政治指导员，后调到惠阳县保险公司担任副经理。黄萍性格直率，在县保险公司工作期间，对党支部一名党员的处分持不同意见，并将自己的意见告诉了党外群众，结果祸从口出，在1958年的反右派运动中被错划为"右派分子"，并受到开除党籍、行政降三级（从18级降到21级）的处分，下放到农场"劳动改造"。1959年10月，黄萍被摘掉"右派分子"帽子，安排到惠州市一家银行工作。直至1979年4月7日，她才获得"被划为右派分子属于错划，给予改正"^②结论的书面通知，恢复了名誉和党籍。然而，此时黄萍已去世3年多，永远看不到这份通知书了。

曾生与黄萍虽然没有了婚姻关系，但彼此尊重，互相关心，见了面还握手问好。黄萍被打成"右派"后，曾生十分担心她今后的生活，后来听大女儿曾亦兴说要把她接到南京部队去同住，高兴得拍着自己的胸口说："你妈妈在你那里，我就放心了。"1961年，黄萍要退休了，其时任广东省副省长兼广州市市长的曾生，亲自带着曾亦兴到中共广东省委组织部替黄萍办理退休有关手续。

---

① 中国人民解放军广东军区于1949年11月成立，1960年6月改称"广东省军区"。

② 中共惠阳地委摘掉右派分子帽子工作领导小组办公室：《被错划为右派分子的改正通知书》（惠地改字第092号），1979年4月7日。

1966年"文化大革命"开始后，由于受到"左"的思潮影响，曾亦兴所在部队的造反派，要把有"政治问题"的部队干部家属抓去游街揪斗。为躲避灾祸，曾亦兴暂时把母亲送回老家坪山石灰陂村。黄萍住在一位乡亲家的阁楼上，与乡亲们和睦相处。她替房东照管小孩。村里的生产队队长每天把饭菜做好送到她面前。后来，"文化大革命"的时局越来越乱，各地到处揪斗"地富反坏右分子"。曾生十分担心黄萍的安危，对前来广州看望他的大女儿曾亦兴说："告诉你母亲，不管发生什么情况，碰到多大的困难，都要经受考验，都要坚强地活下去。"①

"文化大革命"期间，曾生受到残酷的政治迫害，被林彪、江青反革命集团关押在北京秦城监狱。"专案组"派出外调人员到广东找到黄萍，想从她口中挖出曾生有关离婚的所谓"黑材料"。黄萍坦然地回答："我和曾生是父母包办的婚姻，离婚是我们双方自愿的。"来者讨了个没趣，只好悻然离去。

1974年，曾亦兴去秦城监狱看望父亲。此时，曾生已被折磨得全身浮肿，腰板弯曲，行动迟钝。他深情地向女儿问起黄萍的境况："你母亲如今在哪里？"

"她同我一起生活。"女儿回答。

"这样我就放心了。"曾生抖颤地伸出右手，迟缓地拍着左手手心说。

曾亦兴回家后把探望父亲的情况告诉母亲。黄萍听完，感动地说："他人都这样了，还关心我呢。"

1976年1月19日，黄萍因突发心脏病去世，走完了坎坷的一生，终年69岁。

① 曾亦兴：《忆爸爸》，载《怀念曾生同志》，中共广东省委党史研究室1996年12月内部出版，第313页。

第二章　广州学生运动领袖

一、就读中山大学

广州有一所全国著名的高等学府——中山大学。1933 年 9 月至 1937 年 7 月，曾生在那里度过了 4 年的求学生涯。

曾生与黄萍结婚不久，便向父母提出要到外面继续读书。父母同意了他的要求，认为他以前在澳大利亚读的是洋学校，英文有基础，建议他到离家较近的香港读英文学校，毕业后可以去香港谋个好职业。曾生的想法却与父母不同。他说："国家兴亡，匹夫有责。我是一个中国青年，应该读中文学校，将来要为中国的振兴作出自己的贡献。"他提出要到省城广州去读书。父母觉得儿子说得有理，转为支持他的想法。

1929 年冬，曾生来到广州。由于他从小就敬仰孙中山先生，便决意进入国立中山大学读书。但当时他的文化程度只能勉强赶上国内初中水平，况且中文程度较差。于是，他决定先报考中山大学附属高中。为了能顺利考取，他在广州的"百粤补习学校"里补习了半年。1930 年暑假，他顺利考上了中山大学附属高中。

1930 年冬的一个晚上，曾生和同班

1937 年，曾生在中山大学的毕业照

同学为迎接期终考试，正在"学旅"（专门租给学生住的旅店）进行紧张的复习。突然，一班手执警棍的军警冲进来，不问青红皂白就把曾生等几个同学押走，关进牢房。原来，军警当局怀疑这些学生参与了"学旅"房东黄明堂策划推翻军阀陈济棠统治的秘密活动。其实，这些同学除了交房租之外，与房东没有任何其他往来。这明显是一宗冤案。

在牢房里，曾生意外地看到了许多刻写在墙上的革命标语和诗词，如"共产主义一定要在中国实现！""宁可站着死，不愿跪着生！""打倒国民党新军阀！""中国共产党万岁！""人生自古谁无死，留取丹心照汗青！"等。曾生感到好奇：这是什么人刻写的呢？后来才了解到，是曾经在这里坐牢的共产党人刻写的。这些共产党人为了实现共产主义理想，为了推翻旧社会，建立新中国而不惜抛头颅、洒热血的大无畏革命精神，使曾生十分感动，他开始认识到中国的未来只能寄希望于中国共产党。他晚年回忆这次入狱事件时，颇为感触地说："这次坐牢，实际上是给了我一次最好的革命启蒙教育。从此，我对共产党产生了好感和信仰。"①

为了能够尽快出狱不耽误期终考试，曾生请求中山大学当局出面担保，但遭到了拒绝。他只好写信给百粤补习学校的校长潘子湘求助。因为年初曾生在那里补习时，觉得这位潘校长有正义感，不满军阀的统治，且能乐于助人。果然，信寄出三天后，潘校长与一位英文老师来到监狱探望曾生，并答应出面为曾生办理担保手续。不久，曾生获得取保释放。

曾生在中山大学附属高中有个同班同学名叫钱兴，两人志同道合，彼此都向往共产主义，都想寻找共产党组织，因此结成了好朋友。钱兴，1909 年 6 月 23 日生，广西怀集（现属广东省）人，中山大学毕业后历任中共厦门市工委书记、中共广西省工委书记、中共粤桂湘边工委副书

---

① 《曾生回忆录》，解放军出版社 1992 年版，第 13 页。

记兼粤桂湘边部队副政委，1948年冬在粤桂湘边区反"围剿"战斗中牺牲。曾生出狱后，与钱兴组织了读书小组，在广州市中山三路芳草街路口的广州惠阳青年同乡会办事处阅读进步书刊，经常一起讨论国家大事和个人前途，以及争取加入共产党等问题。

当时，曾生担任广州惠阳青年同乡会会长，他以同乡会的名义创办了一份名为《铁轮》的杂志，刊登反帝反封建的文章。同乡会把这份杂志寄回乡下去给乡亲们看，还邮寄给香港的中国海员和海外的华侨阅读。这份杂志，当时在惠阳籍的海员和华侨中产生了积极的反响。

1931年9月18日，日本关东军悍然发动侵略中国东北的九一八事变。由于国民党政府采取妥协退让的方针，在短短4个多月内，东北全境就沦为日本的占领地。1932年1月28日，日军发动侵占中国上海的"一·二八"事变，国民革命军第十九路军奋起抗战。九一八事变和"一·二八"事变，激起了全国的抗日怒潮，全国人民纷纷要求抗日，反对以蒋介石为首的国民党政府的不抵抗主义。

在民族危亡日益加深的时候，正在中山大学附属高中读书的曾生，与钱兴、粟稔、钟远蕃、张凤楼等10多位同学，于1932年下半年成立读书会，寻求救国救民的道理。读书会成员平时各自阅读进步书籍，定期交流学习心得，讨论时事。每周开一两次读书讨论会。这个读书会的成员，绝大部分后来成为广州一二·九抗日救国运动的积极分子和骨干。

1933年8月中旬，中山大学招生录取放榜，曾生榜上有名。他与同届的中山大学附属高中毕业班的同学，全部直升中山大学本科，不用经过入学考试。这是怎么一回事呢？

事情经过是这样的：

1933年6月，中山大学附属高中三年级的学生考完毕业试后，正在紧张地温习功课，准备报考大学。按照历来的规定，他们要与其他学校的高中毕业生一起参加中山大学本科的入学考试，考取了才有资格入读中山大学。

曾生对同学们说："中山大学附中是本科的预科班，我们进附中已经过考试录取，毕业考试又合格，按理可以直接升入大学，不必再参加入学考试。"同学们听了，十分赞同。

于是，在曾生的发动下，附属高中的同学在校内游行，呼口号，贴标语，向校方请愿。曾生则以班主席的身份，与中山大学校长邹鲁谈判。

当时，中山大学大学部的学生正在闹学潮，全校罢课，搞得学校当局十分头疼。曾生对邹鲁说："我们的要求是合理的，希望校长批准，若不同意，附中全体同学就加入大学部同学的罢课行列。"邹鲁恐事态扩大，同时也觉得这一要求合理，就只好同意了。[①]

附属高中学生请愿免试直升大学的成功，为以后中山大学附属高中毕业生直升大学开创了先例。从此，曾生更受同学们的拥戴，加上他长得高大，被大家亲切地称为"曾大哥"。

国立中山大学前身为国立广东大学，是中国民主革命的先行者孙中山亲手创办的。国立广东大学由国立高等师范学校、广东法科大学以及广东农业专门学校合并而成。1924年11月11日，国立广东大学举行隆重的成立典礼。孙中山为这所新大学亲笔题写"博学、审问、慎思、明辨、笃行"的训词，这10个字，出自儒家经书《礼·中庸》，成为国立广东大学以及后来国立中山大学的校训。1925年3月12日，孙中山逝世。为了纪念这位中国民主革命的先行者，1926年7月17日，国民政府发布命令，正式宣布国立广东大学改名为国立中山大学。

中山大学是中国国内大学最早依照欧美国家的大学方式实行学院制的。至1933年，中山大学已设有文、法、理、工、农、医6个学院、

---

① 李驹良：《回忆和曾生在一起时的几件难忘的事》，载《怀念曾生同志》，中共广东省委党史研究室1996年12月内部出版，第59页。

20 多个学系。曾生就读的是文学院教育系。

曾生为何要挑选这一院系学习呢？原来，在选院系时，他与同学好友钱兴商定：为了发动和组织学生运动，两人应按照革命工作的需要报名入读不同院系，钱兴选读法学院政治系，曾生选读文学院教育系。两人并作了分工，由钱兴联系学校内的读书小组、学生社团；由曾生担任中山大学附设的平民学校校长，通过这所业余学校，既为贫苦人家的子弟提供学习文化的机会，又可作为进行抗日宣传活动的场所。[①]

中山大学的校本部和文、理学院，初时设在广州市文明路原国立高等师范学校内。1933 年 9 月初，中山大学在文明路校本部的大礼堂举行新学年开学典礼。这个大礼堂，留下了不少中国革命史的光辉足迹。孙中山经常在这里进行演讲，著名的建设中国"三民主义"（民族、民权、民生主义），就是在这里首先提出的；中国国民党第一次全国代表大会也在这里举行，这次会议事实上确立了联俄、联共、扶助农工三大政策，标志着第一次国共合作的形成，这是孙中山晚年推进中国革命的一个历史功绩。新学年开学典礼在中华民国国歌和中山大学校歌声中开始，接着由校长训话。作为新生的曾生，第一次经历这种场面，既感到兴奋，又为之肃然。

曾生在广州文明路中山大学校本部学习、生活了两年。

孙中山生前曾提出要搬迁中山大学，并选定广州东郊石牌作为新校址。后来由于种种原因，新校区未能如期建设。1932 年 2 月，邹鲁第二次执掌中山大学，决心完成孙中山这一遗愿。次年 3 月，中山大学新校区正式在广州东郊石牌动工兴建。1934 年秋，第一期工程竣工，理、工、农三个学院首先迁入。1935 年秋，第二期工程竣工，文、法两个学院迁入。此时，新校区已初具规模，占地 2 万余亩。邹鲁曾自信地说：

---

① 曾生：《怀念钱兴同志》，载中共怀集县委党史办公室编：《怀念钱兴》，广东人民出版社 1988 年版，第 99 页。

"自觉其规模，不但求之中国不落后，即求知世界各国中亦不落后。而国内外人士前来参观的，都和我有同感。"①

中山大学新校区的校舍多为中国宫殿式建筑，红墙绿瓦，富有民族特色。校园内绿草如茵，树木葱茏，湖光潋滟，环境清幽。曾生就读的文学院，坐落在大礼堂左边。院楼坐北向南，为红墙绿瓦中西合璧宫殿式建筑，由中座和衬楼构成，呈凹字形，大门口有4条米白色的西式纺锤形巨柱，托住上方长方形的阳台，绿色的琉璃屋脊上有9只大小凤凰脊饰。整座建筑物既富丽堂皇，又具欧陆风情。如今，这座院楼风采依然，不过早已换了主人，现为华南理工大学泰山路5号楼。

当历史的巨轮驶入1935年，由于日本军国主义加紧对中国的侵略，中华民族面临着生死存亡的危急关头。中山大学以曾生为代表的广大爱国青年学生，再也安不下心来在这些宽敞舒适的新院楼里读书了。宁静清幽的新校园，即将成为广州地区如火如荼的学生抗日救亡运动的策源地。

二、参加"中青"

1935年7月下旬，正是大暑时节前后，闷热的空气笼罩着南国广州。

这天清晨，一个身材瘦削，年约30岁的男子走在广州市长堤路上，神情是那样的焦虑和迷惘。徘徊了片刻，他找到路边一间小旅馆暂时住了下来。

这名男子名叫王均予，刚从上海坐船来到人地生疏的广州，身上只带着"十多块钱"②，窘境可想而知。可能王均予自己也没有料到，他的

---

① 邹鲁：《办理国立中山大学》，载黄仕忠编：《老中大的故事》，江苏文艺出版社1998年版，第137页。

② 王均予：《历史自传》（未刊稿），1954年10月30日。

广州之行，将要续写中共广东地方史新的一页。

王均予，1905 年 10 月生，湖北宜昌人。1926 年 12 月加入中国共产党。1927 年大革命失败后从事地下工作，后与党组织失去联系。1931 年 7 月到上海寻找党组织。1932 年在上海重新加入中国共产党。1933 年任中共临时中央局出版部第三科科长，主办《时代文化》半月刊，并组织多地的《时代文化》读者会。1934 年《时代文化》停刊，为继续保持这个地下发行网，

王均予

出版部研究决定，把上海《时代文化》读者会改为"中国青年同盟"。1935 年上半年，驻上海的中共中央机关先后两次遭敌破坏，中断了与出版部的联系。王均予发觉被敌人跟踪，无法在上海立足，便与出版部的另外两名共产党员王平、易吉光商定：王均予转移广州，开辟新的工作据点，其余两人仍旧留在上海活动。

王均予选择广州为转移点，是因为广州也有《时代文化》读者会，其负责人为麦蒲费。两人从未谋面，但已有三年的通信关系，彼此信任有加。

麦蒲费，1914 年 11 月生，原名邱萃藻，广东南雄人，1934 年考进广东省立勷勤大学。1936 年 7 月加入中国共产党，参与中共广州市委和中共广州市外县工委的领导工作。1938 年 4 月任中共广东省委青委书记，次年兼任中共南雄中心县委书记。1940 年 12 月在南雄县病逝。

王均予离开上海前，先以秘密通讯告知麦蒲费，在广州长堤路小旅馆住下后，即写信叫他前来会面。两人初次见面，就像老朋友似的。王均予说明来意：打算在广州建立一个革命组织，把爱国进步的青年学生团结起来，开展抗日救亡工作。麦蒲费表示欢迎，热情邀请他到自己的住所同住，还慷慨地拿出自己的一部分生活费给他。

王均予安顿下来后，与麦蒲费商谈如何在广州开展革命活动。两人商议决定，在原广州《时代文化》读者会的基础上也组建"中国青年同盟"（简称"中青"）。同年 8 月，王均予根据先前在上海看到党内文件提出的"抗日反蒋"任务，与麦蒲费商定了在广州开展抗日救亡工作，发展"中青"组织的具体措施：一是建立"中青"领导核心，由王均予、麦蒲费、钱兴 3 人组成；二是扩大宣传教育，逐步发展组织，建立组织生活制度，克服自由散漫状态；三是开展以抗日反蒋为中心口号的宣传活动；四是将工作扩展到广州以外各县去；五是加强与大学进步教授和其他群众组织的联系。①

从以上的具体措施可以看出，在广州建立的"中青"，不再是党的地下发行网，与最初在上海为维持发行网络而易名的"中青"也有着质的区别。

"中青"最早的盟员有王均予、麦蒲费、钱兴、林振华、曾生、梁湘、周明、粟稔、陈健等人。开始时主要在广州市的中山大学、勷勤大学、国民大学、中大附中、广雅中学、执信中学等学校发展成员，后来发展到广州外围的东莞、中山、南海、新会、高要等县，盟员总共有 160 多人，其中广州有 100 人左右。他们大部分人成为广东地区抗日救亡运动的骨干。

《曾生回忆录》记述了钱兴介绍他加入"中青"的细节：

1934 年冬，有一天钱兴约我到石牌中山大学新校的甘蔗园谈话。他高兴地告诉我，他已找到了一位与党组织失去了联系的共产党员。这位共产党员由于没有组织关系，他暂时还不能吸收党员，建立组织。但是，他现在组织了一个进步的革命秘密组织叫"中国青年同盟"，问我

---

① 王均予：《回忆抗战爆发前后广州建党活动经过》，载中共广州市委党史研究委员会编：《广州外县工委史料》，广东人民出版社 1988 年版，第 21 页。

愿不愿意参加。我表示同意。钱兴就介绍我参加了"中青"。①

关于这次谈话时间,《曾生回忆录》有误。1934年冬,王均予还未到广州,况且曾生、钱兴入读的中山大学文学院、法学院还未搬迁到广州石牌新校区。按推断,曾生加入"中青"的时间应为1935年秋(八九月间)。

中山大学"中青"小组成员最初有钱兴、曾生、粟稔等7人,钱兴担任组长,成员之间进行单线联系。中山大学"中青"小组组织同学学习革命理论,宣传共产党的政策主张,开展抗日救亡活动。"中青"成为中山大学学生运动的核心。

关于"中青"的性质以及吸收"中青"盟员的形式,1985年5月,原"中青"盟员、时任中共广东省委党史资料征集委员会和研究委员会常务副主任温焯华(原名张寿南)撰文作了颇为权威的记述:

"中青"是共产党领导的外围秘密组织。它的组织形式、组织生活完全按照地下党秘密工作的一套做法,它有严格的组织纪律。参加"中青"的人,必须是政治面目清楚,信仰共产主义,拥护共产党的政治主张,严守组织纪律的进步分子。参加组织的人是逐个被吸收进来的。在小组确定为发展对象后,经过一段时间的考查和教育,小组讨论同意吸收时,就由一至二个盟员介绍,并经领导批准,才正式成为"中青"盟员。②

既然"中青"按照共产党员的标准吸收盟员,其组织形式和组织生活也完全仿照共产党秘密工作的那套做法,那么,王均予当时为何不直接在广州发展党组织而建立"中青"?王均予是这样解释的:"当

---

① 《曾生回忆录》,解放军出版社1992年版,第20页。

② 温焯华:《中国青年同盟的性质及其革命活动》(1985年5月5日),载中共广东省委党史研究室编:《怀念温焯华同志》,香港荣誉出版有限公司2003年版,第375页。

时广州已很久没有党的组织，进步青年渴望党的领导，而我则因为自己已经失去了联系，不敢滥用党的名义，只在实际上培养对象，等候党来领导。"①

"中青"的建立，为随后中共广东地方组织的恢复和重建做了思想准备和组织准备。1936年5月，王均予到天津与党组织接上关系并向中共中央北方局汇报工作。北方局恢复了王均予的党组织关系，并指示他重返广州开展建党工作，可先以"中青"盟员作为建党对象。

同年6月底，王均予回到广州，按照北方局的指示，将"中国青年同盟"改名为"中国青年抗日同盟"（仍简称"中青"），扩大关于抗日民族统一战线的宣传。然后，吸收"中青"的主要骨干入党。

7月，王均予首先吸收麦蒲费、林振华入党。9月，由王均予、麦蒲费、林振华3人组成中共广东工作委员会，"才开始用广东工作委员会的名义进行建立党的工作"②，并继续发展"中青"盟员入党。至1936年12月，"中青"盟员基本上加入了中国共产党，其中的骨干分子成为中共广州地方组织的重要领导人。据曾生回忆，他是在1936年10月由王均予介绍入党的（本书第三章作具体记述）。

1936年底，中共南方临时工作委员会书记薛尚实根据中共中央关于根本改造青年团的决定精神，指示王均予解散了"中青"。③

"中青"存在的时间只有短短的一年半，但对广东抗日救亡运动的深入发展起到了重要的推动作用，并为广东共产党组织的恢复和重建作出了历史贡献。

---

① 王均予：《历史自传》（未刊稿），1954年10月30日。

② 王均予：《给中共中央的报告》（1937年5月26日），载中共广州市委党史研究室编：《王均予》，广东人民出版社1999年版，第38页。"广东工作委员会"的名称于1937年8月自动撤销，改组为中共广州外县工作委员会。

③ 温焯华：《我知道的中国青年同盟》，载中共广州市委党史研究室等编：《一二九运动在广州》，广东人民出版社1994年版，第133页。

三、广州第一、二次学生抗日示威大游行

1935年12月9日，北平（今北京）爆发了中国共产党领导的大规模的学生抗日爱国运动。一二·九运动揭露了日本吞并华北进而侵略全中国的阴谋，打击了国民党政府的妥协退让政策，极大地促进了中华民族的觉醒，标志着中国人民抗日救亡民主运动新高潮的到来。

12月10日，北平学生举行抗日示威大游行的消息通过报章传到广州，广大爱国青年学生群情激昂。"中青""突进社"等进步社团联合策划：以中山大学为基地，迅速把广州地区学生抗日救亡运动发动起来。

12月11日晚，经中山大学"中青"小组钱兴、曾生等人的串联，中山大学各班的班代表在文学院宿舍举行会议，讨论如何响应北平学生的爱国行动。会上，进步学生否决了在班代表中占优势的西南军阀御用学生组织"抗声社"分子关于只发宣言的提议，决定于12月12日召开全校抗日大会。

12月12日上午，在王均予、钱兴、曾生等"中青"骨干的组织下，中山大学全校抗日救国大会如期在新校区大礼堂举行。大会冲破"抗声社"的阻挠，通过了关于通电响应北平学生抗日运动、电请中央政府立即对日宣战、本校全体同学立即举行示威大巡行等16项决议案。[①]

当天下午1时，中山大学新校区的全体学生和部分教职工共2000多人，列队徒步前往广州市文明路旧校区，与中山大学医学院及附中和附小共1000多人会合，连同教忠中学、大中中学和女子师范学校的部分学生，汇成总共4000多人的队伍，到市区游行。

游行队伍高举"中大救国会反对华北自治运动示威巡行"的横额，

---

① 《本校学生昨举行抗日救国大会》，《国立中山大学日报》1935年12月13日。

1935 年 12 月 12 日，中山大学学生举行抗日示威游行，右一挽袖者为曾生

手持多种旗帜标语，沿途高呼抗日口号，高唱救亡歌曲，并分发以"国立中山大学全体学生"署名的《告同胞书》。这份《告同胞书》指出："今日的中国，给日本帝国主义逼迫的侵略，给政府当局无限的容忍，已弄成国不国民不民的殖民地的国家了。今日的中国，东北四省失去了，华北即将分裂了。""我们不屈服，我们不妥协，我们要立刻抗日。民族的复兴，必须有民族坚强的力量，我们主张立刻抗日，就是我们民族力量的表现。同胞们！国事急矣！我们快起来吧！"[1]《告同胞书》言真意切，激发人心，起到了很好的宣传效果。

当游行队伍高唱《义勇军进行曲》经过长堤路进入六二三路时，面对沙面租界的帝国主义，同学们情绪更加激昂，齐声高呼"打倒日本帝国主义！""反对华北自治运动！""反对妥协投降！"等口号。游行队伍所到之处，市民热情鼓掌致意。

下午 4 时，示威游行结束。

这是广州地区第一次学生抗日示威大游行。王均予回忆："曾生同志是这次学生运动的总指挥，钱兴负责中间联系，我是秘密的总指

---

[1] 《本校学生昨举行抗日救国大会》，《国立中山大学日报》1935 年 12 月 13 日。

挥。""这次学生示威游行不是盲目自发起来的，而是有了'中青'组织为核心，有了一百多个'中青'盟员为革命运动骨干，他们不怕困难、不怕牺牲，而组织起来的。"①

1935 年 12 月 16 日，北平学生举行更大规模的抗日示威大游行。消息传出，全国各大中城市迅速响应。

当天，中山大学再次召开有 3000 多人参加的抗日大会。大会作出决定：电慰和声援北平"一二·一六"示威游行；通过抗日救国会章程；扩大宣传，联络市内各校举行总示威；请本校教授定时作抗日救国宣传讲演；出版抗日日刊；等等。②

为了继续推进广州地区抗日救亡运动的发展，曾生与钱兴、粟稔、金昌华等中山大学学生运动的骨干，研究分析了中山大学和广州地区学生运动的情况。大家认为：中山大学还没有建立全校经常性的抗日救亡运动领导机构，更未形成坚强的领导核心，进步同学还没有完全掌握抗日救亡运动的领导权。针对这些明显的不足，他们决定从组织上争取中山大学抗日救国筹备委员会和抗日大会主席团的领导权。

随后，他们紧张行动起来，在同学和教职员中进行广泛的宣传和团结工作。为了争夺抗日大会主席团的席位，他们分头到各院系揭露"抗声社"成员把持抗日大会主席团席位却消极怠工的事实。同时，组织同学选举各学院的进步同学为学院的代表，准备参加抗日大会主席团。

经过 10 多天的组织发动，曾生他们认为时机成熟了，遂于 12 月 30 日在新校区大礼堂召集全体同学再次举行抗日大会。会上，爱国学生严厉斥责"抗声社"成员把持中山大学抗日机构"包而不办"的怠工行为，选出曾生（文学院）、李康寿（农学院）、钟远蕃（法学院）、

① 王均予：《二战后期到抗战期间我在广东从事革命活动的情况》（1964 年 2 月），载中共广州市委党史研究室编：《王均予》，广东人民出版社 1999 年版，第 62 页。

② 《本校员生工友昨开抗日救国大会》，《国立中山大学日报》1935 年 12 月 17 日。

张凤楼（理学院）、张万久（工学院）、陈柏昌（中大附中）等同学组成新的抗日大会主席团，曾生担任主席。大会作出如下决议：通电全国，反对南京政府对日妥协投降，反对华北自治；筹组中山大学抗日救国会，以新选出的抗日大会主席团成员为筹备委员；联络全市学生，于次日举行广州全市学生抗日示威游行。

当晚，为了鼓舞和坚定同学的斗争意志，抗日大会主席团组织数百名同学，在中山大学文学院前的草地举行营火会，纵情高唱救亡歌曲，呼喊抗日口号。在文学院教育系就读的朝鲜籍学生金昌华，作了沉痛的演说。他详细地叙述了日本侵略军在朝鲜和中国东北屠杀朝鲜人民和中国人民的惨状，说到悲痛处，演讲者和听众都流下了热泪。

12月31日，中山大学学生联合市内各学校的学生，举行广州第二次学生抗日示威游行。广东省教育厅下令全市停课，封锁校门，阻止学生参加游行。当天，只有事先联系上的学校，如中大附中、庚戌中学、执信中学、禺山中学、省立女师、知用中学、圣三一中学等部分学校学生，冲破阻挠沿途加入游行队伍。

下午1时，各校同学齐集广州市文明路中山大学旧校区大操场后，曾生以中山大学抗日大会主席团主席名义，"宣布大巡行动机及其意义，随即列队出发"①。游行队伍共有5000多人，首先来到国民党政府西南政务委员会请愿。

游行队伍在西南政务委员会门口等了一会，不见有人出来接见。于是，曾生带领5名学生代表进去与当局交涉。他们提出两个请愿要求：一是请政府准许学生和民众抗日救国集会、行动、言论、出版之自由；二是请西南政务委员会宣布对日外交态度。

西南政务委员会门前布满了持枪军警，如临大敌，当局仅派一名秘书出来接见他们。这名秘书叫谢宣邦，对学生代表提出的质问和要求，

---

① 《本校学生昨举行第二次抗日巡行》，《国立中山大学日报》1936年1月4日。

一个都不敢回答，只是口头敷衍一番，说一定将意见转达上头。

同学们在门外站了约一个小时未有结果，等得不耐烦了，鼓噪着要冲进去，门内士兵枪头上了刺刀，与学生对峙。此时，曾生等请愿代表跑出来，向队伍高声宣布："当局要员见不到，我们把请愿的要求信留交他们。抗日救国靠人民，我们向人民请愿去！"[1] 然后，曾生领着大家离开这戒备森严的衙门，转向市中心游行。

游行队伍经永汉路、长堤、六二三路等处，沿途散发《告同胞书》和《告全市同学书》，呼吁联合起来抗日救国，并不断高呼"打倒日本帝国主义！""反对投降卖国政策！""收复东北失地！"等口号。路人瞩目，热烈鼓掌。

至下午6时，游行结束。

这两次学生抗日示威大游行，打破了广州地区几年来抗日救亡运动的沉寂空气，成为广东乃至华南地区抗日救亡运动的新起点。

四、广州第三、四次学生抗日示威大游行

正当中山大学学生积极准备成立全校抗日救国会，并联络各校筹组全市学生抗日救国联合会之时，校长邹鲁突然宣布，要召集全校师生训话，意图以校长的身份，控制全校抗日活动。对此，中山大学"中青"小组组长钱兴到市区找王均予作了汇报，并请示对策。

钱兴回来后，根据王均予的指示，立即与曾生、粟稔、李驹良、金昌华、钟远蕃等"中青"小组成员研究，决定利用邹鲁"训话"的机会，召开全校抗日大会，正式成立全校的抗日救国会，并决定联络各校举行全市学生抗日示威游行，成立全市学生抗日救国联合会。他们分头行动，在进步同学中做好宣传联络工作。

---

① 《杨康华回忆录》，广东人民出版社 2001 年版，第 41 页。

1936年1月6日下午，中山大学"训话"大会在新校区大礼堂举行。邹鲁首先讲他到南京与蒋介石交涉建校经费的情况，随后表示：中山大学是抗日的，他本人是抗日的，今天要把全校抗日救国会组织起来，使中山大学成为抗日大本营。这番话博得了全场掌声。

邹鲁话锋一转，说"蒋先生是准备抗日的"，一改以往"反蒋"和骂蒋介石为"蒋贼"的常态。原来，不久前邹鲁在南京参加国民党第五次全国代表大会期间，蒋介石拨出100万元作为中山大学建校基金，并安排他为国民党中央执行委员会常务委员和国民政府委员。于是，他的政治立场来了个180度的大转弯，由原先的"反蒋"变为"拥蒋"。邹鲁对蒋介石态度的突然转变，引起了会场的议论。

邹鲁不顾台下骚动，继续"训话"，指责学生的抗日行动"过火""越轨"。话音未完，全场哗然，嘘声不止。邹鲁讲不下去了，法学院院长郑彦棻、文学院院长范琦、理学院院长何衍濬以及另外两位教授，相继上台帮腔，但讲不了几句，话不中听，即被学生愤怒的吼声轰下台来。会场秩序已不能维持了，邹鲁宣布散会。但大家不肯离场，要求举行全校抗日大会。

双方僵持不下。此时，进步教授邓初民走上主席台，同学们报以热烈的掌声。他一开始就大声说："抗日的血，我一定与亲爱的同学们流在一起！"然后他以建立抗日运动统一战线的精神引导学生，既肯定学生的抗日热情，又批评了学生刚才对待校长、院长、教授演说的错误态度。他接着指出："邹校长及各院长教授都是坚决主张抗日的，我们要一致拥护；他们几时不抗日，我们几时打倒他们。"他最后说："今天开会的任务，是要组织中大抗日会，抗日会不组织起来，不许散会。"[①]

邓初民这番语重心长又讲究策略的话，收到了良好的效果，扭转了

---

① 邓初民：《我在广州国立中大时》（1946年11月28日），载中共广州市委党史研究室等编：《一二九运动在广州》，广东人民出版社1994年版，第295页。

会场僵局，使紧张的气氛得以缓和下来。

一直坐在台下的曾生抓住这个有利时机，迅速站起来，一边向同学们招手，一边走上主席台。

"同学们！我们继续开全校的员生抗日大会，请抗日救国会的筹备委员上台来！"曾生向台下高喊。

由进步同学组成的中山大学抗日救国会筹委会委员，一个个走上主席台。曾生宣布筹委会的委员是今天抗日大会主席团的成员。

"我有意见！"邹鲁站起来说。

"邹校长也是当然主席团成员。"曾生没等邹鲁说下去，立即向大家宣布。然后，又主动地对他说："请邹校长宣布开会。"

邹鲁恶狠狠地摆手："你去宣布吧。"

曾生当仁不让，马上宣布："中山大学员生工友抗日大会现在开始！"顿时，全场掌声雷鸣。

掌声停下来后，曾生作了扼要的抗日动员："同学们，我们一定要坚持抗日救国运动，要动员一切不愿意做亡国奴的人们行动起来，一致抗日。为了祖国的独立和生存，为了全国人民的自由和幸福，我们要对日本侵略者和国内阻挠破坏抗日的反动势力，进行不屈不挠的斗争！"

曾生请同学们以及到会的教职工提出今后开展抗日运动的建议。同学们纷纷提出议案。大会通过决议：一是正式成立"中山大学员生工友抗日救国会执行委员会"，负责办理全校一切抗日救国工作；二是定于1月9日联合全市学生举行抗日示威游行；三是由学校在学生保证金项下拨出3000元作为抗日救国会经费。

大会正式选出师生员工代表共41人（学生35人，校长连同教职员工6人），组成中山大学员生工友抗日救国会执行委员会，曾生被推选为执行委员会主席。

选举结束后，曾生向大会建议："请邹校长领导我们全校师生员工举行抗日宣誓。"同学们立即鼓掌。

邹鲁只好站起来,举起右手,带领大家宣誓:"我们中山大学全体员工一致抗日,谁不抗日,天诛地灭!"

就这样,邹鲁苦心策划的"训话会",变成了成立全校抗日救国会的大会。

1936年1月9日,广州地区举行声势浩大的抗日大会和第三次学生抗日示威大游行。这是广州市内参加的学校和人数最多的一次抗日大会和示威游行。

1936年1月9日,广州地区学生举行第三次抗日示威游行

当天上午,中山大学学生3000多人和部分教职工,在中山大学新校区孙中山铜像前集合,举行抗日宣誓大会。誓词为:"中山大学全体员生工友一心一德,本解放民族之决心,作扩大宣传,联络全国民众,一致起来抗日,如有异心,国人共殛。"① 曾生代表学校抗日大会主席团作举行全市抗日示威大游行的筹备经过和抗日动员报告。散会后,全

_____

① 《广州各校学生昨再举行救国巡行》,《广州民国日报》1936年1月10日。

体人员乘车来到东较场，与从文明路中大附中出来的 1000 余名师生会合后，即联合各校学生举行示威游行。

广东省教育厅事前得到"密报"，再次通知各校"放假"，企图阻止学生参加游行。由于曾生等学生运动骨干事先做了充分准备，当中山大学及其附中 4000 多人进入市区时，广雅中学、执信中学、庚戌中学、市立三中、仲元中学、教忠中学、省立女中、省立女师、知用中学、禺山中学、大中中学以及市职业学校等学校的学生，先后冲破阻挠赶来会合，尤其是广雅中学，全校 1000 多名学生冲出校门列队前来参加。示威游行学生总人数达 1 万多人。

游行队伍浩浩荡荡行进，曾生、钱兴走在前列，负责带队。中山大学的 100 多个宣传小队沿途进行宣传，吸引了不少市民和工人参加游行。

当天下午 2 时左右，示威游行队伍汇集长堤新填地广场（今爱群大酒店附近），举行广州市民抗日救国大会，到会者有 3 万多人。曾生担任大会主席。会上，曾生、钱兴发表抗日救亡演说。大会宣布正式成立广州市学生抗日救国联合会，推举曾生为主席。大会通电全国：支持抗日救亡运动，反对"华北特殊化"，反对南京政府的卖国政策，呼吁"停止内战一致抗日"，出兵收复失地。

抗日大会结束后，继续示威游行。大家唱着抗日歌曲，高呼"打倒日本帝国主义！"等口号，向西壕口、六二三路行进。由于人数较多，游行队伍拉得很长，前方队伍到了西壕口，会场上的队伍还在移动。

下午 5 时，游行队伍经六二三路回到大西门之后大部分陆续散队。

曾生率部分队伍继续东行，准备到达大东门后散队。队伍到达惠爱西路时，后面一些同学叫喊着要到附近的广东省教育厅去示威。抗日大会主席团原先并没有计划到省教育厅门前示威，曾生停下脚步，与其他几位领队简短交换意见，大家一致赞同这些同学的要求。于是，他们把队伍带到省教育厅门前示威。

游行队伍来到省教育厅，只见大门紧闭。大家在门前不断高呼口号，并大声质问："教育厅为何学生每次举行抗日游行都下令放假？"又呼喊教育厅厅长："黄麟书出来答复！"几分钟过去了，仍不见有人出来。

同学们极为愤怒。有人高喊："冲进去！"话音未落，中山大学一名朝鲜籍学生已翻墙进去，打开大门。几百名学生一拥而入，捣毁了省教育厅的门窗玻璃和一些办公用具。中山大学附中的10多名同学，叠起人梯，爬上高处把省教育厅的招牌拆了下来。

随后，这支游行队伍离开省教育厅，抬着招牌沿途向市民示众。下午6时半，他们回到文明路中山大学附中操场，毁坏了这块招牌。游行到此结束。

广州第三次学生抗日示威大游行，尽管出现一些过激行为，但反映了广州青年学生抗日热情的空前高涨，表明广州地区的青年学生抗日救亡运动已经由分散、自发进行发展到集中统一领导的新阶段。

广东国民党当局对日益高涨的广州学生抗日救亡运动，十分震惊和仇视，作出部署准备实行血腥镇压。

1月13日，广东国民大学联络中山大学、勷勤大学、广州市立二中等学校近千人，举行广州第四次学生抗日示威游行。游行队伍走到荔湾桥头，遭到广东国民党当局预先派出的自称"广州市民救国锄奸团"的武装特务、流氓袭击。数十名学生受伤，中山大学学生纠察队队长冯道先等人被绑架。这就是轰动一时的"荔枝湾惨案"。

第二天，广东国民党当局发出布告，宣布全市戒严，封锁港澳交通，到处搜捕抗日救亡运动的学生骨干。中山大学进步教授邓初民、何思敬被迫逃亡；学生运动骨干粟稔、张凤楼、禤万禾、李驹良等人陆续被捕；冯道先惨遭杀害。广州学生抗日救亡运动转入低潮。有人向反动当局通风报信："中大的抗日运动是受曾振声、钱兴两人操纵的，一个在台上，一个在台下。"[①]因此，曾生、钱兴受到通缉。

---

① 钟远著：《钱兴在广州的抗日救亡活动》，载中共怀集县委党史研究室编：《怀念钱兴》，广东人民出版社1988年版，第105页。

在这种险恶的环境下，曾生和钱兴不顾个人安危，仍坚持在中山大学校内活动了一段时间。二人隐藏在同学当中，为了避开反动派的追捕，不得不一个晚上转换几个宿舍睡觉。一次，曾生躲到钟远蕃的宿舍留宿，有同学问他，倘若被国民党特务抓到怎么办？曾生坚决地回答："怕什么，最多就是死！"这句话，充分体现了曾生为捍卫国家民族利益不畏惧牺牲的精神。

自从广州第三次抗日示威大游行砸了省教育厅后，曾生、钱兴等学生骨干除了被广东国民党当局通缉外，也被中山大学当局"停止"了学籍，通告下学期不准回校注册上课。对于这些打击和迫害，曾生早有思想准备，显得泰然自若。

而最令曾生内心痛苦的是，"中青"领导人王均予为此严厉批评了曾生、钱兴等人，说这是"社会民主党"活动，不懂得保护自己，太露骨了，不容分辩就宣布停止他们在"中青"的组织生活。对于"中青"组织的处分，曾生和钱兴都想不通。曾生问王均予："我们以后怎么办？"王均予说："你们自己管。"①

在内外交困的处境中，曾生与钱兴商量今后的出路。钱兴对曾生说："虽然现在反动派到处追捕你，'中青'又停止了我们的组织生活，但抗日救国的斗争我们不能停止。怎么办？我们要分开活动，我继续留在广州坚持斗争，你立即到香港去设法寻找中国共产党的组织。找到党组织之后，我们就可以在党的直接领导下进行抗日救国斗争了。"②

曾生赞同钱兴的意见，准备到香港去。两人并约定：千方百计分头寻找共产党组织，找到了党组织立即互相通知。

---

① 杜襟南：《战地相从情更深》，载《怀念曾生同志》，中共广东省委党史研究室 1996 年 12 月内部出版，第 181 页。

② 《曾生回忆录》，解放军出版社 1992 年版，第 54 页。

第三章 在香港的日子里

一、当上香港海员

1936年1月中旬，曾生抱着寻找中共组织的目的，离开广州，来到香港。

香港，别名香江，地处中国华南地区，位于珠江口东侧，面临太平洋，全境由香港岛、九龙半岛、新界内陆地区和周围262个大小岛屿（离岛）组成。香港自古以来就是中国的领土。1842年8月，清廷因在中英鸦片战争中失败，割让香港岛给英国；1860年10月，又割让九龙半岛给英国；1898年6月，新界亦被英国强行租借，香港地区遂全部沦为英国殖民地。1997年7月1日，中华人民共和国正式恢复对香港行使主权，香港成为中国的一个特别行政区。

香港是远东航运交通的中转站，航运十分发达，因而海员众多。曾生来到香港时，香港的中国海员已有5万人，其中远洋轮船的海员有3万人。香港海员长期遭受英帝国主义的殖民统治以及资本家、包工头的残酷剥削。他们漂洋过海，往返于各国港口，较早受到世界社会主义思潮和国际工人运动的影响，因此，阶级觉悟较高。

香港海员具有光荣的革命传统，与中国共产党渊源深厚。

1921年3月，香港海员的组织——中华海员工业联合总会在香港成立。这是中国海员第一个真正的工会组织，也是中国最早的产业工会组织之一。1922年1月，香港海员举行罢工，要求增加工资。他们在苏兆征、林伟民等领导下，顶着港英当局的种种阻挠和破坏，坚持罢工56天，迫使港英当局取消封闭海员工会的命令，答应为海员增加15%～30%的工资。香港海员大罢工，得到了中共广东支部的大力支持和指导。在海员代表与港英当局谈判的关键时刻，中共广东支部发表《敬告罢工海员》书，表示："本党以海员同志为开始阶级斗争的急先锋。定当竭其能力，为之后援。"[①] 香港海员大罢工，成为中国共产党成立后第一个工人运动高潮的起点。林伟民、苏兆征不久加入了中国共产党，成为广东乃至全国著名的工人运动领袖。林伟民曾担任中华全国总工会首届委员长；苏兆征曾担任中共六届中央政治局常委、中央工委书记。

1925年6月，香港和广州沙面共20万名工人为声援上海五卅反帝运动，在中共广东区委和中华全国总工会的领导下，举行反抗帝国主义侵略压迫的政治大罢工。这就是震惊中外的"省港大罢工"。香港海员是省港大罢工的中坚力量。省港大罢工不仅在中国工人运动史和中国民族解放运动史上写下了光辉的一页，而且在国际职工运动史上也是罕见的壮举。省港大罢工经历了一年零四个月，沉重打击了英帝国

省港大罢工现场

主义的嚣张气焰，使香港变成"臭港""死港""饿港"，呈现了一片萧条荒凉景象。自此，港英当局"非常害怕香港的工人，尤其怕海员工

---

① 《共产党广东支部敬告罢工海员》（1922年2月9日），载广东省档案馆、中共广东省委党史研究委员会办公室编：《广东区党团研究史料（1921—1926）》，广东人民出版社1983年版，第13页。

人"；他们说："香港政府最不能忘记的就是 1925 年的大罢工了。"①

省港大罢工爆发后，中国共产党注意在海员群众中吸收党员，发展党的组织，"海员党的组织发展到最高程度的时候，党员人数在 500 以上"②。但是，从 1932 年至 1934 年，香港海员中的党组织屡次遭到破坏，许多共产党员与党组织失去了联系。1935 年，当全国抗日救亡运动兴起时，这些失去党组织关系的党员，又活跃起来，在"余闲乐社"中开展各种形式的革命活动。

余闲乐社是香港海员团结互助、举办公益和文娱活动的一个团体。它最早成立于 20 世纪 20 年代英国昌兴轮船公司的"加拿大皇后"邮轮（该公司在香港经营的邮轮共 4 艘，分别称为"俄国皇后""日本皇后""英国皇后""加拿大皇后"）。1930 年左右，"日本皇后"邮轮也成立了余闲乐社。以后其他外轮均成立了类似的海员群众组织。1935 年 7 月，由"日本皇后"轮的余闲乐社发起，联合各船成立余闲乐社总社，以互助公益的名义向港英政府申请注册备案。从此，它成为香港海员公开合法的一个群众性组织。总社设在香港九龙弥敦道，其骨干成员大部分是一些失去了组织关系的共产党员。

由于以上原因，曾生认为：通过香港的海员组织，一定能够找到中国共产党组织。

曾生到达香港后，首先找到余闲乐社的负责人廖茂、黄修等，请他们帮助找一份工作。听了曾生的自我介绍，他们对曾生十分尊重，要曾生负责创办余闲乐社的刊物《余闲》。不久，又安排曾生到新界九华径村的养正学校教书。九华径村是海员的聚居地，曾生很快就与村里的海

① 《吴有恒关于香港市委工作给中央的报告》（1941 年 2 月 16 日），载中央档案馆、广东省档案馆编：《广东革命历史文件汇集》甲 44,1987 年印，第 365–366 页。

② 《香港海员党组织情况》（1928 年 1 月），载中共广东省委组织部等编：《中共广东省组织史资料》（第 2 辑），1986 年 4 月印，第 32 页。

员交上了朋友。

1936 年 2 月的一天，余闲乐社负责人黄修拿来一封信给曾生看。这封信是赤色海员总工会从上海寄来的，内容是余闲乐社开展海员工作的要求。曾生以为这是共产党的指示，便提出暂时把信留下，待晚上仔细看看。曾生回到宿舍，把信全文抄下来，秘密带到广州给钱兴看。钱兴根据信上的内容，也认为这是共产党的指示，可以通过香港海员的关系找到共产党组织。钱兴对曾生说："要找到党组织，必须深入到工人中去，使自己成为工人中的一员，并在行动中切实为工人做好事，这样工人就会相信你，党组织才会相信你。"

曾生认为钱兴说的有道理。于是，他决心当一名香港海员。当时，曾生的堂侄曾琮在"日本皇后"轮当二台服务生"阿头"（领班），因工作勤奋深得船长信任。曾生便通过他的介绍，在"日本皇后"轮当上了船员。

曾生在轮船的工种是服务生，每月工资 20 元港币，专门负责听取客房发出的电铃声，哪个客房门口的电铃响了，他就走去询问旅客有些什么需要，并根据需要提供服务。这是船上一种比较低贱的工种，被人称为"走钟仔"。

当年"日本皇后"轮照片，曾生曾在该邮轮当船员

"日本皇后"轮是"四大皇后"轮中比较大的一艘，有中国船员近千人。曾生是这艘船里唯一的大学生。他经常利用空闲机会主动接触船上的工友，向他们宣传抗日救国的道理，很快就与他们打成了一片。

"日本皇后"轮原先有中共支部和赤色工会支部，由于受党内"左"倾冒险主义的危害，当曾生来到这艘船时，船上已没有了党组织，甚至余闲乐社的活动也被船长禁止了。因此，船上气氛冷冷清清，海员心头十分苦恼。

船上几位失去组织关系的老党员曾寿隆、张东荃等，了解到曾生是因参与组织和领导广州学生抗日救亡运动而被国民党当局通缉跑来当海员的，以为他是共产党员，便主动找他谈心和介绍船上的情况，请他带领海员重新开展活动。曾生与他们商量决定：为取得合法手续，根据船上惠阳籍船员比较多的特点，以惠阳县坪山籍海员同乡的名义，成立一个慈善性质的组织——惠坪乐善公所。在曾琮的帮助下，成立申请获得了船长的批准。经过曾生、曾寿隆等人的积极发动，惠坪乐善公所很快就发展到100多人，成员不仅有惠阳籍的海员，还有其他籍贯的海员。

惠坪乐善公所恢复了以前余闲乐社的活动内容，如开展文娱活动、募捐筹款等，同时还开展抗日救亡宣传活动，使船上的气氛又活跃起来，连船长都感到十分满意。

二、中共香港海委书记

这是1936年的孟秋时节，暑去凉来。华南闷热的空气逐渐散去，田里的水稻开始抽穗杨花，孕育着未来丰收的果实。

此时，曾生随"日本皇后"轮从加拿大回程途经日本，意外地收到了钱兴的来信。信中说：陈济棠已经下台，中山大学校方撤销了对一些进步学生"不准注册"的布告，准许曾生等人回校复学了。来信还用隐语告诉曾生一个更为重要的消息："中青"领导人王均予已找到共产党组织，准备发展"中青"盟员入党。

这真是天大的喜讯。曾生恨不得长出一双翅膀，立即飞回广州去，解决渴望已久的入党问题。

船经上海作短暂停留。时任赤色海员总工会负责人丘金，通过曾寿隆找到了曾生。丘金，1905 年 11 月生，香港九龙人，18 岁开始海员生涯，曾经在"日本皇后"轮当过海员，1927 年任中华海员工业联合总会负责人，1933 年 5 月加入中国共产党，先后担任中共赤色海员总工会党团成员、中华全国海员总工会党团外轮工作委员会主任。由于曾寿隆早前向丘金介绍过曾生在船上活动的情况，因而引起了丘金对曾生的注意。其时，丘金也与党组织失去了联系，正在千方百计寻找党组织。

曾生、丘金二人见面后，在上海的旅店租了一间房，进行彻夜长谈。曾生直截了当向丘金提出加入共产党。丘金这才知道原来曾生并不是共产党员，便明确告诉他，自己已经与党组织失去联系很久了，无法介绍曾生入党。于是，他们互相向对方打听何处有共产党组织。曾生把钱兴来信的内容告诉了丘金，丘金十分高兴，要求曾生继续在广州寻找共产党的关系。他又把香港的赤色工会会员介绍给曾生，并写了一封信托曾生带回香港交给余闲乐社的负责人，信中提出今后要由曾生领导他们开展工作。这次会面，丘金把领导香港余闲乐社和香港海员的工作责任，交给了曾生。

当"日本皇后"轮抵达香港后，钱兴从广州赶到香港与曾生会面。两人互相倾诉别后情况，决定一起回校复学。

1936 年 9 月，已经当了半年海员的曾生，辞掉船上的工作，回到中山大学复学。同年 10 月，曾生由王均予介绍及批准，加入中国共产党，终于实现了渴望已久的心愿。

曾生考虑到自己已在香港海员中打下了很好的基础，便向党组织提出：在广州读书期间，不再参加广州学生运动的工作，只参加香港海员工运工作。党组织同意了他的要求。时任中共广州市委书记的王均予，把曾生的党组织关系转到设在香港的中共中央南方临时工作委员会（简称"南临委"）那里，归南临委直接领导。

1936 年秋至 1937 年 7 月，曾生在中山大学复学期间，既要应付学业，又要参加海员工运的领导工作，每月都要往返于广州、香港好几趟。

1936 年秋，赤色海员总工会解散。丘金从上海回到香港，经过曾生的关系寻找党组织。此时已入党的曾生，把丘金介绍给南临委书记薛尚实，使丘金得以恢复党组织关系。

同年 12 月，中共香港海员工作委员会（简称"香港海委"）成立，薛尚实主持成立事宜，指定丘金为书记，曾生负责组织工作，叶盘生负责宣传工作。香港海委与同期成立的中共香港工作委员会（简称"香港工委"）为同级党组织，同属南临委领导。

香港海委根据南临委的指示，认真做好海员基层党组织的恢复和重建工作，陆续恢复了曾寿隆、周石永、刘达潮等海员中一些老党员的组织关系；同时，在海员群众中吸收了一批新党员。至 1937 年下半年，香港海委在海员中建立了 4 个党支部，有党员 32 人。[1]此外，曾生接受南临委派遣，于 1937 年春返回家乡惠阳坪山进行党组织的重建工作，成立了中共坪山支部，由曾生在中山大学的同学陈铭炎担任书记。[2]

1937 年 9 月，中共中央派张文彬到广东，整顿和加强以广东为主的南方党组织。张文彬，1910 年 7 月 5 日生，湖南平江人，1926 年 12 月加入中国共产党。1928 年 12 月至 1937 年 8 月，历任中国工农红军

---

① 丘金：《关于中共香港海委活动的一些情况》（1981 年 3 月），载《广东党史通讯》1985 年第 1 期。

② 中共惠阳区委党史研究室等著：《中国共产党惠阳地方史》，中国社会出版社 2004 年版，第 178 页。

第五军第四纵队政治委员、红七军政治委员、红三军团第五军政治委员、红三军团保卫局局长、中华苏维埃共和国中央执委委员、毛泽东秘书、红十五军团东渡黄河司令部政治委员、红军驻兰州办事处主任等职务。1937年10月，撤销南临委，成立中共南方工作委员会（简称"南方工委"），张文彬任书记。南方工委机关最初设在香港，香港海委归南方工委领导。因香港海员工会被港英当局强行封闭事件的发生，1938年初，南方工委改组香港海委，免除丘金的职务，派他去延安学习，由曾生接任香港海委书记。

1938年4月18日，南方工委扩大会议在广州召开，宣布撤销南方工委，选举产生中共广东省委，张文彬任省委书记。曾生参加了这个扩大会议，被选为省委候补委员。

中共广东省委成立后，根据中共中央的决议，要求所属各地积极建立党组织，大量发展党员。香港海委在曾生的带领下，坚决贯彻省委的指示，认真总结前一阶段香港海委工作的经验教训，抓好党的组织建设，积极发展党员。至1938年10月曾生离开香港时，香港海委除了在香港建立党的基层组织之外，还在船上建立了38个党支部，党员人数发展到300多人。

三、领导香港海员工人运动

曾生通过余闲乐社，把广大海员和洋务工人团结和组织起来，在香港开展如火如荼的抗日救国活动。

1936年11月，日本侵略者发动侵占中国绥远的战争。绥远省政府主席兼第三十五军军长傅作义率部奋起抗敌，先后取得红格尔图战役和百灵庙战役的胜利，收复了百灵庙等失地。绥远抗战的胜利，是中国军队自1933年长城抗战以来的第一次胜利，极大地鼓舞了全国人民的抗日斗志。各地人民纷纷发起援绥抗日运动。曾生和丘金商量，决定抓住这一时机，以救济战区灾民的名义，发动广大海员和洋务工人，开展支援绥远抗战的群众性抗日救国活动。

于是，由余闲乐社发起，成立了由36个团体组成的"香港海员、洋务工人筹赈绥远兵灾联合会"（简称"赈绥会"）。在赈绥会成立大会上，许多团体代表发表讲话，坚决表示：国家兴亡，匹夫有责，为了救国，有钱出钱，有力出力，誓死不当亡国奴！与会人员纷纷捐款，当场就募集到500多港元。这次大会开得十分热烈，在香港地区产生了较大反响。在两个月内，赈绥会共募集到2000余元港币，悉数汇给驻绥远的中国军队。

自此，余闲乐社的抗日救国活动由秘密转为公开。在香港海委的领导下，余闲乐社组织宣传队、演出队，到船上和街头宣传抗日，发动群众捐款捐药，把募集到的钱和药品及时送往抗日前线。通过这些抗日活动，余闲乐社很快就成为闻名香港的爱国进步团体。许多海员和洋务工人，纷纷要求入社。至1937年，余闲乐社的成员已发展到1.7万人，并成立了许多分社。

为了配合群众性抗日救国运动的开展，曾生注重抓好余闲乐社的《余闲》、赈绥会的《赈声》、惠坪乐善公所的《坪潮》这三个刊物的出版发行工作，在这些刊物中公开宣传抗日救国的主张，公布抗日募捐名单和数额。这些刊物，不仅在香港广为散发，还通过海员带到海外。海外华侨阅读了这些刊物，得悉余闲乐社等团体发动抗日募捐后，纷纷把钱寄到余闲乐社总社，要求转交抗战有功部队和战区灾民。

1937年7月，曾生在中山大学毕业，搬到香港居住，全副身心投入海员工运工作。

一天，余闲乐社的负责人向曾生反映部分海员工人子弟入学读书有困难，建议开办一所海员子弟学校。曾生觉得这个建议很好，但一下子难以筹够大笔办学经费。怎么办呢？他想到了家里还有些田产，于是跑回坪山老家，说服母亲变卖了2亩田，共筹得500多元港币。

办学经费解决后，曾生在九龙弥敦道南京街租了一层楼作为校舍，经注册批准，办起一所香港海员子弟学校——海华学校，并亲自担任校长。学校采用复式制教学，招收小学一至六年级的学生。曾生还利用这所学校的校址，开办英文夜校，招收海员、洋务工人到夜校学习英文。

海华学校的创办，既使香港海员子弟入学困难问题得到了解决，又为曾生进行革命活动提供了公开职业的掩护。曾生以海华学校为据点，开展党的秘密工作，那里成了中共香港海委的一个秘密联络站。曾生在这所学校组织了一个党的外围组织——"救国十人团"，并吸收一些进步教师入党。在曾生等共产党人的努力下，海华学校成为一所革命学校，师生们具有较高的爱国热情。华南抗战爆发后，香港海委先后组织和动员这所学校的一些教员和学生，回到东江地区参加抗日游击战争。

随着香港海员抗日救国情绪的日益高涨和时局的发展，香港海委决定采取公开合法的形式，重新建立海员工会。1937年8月15日，由余闲乐社等60多个团体组成的香港海员工会正式宣布成立，推举比较进步的海员上层分子李发担任工会执委主席，共产党员刘达潮任副主席，曾生兼任组织部部长。香港海员工会发表成立公告，指出："本会执行抗日救国与提高生活的斗争，并实行上、下联合战线之策略。"接着，海员工会又制定和公布《海员抗日救国十大纲领》，内容有：联合全国各海员团体，扩大海员抗日救国运动；联络英美及世界海员，实行制止对日交通；联络日本海员，加强其反战反法西斯运动；扩大统一募捐运动，落实抗战经费；清除破坏爱国运动的亲日汉奸；立即武装全民对日宣战；等等。香港海员工会的工作，直接由香港海委领导。

香港海员工会把抗日募捐作为首要任务，发动广大海员购买公债和捐款，数月之内共募捐港币 6 万多元。①

香港海员工会发动海员进行抗日罢工斗争。工会提出号召：一是在日本船上做工的中国海员自动离职，拒绝替敌人工作；二是在别国轮船工作的中国海员，拒绝运输军火赴日；三是要求轮船公司改变航线，不要开赴日本。这些号召，得到了广大海员的积极响应。据有关资料统计，从 1937 年 8 月至同年底，参加反日罢工斗争的海员就有 5479 人。在日本轮船公司工作的 3500 名中国海员，全部离职回国。在其他各国轮船公司工作的中国海员，也因拒绝运货到日本而罢工离职。在香港，一时竟有 40 多艘轮船因海员参加反日罢工而不能开航；在新加坡和澳大利亚，也有部分轮船因此而停航。

1950 年，曾生与原在香港参加海员工人运动的同志合影，前排左一为曾生

香港海员工会发动海员进行的一系列抗日活动，引起了日本政府的不安和仇视。日本驻香港领事向港英当局交涉，要求取缔香港海员工会。香港海员工会发动的罢工斗争，也损害了英资轮船公司的经济利益，因而这些轮船公司也要求港英当局制裁香港海员工会。港英当局唯恐罢工

① 刘达潮：《广东海员的战斗历程》，载《广东党史资料》（第 2 辑），广东人民出版社 1984 年版，第 96 页。

斗争继续发展会威胁到其对香港的统治，便以"煽动罢工，扰乱治安"为由，于1937年12月30日强行封闭了仅成立四个多月的香港海员工会。

香港海员工会被查封不久，曾生接任香港海委书记。他把余闲乐社作为工作主要据点，采取多种形式继续在海员中开展抗日救国活动。同时，利用惠阳同乡的关系，积极做好另外两个群众团体——香港惠阳青年会和香港洋务工会的工作。为了支援广东内地的抗战，中共香港海委和香港市委从余闲乐社、惠阳青年会及洋务工会中，组织了名称不一的回乡服务团，回到以珠江三角洲为主的地区，开展抗日武装斗争。

四、战友和伴侣

与黄萍自愿离婚两年后，曾生再婚，妻子叫阮群英。二人相依相伴58载，感情笃深。阮群英晚年自豪地说，她与曾生是亲密的战友，终生的伴侣。

阮群英，祖籍广东惠阳县岭背坑村（今深圳市龙岗区龙城街道五联社区岭背坑居民小组），1916年6月6日[①]生于安南（今越南）西贡（今胡志明市）一个华侨知识分子的家庭。父亲名叫阮镜清，早年在安南谋生，是当地颇有名气的建筑工程师。母亲是越南人[②]。1926年，阮群英和妹妹阮群治跟随父母回国，在福建厦门定居。不久，母亲去世，父亲续弦。继母周瑞群生下4个子女。加上早前收养的一个儿子，阮镜清总共有了7个儿女，但一直把长女阮群英视为掌上明珠。

1933年6月，正当阮群英在厦门粤侨学校读初中二年级时，父亲精心安排，把她许配给一个姓郑的厦门商会会长的儿子。阮群英得知对

---

① 根据中国人民解放军军事学院队列部于1954年12月31日为阮群英填写的《复员建设军人登记表》（第66997号）。

② 曾德平根据阮群英的忆述。但阮佩仪忆述为越南华侨。

方是一个花花公子，坚决不同意这门亲事。

阮家与曾生家有亲戚关系，阮群英和弟妹们称曾生母亲为姑妈。正当阮群英感到孤立无援之时，曾生来到厦门探望阮家。阮群英将内心的苦楚向表哥倾诉。曾生经历过父母包办婚姻的痛苦经历，十分同情表妹的处境。他告诉表妹这是封建包办婚姻，还讲了许多要改变这黑暗社会不合理制度的道理。经过这次见面交谈，阮群英"深深地被这位仪表堂堂，谈吐风雅，胸怀大志，见识多广的青年所吸引"①。

不久，郑家提出要尽快举行婚礼，并向亲戚朋友发出了请柬。阮群英向父亲表示誓死不从，并写信向曾生求援。刚刚从中山大学附属高中毕业的曾生，接到表妹来信，立即赶到厦门。

阮镜清在束手无策之际，忽然看见曾生到来，就像见到了救星，着急地问他如何解决这个棘手问题。曾生献上"缓兵之计"：推迟婚礼，待双方气氛好一些时再举办。阮镜清觉得这个建议很好，便向郑家提出推迟一个月举办婚礼。郑家却以请柬已发出为由，拒绝推迟婚期。

阮群英心急如焚，再次恳求曾生相助。由于时间紧迫，曾生决定带阮群英逃走。阮群治十分同情姐姐的遭遇，积极支持姐姐逃婚。她把姐姐的鞋子扔进池塘里，制造跳水自杀的假象。在阮群治的配合下，曾生和阮群英顺利摆脱家人的监视，连夜乘船离开厦门前往香港。

郑家有财有势，发现不见了阮群英，派人四处搜寻，查明真相后，立即通知船主和香港华民局，要求扣留曾生和阮群英。结果，二人在船上遭到查问。船抵达香港，二人一上岸，就被带到华民局审问。审问官了解实情后，释放了曾生，却把阮群英带到保良局看管所关押起来。

阮群英被关押期间，曾生每隔几天便从广州赶来探望她，并带来一些进步书籍给她阅读。曾生给她看的第一本书是俄国著名作家高尔基写

① 阮群英：《亲密的战友，终生的伴侣——回忆和曾生一起参加抗日救亡斗争的日子里》，载《怀念曾生同志》，中共广东省委党史研究室 1996 年 12 月内部出版，第 118 页。

的《母亲》。这部小说反映 20 世纪初俄国无产阶级政党领导的波澜壮阔的群众革命斗争，第一次塑造了具有社会主义觉悟的无产阶级英雄形象。它对于阮群英的思想进步，有着深刻的影响。阮群英晚年仍然清晰记得其书名与作者。在看管所的日子里，阮群英阅读了不少之前从未看过的书籍，使她大开眼界，仿佛天地间变得宽大了许多。

在看管所被关押了一个多月后，父亲到香港把阮群英领了出来。阮群英的逃婚，使父亲在震惊和内疚之余改变了包办婚姻的封建传统观念。根据女儿的意愿，他带着女儿来广州找到曾生，嘱托曾生帮助阮群英在广州联系学校继续读书，并照顾好她。

在曾生的热情帮助下，阮群英得以在广州落脚，先是入读越山中学，后转学到教忠中学。

1935 年北平一二·九运动爆发后，曾生、钱兴等学生骨干全力投身抗日救亡运动。阮群英经常为他们传递字条，与各校进行联络通讯。1936 年 1 月 9 日，阮群英与教忠中学的部分进步同学，参加了广州市民抗日救国大会和广州市第三次抗日示威大游行。在抗日救亡运动中，阮群英与曾生建立了纯真的爱情。

1936 年 6 月 8 日，广雅中学、中大附中、大中中学、知用中学、女子师范等学校的进步学生 1000 多人，前往广东省教育厅和西南政务委员会请愿，要求出兵抗日以及废除会考、实行抗战教育等，遭到国民党广东当局的拒绝。请愿结束后，部分同学前往联络地点——广州市珠光路珠光里的一间旧平房，商议新的行动计划。国民党广东当局派出便衣侦缉，事先埋伏在那里，陆续抓捕了钱兴等 40 多名爱国学生。阮群英也在"珠光里事件"中被捕。在监狱里，阮群英被扣上手镣，多次受到审讯。面对国民党特务的威逼恐吓，阮群英表现勇敢，坚强不屈。

阮群英在狱中被关押了一个多月后，因陈济棠下台，余汉谋上台，广州市新任警察局局长李洁之下令大赦"政治犯"，"珠光里事件"被捕的学生得到释放。阮群英出狱后，被教忠中学开除了学籍。随后，她转到广州市执信中学继续读书。由于数次停学与复学，她直至1937年7月才获得初中毕业。①

曾生回到中山大学复学读书期间，主要精力放在开展香港海员工运工作上，要经常跑去香港。由于怕旷课太多影响毕业，他叫阮群英去中山大学顶替他上课"应到"。阮群英根据曾生提供的上课日程表及上课地点，每次上课先到课室坐在中间的座位上，当老师点名叫"曾振声"时，她就应一声"到"。她冒充曾生到中山大学上课"应到"达半年之久，竟然没有被授课老师发现。

1937年5月，阮群英由曾生介绍，在香港加入中国共产党。

1937年7月，曾生、阮群英在共同参加抗日救国斗争中建立的爱情已瓜熟蒂落。两人在大学和初中毕业前夕，正式宣布结婚。婚礼在广州白云酒店举行。中山大学文学院院长范琦为证婚人，曾生的同学好友钟远蕃当伴郎，阮群英的妹妹阮群治当伴娘。一班志同道合的同学前来祝贺，婚礼场面显得十分热闹。

婚后，阮群英跟随曾生来到香港，从事党的秘密工作。香港

20世纪30年代，曾生与夫人阮群英

海委为了开辟新的据点，在九龙庙街开设了一间"新文化书店"。阮群

---

① 中国人民解放军军事学院队列部于1954年12月31日为阮群英填写的《复员建设军人登记表》（第66997号），"文化程度"一栏为"初中毕业"。

英被安排到这间书店工作。书店由于售卖进步书刊，只办了几个月，就被查封了。随后，阮群英由党组织派遣在曾生兼任校长的海华学校担任教员。

1938年10月下旬，阮群英跟随曾生从香港回到东江地区，参加敌后抗日斗争。她在东江抗日游击队（东江纵队）里，历任政工队员、妇运联络员、电台司务长、司令部参谋处统计员、妇女大队中队长等职。

在弟妹们的眼中，阮群英是一个善良而勇敢的大姐。

1944年夏，阮镜清在福建漳州投资建设的桥梁遭到日军飞机炸毁，血本无归。他忧愤成疾，只好携妻小返回广东老家，途经广东梅县松口镇时突然发病，客死异乡。周瑞群强忍悲痛，草草安葬完丈夫后，带着年幼的子女继续上路，来到惠阳、博罗投靠阮群英和阮群治。阮群英、阮群治两家热情收留了他们：由阮群治夫妇负责抚养继母和小妹；由曾生负责把大弟和二弟送到游击队当小战士；把三弟和二妹送到坪山交曾生母亲照顾。

三弟阮佩仪回忆：1944年11月的一个夜晚，在博罗县石湾的东江纵队地下医院（阮群治夫妇开设的诊所），他目睹了身怀六甲的大姐阮群英挺着大肚子，与二姐阮群治，趁着夜色走到敌人驻地附近，冒着生命危险散发抗日传单。姐姐的勇敢行为，深深地铭刻在当时只有12岁的阮佩仪心里。

在阮群英和曾生的影响及带动下，阮群英的几个弟妹以至继母，相继加入了革命队伍，其中弟弟阮庆涛、阮沛池、阮佩仪3人成为东江纵队战士，大妹阮群治和妹夫马烈成为东江纵队的护士、医生，继母周瑞群成为东江纵队驻香港办事处的工作人员。

新中国成立的最初几年，阮群英历任新华社电台托儿所所长、中国人民解放军广东军区珠江军分区托儿所所长、中南军区子弟学校股长、中国人民解放军军事学院子弟学校副教导主任（副营级）等职务。

1954年12月，阮群英从部队复员，因身体不好，在家养病并照顾曾生及子女的生活。1959年在广州市政协工作，担任专职政协委员。

"文化大革命"开始后，曾生受到林彪、江青反革命集团的迫害，被关进北京秦城监狱。阮群英也受到牵连，被押送至广州警备司令部监禁。她被释放后，下放到从化县五七干校劳动，在集体饭堂负责做饭。"文化大革命"结束后，她恢复了广州市政协专职政协委员职务，1983年离休。

阮群英总共生下7个子女（三男四女），依次名叫世平、克顽、彦眉、德平、晓霞、克南、凯平。在子女们的眼中，阮群英是一个热情开朗、顾念家庭、擅长家务的既可亲又普通的母亲。长子曾世平回忆：母亲从来不摆领导夫人的架子，每当父亲的战友或部下到家里做客，她总是亲自下厨，做几样拿手好菜给他们吃。因此，他们都很喜欢这位随和的"大姐"，经常到来串门。

在曾生心里，阮群英是一位对爱情坚贞不渝的好妻子。数十年来，阮群英与丈夫相亲相爱、相濡以沫。她对丈夫敬重有加，一直称丈夫为"生哥"，曾生则亲昵地叫她为"阿阮"。阮群英晚年回顾与曾生长达半个多世纪的爱情经历时，饱含深情地说："能够与曾生相结合，做他的亲密战友和伴侣，是我一生最大的幸福。"①

1997年3月13日，阮群英在广州去世，享年81岁。

---

① 阮群英：《亲密的战友，终生的伴侣——回忆和曾生一起参加抗日救亡斗争的日子里》，载《怀念曾生同志》，中共广东省委党史研究室1996年12月内部出版，第126页。

第四章　组建东江人民抗日武装

一、日军在大亚湾登陆

1938 年 10 月 12 日凌晨 4 时 20 分左右，广东惠阳大亚湾上空，大块乌云遮挡了渐缺的月亮。事先集结在大亚湾的日本军队，乘坐 500 余艘舰船，分三路悄悄靠岸。日军在大亚湾登陆了，进攻目标为华南最大城市——广州。

大亚湾是中国南海重要海湾，位于惠阳县东南，由东面的平海半岛和西面的大鹏半岛环抱而成，东与红海湾、西与大鹏湾相邻，海面宽阔，水深数丈，在岩前至霞涌一带有 8 公里长的沙滩，是一个最理想的登陆地段。

日军对华南的入侵蓄谋已久。

1937 年 7 月卢沟桥事变后，日军对华北、华东发动强大攻势，妄图一举灭亡中国。由于中日两国实力相差悬殊，中国军队的英勇抵抗未能阻止敌人的进攻，上海、南京相继失守。1938 年 7 月 8 日，日本政府决定：举国家一切力量攻取武汉和广东。8 月 22 日，日军大本营正式下达进攻武汉的作战命令，随后着手准备进攻广州，并作出作战军主力从大亚湾登陆的方案。9 月 7 日，当日军进逼武汉时，日军大本营御前会议决定由陆、海军协同攻占广州，同时下令组编第二十一军，担负广东作战的任务。9 月 19 日，日军大本营分别下达"大陆令"和"大海令"，明令第二十一军登陆地点为大亚湾海岸或珠江沿岸；日军舰队协同陆军攻占广州及其附近要地，切断中国主要对外联络补给线。

参与广东作战的日军，由第二十一军、海军第五舰队组成，总兵力约 7 万人，舰船 500 余艘，飞机 200 余架。日军第二十一军、海军第五舰队司令长官商定，进攻广州的作战分两个阶段进行：第一阶段从 10 月 12 日开始，以第十八师团、第一〇四师团主力和第五师团的第九旅在大亚湾登陆，经平山①、平潭向惠州一带推进。第二阶段，俟第五师团主力到达后，突破东江防线，分路西进，向广州进攻；而以第五师团在珠江口登陆并攻占虎门要塞后，由南向北配合主力进攻广州。

日军在大亚湾登陆前，首先占领华南沿海的蒲台、担杆、硇洲、三灶、南澳等岛屿，然后在那里修建机场、码头，封锁广东沿海。同时，派出人员到大亚湾周围海面侦察，搜集情报。

1938 年 10 月上旬，日军第二十一军的 3 个师团，分别在大连、青岛、上海集结，进行补充装备及登陆作战训练。10 月 2 日，第二十一军司令部从台湾进至澎湖列岛之马公岛。10 月 7 日，参加第一阶段作战的部队分乘 100 多艘运输舰船，先后到达马公岛附近海面待命。

根据对日防御作战的需要，国民政府于 1937 年 8 月 20 日将全国划分为 5 个战区。广东划入第四战区范围。由于广州邻近香港，国民政府军事委员会主要决策者认为：日军若进攻广州，将损害英国的利益，可能引起英国干涉，由此判断日本不会贸然进攻广州，故始终未把广州列为重点防御地区，而将抗战重点放在华中，并从第四战区抽调大批兵力到华中作战，导致华南兵力极为单薄。武汉会战前期，又从广东抽调 4 个师的兵力（占广东驻军人数一半左右）参加武汉保卫战，造成了广州防备松懈。

日军在大亚湾登陆前，国民党军队驻粤部队为第四路军（广州沦陷

---

① 平山与坪山是惠阳县两个不同的地方。平山今属惠州市惠东县管辖。

后改称第十二集团军），余汉谋任总司令。当时留守广东的只有 4 个军的 7 个师，2 个独立旅，共 8 万余人，还有 2 个保安旅。担负广州和沿海地区防御的军队有：第八十三军一五一师，驻大亚湾、惠阳地区；第六十三军一五三师，驻深圳、樟木头地区；第六十五军一五七师，驻潮汕海陆丰地区；第六十二军一五二师、第六十三军一五四师、第六十五军一五八师以及独立第九旅，驻广州附近；第八十三军一八六师，驻增城；独立第二十旅，驻正果。虎门要塞有守备部队和海军防守，珠江口有 7 艘军舰扼守。本来防守惠州、大亚湾地区的兵力就已不足，但余汉谋又把一五一师的 1 个旅调往广九铁路深圳附近。这样一来，惠州、大亚湾地区防守兵力就更加薄弱了，剩下的第一五一师 1 个旅（第四五三旅，只有 2 个团），防守惠（州）坪（山）淡（水）澳（头）一带。尤其是处于第一线的大亚湾的海岸线上，只摆了 1 个营 3 个连共 300 余人在澳头、霞涌的 15 公里的海岸线上。①

中国政府军事当局对敌情相当大意。1938 年 9 月 7 日，蒋介石得到广东省政府主席吴铁城送来的情报：日军在进攻武汉的同时，进犯华南。10 月 8 日，又接获吴铁城急电：“据香港英军情报机关消息，敌拟派四师团一混成旅团大举南犯，或在真日（11 日）前后发动”，主要攻击地区在大鹏湾、虎门一带。②但蒋介石及军令部认为这是“谣言”，是日本的“反宣传”，广州地区不会发生大的战事，因而不仅未做任何加强广州方面的防备，还向余汉谋要兵增援武汉。

日军进攻广州的作战准备已经就绪。1938 年 10 月 9 日下午，日军第二十一军第十八、第一〇四师团和第四飞行团，乘坐 100 多艘大船，由海军第五舰队护航，从马公岛出发，10 月 11 日晚抵达大亚湾口。而

---

① 广东省人民武装斗争史编纂委员会编：《广东人民武装斗争史》（第三卷），广东人民出版社 1994 年版，第 43 页。

② 《吴铁城致蒋介石电》（1938 年 10 月 8 日），原件存中国第二历史档案馆。

守备大亚湾滩头阵地的中国军队，对日军的行动毫无觉察。

10月12日天亮前，日军步兵4万余人，在飞机和炮舰的掩护下，分三路实施登陆进攻。担任右翼的日军为第一〇四师团和第九旅，他们兵分两支，一支在平海的碧甲沿海沙滩登陆，到稔山后沿西北方向进攻平山，另一支在霞涌圩以东登陆。驻守霞涌圩的中国海军陆战队一个营，在沙公坳略作抵抗后，即向盐灶背方向溃退。右翼日军于10月12日傍晚进抵平山。担任中路和左翼的日军为第十八师团，左翼部队在澳头圩西南约5公里的倒装湾小桂登陆，然后由汉奸引路，绕过澳（头）淡（水）公路沿线的钢筋混凝土工事，于10月12日下午6时占领淡水镇。淡水镇附近的国民党驻军是第一五一师四五一旅旅部、该旅第九〇一团团部及两个营，在敌人还未接近时便慌乱向惠州城溃退。中路日军是主攻部队，登陆地点在澳头圩以东5公里的桂米涌沙滩，登陆后经新桥、分墩，出大迳，配合左翼部队占领淡水镇。

1938年10月12日，日军在大亚湾登陆

日军奔袭淡水时，途经海防线新桥、粉石坳、企岭、石岩仔等地，遭到分散防守在那里的中国军队第一五一师四五一旅九〇一团的一个营兵力顽强阻击，但寡不敌众，伤亡惨重。守卫新桥的一个排官兵全部阵亡。驻粉石坳的一个连大部分官兵阵亡，只有10余人突出重围。驻守企岭、石岩仔阵地的两个连官兵阵亡过半。最后，这些前沿阵地全部

失守。

登陆日军占领澳头、淡水后，兵分两路合击惠州，准备攻下惠州后经博罗、增城直扑广州。中国军队节节败退。10月15日，惠州失陷。10月16日，博罗失陷。10月20日，增城失陷。10月21日，广州失陷。10月23日，虎门失陷。国民党第四战区司令部及广东省政府机关仓促撤到粤北韶关和连县。其军队也大部分向粤北撤退，在英德至河源一线防守；来不及撤退的1万余名官兵，滞留在惠阳、东莞、宝安三县的广九铁路两侧地区。

由于国民党守军未能作有效抵抗，仅10多天时间，东江下游及广州市周围各县相继沦陷。日军所到之处，烧杀掳掠，奸淫妇女，无恶不作。日军进入惠州城后，连续3天疯狂烧杀抢掠，焚毁了县城水东街及塘下最繁华的商业区；在五眼桥东江河边和烽火台，用刺刀刺死了500多名群众。

东江下游地区遭受前所未有的浩劫，广大同胞生活在水深火热之中。东江人民对日军的侵略暴行无比愤慨，对国民党政府的消极抵抗怨声载道，对广东军政要员余汉谋、莫希德（第八十三军军长兼一五一师师长）、吴铁城、曾养甫（广州市市长）等人的腐败无能极为不满。社会上流传着一首讽刺民谣："余汉无谋，希德没德，吴铁失城，曾养无谱（甫）。"

在这危急关头，中国共产党义无反顾地挑起了带领东江人民坚决反抗日本帝国主义侵略的重任。

二、组建惠宝人民抗日游击总队

1938年10月13日，香港九龙红磡区一幢旧楼三楼的一间小房间，一个紧急会议正在这里召开，三位表情肃穆的青年男子围坐在一起，研究如何迅速开展东江敌后游击战争的问题。

三人当中，那位相貌憨厚的是廖承志，时任八路军驻香港办事处主任。廖承志是广东惠阳人，1908 年 9 月 25 日生。父亲廖仲恺是中国民主革命家、中国国民党左派领袖，1925 年 8 月在广州遭国民党右派刺杀身亡。母亲何香凝是中国共产党人的挚友。廖承志于 1928 年 8 月加入中国共产党，1932 年任中华全国总工会宣传部部长、全国海员总工会中共党团书记。1934 年任中国工农红军第四方面军总政治部秘书长，同年 12 月在长征途中因反对张国焘的错误被关押并开除党籍。1936 年冬，红军第一、二、四方面军在甘肃会宁会师，他经党中央解救获释，恢复党籍。1938 年 1 月任八路军驻香港办事处主任。

那位目光炯炯的是吴有恒，时任中共香港市委书记。吴有恒是广东恩平人，1913 年生。他于 1936 年初从恩平来到广州，与好友萧殷、赖少其在中山大学宿舍寄宿，参加了曾生等人组织的广州学生抗日示威大游行，因躲避国民党军警追捕而逃到香港。在香港参加全国各界救国联合会华南区总部的工作，9 月加入中国共产党，12 月任中共香港市工委组织部部长。1937 年 1 月任香港市工委书记，同年 5 月调任中共广州市委副书记，10 月调回香港工作，12 月任中共香港市委书记。1938 年 4 月被选为中共广东省委委员。

那位体格结实的是曾生，时任中共香港海委书记。

这个紧急会议是在吴有恒住处召开的，由廖承志召集和主持。那天，廖承志在香港接到中共中央给广东省委和八路军驻香港办事处关于"要在东江日占区后方开拓游击区"①的电报后，立即召集吴有恒、曾生开会，研究贯彻党中央的重要指示。

廖承志对吴有恒、曾生说："党中央早已掌握日军要在广东沿海登

---

① 廖承志：《东江纵队·序言》，载《东江纵队史》，广东人民出版社 1995 年版，序言第 1–2 页。

陆的动向，鉴于国民党军队缺乏坚决抗战的意志，估计东江地区将会很快沦陷，要求我们迅速在东江敌后组织人民抗日武装，开展敌后游击战争，开辟抗日根据地。我们要尽快从香港抽调一批得力的干部，由市委或海委一位负责同志带领回去。今天找你们两位来就是研究这件事。"

"我回去！"吴有恒先声夺人，"我的理由是香港市委属下党员多，我较善于同农民交往，带领他们回内地打游击非我莫属。"

"我回去，谁也抢不走这个任务！"曾生不甘示弱。

为了说服吴有恒并争取廖承志的支持，曾生缓和了语气，继续说："我的优势条件有四个：一、我是东江人，会说客家话，便于同民众沟通；二、东江目前没有统一的党组织，只有若干党小组和个别分散在各乡的党员和由香港惠阳青年回乡服务团名义派回去的党员，目前在惠阳、宝安沿海地区活动的党员全部都跟海委联系，受海委领导；三、我本人是大学毕业生，这个招牌在乡间有点名望，有利于团结上层人士；四、我家里还有几千斤稻谷，足以应付组建武装初期的需要。"①

"曾生说的有理。"廖承志点点头表示赞许，又问吴有恒："你会不会讲客家话？在惠宝一带有没有社会关系？"吴有恒坦率地作出了否定的回答。

"我看就曾生回去吧。"廖承志考虑一阵子后，拍板作出了这一决定。

吴有恒也觉得曾生说的在理，而且曾生占了天时地利人和，就不再与曾生争这任务了。

"香港的工作也很重要，有恒同志留在香港的担子也不轻啊！你要支持内地开展抗日游击战争的工作。"廖承志对吴有恒慰勉了几句。

最后，他们研究决定：由香港市委抽调香港市委组织部部长周伯明

① 周伯明：《投笔从戎，鏖战东江》，载《怀念曾生同志》，中共广东省委党史研究室1996年12月内部出版，第67-68页。

和香港区委书记谢学筹，给曾生当助手，3 人组成临时工作组，负责带领党员和青年群众积极分子，回到惠阳组织人民抗日武装，开展敌后游击战争。

周伯明

抽调周伯明、谢学筹给曾生当助手，是因为两人既是香港市委的得力干部，又曾经在军队中工作过，有一定的军事常识。周伯明，1918 年生，广东大埔人，1936 年 10 月加入中国共产党，受党组织指派到西安张学良的东北军工作，"西安事变"前任连指导员。1937 年 2 月到延安中国人民抗日军政大学学习，1938 年到中共南方工委工作，先后任中共香港市委宣传部部长、组织部部长。谢学筹，1908 年生，广西扶绥人，1928 年 3 月加入中国共产党。1929 年被党组织派到广西左江地区工作，1930 年参加由邓小平、李明瑞等人领导和发动的广西龙州起义。1931 年赴香港从事党的秘密工作，1937 年 7 月至 1938 年 10 月先后任中共香港市工委组织干事、香港区委书记。

廖承志在后来的回忆中谈及这次紧急会议："关于组建广东人民抗日游击队的事，是我当时在港办提出来的，是经中央同意的……当时我们在香港研究，觉得不搞抗日，那是天诛地灭。"①

1938 年 10 月 24 日，中共粤东南特别委员会（简称"东南特委"）在香港成立，执委由梁广、吴有恒、曾生、黄宇、吕良 5 人组成，候补执委委员潘汉夫、钟明；梁广任书记，吴有恒任组织部部长、杨康华任宣传部部长，3 人组成常委。东南特委初期领导香港、澳门、南海、顺德、中山、番禺、东莞、惠阳、宝安、海丰、陆丰等地的党组织，特委机关设在香港。梁广是广东新兴人，1909 年 12 月生，1927 年 4 月加入中

---

① 廖承志：《关于成立广东人民抗日游击队及对张文彬同志评价问题》，载《广东党史通讯》1985 年第 4 期。"港办"，指八路军驻香港办事处。

国共产党，1930 年 10 月任中共香港市委组织部部长，1933 年 1 月任中共闽粤赣省委常委兼职工部部长，1938 年 4 月任中共广东省委常委，主管穗、港、澳及香港海委工作。杨康华祖籍浙江会稽，1915 年 1 月生于广州，是曾生在中山大学的同学，1935 年底至 1936 年初与曾生一起参加广州抗日救亡运动，1936 年 3 月加入中国共产党，1938 年春任中共广州市委常委兼宣传部部长。东南特委成立后，香港市委撤销，由东南特委直接领导香港的党组织。香港海委则由广东省委委托东南特委代管，曾生仍任香港海委书记，他离开香港期间，由潘汉夫暂时代理其职务。①

同一天，曾生和周伯明、谢学筹 3 人，带领一支由共产党员、进步工人和青年学生总共 60 多人组成的队伍，从香港来到曾生家乡坪山。

曾生他们到达坪山后，面临的社会状况是：国民党驻军军心动摇，土匪四处抢劫，地主富商逃往香港，人民群众苦闷彷徨。怎样才能打开抗日武装斗争局面呢？以曾生为首的工作组决定：先从抓党组织建设入手，使党组织和党员在抗日游击战争中发挥核心和骨干作用。

10 月 30 日，在坪山羊母嶂村，曾生主持召开有香港惠阳青年回乡救亡工作团（简称"惠青工作团"）及坪山、淡水、盐田、沙鱼涌等 12 个党支部代表参加的工作组扩大会议，正式成立中共惠（阳）宝（安）海（陆丰）工作委员会（简称"惠宝海工委"），曾生任书记，主管全面工作；谢学筹任组织部部长，负责党的工作；周伯明任宣传部部长，负责武装工作；委员有陈铭炎、刘宣、叶汉生、叶锋。惠宝海工委隶属东南特委领导。当初为何称"惠宝海工委"？东南特委在给省委的工作

---

① 《廖承志、梁广给中央并张文彬的报告》（1938 年 11 月 20 日），载中央档案馆、广东省档案馆编：《广东革命历史文件汇集》甲 36，1987 年 2 月印，第 265 页。关于东南特委成立的时间，历史文件有多种说法：1938 年 11 月 24 日、1938 年 11 月、1938 年 10 月底。梁广、杨康华回忆认为历史文件有笔误，应为 1938 年 10 月 24 日。海丰、陆丰的党组织于 1939 年 2 月由新成立的中共东江特委管辖。东南特委于 1939 年 11 月撤销。

报告中作了说明："那时我们打算把海陆丰关系接过来"①。同年12月初，惠宝海工委改称惠宝工委，管辖惠阳、宝安两县的党组织。

要建立人民抗日武装，必须有人有枪有钱有活动地区。惠宝工委从三个方面着手解决这些实际问题。

第一，争取华侨和港澳同胞支持。曾生利用以前与海外华侨和香港同胞建立的广泛联系，取得了他们人力、物力和财力的大力支持。曾生率领队伍从香港来到坪山不久，香港市委又紧急动员了共产

羊母嶂会议旧址

党员和进步青年68人，以"惠青工作团"名义，由副团长刘宣率领来到坪山与曾生会合。此前，惠青工作团已组织了两批工作队回到淡水，在惠阳沿海地区开展抗日救亡工作，发展中共党员，建立基层党组织和民众自卫武装，为组建人民抗日武装，开展敌后游击战争打下了一定的基础。吴有恒给党中央的工作报告中指出："惠阳曾生同志的部队就完全依靠香港动员回去的党员与群众组织起来的，那就是不用说了。"②

第二，动员党员和群众献枪。曾生带队回到坪山时，仅有一支他从

① 《中共粤东南特委给广东省委的工作报告》（1939年1月29日），载中国人民解放军历史资料丛书编审委员会编：《华南抗日游击队》（上册），军事科学出版社2008年版，第209页。海陆丰，即海丰县、陆丰县。此外，《廖承志梁广给中央并转文彬的报告》（1938年11月20日），也提到"惠宝海工委"这一名称，指出中共粤东南特委当时管辖地包括海丰、陆丰在内，参见中央档案馆、广东省档案馆编：《广东革命历史文件汇集》甲36，1987年2月印，第265页。

② 《吴有恒关于香港市委工作给中央的报告》（1941年2月16日），载中央档案馆、广东省档案馆编：《广东革命历史文件汇集》甲44,1987年印，第270页。

家里拿来的左轮手枪。他与石灰陂村族人商议，把祠堂"三兴堂"仅有的 5 支步枪、2 门土炮献了出来。随后，惠宝海工委委员叶汉生和惠青工作团团员叶维儒，从家里拿来 12 支长短枪送给部队。

第三，对国民党驻军开展统战工作。当时，驻防坪山一带的有国民党军一五一师四五三旅以及地方团队罗坤大队。这两支队伍，孤悬敌后，处境困难。经过曾生派人联系沟通，这两支部队表示愿意合作抗日。

即将成立的人民抗日武装究竟以什么名称出现？最初，曾生想把它称为"海员游击队"，但惠宝海工委大部分成员认为此名称范围太窄，凡是抗日救国者都可以参加这支游击队，因此名称要改一下。[①] 最后，大家取得一致意见，名称定为"惠宝人民抗日游击总队"。

1938 年 11 月初，根据廖承志和东南特委的指示，曾生带领刘宣、陈铭炎、周石永（香港余闲乐社委员长）、黎孟持（坪山学校教师）4 人，到龙岗大井村国民党军一五一师四五三旅旅部谈判，要求旅长温淑海支持组建人民抗日游击队，给予合法名义。温淑海正想通过曾生取得华侨、港澳同胞以及当地群众的支持，便同意了这一要求，"由旅长委任名惠宝人民抗日游击总队"[②]。饭后，温淑海向曾生颁发了委任状，任命曾生为惠宝人民抗日游击总队总队长。11 月下旬，曾生又向温淑海借了 10 支步枪和一些子弹。

11 月 23 日，日军为了巩固其占领区，消灭滞留在广九铁路沿线的国民党军队，对广九铁路两侧实行疯狂"扫荡"。当日军向坪山、龙岗一带进攻时，曾生心里有些慌乱。他想：我们这支武装队伍刚刚组织起来，还未正式宣布成立惠宝人民抗日游击总队，大部分人员没有武器，

① 贺朗：《吴有恒传》，花城出版社 1993 年版，第 10 页。

② 《中共粤东南特委给广东省委的工作报告》（1939 年 1 月 29 日），载中国人民解放军历史资料丛书编审委员会编：《华南抗日游击队》（上册），军事科学出版社 2008 年版，第 211 页。

更谈不上作战经验了，而队伍里还有不少女战士。自己是个书生出身的人，未带过兵打过仗，该如何应付敌人的进攻呢？当时，他过于相信温淑海的部队，认为他们有两个团的兵力，是可以与日军打一阵子的。于是，曾生带领100多人的队伍，跟随在温淑海部队的后面，向碧岭方向撤退。岂料温淑海部队不堪一击，溃败到沙头角。曾生率队撤到盐田。当晚，他与周伯明、刘宣、陈铭炎等人在盐田学校研究今后去向，决定把队伍分成两部分：周伯明率领武装小队在三洲田、盐田、沙头角一带隐蔽活动；曾生带领非武装人员转移到元朗、九龙。

11月24日，曾生带队到了九龙，安置好队伍后，即找廖承志汇报。廖承志帮助曾生总结这次跟随国民党军队撤到沙头角，再撤回香港的教训，要求曾生带领来港人员迅速返回内地，在敌后发动群众、组织群众，开展敌后抗日游击战争。并特别指出：回去要尽快成立部队，把抗日部队的旗号打出来，对群众就更有号召力。当时，中共东莞中心县委书记姚永光（即李士洋）也率领部分东莞人民抗日武装撤退到新界元朗。东南特委认为：惠宝海工委、东莞中心县委主要负责人带队撤到香港，是"逃跑主义"；"特委当时的任务，就是马上和这种逃跑主义做彻底的斗争，立刻恢复并开辟沦陷区的工作，建立基本部队与群众组织。"东南特委迅速分别召集来香港的这两个党组织负责人曾生、姚永光开会，"彻底的指出他们的错误"；他们"都做了很诚恳的自我批评，并愿意马上回去工作，尤其是惠阳的同志表现得更好"。①

根据廖承志和东南特委的指示，11月26日，曾生带领来港人员和40多名惠青工作团团员回到沙头角，与周伯明率领的武装小队会合。他们在国民党军队士兵逃进英租界时丢弃的枪支中挑选了一些步枪，使

① 《中共粤东南特委给广东省委的工作报告》（1939年1月29日），中国人民解放军历史资料丛书编审委员会编：《华南抗日游击队》（上册），军事科学出版社2008年版，第212-213页。

全体人员都武装了起来。

11月29日，除了留下刘宣带领一个小组继续在沙头角搜集枪支外，曾生、周伯明率领100多人的队伍，从沙头角回到淡水附近的沙坑周田村休整，并紧锣密鼓地筹组惠宝人民抗日游击总队。

惠宝人民抗日游击总队成立旧址——周田村育英楼

12月2日，惠宝人民抗日游击总队在惠阳沙坑周田村正式宣布成立，曾生任总队长，周伯明任政治委员，郑普任副总队长兼参谋长，全队有100余人，成员有从南洋、香港回乡参加抗日的海员工人和知识青年，还有当地的青年农民。

这里追述一下早前由中共东莞中心县委组建的东莞抗日模范壮丁队，因为它与惠宝人民抗日游击总队有着十分密切的关系。

"在广州失陷以前，东莞县委是曾经被省委认为是武装工作做得最好的一个单位。"[①]就在日军登陆大亚湾的当天，中共东莞中心县委召开紧急会议，决定组建一支由共产党直接领导的人民抗日武装，名称为"东莞抗日模范壮丁队"，其含义是坚决抗日的模范队伍。那时，东莞中心县委已同中共广东省委失去了联系，根本无法接收党中央和广东省委的任何指示，因此这一决定是他们独立思考作出的。1938年10月15日，东莞抗日模范壮丁队在东莞中山公园正式宣布成立，王作尧任队长，袁鉴文任政训员（政治指导员），全队100余人，由共产党员、社会青年、小学教师和中学生组成。王作尧是东莞厚街人，1913

---

① 《吴有恒关于粤东南特委工作给中央的报告》（1941年1月13日），载中央档案馆、广东省档案馆编：《广东革命历史文件汇集》甲41，1987年7月印，第68页。

年 5 月生，1934 年毕业于广州燕塘学校，1936 年 9 月加入中国共产党，1938 年 4 月任中共东莞中心县委宣传部部长兼武装部部长。

1938 年 10 月 19 日，日军占领东莞石龙，县城（称为莞城）危在旦夕。东莞中心县委迅速抽调东莞抗日模范壮丁队以及所掌握的东莞壮丁常备队第一、第二中队，开赴榴花塔下的东江南岸设防，历时一个多月，击退了日军多次渡河进攻。在一次过河与刘屋村自卫队联合伏击日军的战斗中，总共有 22 名队员牺牲，在东江抗战史上写下了悲壮的一页。11 月 20 日，莞城沦陷，东莞中心县委带领东莞抗日模范壮丁队和东莞壮丁常备队第一、第二中队，转移到东莞大岭山飞鹅岭，整编后统称为东莞抗日模范壮丁队。11 月下旬，日军向广九铁路沿线"扫荡"时，东莞抗日模范壮丁队迅速转移。其中：王作尧率领部分队伍转移到东（莞）宝（安）边区，于 1939 年 1 月与东莞其他人民抗日武装整编为东宝惠边人民抗日游击大队，王作尧任大队长，何与成任政训员。全队 120 人，在东（莞）宝（安）惠（阳）边区开展敌后游击战争。中共东莞中心县委书记姚永光率领 200 余人（原东莞壮丁常备队第一、第二中队），在慌乱中跟随国民党军队撤退，转移到新界元朗一带隐蔽，仅剩 80 余人，大部分队伍于 1938 年 12 月初由东南特委安排编入叶挺的东路守备军总指挥部特务营，特务营解散后编入惠宝人民抗日游击总队。

几经波折建立起来的惠宝人民抗日游击总队和东宝惠边人民抗日游击大队，成为中国共产党直接领导的东江地区最早的人民抗日武装。

1939 年 1 月，东南特委组织部部长吴有恒在韶关参加省委第四次执委扩大会议时写给省委的工作报告中指出：这两支抗日游击队，"开始成为这一带地方上最有力量的部队"①。

---

① 《中共粤东南特委给广东省委的工作报告》（1939 年 1 月 29 日），载中国人民解放军历史资料丛书编审委员会编：《华南抗日游击队》（上册），军事科学出版社 2008 年版，第 216 页。

关于组建东江人民抗日武装，有一段精彩的插曲：

新四军军长叶挺是惠阳县沙坑周田村人。1938 年 10 月底，他从皖南新四军军部来到广东韶关第四战区司令部，向余汉谋流露出想返回广东发动抗日游击战争的意愿。其时，余汉谋因指挥失当，弃守广州而受到蒋介石的"革职留任"处分，决心重整旗鼓，洗雪耻辱。于是，委任叶挺为东路守备军指挥[①]，要叶挺整合东江地区的抗日团队，开展敌后游击战，牵制日军北上韶关。

叶挺接受任命后，立即投入组建东路守备军总指挥部和收编抗日队伍的工作。他首先通过廖承志找到梁广，要求予以支持和帮助。东南特委经过研究，把撤到新界元朗的东莞抗日模范壮丁队 60 余人（原东莞壮丁常备队队员）调给叶挺，作为东路守备军总指挥部特务营的骨干，再调集香港大同罐头厂 30 余名工人作为总指挥部的警卫排。叶挺率领这几十人进驻宝安县深圳圩，在深圳鸿兴酒家设立东路守备军总指挥部，随后又建立司令部和政治部。为加强和充实叶挺所领导的抗日武装力量，东南特委又决定：把惠宝人民抗日游击总队和东宝惠边人民抗日游击大队调来深圳，作为东路守备军总指挥部的警卫营；把香港惠青工作团数十人调来，作为东路守备军总指挥部政治部的政工队。

当时，叶挺对开展东江敌后游击战争充满了信心。他乐观地设想：以曾生、王作尧所率游击队为核心，发动群众，争取并改造其他抗日武装力量，就可以在短期内组成一支拥有一万几千人的有较强战斗力的部队。叶挺还准备发电报给新四军其他领导人，试图从新四军中抽调 60 名干部支援东江抗日游击战争。

[①] 《吴有恒关于粤东南特委工作给中央的报告》（1941 年 1 月 13 日），载中国人民解放军历史资料丛书编审委员会编：《华南抗日游击队》（上册），军事科学出版社 2008 年版，第 401—402 页。另一说"叶挺为东路副指挥"，此说的史料出处有：《中共粤东南特委给广东省委的工作报告》（1939 年 1 月 29 日）；《星岛日报》1938 年 12 月 23 日；《大众日报》1938 年 12 月 24 日。

正当叶挺打算在广东敌后战场大干一番的时候,蒋介石看到余汉谋保荐叶挺担任国民党第十二集团军副总司令并任命为第四战区东路守备军指挥的报告,大为恼火。他责备余汉谋做了一件蠢事:叶挺在广东组建抗日部队,等于又让共产党在华南建立了一支新四军。因此,严令余汉谋撤销对叶挺的任命,让叶挺离开广东。中共中央经过全盘考虑,认为叶挺不能留在广东,需迅速返回新四军军部,于是让廖承志将此意见转达叶挺。

叶挺起初舍不得离开广东,但后来觉得应以大局为重。1938年12月下旬,他离开东路守备军总指挥部,将一支自用的白金钱牌三号左轮手枪留下,托警卫干部蔡国梁送给吴有恒留念(吴有恒随后把手枪转赠曾生,曾生一直佩带到全国解放)[①]。东路守备军总指挥部解散后,东南特委立即派人到东莞清溪苦草洞,通知王作尧的部队取消去深圳的行程,继续留在那里坚持游击战争。同时,指定吴有恒负责东路守备军总指挥部解散的善后工作。吴有恒来到深圳,把东路守备军总指挥部政治部的政工干部安置到王作尧的部队,然后把叶挺身边的100余名武装人员带到坪山交给曾生,编入惠宝人民抗日游击总队,组成第一中队以及特务队。

这段小插曲,为中共组建东江人民抗日武装增添了一些传奇色彩。

对于在香港选派干部回内地组建人民抗日游击队,独立自主开展抗日游击战争的问题,在中共广东省委的一个会议上曾发生过小小的论争。有这么一件趣事:

1939年1月下旬,中共广东省委第四次执委扩大会议在韶关召开,传达中共中央六届六中全会决议,总结省委自1938年4月成立以来的工作,着重讨论研究广东抗战形势和任务。时任中共中央南方局组织部部长博古出席了这次会议,并在会上作"关于党的统一战线问题"的讲

---

① 吴有恒:《叶挺当过东江游击指挥》,《羊城晚报》1982年8月4日。

话。那时，他还未完全摆脱王明的右倾错误观点，过分强调统一战线中的联合，不重视在一切统一战线工作中实行独立自主的原则，对共产党领导的游击战争的作用认识不足，不赞同廖承志和东南特委选派党员干部回东江组织抗日武装，认为这一做法站不住，也不符合"统一战线"方针。

在这次会议上补选为省委委员的廖承志，以其独特的幽默方式回答博古这一论调。他即席画了一幅漫画，画中有个观音菩萨像，不过观音的头换成了博古的头，画像两边有一副对联："一切经过统一战线"，"一切为了统一战线"，头顶上的横批为"大慈大悲"。

吴有恒这位耿直汉子则直言不讳地对博古说："曾生组建的抗日武装好得很，有人民拥护就一定能站得住，就一定能发展。"说完，他当场唱起坪山人民拥护曾生部队的客家歌谣："惠宝边区多威风，人心所归淡坪龙，果然此地好光景，白日青天满地'红'。"①

博古听了不以为然地指着地图问："淡坪龙在哪里？有没有芝麻大？"

吴有恒答："那是星星之火！"

通过争论，博古不再坚持自己的错误观点。省委第四次执委扩大会议，"提出发动与组织敌后及前线上广大群众游击战争，配合正规军作战，作为党的中心任务"；并作出具体工作部署："（一）必须在每一个战区与敌后方建立游击基干队一个，在这基干队中建立健全的政治工作与党的领导，并且须建立起游击的根据地；（二）指出游击队的形式都应是公开合法，与在当局领导和他们形式下；（三）在重心工

① 黄稻：《记忆中的摩崖石刻》，载《怀念曾生同志》，中共广东省委党史研究室 1996 年 12 月内部出版。"淡坪龙"，指淡水、坪山、龙岗三处地方。歌谣全文参照《吴有恒关于粤东南特委工作给中央的报告》（1941 年 1 月 13 日），载中央档案馆、广东省档案馆编：《广东革命历史文件汇集》甲 41，1987 年 7 月印，第 91 页。

作区域上是除琼岛外，以东江为第一重要区，中区、南路次之。"①

三、惠宝边区的"小延安"

坪山位于惠阳县南面，是一个四面环山的小盆地，东北距淡水 20 余公里、距惠州 60 余公里，西南与宝安县接壤。惠宝人民抗日游击总队成立后，在惠宝边区开展敌后游击战争，开辟了坪山抗日游击基地。

1938 年 12 月 7 日，日军因收缩战线，撤出惠阳重镇淡水。淡水常柏田村抗日自卫队随即突入淡水镇，击毙伪警长，捣毁维持会。12 月 9 日，曾生率领惠宝人民抗日游击总队从葵涌、坪山赶来，收复淡水镇。同日，惠宝工委在淡水召开建政工作会议。会上，曾生介绍了他从报刊上了解到的晋察冀边区抗日民主政权的产生方式和施政纲领，提议参照晋察冀边区建政的经验，将抗日民主政权的名称定为"惠阳县第二区行政委员会"。大家表示赞同，并制定了施政纲领的主要内容。

12 月 10 日，惠宝工委在淡水圩祖庙举行有 500 多人参加的群众大会，宣布成立抗日民主政权——惠阳县第二区行政委员会，民主选举严尚民为主任，行政机关设在淡水，管辖的行政区域为淡水、坪山、龙岗一带。这是抗战时期中国共产党领导的东江地区第一个抗日民主政权。

惠阳县第二区行政委员会做了一系列深得民心的工作：重建乡镇政权；惩办汉奸、土匪，维护社会治安；救济难民和处理伤亡善后工作；废除苛捐杂税，恢复集市贸易；复办教育，组织生产；等等。

惠宝人民抗日游击队收复淡水，建立抗日民主政权不久，原先撤出淡水的国民党地方武装和惠阳县党政要员重新回到淡水，要求惠宝人民

---

① 《张文彬关于广东工作给中共中央并南方局的综合报告》（1940 年 3 月 7 日），载中国人民解放军历史资料丛书编审委员会编：《华南抗日游击队》（上册），军事科学出版社 2008 年版，第 292 页。

抗日游击总队让出淡水地盘、抗日民主政府交出政权。为顾全大局，避免不必要的摩擦，惠宝人民抗日游击总队撤出淡水，返回坪山活动。国民党惠阳县当局对抗日民主政权实行步步压迫，先是强行将其改为"惠阳县第二区区署"，然后以诸多借口将工作人员免职。至 1939 年 5 月，这个抗日民主政权被迫结束。它的存在虽然只有短短五个月时间，但在东江地区产生了深远的政治影响，为后来东江抗日根据地的民主政权建设作了有益的尝试，提供了宝贵的经验。

1939 年 3 月初，中共广东省委书记张文彬来到香港，举行东南特委扩大会议，传达省委第四次执委扩大会议精神，"并帮助他们实际布置战争工作"[①]。

1939 年阳春三月，坪山处处春光明媚，远山盛开的红杜鹃点缀在万绿丛中，显得分外耀眼。在这满园春色的日子里，坪山迎来了两位重要的客人。这天，东南特委书记梁广从香港来到坪山，要曾生派交通员到东莞通知东宝惠边人民抗日游击大队大队长王作尧到来一齐开会，传达省委指示，检查和布置工作。

第三天中午，王作尧由交通员带领，来到坪山石灰陂曾生的家门。曾生大步迎出来，热情地说："作尧同志，和你相见我已经盼望很久了。"王作尧跨上前，紧握着曾生双手说："曾生同志，我们是一家人，要请你多多帮助。"

曾生、王作尧后来各自回忆初次见面的印象。

曾生回忆：王作尧身材高大结实，一派军人姿态，具有一副青年革命家的干练风度和英雄气概。

王作尧回忆：

---

① 《中共广东省委综合报告》（1939 年 4 月 19 日），载中央档案馆、广东省档案馆编：《广东革命历史文件汇集》甲 36，1987 年 2 月印，第 379 页。

我打量着眼前这位惠宝人民游击队的队长。他中等身材，长得很结实，四方脸，浓眉大眼，眉宇之间透出一股英武的气概。早就听说他曾经是广州学生运动的领袖、香港中共海员委员会书记，如今看他却是一副革命军人风度，质朴爽朗，就像我们在书刊上看到的延安干部那样。①

曾生把王作尧领到坪山沙窖村村头的一座破旧炮楼里面。这是惠宝人民抗日游击总队的队部，梁广正在那里等候。第一次有东江地区两支人民抗日武装领导人参加的会议，就在这里举行。

梁广传达了省委关于以群众武装的面目去争取国民党军队番号等问题。他说："省委指出，目前我们的力量还很小，不能过早暴露党的面目。像八路军、新四军那样以党的武装向国民党当局争取公开合法的番号，对我们来说目前还不适合。一方面，国民党见我们的力量太小，看不起我们，未必能接受我们要求合作的主张；另一方面，我们的面目公开了，国民党害怕我们发展壮大，就会趁我们还弱小之时消灭我们。因此，以抗日青年自发组织的抗日武装的面目出现，去争取国民党军队的番号，是我们当前开展斗争的正确途径。"②

曾生、王作尧一致拥护省委的指示，表示尽快就近与国民党军事当局联系，争取自己的部队获得国民党部队番号。会议还决定曾生、王作尧两支部队的联系秘密方式，指定了交通联络员。据曾生、王作尧各人的回忆录记载，中共中央派来的军事干部梁鸿钧也参加了这次会议，会上成立东江军事委员会（简称"东江军委"），梁广任书记，梁鸿钧负责军事指挥。但据多方考证，东江军委是1939年5月成立的，曾生、

---

① 王作尧：《东纵一叶》，广东人民出版社2009年版，第68页。

② 《曾生回忆录》，解放军出版社1992年版，第123页。王作尧：《东纵一叶》，广东人民出版社2009年版，第68页。

王作尧可能是同年 5 月第二次以游击队负责人身份在坪山参加东江军委的成立会议。

1939 年春，曾生在欢迎南洋惠侨救乡会慰问团大会上讲话

1939 年春，日军由于兵力不足，撤出惠州等城镇及东江部分地区，以加强广州和沿海重要据点的防守。早前溃退到后方山区的国民党军队，趁机重返东江下游地区，在惠州设立第四战区东江游击指挥所，香翰屏任主任。东江游击指挥所在惠阳、博罗一带成立第四战区第三游击纵队，骆凤翔任司令；在东莞、宝安、增城一带成立第四战区第四游击纵队，王若周任司令。

由于惠宝人民抗日游击总队的番号已被国民党军一五一师四五三旅旅长温淑海撤销，曾生决定为这支抗日游击队争取一个新的公开合法的番号。此时，恰逢南洋英荷两属惠侨救乡委员会（简称"惠侨救乡会"）的代表回到东江调查战争灾情和慰问抗日部队。曾生陪同他们到博罗慰问第四战区第三游击纵队，并请他们帮助抗日游击队争取一个合法番号。

惠侨救乡会此前已把曾生的部队当作华侨的队伍，并在南洋动员了数十名华侨青年加入。因此，十分乐意帮这个忙。起初，香翰屏和骆凤翔以曾生部队是"共产党的队伍"和"无法供应军饷"为由拒绝。惠侨救乡会的代表说："你们不承认它，我们 40 万东江华侨承认它；你们说没有饷，我们给他们捐款，他们里面有几个百万富翁的儿子呢，谁说他们是共产党的队伍？"[1]

① 《吴有恒关于粤东南特委工作给中共中央的报告》（1941 年 1 月 13 日），载中国人民解放军历史资料丛书编审委员会编：《华南抗日游击队》（上册），军事科学出版社 2008 年版，第 402 页。

其时，骆凤翔正为早前挪用军饷走私鸦片被没收，亏了本钱而发愁，听惠侨救乡会的代表这么一说，觉得可以利用上头发给曾生部队的军饷填补这笔挪用款，便答应了改编曾生部队之事。

同年4月，曾生的部队获得第四战区批准改编。5月，惠宝人民抗日游击总队在坪山正式改编为"第四战区第三游击纵队新编大队"（简称"新编大队"），曾生任大队长，周伯明任副大队长兼政训员。新编大队直属第四战区东江游击指挥所指挥，骆凤翔既不发饷，也不给枪支，并规定只给两个中队共200人的编制，划定防区限于坪山。同时，要曾生立即交上200人的花名册备案。有了花名册，这支部队的军饷，自然就落入了香翰屏和骆凤翔的腰包里。

与此同时，王作尧与第四战区第四游击纵队司令王若周多次谈判，也取得了公开合法番号。4月，东宝惠边人民抗日游击大队在东莞天堂围正式改编为第四战区第四游击纵队直辖第二大队（简称"第二大队"），王作尧任大队长，何与成任政训员。

曾生、王作尧带领的部队，被东江人民群众和中共党组织惯称为"曾王部队""东江抗日游击队"。

中共中央和广东省委十分重视东江敌后游击战争的开展。1939年春，中共中央先后派遣梁鸿钧、卢伟良等军事干部到东江地区，参与东江人民抗日武装的领导工作。同年5月，为加强和统一曾生、王作尧两支部队的领导，中共广东省委在坪山成立东江军事委员会，成员有梁广、梁鸿钧、曾生、王作尧、何与成，"以梁鸿钧为书记，直接受省委领导，在政治上及党的工作上东江特委可以指导。现在则派有梁广在作党的指导"，梁鸿钧"有整个领导与指挥的责任与权力"。① 东江军委机关驻

---

① 《张文彬关于广东工作给中共中央并南方局的综合报告》（1940年3月7日）、《吴有恒关于粤东南特委工作给中共中央的报告》（1941年1月13日），载中国人民解放军历史资料丛书编审委员会编：《华南抗日游击队》（上册），军事科学出版社2008年版，第293页、第406页。一说梁鸿钧任东江军委主席、梁广任东江军委书记，参见《中国共产党广东省组织史资料》（上册），中共党史出版社1994年版，第321页。

新编大队大队部。梁鸿钧，1905年生，湖南湘潭人，1927年参加八一南昌起义，1928年加入中国共产党，先后任中国工农红军连长、营长、团政治委员。1934年参加长征。抗日战争全面爆发后，历任陕甘宁边区留守兵团参谋长、延安警备区参谋长等职。

曾生带领的人民抗日武装取得公开合法番号后，扩展了活动范围：以坪山为中心，东起大鹏半岛，西至沙头角、莲塘及深圳附近约60公里，南起沙鱼涌、盐田，北至淡水附近、龙岗、布吉约30公里，整个活动范围约200平方公里。

由于第四战区东江游击指挥所不发给军饷，新编大队的经济十分困难，部队的经费除了主要依靠海外华侨和港澳同胞捐助外，还要发动当地群众筹粮筹款。为帮助部队解决吃饭问题，曾生将自己家里的粮食献了出来。曾生的同宗侄子曾马权回忆：曾生经常在夜间带领游击队员到家里磨谷（碾米），煮一锅"油盐饭"给大家吃，然后每人带上一袋碾好的糙米离开。在游击队经济最困难的时期，曾生动员母亲把家里赖以为生的10多亩地先后卖掉，把所得之款献给游击队。母亲开始舍不得，担心日后生活无着落，曾生劝导她："没有国就没有家，不把日本鬼子赶出中国，就没有老百姓的好日子过。等革命胜利了，人人就会有饭吃、有衣穿。"[①] 深明大义的母亲被他说服了，取出地契交给儿子。

1939年6月，根据东南特委指示，惠宝工委撤销，成立中共惠阳县委，曾生不再担任地方党组织的领导工作，以便集中精力带领部队开展敌后游击斗争。

从1939年夏开始，曾生、周伯明带领新编大队在惠阳、宝安沿海的大小梅沙、葵涌、沙头角、横岗等地开展敌后游击战，不断出击和骚扰日军，作战30余次，取得许多胜利，初步开辟了惠宝沿海游击区。

---

① 曾世平：《回忆我的父亲曾生》，载广东省地方史志办公室编：《父辈的足迹》，岭南美术出版社2009年版，第383页。

1939 年 9 月初，日军 500 余人再次在大亚湾登陆，占领了葵涌、沙鱼涌一带，封锁海面，切断内地与港澳、南洋的国际通道。9 月 12 日，新编大队出击盘踞在葵涌、沙鱼涌的日军，迫使日军撤回澳头。新编大队随即收复葵涌、沙鱼涌。12 月，新编大队在横岗鸡心石伏击日军一个大队，毙伤敌 30 余人。

新编大队在游击战争中不断发展壮大，至 1940 年 3 月初，已发展到 500 多人、200 余支枪。①

活动于东莞、宝安两县的第二大队，也取得了一系列战斗胜利。1939 年 11 月，王作尧率领第二大队挺进宝安县城南头外围，实行包围封锁，用各种方式袭扰日军，迫使日军撤出南头。12 月 1 日，第二大队收复南头。这是广东抗战以来首次收复县城的胜利。至 1940 年春，第二大队发展到了 300 余人，在宝安的龙华、乌石岩等地建立了抗日游击基地，与新编大队的坪山抗日游击基地遥相呼应。

新编大队和第二大队连续主动出击日军，收复失地，军纪严明，深得广大人民群众的爱戴，也得到社会各阶层和爱国人士及华侨、港澳同胞的赞扬。第四战区东江游击指挥所也传令嘉奖，赞扬"新编大队最能执行命令，最能打击敌人，最能得到准确情报，最能在军风纪上起模范作用。"②

敌后游击战争的开展，促进了坪山抗日游击基地的建设。在坪山，建立了抗敌后援会、抗敌同志会、抗日妇女会、抗日青年会、抗日儿童团、抗日自卫队等各种群众抗日团体。还建立了游击队的枪械修理所、医务室、鞋厂、被服厂等。中共广东省委、东南特委和东江军委、惠宝

---

① 《张文彬关于广东工作给中共中央并南方局的综合报告》（1940 年 3 月 7 日），载中国人民解放军历史资料丛书编审委员会编：《华南抗日游击队》（上册），军事科学出版社 2008 年版，第 293 页。

② 《新编游击大队告海内外各界同胞书》（1940 年 4 月 3 日）。

工委先后分别在坪山举办了数期军事训练班、党员训练班，每期最长时间四个月，最短的也有半个月，总共有近200多人在坪山接受了政治、军事训练。

至1940年春，坪山抗日游击基地的建设初具规模。在坪山，军民抗日热情高涨，社会治安良好，到处呈现一派生机勃勃的景象。曾被中共广东省委派到坪山担任军事训练班负责人兼军事教官的邬强①，晚年仍然清晰地记忆起1939年9月他第一次进入坪山时看到的景象：

漫步坪山圩，到处都呈现着抗日救亡的热烈气氛，洋溢着军民团结的深厚情谊。

民运队在村头巷尾贴满了花花绿绿的标语，在空地上演起了街头剧，乡亲们扶老携幼地看得津津有味，不断地大声叫好。挎着药包的卫生员，走街串户地给群众看病治伤，还耐心地宣传卫生常识。许多群众担载着粮食给养送往部队驻地，街上不时地走过一队队雄赳赳的民兵队员。河边一群姑娘大嫂在帮助战士们洗衣服，一边捶打着衣服，一边大声地谈笑，唱着山歌。欢快的笑声和歌声在旷野里久久回荡。

看到这一切，我的心头激动不已。坪山，这个抗日斗争的大熔炉，在这里孕育着多少东江人民的希望啊！②

这就是当年坪山抗日游击基地的真实写照，人民群众称之为"小延安"。③

---

① 邬强，广东英德人，1911年生，1930年4月加入中国共产党。1937年10月在国民党中央军校广西分校毕业，编入国民革命军第三十一军一三一师任副连长，参加过台儿庄战役和徐州会战。1938年6月回到家乡英德，重新与党组织接上关系，任中共英东特别支部军事委员。1939年7月到曲江参加中共广东省委训练班学习，8月底结业被派往惠阳坪山，在曾生部队驻地举办省委军事训练班，为部队培训军事骨干。

② 邬强：《烽火岁月》，广东人民出版社1993年版，第90—91页。

③ 《曾生回忆录》，解放军出版社1992年版，第121页。

第五章　东移海陆丰

一、乌云密布

1940 年的春季刚刚来临，东江地区的抗日斗争却早早进入了"多事之秋"。

正当中国的抗日战争进入战略相持阶段，国民党在 1939 年 1 月举行的五届五中全会上，制定了"溶共、防共、限共、反共"的方针。同年 11 月，国民党五届六中全会进一步确定以军事反共为主、政治反共为辅的方针，并发出进攻中国共产党领导的人民抗日武装的密令。

1939 年冬至 1940 年春，国民党顽固派在全国掀起了抗战期间的第一次反共高潮。

第一次反共高潮直卷东江地区。国民党顽固派的反共锋芒首先指向东江地区的抗日救亡团体——东江华侨回乡服务团。

东江华侨回乡服务团于 1939 年 1 月中旬在惠阳县淡水镇成立，以南洋惠侨救乡会、香港惠阳青年会、香港余闲乐社和香港海陆丰同乡会组织的回乡救亡工作团为基础组成，由中共粤东南特委、东江特委掌握领导，其宗旨是"动员东江群众协助军队及人民武装抗战，并拯救伤兵难民及辅导民众组织各种救亡团体"[①]。东江华侨回乡服务团有 7 个分团和 5 个队、一个歌剧团（东江流动歌剧团），总共 500 多人，活动

---

① 《东江华侨回乡服务团章程》，载中共惠阳地委党史办公室、中共惠州市委党史办公室编：《东江党史资料汇编》（第 9 辑），1987 年 12 月印，第 279 页。

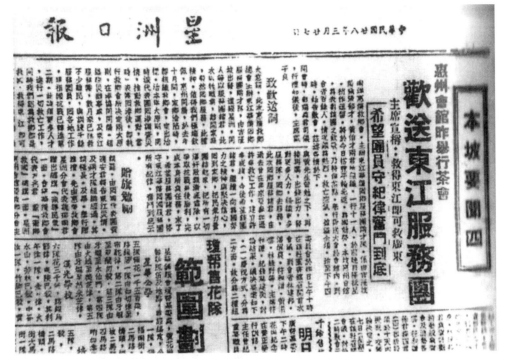

《星洲日报》关于东江华侨回乡服务团到东江地区活动的报道

范围遍及惠阳、博罗、东莞、宝安、增城、龙门、河源、龙川、和平、连平、紫金、海丰、陆丰13个县和惠州等地。他们在东江地区广泛发动群众，组织抗日团体，建立抗日武装，不少队员还参加了曾生领导的抗日游击队。东江华侨回乡服务团的活动，有力地推动和配合了东江地区抗日救亡运动的开展，为东江地区中共组织的发展壮大、敌后游击战争的发展以及抗日游击根据地的创建，发挥了重要作用。

然而，东江国民党当局把东江华侨回乡服务团视为眼中钉、肉中刺，欲置之死地而后快。1940年1月30日至2月2日，他们捏造东江华侨回乡服务团博罗队"勾结土匪，密谋暴动"的罪名，非法逮捕博罗队队长李翼（杨德元）等23人，制造了骇人听闻的"博罗队事件"。同年4月，国民党广东当局明令解散东江华侨回乡服务团。5月，国民党顽固派强行查封在惠州的东江华侨回乡服务团总部，并陆续逮捕服务团的一些骨干成员。

东江地区的国民党顽固派在蓄意压迫、打击东江华侨回乡服务团的同时，密谋消灭共产党领导的东江人民抗日武装——曾生、王作尧部队。

东江人民抗日武装建立初期，国民党当局迫于无奈，给予其番号，承认其合法地位，但暗藏祸心，处处限制，伺机消灭。第四战区东江游击指挥所主任香翰屏是个反共老手。他对曾生、王作尧两部先是限制其发展壮大，继而实行"借刀杀人"，要把他们调到增城去，想借日军之手消灭之。这些阴谋没有得逞，改以封官许愿和合伙走私等手段进行拉拢腐蚀，分化瓦解。再被识破和拒绝后，香翰屏又以"协助工作"为名，强行派员到曾生、王作尧部队任职，企图实行监控。曾生、王作尧两部与其进行针锋相对的斗争，在内部加强政治思想工作，在组织上采取严密防范措施。

软硬兼施的几招诡计失败后，香翰屏决意用武力消灭曾生、王作尧部队。

1940年2月初，香翰屏命令曾生、王作尧两部到惠州"集训"，企图集中包围，一网打尽。曾生、王作尧洞悉其阴谋，提出种种理由，拒绝集训。香翰屏气急败坏，以"军令如山"为由，强迫曾生、王作尧就范。为了顾全团结抗战大局，曾生派周伯明到惠州谈判。

3月5日，周伯明以新编大队副大队长身份，带领两名战士抵达惠州。次日上午，他来到第四战区东江游击指挥所约见香翰屏。香翰屏不出面，派其参谋长杨幼敏接见。一场面对面的激烈斗争，在指挥所的会客室展开了。

周伯明采取以攻为守的策略，首先向杨幼敏报告近日敌情以及新编大队同日军作战的情况，并提出迅速补充弹药的要求。

杨幼敏听得不耐烦，用责问的口气说："指挥所再三命令你们到惠州集训，为何不来？"

周伯明答："听说有这回事，但因前方军情紧张，我们以抗日为首要任务，还来不及执行上峰集训的命令。"

"前方作战自属重要，哪有国军承担保土安民之责？你们大队新兵多，未经严格训练，是没有战斗力的，政府爱护你们，下决心调你们来集训，这是党国对你们的关怀。"杨幼敏打起官腔说。

"参座，你是知道的，从惠州、淡水到敌人驻扎的深圳、沙头角、南头一线，在前线的部队只有我们新编大队，并无任何国军。就以过去一年多的时间来说，独立第二十旅、保安第八团、罗坤的第二支队，哪一次跟日军正面作过战？哪一次不是闻风而逃？坪山地区的老百姓信任的不是国军而是新编大队。我们要是离开了前线地区，老百姓就会遭殃，我们也不放心。政府的好意我们心领了，希望上峰收回集训的命令。"周伯明忍着心头之气把杨幼敏数落了一顿。

听了这番话，杨幼敏脸色顿时红了起来，强装笑脸说："你们抗战有功政府是知道的，也向战区司令长官报告了，战区司令长官不是传令嘉奖你们吗？唯其如此，才想把你们这支部队的战斗力加强起来。到惠州集训，既可以提高部队的素质，还可以考虑加强装备。"

为了进一步说明不去惠州集训的理由，周伯明诚恳地说："参座，政府的关怀我们心里明白。来惠州集训的命令，我们实在难以执行。因为我们这支队伍一部分是土生土长的当地人，一部分是为了抗日救国而回国的华侨。政府没有给我们一分钱、一粒米、一颗子弹，我们的经费全部依靠华侨的捐助。他们要求自己的部队保卫家乡，我们没有理由违背他们的意愿离开前线，拉到安全的后方来集训，万一那一带地方的人民因我们离开而受祸害，我们如何向他们交代？恐怕以后连饭也没得吃了。请上峰体谅我们的处境和困难。如果政府要提高我们部队的战斗力，我们请求用以下的办法来解决：第一，给我们补充弹药，加强装备；第二，由上峰派几名教官到部队来加强训练，这既能体现上峰对我们的关怀，又使我们不致为难。"周伯明把他与曾生等人商定的不去惠州集训的理由和必要时让步的底线一口气说了出来。

杨幼敏恼羞成怒，用威胁的口气说："军人以服从命令为天职，新编大队也不例外，指挥所既然下了命令要你们来集训，军令如山，谁敢不服从，军法论处！"

周伯明不甘示弱："日本鬼子够凶了吧，我们什么时候怕过？谁要是不讲理，我们也不怕，奉陪就是了！"说完，举手敬礼告辞。

杨幼敏追了上来，要周伯明再考虑一下。周伯明感到把事情弄得太僵也没好处，便停下脚步，提出要看看集训地点，想进一步摸清对方的企图。

当天下午，指挥所一名副官带周伯明来到集训地点。这是惠州西湖的一个小岛，岛上有一间破庙，四面湖水茫茫，只有一条狭长的小道通到岸边。一旦小道被火力封锁，岛上的部队就插翅难飞。看到此险境，周伯明更加看清了国民党顽固派的狠毒用心。他不露声色，立即巧妙脱身回到坪山报告情况。

国民党顽固派的阴谋彻底败露后，迅速调集兵力，准备向曾生、王作尧两部展开军事围攻。瞬间，东江地区内战乌云密布，一场暴风雨即将来临。

二、突围东移

1940年2月底的坪山，阴雨连绵，春寒料峭。东江军委接连收到在第四战区东江游击指挥所工作的中共地下党员李一之、张敬人分别送出的紧急情报：国民党顽固派加紧部署，准备进攻曾生、王作尧两部。

3月1日，东江军委和曾生、王作尧两部负责人在坪山竹园村召开紧急会议，商讨对付国民党顽固派军事进攻的策略。经过反复讨论，会议作出了部队向粤东沿海地带的海陆丰（即海丰县、陆丰县）转移的决定。为了加强军事指挥，会议还决定李振亚、邬强分别担任东江军委正、副参谋长。据王作尧回忆，会议连续开了 3 天，才统一意见艰难地作出这一决定。①

会后，曾生、王作尧两部紧张进行东移的准备工作，把伤病员和部分非战斗人员交当地党组织隐蔽，留下少数党员坚持地方工作。新编大队整编为三个战斗中队、一个干部队（以省委游击干训班第二期学员为主）、政工队以及大队部直属的医务所和修械所，总共 500 多人。第二大队整编为两个中队，总共 180 人。

东移海陆丰的战略决策，其实东江军委于两个多月前就已作过讨论研究。1939 年 12 月下旬，东江军委在坪山召开会议，围绕反击国民党顽固派掀起的反共逆流和部队的战略行动等问题，展开激烈的讨论。会上出现两种截然不同的意见。一种意见认为：部队应向西转移到东（莞）宝（安）地区，坚持敌后抗战，从政治上、军事上与国民党顽固派作坚决的斗争。另一种意见认为：国民党顽固派掀起反共高潮，抗日民族统一战线必定破裂，全面内战再起，部队应向东转移到海陆丰地区，在群众基础较好的老苏区，以高潭为中心，建立海（丰）陆（丰）惠（阳）紫（金）边区抗日根据地。最后，东江军委综合大家的意见认为：东宝地区回旋空间窄小，又被敌、伪、顽、匪盘踞，不利于部队生存和发展；而海陆丰山多地广，活动余地大，又有土地革命战争时期打下的群众基础，更适合开展游击战争，因此采纳了第二种意见。

由于这一战略决策事关重大且有不同意见，东江军委决定向省委请示，在省委答复前，先按向海陆丰转移的方案做好准备工作。随后，东江军委从地方党组织、部队和东江华侨回乡服务团中，抽调一批干部到惠阳多竹、高潭地区工作，做好迎接部队到来的准备。

1940 年 3 月初，广东国民党当局纠集第六十三军一八六师五五八团、

---

① 王作尧：《东纵一叶》，广东人民出版社 2009 年版，第 86 页。

广东省保安第八团两个营、汕头和东江地区的四个支队总共 3000 余人，准备向曾生、王作尧两部的驻地惠阳坪山、宝安乌石岩围攻。3 月 7 日，国民党顽军从龙岗、坑梓、淡水三个方向，实施对曾生部队的包围。与此同时，国民党顽军以两个营的兵力进驻东莞梅塘，另一部进驻东莞观澜（今属深圳市），形成对王作尧部的包围态势。

3 月 8 日晚，新编大队纪念三八国际劳动妇女节文娱晚会在坪山小学校的操场举行。政工宣传队表演着一个又一个精彩的文娱节目，坪山抗日军民沉浸在一片热烈而欢乐的气氛之中。然而，他们没有料到，一场巨大的危机正悄悄地向坪山袭来。新编大队派出的侦察员回来报告：国民党顽军的便衣队已靠近了坪山圩。东江军委立即下达命令：曾生、王作尧两部于 3 月 9 日会合，转移海陆丰。

由于顽军步步逼紧，曾生、王作尧两部来不及汇集，只好各自突围转移。3 月 9 日晚 7 时左右，新编大队集结在坪山唐岭村附近的河边草地上，经过简短的行军动员，由梁广、梁鸿钧、曾生率领，在夜色掩护下，穿过顽军的包围圈，经石井、田心向东转移。

第二大队的处境也相当危险。3 月 8 日，顽军先头部队已抵达宝安县乌石岩圩，离王作尧部驻地罗祖村只有两里路左右。3 月 11 日，第四战区第四游击纵队司令王若周下令缴第二大队武器。3 月 11 日晚[①]，王作尧、何与成率部悄悄撤离乌石岩，在观澜穿过封锁线，向淡水方向转移。

曾生、王作尧两部向东突围后，国民党广东当局和第四战区司令部急电周围各部队迅速侦查，进行围追堵击，并派保安司令章远飞亲赴海

---

① 《梁广关于坪山事件经过的报告》（1940 年 4 月 12 日），载中央档案馆、广东省档案馆编：《广东革命历史文件汇集》甲 37，1986 年 12 月印，第 135 页。《我们是怎样奋斗过来的——"五大"斗争经过》（1942 年），载广东省档案馆编：《东江纵队史料》，广东人民出版社 1984 年版，第 33-34 页。另一说为 3 月 9 日晚，见王作尧：《东纵一叶》，广东人民出版社 2009 年版，第 89 页。

丰指挥。

新编大队东移海陆丰，类似当年中央红军撤出苏区开始长征那样，是一个搬家式的军事行动。新编大队后勤部门的粮食给养，政工宣传队的油印机和演出道具，甚至修械厂的笨重机器，都搬了上路。部队转移前虽然经过整编，但非战斗人员仍然占了相当大的比例。因此，队伍开始东移时行军迟缓，一个晚上才走了 10 余公里。为摆脱顽军的追击，他们绕过一些大村庄，马不停蹄地在大白天强行军。

3 月 13 日下午，新编大队行军至惠阳吉隆以北 5 公里处，遭遇顽军罗坤支队的猛烈截击。新编大队被迫进行自卫抵抗。这场战斗，新编大队"死伤共 3 人，失联络者共约 50 人"[1]。这是新编大队突围东移以来第一次严重减员。

当天傍晚，新编大队摆脱顽军，爬上斧头山，继续向海丰方向前进。

斧头山海拔 900 多米，因山形似斧而得名，山峦重叠，怪石嶙峋，陡峭险峻。曾生带领队伍，一步一步艰难地爬向山顶。四周没有人烟，没有水源，做不成饭，饥饿、口渴、疲惫一齐向他们袭来。休息时，曾生教大家"吃饭"：抓一把米放在嘴里，在路边摘些酸味草的叶子，合着生米一起嚼。他先做示范，像马儿吃草料那样，大口大口地嚼起来，然后笑着说："很有味道，大家吃！"吃完"饭"，曾生一把抢过勤务兵罗克东的米袋背在自己身上，带领战士们继续爬山。第二天中午，曾生首先爬上山顶，看见那里有一个大水池，兴奋地回过头来鼓励大家："同志们，快上来，这里有水啊！"[2]

翻过斧头山，3 月 24 日到达惠阳县高潭地区。高潭与海丰县交界，

① 《梁广关于坪山事件经过的报告》（1940 年 4 月 12 日），载中央档案馆、广东省档案馆编：《广东革命历史文件汇集》甲 37，1986 年 12 月印，第 134 页。
② 江群好：《爱护战士的好领导》，载《怀念曾生同志》，中共广东省委党史研究室 1996 年 12 月内部出版，第 299 页。

是土地革命战争时期的老苏区。新编大队在当地中共组织和群众的帮助下，在那里休整了数天。

到达高潭的当天，东江军委与新编大队领导一起开会，研究下一步的行动。决定：一是政治上继续向国民党当局争取合法存在，对各友军取得联络，说明事变因果，争取同情，继续合作抗战；和地方党组织配合，加紧做好宣传及当地民运工作，建立新的根据地。二是部队活动地区定于海（丰）陆（丰）惠（阳）之间，以高潭、公平以南沿海地区为中心，暂时不向东北方向移动。在地方党组织帮助下，迅速建立情报网。三是设法补充、整理、巩固部队，保存力量。四是在不妨碍统一战线的原则下，迅速设法求得合理解决经济问题。五是如环境许可，省第二期游击干训班继续上课。六是迅速建立与东江特委、省委以及香港的交通联系。①3月25日，梁广离开高潭，去香港向省委和党中央报告部队东移情况，请示今后行动。

革命老区高潭

---

① 《梁广关于坪山事件经过的报告》（1940年4月12日），载中央档案馆、广东省档案馆编：《广东革命历史文件汇集》甲37，1986年12月印，第134–135页。

新编大队到达高潭地区后，顽军第一八六师五五八团从惠阳多竹、新庵方向赶来，李坤支队从陆丰方向进抵公平，对高潭形成包围态势。曾生迅速率领新编大队撤离高潭，向北开拔到水口地区，做好抗击顽军进攻的准备。同时，根据东江军委 3 月 24 日会议精神，派周伯明与顽军第五五八团谈判，要求顽军停止"围剿"，另给部队番号、防地，继续联合抗日。随后，再派大队副官李燮邦与顽军李坤支队谈判，要求借其地盘隐蔽活动。谈判未果，李燮邦返回部队途中遭顽军第五五八团扣押。

顽军第五五八团故意拖延谈判，3 月 29 日下午[①]，趁着暴风雨偷袭分驻水口河对岸柑树下村的新编大队第三中队。第三中队猝不及防，只有数名战士突围脱险，副大队长兼第三中队中队长周伯明等 30 余人被俘。周伯明在押解途中逃脱返回部队。

顽军偷袭得手，随即向新编大队大队部驻地进攻。第一中队和干部队隔河阻击顽军，掩护大队部机关人员撤上水口北面的山头。顽军第五五八团不敢贸然进攻，派一名副团长到山脚与新编大队联系，指明要曾生下山谈判。曾生不同意去谈判，梁鸿钧要曾生试一试。

曾生在第一中队掩护下，到半山腰与顽军副团长对话。顽军副团长要曾生把部队带到顽军指定的地点，然后派代表具体商谈。曾生拒绝了这一要求："谈什么？如要谈，你们的部队先撤离这里，然后派代表来谈。"[②]顽军副团长见曾生不上当，便以武力消灭相恐吓。双方吵了几句，话不投机，曾生退回山上，率部向杨梅水地区转移。

此时，曾生发觉第二中队失去了联系。原来，分驻在陈田坝村的第

---

① 《关于"小东征"背景——"文化大革命"期间专案审查结论》，中共东莞市委党史研究室档案全宗号第 151 号。另一说为 3 月 24 日，参见《曾生回忆录》，解放军出版社 1992 年版，第 150 页。

② 《访问曾生同志》（1982 年 3 月 29 日），中共东莞市委党史研究室档案全宗号第 151 号。

二中队,听到大队部驻地出现枪声,立即冒雨向大队部驻地靠拢。翌日(3月30日)清晨,第二中队赶到五指嶂山脚,隐约听到从附近村子传来的阵阵抗日歌声,以为找到大队部了,便派通讯员前去联络。等了许久,不见通讯员返回,却发现顽军五五八团一个营围了过来。他们万万料想不到,抗日歌曲是被俘关押在附近丹竹头村的第三中队战友们唱的,以此表达对顽军的抗议。

第二中队发现敌情,迅速撤上山顶,顽强抗击追来的顽军。战斗从上午打到下午,第二中队中队长叶清华等10多人牺牲,指导员黄业负重伤倒在血泊中(战斗结束后被当地群众抢救下山),副中队长陈其禄率队突围,不少战士冲散走失,整个中队只剩下一个分队。

新编大队经过几次战斗,减员严重,已从离开坪山时的500多人减至100多人。曾生为此心情沉重,没有了平常的爽朗笑声。他吃不下饭,睡不着觉,半夜醒来经常独自行出门外,默默地看着满天的星斗沉思。[1]

4月中旬,新编大队在海丰县石山村附近整编,安排非战斗人员分批疏散隐蔽,把战斗人员编成三个队:长枪队、短枪队和政工队。梁鸿钧率领长枪队在可塘、汕尾之间活动;曾生率领短枪队在公平、梅陇一带活动;政工队分散在石山村一带做群众工作。不久,长枪队转移到汕尾对面海的矿洞内隐蔽,梁鸿钧去香港向上级汇报请示工作。曾生在梁广、梁鸿钧相继离开部队,跟上级领导失去联系的情况下,以坚强的革命意志率领部队在险恶的环境中坚持隐蔽斗争。5月中旬,他在中共海丰县工委帮助下,把长枪队转移到海丰北部山区,配合短枪队进行隐蔽活动。

再说第二大队的突围转移。王作尧率部从宝安乌石岩突围后,渡过淡水河,经惠阳县沙坑继续向东转移。他们沿途摆脱顽军的追截,于3月18日抵达斜嶂山的黄沙坑。顽军第五五八团一部尾随而至。第二大

---

[1] 据曾生的勤务兵罗克东回忆,参见张黎明:《记忆的刻度——东纵的抗战岁月》,群众出版社2006年版,第113页。

队经过阻击，撤上斜嶂山。顽军以政治欺骗手段约王作尧谈判。为了停止内战，团结抗日，王作尧部应约谈判。由于顽军毫无谈判诚意，王作尧率领部分武装撤退。政训员何与成率领 40 余人与顽军保持接触，但于第三天全部被顽军包围扣押。这一事件史称"黄沙坑事件"。第二大队被扣押人员和新编大队被俘人员，均被解往第四战区东江游击指挥所设在惠州的监狱。其中李燮邦、何与成、卢仲夫、罗尧、罗振辉、叶镜源 6 名小队以上干部先后被国民党顽固派杀害，后人称之为"东移六烈士"。

黄沙坑事件后，王作尧率领第二大队剩下的 70 余人，在海丰县骆坑、鹅埠、鲘门等地的渔村分散隐蔽。

5 月下旬，在中共海丰县工委书记郑重的安排下，曾生与王作尧于汕尾郑重的家里会面。这是自 3 月上旬突围东移以来，曾生、王作尧两支部队第一次接上联系。

两人见面后，互相讲述东移以来的境况，诉说国民党顽固派的反动暴行，反思东移损兵折将的教训，共商今后抗战大计。当谈到由于东移决策的失误，导致许多战士牺牲或被捕，使部队遭受严重损失时，俩人都感到内疚和悲痛。

部队今后的出路在哪里？如何解开目前这一困局？俩人陷入了深深的思虑之中……

三、重返惠东宝

中共中央、南方局和广东省委，对曾生、王作尧部队东移海陆丰的行动极为关注，十分牵挂这支东江人民抗日武装的安危。

早在 1939 年底，东江军委向省委报告，为应付反共逆流，打算让曾生、王作尧部队东移海陆丰。省委作出指示："要他们坚持在惠东宝原地区的抗日游击战争。只有深入敌后，利用敌人同国民党的矛盾，才能生存。"同时指出："为准备应付突变，防备顽固分子和敌人妥协，至不得已时，经过战斗是可以向后撤退，向紫金、海陆丰撤退，这必须是没有办法的时候，必须要经过必要的战斗，在战斗中打击顽固分子和揭破顽固分子的阴谋，准备我们转入后方的有利的政治条件。"[①]

1940年4月1日，中共中央得知东江人民抗日游击队东移海陆丰受挫的消息，电示广东省委："立即将东江发生之重大事变的真相，查明电告。"[②]4月12日，从高潭回到香港的梁广，将曾生、王作尧两部东移经过及受挫的情况向中共中央和广东省委作了报告。同时，梁广派出四批人去海陆丰与曾生、王作尧两部联络，通知他们："据目前形势，我们意见不应再向东及向北移动，而坚持在海、陆、惠之间活动。""目前应和当地组织配合，设法收集残部，巩固力量。"[③]

当时，正在重庆向南方局汇报请示工作的中共广东省委书记张文彬，接到省委电文，说曾生、王作尧两部没有经过战斗，便在顽军袭击前撤退，离开原来的根据地秘密转移海陆丰了。张文彬认为："如果这个消息是确实的话，将使得曾、黄〔王〕部在政治上受不利的影响，到后方不能公开活动存在，政治影响不好。"于是，他在重庆立即电告曾生、王作尧部队：

（一）估计到惠东宝敌后地区的狭小不能容留这样大的部队，可以

---

① 《张文彬关于广东抗战形势、统战工作及军事工作等给中共中央的报告》(1940年4月23日)，载中国人民解放军历史资料丛书编审委员会编：《华南抗日游击队》(上册)，军事科学出版社2008年版，第374页。

② 《中央关于时局逆转与党的应付措施给粤委的指示》(1940年4月1日)，载《南方局党史资料·党的建设》，重庆出版社1990年版，第18页。

③ 《梁广给曾部的紧急通知》(1940年4月12日)，载中央档案馆、广东省档案馆编：《广东革命历史文件汇集》甲37，1986年12月印，第143页。

留一半的武装留紫金。海陆丰秘密的活动，得保存力量和干部，必须用一半武装回复到惠东宝原来根据地方，坚持那里的游击战争。

（二）并前后呼应在中央的政策下打击顽固分子和进攻我们的顽军，在敌后占领的区域建立政权并和当局进行统一战线工作，要求撤退顽军，保证以后不许顽军再扰乱抗日后方。

（三）进行对反动民团和土匪的争取工作。

（四）公开以后，要大量的发展，一有可能，后方部队应全部回到敌区。①

以上四点指示，无疑是正确的。可惜，曾生、王作尧部队东移时没有电台，又在东移路上疲于奔命，跟省委失去了联系，因而没有接到省委书记张文彬的这一电报指示。

4月23日，廖承志、梁广、尹林平（东江特委书记）等人在香港开会，研究曾生、王作尧两部东移海陆丰受挫的处理意见。会议指出：东移受挫的主要原因是对抗战形势的变化估计不足，对国民党顽固派的反共本质认识不清，缺乏高度的政治警惕性，对顽固派的军事进攻采取逃避办法，在政治上、军事上陷于被动局面，使部队遭受严重挫折。会议一致认为：对曾生、王作尧两部的艰苦奋斗予以慰勉，但要指出其东移受挫的主要原因。会议作出决定：梁广于5月3日到海陆丰找曾生、王作尧部队。"梁入部队中即深入检查，并召集会议，务使其政治上坚定起来，反对单纯依赖谈判，消除失败观念。"曾生、王作尧部队以梁广为最高领导，曾生负责对敌斗争及地方工作，梁鸿钧负军事责任，蔡国梁任参谋。曾生、王作尧两部取掎角之势，继续在海（丰）陆（丰）

---

① 《张文彬关于广东抗战形势、统战工作及军事工作等给中共中央的报告》（1940年4月23日），载中国人民解放军历史资料丛书编审委员会编：《华南抗日游击队》（上册），军事科学出版社2008年版，第374—375页。

惠（阳）之间开展游击战争。①

会后，廖承志将曾生、王作尧两部受挫情况、困境及善后处理意见，电告中共中央南方局以及已到延安汇报工作的广东省委书记张文彬。

4月23日，张文彬在延安写出《关于广东工作报告》，除了汇报广东工作外，还向党中央请示解决有关广东敌后抗日斗争的几个问题，第一个问题就是："东江游击队如何才能发展生存，目前可否在我们后防游击？"②

4月29日，中共中央书记处召开会议。张文彬应邀列席，在会上报告广东省委工作。时任中共中央政治局委员、中央军委副书记兼中共中央南方局书记周恩来在会上强调指出：从广东的环境看，"我们党与群众工作有发展的极大可能，也有更坏转的可能"，今后的中心工作要放到武装斗争上，要到敌后去活动，否则不能发展。③

根据周恩来的意见，中共中央书记处对曾生、王作尧两部今后去向作出明确指示。5月8日，中央书记处电示广东省委、廖承志并转梁广和梁鸿钧以及尹林平，同时把电文发给南方局。电文指出：

（一）目前全国尚是拖的局面，现不易整个投降分裂，也不易好转，当局尚在保持抗日面目，同时进行反共准备投降中，但地方突变随时可能。在此局势下，我必须大胆坚持在敌后抗日游击战，同时不怕摩擦，才能生存发展。

---

① 《对曾部受到严重打击之批评及处理意见》（1940年4月23日），载《廖承志文集》（上册），人民出版社1990年版，第68页。

② 《张文彬关于广东抗战形势、统战工作及军事工作等给中共中央的报告》（1940年4月23日），载中国人民解放军历史资料丛书编审委员会编：《华南抗日游击队》（上册），军事科学出版社2008年版，第378页。

③ 中共中央文献研究室：《周恩来年谱（1898—1949）》（下册），中央文献出版社2007年版，第464页。

（二）曾、王两部仍应回到东、宝、惠地区，在日本与国民党矛盾间，在政治与人民优良条件下，大胆坚持抗战与打摩擦仗。曾、王两部决不可在我后方停留。不向日寇进攻，而向我后方行动的政策，在政治上是绝对错误的，军事上也必归失败，国民党会把我们当土匪剿灭，很少发展可能。如去潮梅：（1）人地生疏。（2）顽固派仍可以扰乱抗日后方口号打我。（3）将牵动当地灰色武装的暴露，不然不能生存。

（三）回防前应注意：

1.在适当地区切实整理内部，加紧团结，进行打日本的政治动员。

2.沿途严防受袭击损失，在有利有胜利把握条件下，对阻挠的顽固力量坚决的消灭之，以达到回到东、宝、惠地区之目的。

3.慎重取得地方党的帮助，到东、宝、惠时，应努力进行各方统战工作。①

这就是著名的中共中央"五八指示"。这一重要指示，在坚持抗战、坚持抗日民族统一战线的前提下，对国内抗战形势作了精辟的分析，对于东江地区的抗日战争和反对顽固派的斗争，具有重要的指导意义。这一重要指示，在关键时刻为挽救曾生、王作尧部队，指明了正确的斗争方向。

中共广东省委接到中央"五八指示"后，表示完全拥护。5月17日，广东省委向中共中央、南方局电告贯彻关于"五八指示"的情况，并电示廖承志、梁广、尹林平转曾生和梁鸿钧：

---

① 《中共中央书记处关于曾生、王作尧两部应回防东、宝、惠地区及行前应注意事项致廖承志等并南方局电》（1940年5月8日），载中国人民解放军历史资料丛书编审委员会编：《华南抗日游击队》（上册），军事科学出版社2008年版，第381页。"潮梅"，指潮汕、梅县地区。

（一）我们完全同意中央指示，曾王部在政治方针上，应积极站在自主的精神上，坚持在敌后应战，同时不怕打摩擦仗，力争开回惠东原防，不要转入潮梅我后方。

（二）目前曾部已遭受极大损失，仅存在百余人，同时顽方已动员两师进攻。在此条件下，要即开回原防极端困难，你们应根据具体情况，有步骤地坚决执行，但须转入小后方才能生存。

（三）能在极端困难条件下，必须加强在各部队各方面政治工作，尤其要大举动员舆论，争取同情，打击顽固〔派〕造谣，说明我是抗日军队，团结抗战。

（四）对于疏散及退港人员，应设法尽量收容，以政治鼓励并检讨，即动员他〔们〕归队。①

中共广东省委于 6 月在南雄县召开执委会议，总结曾生、王作尧部队东移事件的教训，确定广东党组织工作的重点放在敌后和前线，开展独立自主的敌后游击战争，建立抗日根据地。省委决定撤销东江军事委员会，由东江特委统一领导东江人民抗日武装。

6 月初，梁鸿钧从香港辗转来到海丰，带来了由廖承志转来中央"五八指示"的电文和省委贯彻"五八指示"的意见。此刻，曾生、王作尧内心的激动难以形容。他们多年后回忆接到"五八指示"的情景："我们如饥似渴地读着从延安发来的电报，就像那经霜的花朵得到了阳光。""党中央的指示，使我们在困境中获得了正确的斗争方向，它有如万丈明灯，照亮了我们前进的道路。"②

---

① 《中共广东省委关于贯彻中央对曾生、王作尧部的指示致中共中央、南方局并廖承志等电》（1940 年 5 月 17 日），载中国人民解放军历史资料丛书编审委员会编：《华南抗日游击队》（上册），军事科学出版社 2008 年版，第 383 页。

② 王作尧：《东纵一叶》，广东人民出版社 2009 年版，第 111 页。《曾生回忆录》，解放军出版社 1992 年版，第 158 页。

梁鸿钧、曾生和王作尧又一次在汕尾郑重家里开会，研究返回惠东宝抗日前线的部署。他们决定：两支部队先在海丰县鲘门的泗马岭集中，再转到大安洞北山休整，然后由梁鸿钧、王作尧率领返回惠东宝敌后；曾生去香港向梁广汇报和请示行动方案，筹款购买部队急需的药品和被服等军需品，收容散失在香港的东移战士，并布置好部队重返惠东宝抗日敌后的行军路线和宿营地。

会后，曾生、王作尧各自回到自己的部队，传达中央"五八指示"和这次会议的决定。6月中旬，曾生、梁鸿钧率领新编大队60余人，来到泗马岭村，与王作尧率领的第二大队30余人会师。几天后，这支只剩下100余人的队伍转移到大安洞北坑整训，做好返回惠东宝敌后的准备。

6月下旬，曾生带领卢伟良、袁庚、卓绍基、王天锡、何通以及两名警卫员，一行8人从大安洞出发，夜行晓宿，勘定部队返回的行军路线和宿营地。一路上，曾生指挥何通选择偏僻小路，避开敌据点，绕过村庄，遇到复杂地形时还作短暂停留仔细观察，并在岔路口作出秘密标记。[①]他们经热水洞、狗眠地，穿过平（山）稔（山）公路，到达黄塘。此时，何通奉命返回大安洞准备为部队带路。曾生沿途与平山、淡水、坪山三个中共中心区委的负责人取得联系，向他们通报部队即将返回的消息，布置他们做好迎接部队的工作。

6月底，曾生在袁庚等人的护送下，顺利回到坪山地区。他在梅沙避过顽军的搜查，只身来到上洞，乘渔船到达香港。

7月底，曾生筹款购置的衣服、鞋子以及药品，从香港运到了大安洞。

8月初，东移部队在梁鸿钧、王作尧率领下，从大安洞出发，向西踏上了归程。由于事先勘定返回的行军路线，沿途又有地下党组织与群

---

① 何通：《典范长存》，载《怀念曾生同志》，中共广东省委党史研究室1996年12月内部出版，第139页。

众的积极协助，部队返程较为顺利。8 月中旬，部队回到坪山小三洲。随后，曾生领着部队东移散失的一些战士，背着购置的军需品，从香港也来到了小三洲。

9 月中旬，这支东移返回的部队，越过广九铁路，到达宝安县布吉乡的雪竹径、杨尾、上下坪一带隐蔽休整。

经历过东移暴风雨洗礼的东江人民抗日武装，信念更加坚定，斗志更加坚强。他们回到惠东宝敌后，以新的姿态迎接更加艰巨的斗争。抗日游击战争的熊熊烈火，又将在东江大地上燃烧起来！

第六章 创建大岭山抗日根据地

一、上下坪会议

南方的初秋，阳光灿烂，云淡天高。1940 年 9 月中旬，中共东江前线特别委员会（惯称"前东特委"）在宝安县布吉乡上下坪村召开抗日游击队干部会议。这是一个重要的会议，它扭转了广东敌后抗战的被动局面，在广东抗战史上称为"上下坪会议"。

宝安县布吉乡有一座海拔 450 米的大山，名叫鸡公头山。山南面的半山腰，有两条相距很近的村庄，叫上坪、下坪，合称上下坪村。村里住着十几户贫苦人家，由于村庄地势较高，山路崎岖，外面的人很少踏进此地。这里离深圳只有 20 多里路，但深圳的日军从未来过。在宝安、惠阳两地国统区的国民党军队，因惧怕深圳的日军而不敢来到此地。故此，上下坪村成了东江抗日游击队隐蔽和开会的好去处。

参加上下坪会议的有尹林平、梁鸿钧、曾生、王作尧、周伯明、邬强、卢伟良、蔡国梁、阮海天、黄高阳等十几人。这次会议，主要是贯彻执行中共中央"五八指示"，确定今后开展敌后游击

上下坪会议旧址

战争的方针。

会议由尹林平主持。尹林平，1908 年 7 月生，江西兴国人，1931 年 9 月加入中国共产党。1932 年至 1937 年 6 月，先后任中国工农红军闽南独立第三团团长、闽南红军第二支队支队长、中共厦门临工委书记。1937 年 7 月任中共南方临工委军事部部长。1938 年 4 月任中共广东省委常委兼军委书记。1939 年 1 月任中共广东省委委员，同年 2 月任中共粤东江特委书记。1940 年 7 月兼任中共前东特委书记。

会上，尹林平首先组织大家学习中央"五八指示"，总结五个多月来的斗争和东移海陆丰的经验教训。此刻，他身上没有文件，却一字不漏地向大家背诵中央"五八指示"。这是他多年地下工作养成的保密习惯。背完中央"五八指示"，尹林平说："现在对照党中央的指示，检查一下我们对敌后抗日的认识，只有思想认识提高了，今后才不会再迷失方向。"

与会者争相发言，坦率地发表意见，倾吐各人的心里话。

曾生首先发言。他怀着负疚的心情说："党中央的'五八指示'，擦亮了我的眼睛。作为一个大队的领导人、东江军委的成员，对于部队这次东移的错误行动，我负有很大的责任。在军委会上讨论部队突围往哪里去时，我是积极赞成去海陆丰的。那时，我片面认为内战就要爆发，抗日统一战线不可能继续存在了，为应付这样的局面，必须选择一个宜于长期坚持武装斗争的根据地，我以为海陆丰是最理想的。我把局部事件错看成全局的形势，产生了突围东移的错误想法，离开了敌后战场，丢掉了抗日的旗帜，从而处处陷于被动，造成部队严重损失。想起许多同志在东移中被捕和牺牲，我深深感到内疚和悲痛……"

王作尧接着说："此次部队东移，我有两个错误：一是错估了形势，以为内战会全面打起来；另一个是'合法'思想作怪，不敢打摩擦仗。这次教训是深刻的，离开抗日敌后，我们的部队就难以生存和发展。我辜负了党的委托，深感惭愧和痛心。"

梁鸿钧、周伯明、邬强也先后发言，作了自我检查，总结东移教训。

有的干部在会上尖锐地指出：在东移问题上，一些负责同志的指导思想始终是不明确的。既然当初认为国民党已经背离了抗日立场，采取反共投降政策，那么我们在东移时就不应该对其抱有幻想，三番四次地与国民党顽军谈判，以期得到一个合法的番号和活动地盘。在政治上对国民党顽固派抱有幻想，在军事上就处于被动挨打的局面。东移前，没有认真研究作战部署；行军中，也没有采取相应措施。半年来，部队一个劲地走路、谈判、躲藏，这是右倾主义的表现。国民党顽军逐渐察觉了这一点并利用我们这种心理，追得上就打，追不上就谈，甚至边打边谈。结果，我们的许多同志被捕牺牲，使部队遭受不应有的损失。

说到这里，大家想起了那些被捕牺牲及失踪的战友，心情十分沉重，会场一片静默。

此时，尹林平起身缓缓地说："这次东移的错误，主要是由于对形势和任务在认识上的错误而造成的。党中央的指示说得很清楚，国民党当局一方面进行反共投降活动，一方面尚在保持抗日面目。故此，我们必须大胆坚持敌后抗日游击战，那种不向敌人进攻而向我后方行动的政策，在政治上是绝对错误的，在军事上也必归失败。"

"东移海陆丰，使部队受到了严重的损失，使我们失去了许多好同志。这个血的教训，我们永远不能忘记！这笔血债，我们一定要向敌人讨还！"尹林平带着沉重的语气继续说，"吃一堑，长一智。这次会议是来总结经验教训的，不是来追究个人责任的。我们要重新振作起来，贯彻党中央的指示，着重讨论一下如何建立东江抗日根据地，开展敌后游击战争的问题。"①

———————
① 曾生、王作尧、尹林平等人在上下坪会议上的发言，综合参考了《曾生回忆录》、王作尧的《东纵一叶》、邬强的《烽火岁月》、周伯明于1996年秋接受王曼和杨永采访时的忆述。

在尹林平的引导下，会议改变了原来的沉闷气氛，大家热烈地讨论今后开展抗日游击战争的方针、坚持抗日民族统一战线、部队的建设等重大问题。会议最后作出了如下重要决定：

（一）我们的基本方针是在党的领导下，坚持在惠东宝敌后开展独立自主的抗日游击战争，放手发动群众，武装群众，扩大人民抗日武装，成立民主政权，建立抗日根据地。

（二）坚持抗日民族统一战线策略，对国民党顽固派实行又联合又斗争、以斗争求团结的政策；对顽军的进攻，坚持"人不犯我，我不犯人，人若犯我，我必犯人"的自卫原则，决不轻言退让，不怕打摩擦仗，要敢于打破顽军的进攻。

（三）抛弃国民党第四战区原来给予的"新编大队"和"第二大队"的番号，部队改称为广东人民抗日游击队。在组织上完全摆脱与国民党当局的关系，不再受其任何限制和约束，独立自主地开展敌后抗日游击战争和建立抗日根据地。

（四）部队整编为两个大队，即广东人民抗日游击队第三大队、第五大队。尹林平兼任这两个大队的政治委员，梁鸿钧负责军事指挥。第三大队由曾生任大队长、邬强任副大队长，卢伟良任政训员；第五大队由王作尧任大队长、周伯明任副大队长，蔡国梁任政训员。第三大队开赴东莞大岭山活动，创建大岭山抗日根据地；第五大队在铁路东西两侧活动，创建宝安阳台山①抗日根据地。部队的领导中心设在东莞，尹林平、梁鸿钧随第三大队行动。

上下坪会议开了5天，统一了干部的思想，明确了今后斗争方向和任务，提高了部队的抗战信心。这次会议是在曾生、王作尧两部东移受挫重返惠东宝敌后的重要时刻召开的，成为广东敌后抗日游击战争的重

---

① 阳台山区位于宝安县西部，由阳台山、鸡公头山、塘朗山和其他一些小山组成，面积约700平方公里。

要转折点。

根据上下坪会议精神，部队加紧进行整训。为争取迅速打开局面，部队的大部分力量，尤其是熟悉东莞情况的干部、战士编入第三大队。此时，第三大队有 70 多人，第五大队有 30 多人。

这支人数不多的广东人民抗日游击队，经过短期的整训，士气倍增，决心在惠东宝地区开辟新的敌后战场。从此，东江敌后抗日游击战争进入了一个新的阶段。

二、挺进大岭山

金秋十月，碧空如洗，气候宜人。1940 年 10 月初的一个晚上，广东人民抗日游击队第三大队（简称"第三大队"）70 余人，由中共东莞县大岭山区委派出的两名党员带路，趁着淡淡的月色，离开宝安县上下坪村，踏着崎岖山路，挺进东莞大岭山地区。

队伍由林平（此时尹林平改名为林平）、梁鸿钧率领。曾生由于在香港为部队筹款，没有带队出发。随后，他完成了筹款工作，也赶来大岭山回到部队之中。

中共东莞县委、大岭山区委发动当地群众，热烈欢迎这支远道而来的人民抗日武装。广大群众奔走相告："老模回来了！""老模"，是东莞人民对当年英勇抗击日本侵略者的东莞抗日模范壮丁队的亲切称呼，后来，凡是共产党领导的东江抗日游击队，他们都以此相称。大岭山的人民群众，拿出粮食，腾出房子，热情接待第三大队指战员。

大岭山区位于东莞县西南部，面积 130 多平方公里，有 8 个乡，10万人口。大岭山区由大岭山、莲花山、水濂山、红山等几座大山组成，地势险要，是个开展游击战争的理想之地。它的北面是东莞县城（莞城），莞（城）太（平）公路沿大岭山区西缘穿过直到太平、虎门。东面是广

（州）九（龙）铁路，莞（城）樟（木头）公路在大岭山区的东北边缘穿过。南面与宝安县阳台山遥遥相望。西南面是宝（安）太（平）公路。在大岭山建立抗日根据地，可直接威胁日军在东莞县境的公路交通线和占领区。

大岭山除了有适宜开展游击战争的地形外，还有坚强的中共组织和良好的群众基础。

大岭山区人民群众具有反帝反封建的革命传统。早在大革命时期，大岭山区农民群众在中国共产党的发动下，掀起了轰轰烈烈的农民运动，他们打击土豪劣绅、支援革命军东征、支援省港大罢工。土地革命战争时期，大岭山区的中共组织建立农民武装，积极配合中国共产党发动的广州起义。抗日战争全面爆发后，大岭山区重建和恢复中共组织，建立各种群众抗日团体。1938年冬，王作尧率领东莞抗日模范壮丁队到大岭山区，在当地人民群众的支持下开展抗日活动。1939年初，中共大岭山区委成立，带领大岭山人民抗击进犯的日军。所有这些，都为第三大队创建大岭山抗日根据地打下了基础。

第三大队到达大岭山区的前两个月，中共东江特委通知东莞县委，做好曾生、王作尧部队重返东宝抗日前线的准备。随后，尹林平来到大岭山区了解情况，布置东莞县委和大岭山区委做好迎接部队的准备工作。东莞县委书记陈铭炎亲临大岭山，与大岭山区委一起发动和组织群众，落实迎接部队到来的各项工作。

第三大队驻扎在大岭山大王岭村，广东人民抗日游击队领导机关以及第三大队大队部也设在那里。为了不过早暴露部队的行踪，曾生对外化名"王彬"，但不久便恢复了原名。大岭山客家人居多，第三大队不少干部战士也是客家人，因此很快就建立了融洽的军民关系。曾生被当地一位姓刘的老大爷认作干儿子。大岭山区的男女老少都跟曾生谈得来，亲切地称他为"曾大哥"。

第三大队到达大岭山区后，中共东江特委成立以林平为首的军政委员会，成员有梁鸿钧、曾生，统一领导东莞武装斗争和地方政权工作。军政委员会把大岭山区划为大岭山特别区，成立中共大岭山特别区委，曾生兼任书记，余林任副书记。[①] 在大岭山

位于大岭山大王岭村的广东人民抗日游击队第三大队大队部旧址

特别区委领导下，大岭山抗日根据地的创建工作很快便开展起来了。

有了过去抗日游击斗争的一些经验教训，曾生意识到：要创建和巩固抗日根据地，最基本的条件是拥有一支坚强的人民武装队伍。于是，他积极扩展部队。他又去香港动员了几十名爱国青年到大岭山参加部队；在中共大岭山区委协助下，发动了当地数十名青年农民参军。此外，东移海陆丰时留在各地隐蔽的干部、战士，在地方党组织的安排下，也陆续归队。这样，不到两个月时间，第三大队就发展到近200人，组建了两个中队和一个短枪队。第一中队代号"虎门队"，第二中队代号"大华队"。随着部队人数的不断扩充，第三大队于1941年5月建立第三中队，代号"西征队"。至此，第三大队由原来挺进大岭山时的70多人发展到300多人。

大岭山区委积极配合第三大队开展武装工作。除了动员青年农民参军外，还对原有的乡村联防自卫队加以整顿，在各乡成立脱产的抗日自卫队，总共有500多人。大岭山的抗日自卫队，以后在协助第三大队

---

① 王士钊：《东宝人民的战斗历程》，载中共东莞县委党史办公室编：《东莞烽火》（第7册），1985年5月印，第17页。

的作战中，发挥了重要作用。

挺进到大岭山的第三大队，面临着强大的敌人。日军及伪军共3000余人，分别驻扎在大岭山周围的莞城、石龙、厚街、太平、霄边等镇圩，控制了莞（城）太（平）、宝（安）太（平）两条公路交通线。邻近的水乡地区，还有刘发如、李潮两股地方反动武装及伪军共2000多人。此外，国民党广东省保安第八团和国民党第七战区[①]惠（州）淡（水）守备区挺进第六纵队第三支队，分别盘踞在东莞横沥、樟木头、塘厦等地，控制着广九铁路的中段，并渗透到大岭山区的金桔岭、大朗等地。日、伪、顽军及地方反动武装，构成了对大岭山区包围态势。

驻东莞的日军，为巩固其占领区，调集兵力进犯大岭山区，企图将立足未稳的游击队一举消灭。

1940年11月初的一天清晨，驻莞（城）太（平）公路和厚街、桥头乡的日军一个加强中队及一个炮兵分队共200余人，远途奔袭大岭山。日军先头部队10余人首先闯入大径村。当时，第三大队刚从大环村转移到汪潭村，起初以为是来抢劫牲畜和粮食的少量日军。于是，梁鸿钧命令短枪队向大径村出击。大径村是大岭山的一个小圩场，与汪潭村相隔仅700多米。短枪队利用晨曦薄雾作掩护，迅速穿过稻田开阔地，冲进大径村东头，遭到日军猛烈扫射，这才发觉来敌不少。梁鸿钧和曾生马上命令第二中队抢占大径村南面的高地，掩护短枪队撤出，又命令第二中队投入战斗，阻击日军。

第三大队在梁鸿钧、曾生指挥下，打退了日军一次又一次进攻。经过4个小时的反复争夺，第三大队控制了汪潭、大径两村的高地，掩护群众安全转移入山。随后，第三大队撤至汪潭村的后山。日军闯入汪潭村，烧屋抢劫了一番，然后抬着伤亡人员撤走。这场战斗，史称"黄潭

---

① 第七战区于1940年8月设立，是从第四战区划分出来的，辖区为广东的东、西、北江地区及海南岛，还有赣南。第四战区则统辖广西、粤西南地区。

战斗"①，日军伤亡 30 多人，第三大队小队长陈定安及 5 名短枪队员牺牲，翟信、陈其禄、鲁风 3 名中队干部负伤。这一仗，对日军震动很大。当时，日本一家全国性报纸《读卖新闻》无可奈何地报道：日军自侵占华南以来，此乃首次遭遇真正的对手。②

这次战斗，是广东人民抗日游击队重返东宝敌后的第一仗，第三大队以少战多，以弱挫强，打击了日军的嚣张气焰，鼓舞了东莞人民群众的抗日斗志。广大人民群众伸起手指头到处传颂："老模真勇敢，把日本仔打败了！"③

在创建大岭山抗日根据地的斗争中，东江特委书记、第三大队政治委员林平十分重视党组织和政权的建设，他要求曾生负责这方面的工作。部队东移海陆丰前，曾生在坪山、淡水地区曾作过建设抗日根据地的尝试。从以往的工作实践和经验中，他认识到：在大岭山进行建党建政工作，首先要有一支坚强的民众运动工作队（简称"民运队"），深入到群众中去进行宣传、发动和组织工作。为此，他组建了第三大队民运部，由原东江华侨回乡服务团团长叶锋任部长，抽调地方党组织部分干部以及原东江华侨回乡服务团成员，组成第三大队民运队。

民运队深入大岭山区各个乡村，向群众宣传抗日，宣传共产党的政策主张。经过几个月的艰苦工作，民运队在 20 多个乡村中发展了 100 多名党员，在连平、大沙等乡建立了中共支部。民运队还在大岭山区的 8 个乡发动群众建立兄弟会、农会、姐妹会等抗日团体。在这个基础上，8 个乡先后建立乡级抗日民主政权——乡办事处，进而建立了全区性的

① 当年参战的第三大队指战员误把汪潭村当作"黄潭村"，因此历史文献以及参战者均称此战为"黄潭战斗"。

② 袁庚：《东江纵队与盟军的情报合作及港九大队的撤出》，载香港历史博物馆编：《香港抗战——东江纵队港九独立大队论文集》，香港康乐及文化事务署 2004 年版，第 250 页。

③ 陈一民：《曾生同志与大岭山的抗日斗争》，载《怀念曾生同志》，中共广东省委党史研究室 1996 年 12 月内部出版，第 105 页。

政权机构——连平联乡办事处和大塘联乡办事处。第三大队和东莞县委注意执行党的抗日民族统一战线政策，团结开明人士和上层人士共同抗日，并吸收开明绅士参加抗日民主政权。抗日民主政权领导农民群众开展减租减息和生产运动，使广大农民群众减轻了经济负担，改善了生活，增强了抗日积极性。

为了方便第三大队的活动和更好地支援部队开展游击战争，1941年6月，军政委员会撤销大岭山特别区委，把大岭山的地方工作移交给中共东莞县委。东莞县委将大岭山区委和莞太区委合并，组成新的大岭山区委，黄庄平任书记。其时，大岭山区委管辖连平、大沙、平治、杨西、金桔、大塘、厚街、河田、桥头、太平、霄边和怀德等地的党组织。

广东人民抗日游击队领导机关注重培训干部的工作，在大岭山大王岭举办军事训练班，从第三、第五大队中选送班、排干部分批参加培训班，提高了部队干部的政治素质和军事技术。为使地方党组织更有力地配合部队行动，东莞县委在大岭山牛牯岭举办一期区级党员干部训练班，由县委书记陈铭炎主持，培训全县的党员骨干。

曾生在创建大岭山抗日根据地的斗争中，深知唤起民众、团结起来，抗战才能取得最后胜利。他布置军政委员会秘书杜襟南，创办一份敌后游击区的报纸。1941年1月7日，报社在大岭山大王岭村成立，杜襟南任社长。在讨论研究报纸名称时，报社工作人员提出，为了抗日统一战线，应团结各界民主人士，建议叫《团结报》。曾生觉得这个报名不够全面，对他们说："要广泛联系群众，就加两个字叫《大家团结》。"[1] 1月20日，《大家团结》报第一期出版，这是抗战期间中国共产党在广东敌后游击区出版的第一份报纸。《大家团结》报每个星期出版一期，最初用钟灵印刷机石印，为16开本，从第5期开始改

---

[1] 杜襟南：《追忆大岭山风云》，载中共东莞市委党史研究室编：《东莞抗日实录》，中共党史出版社2006年版，第313页。

为油印，变为 8 开小报本。《大家团结》报总共出版了 20 期，内容有宣传中国共产党和抗日游击队的抗战主张、报道国内外新闻及东江地区抗日斗争情况等。曾生关心这份报纸的出版，经常到报社与工作人员研究报纸的出版内容，还为报纸撰写一些重要的社论。

1941 年 2 月，第五大队在宝安游击区出版《新百姓》报。同年 7 月，曾生与王作尧商量，决定将《大家团结》和《新百姓》报合并，《新百姓》报继续出版，作为广东人民抗日游击队的机关报；《大家团结》报则改成以干部为读者对象的 16 开本杂志，由广东人民抗日游击队领导机关主办。两报合并后，沙克任《新百姓》报社副社长，李征任《新百姓》报驻宝安特派员，杜襟南任《大家团结》杂志社社长。8 月，《新百姓》报社从宝安沙梨园迁到大岭山区大塘乡。至是年 9 月中旬，由于国民党顽军进攻大岭山抗日根据地，《新百姓》报又搬回宝安继续出版，而《大家团结》杂志因战争环境和条件不足，最终未能出版。

由于战争环境的影响，大岭山区的许多学校都已停办了。为了使大岭山区的青少年能上学读书，曾生布置民运队抓好教育工作。民运队在各乡村白天办日学，晚上办夜校，并利用学校、夜校为阵地，向青少年进行抗日宣传教育。1941 年 7 月，曾生又在大岭山牛牯岭村的天主教堂创办一所干部学校——中山书院，招收东莞、广州和港九地区等地的知识青年数十人，效仿陕北公学的办学方式，组织学员学习政治、文化、时事政策等。学员经过短期学习，结业后分配到部队和地方工作。同年冬，根据中共广东省委的指示，东江文化工作委员会在大岭山成立，由杜襟南、谭天度、黄日东 3 人组成，杜襟南任书记，负责东江敌后游击区的报刊出版和文化教育工作。

经过半年多艰苦战斗和深入细致的群众工作，大岭山抗日根据地在日、伪、顽军的夹缝中初步建立了起来。与此同时，王作尧率领的广东人民抗日游击队第五大队，已从原来的 30 多人发展到 300 多人，下辖

3 个中队，他们在中共宝安县工委的积极配合下，也初步创建了宝安县阳台山抗日根据地。这是中国共产党在东江地区最早建立的两块抗日根据地，它们构成了东江抗日根据地的雏形。

三、百花洞战斗

1941 年 6 月 13 日下午，大岭山抗日根据地内的连平圩，鞭炮齐鸣，锣鼓喧天，欢呼声、口号声响彻云霄。数千名抗日军民集中在这里，举行百花洞战斗祝捷大会。主席台前，摆放着从日本侵略者手中缴获的各种战利品。

自从大岭山抗日根据地建立起来后，日、伪、顽军十分恐慌，发动了一次又一次进攻和"扫荡"。曾生与林平、梁鸿钧指挥抗日根据地军民，进行英勇顽强的抗击，打了几场漂亮仗，其中百花洞战斗影响最大。

1941 年 6 月 10 日夜晚，驻莞城、厚街、太平、桥头的日军 400 余人，兵分两路奔袭大岭山抗日根据地，一路从厚街、桥头往东经横岗、大径、伯公坳、大环，插向百花洞村；另一路从莞城向南经上下山门、髻岭、新屋场，直奔百花洞圩，准备于 6 月 11 日拂晓偷袭大岭山百花洞村。①

百花洞是隐蔽在大岭山东面一片荔枝林中的一条村庄，离莞城约 20 公里，是大岭山抗日根据地的中心地区。日军之所以把这次进攻的矛头直指百花洞，是误以为那里是抗日游击队的首脑机关和主力部队的驻地。

---

① 一些回忆文章提到，还有伪军第三十师 200 余人参与偷袭百花洞。查阅全部有关回忆文章，却未见提及与伪军作战的具体经过。黄介在《石龙队三到东莞七次战斗》中，明确回忆："这次百花洞战斗，全是日军，没有伪军"，参见中共东莞市委党史研究室编：《东莞抗日实录》，中共党史出版社 2006 年版，第 353 页。

日军此次进攻，采取隐蔽突袭的战术，意图对游击队打个措手不及。然而，日军的偷袭计划，因事前四处拉夫而被第三大队厚街情报站侦悉，情报站于当晚将情报送到正在百花洞村主持召开民运工作会议的曾生手上。

曾生立即派通讯员去大王岭村向林平和梁鸿钧报告。然后率领第三大队民运队、百花洞抗日自卫队，抢先占领百花洞西南小山头的制高点。

林平、梁鸿钧接到情报，迅速布置战斗任务：副大队长邬强率领负责警卫领导机关的第三中队赶往百花洞支援曾生；驻大沙乡长圳村的第一中队占领百花洞东侧的大公岭；驻大环村的第二中队进至连平新屋场，抢占有利地形，待机击敌；驻瓮窑、大片尾村的第五大队第一中队（代号"石龙队"）、重机枪中队（代号"铁路队"）①插到百花洞后侧山上阻击日军。布置完任务后，林平和梁鸿钧率领领导机关工作人员离开大王岭村与曾生会合。

曾生率领第三大队民运队和百花洞抗日自卫队连夜爬上百花洞西南一座山头，布置好阵地后，天已亮了。这时，从厚街、桥头来的一路日军正抵达百花洞北面的一条小路。"打！"曾生一声令下，民运队和抗日自卫队以密集火力阻击敌人。日军一部分慌忙趴在地上利用田埂抵抗，另一部分跑步抢占村北山头还击。

第三大队、第五大队的各路部队以及各乡抗日自卫队接到命令，从各自驻地赶到百花洞参加战斗。参战的游击队有 5 个中队，总共 350 余人；参战的各乡抗日自卫队总共有 500 余人。

第三大队第一中队在中队长彭沃率领下，首先抵达百花洞附近，抢占了百花洞东侧太公岭右边的一个高地，正好遇着从上下山门、髻岭开来的一路日军。彭沃指挥第一中队迅速展开阻击。

---

① 第五大队第一中队和重机枪中队于 1941 年 5 月奉广东人民抗日游击队领导机关之命，从宝安开抵东莞配合第三大队反击顽军。

第一中队的机枪、步枪集中火力向日军齐射。一名骑马的日军指挥官连人带马被射倒在地上，日军阵脚大乱，纷纷向附近的一个小高地窜去。

随后，第五大队的两个中队赶到百花洞后侧，奉命抢占大环后面的山头，协同第三大队作战。在第五大队的重机枪掩护下，彭沃指挥第三大队第一中队向日军发起冲锋。冲在最前面的第一小队距日军阵地只有数十米，被日军炮火所阻，立即卧倒，利用有利地形暂时掩蔽。这时，10余名日军士兵在手持指挥刀的军曹率领下，跃出阵地进行反冲锋。小队长杨仰仁立即指挥本队战士向这股日军扑去。跟在杨仰仁后面的班长吴提祥手疾眼快，一枪击毙了这名日军军曹。日军队形顿时混乱，赶紧卧倒停止冲锋。第一小队开枪打死几名日军后迅速占领小高地旁边的有利地形。在这一过程中，另一名班长张兴中弹牺牲，2名战士负伤。游击队第一次冲锋受阻，敌我双方形成对峙态势。不久，连平西侧山头上空升起了3颗日军信号弹，这是日军撤退的信号。接着，第一中队阵地周围和百花洞荔枝园附近游击队阵地遭到日军炮弹猛烈轰击。与第一小队对峙的日军开始后撤。第一小队又与日军展开数次冲锋与反冲锋。日军溃败，第一小队紧追不舍，双方展开白刃战。最后，日军在烟幕弹掩护下撤出小高地，被压缩在连平西侧的山头上。①

邬强率领第三中队，天亮时赶到百花洞与曾生会合，在那里设立临时作战指挥所，共同指挥战斗。第二中队也赶到大环以北山地，抢占了制高点。曾生、邬强在山头用望远镜看到两路日军蠕动着向百花洞抵进，看样子准备在村西头会合。曾生和邬强立即命令：第三中队占领大环至百花洞之间南面高地，用火力支援第一中队作战；第二中队在大环以北山地，围攻大环东北山地的日军，并配合第三中队堵截日军逃往大环西

---

① 关于第一小队的作战经过，主要参考郑戈回忆录《勇赴国难》（2001年3月）。郑戈原名郑伟灵，亲历百花洞战斗，时任第一小队"小鬼"班班长。

南的退路。

当天中午时分,百花洞附近的太公岭、髻岭、连平、大塘、治平、杨西、同沙等乡的抗日自卫队纷纷加入战斗。太公岭的抗日自卫中队,主动配合第三大队第一中队冲锋。髻岭方向的抗日自卫队,占领了髻岭与畔山之间的三角山。连平方向的抗日自卫队,占领了附近的鲤鱼山。大环方向的抗日自卫队,配合第三大队第二中队堵住了日军北面的退路。从髻岭、连平、大环,到百花洞、太公岭一带起伏的山峦,处处是抗日军民,他们把两路日军分割包围在百花洞与大环之间的山沟里,使其进退不得。周围村庄的群众,听说包围了日军,纷纷拿起锄头、禾叉和扁担,登上山头摇着红旗呐喊助威。枪声、手榴弹爆炸声和喊杀声,响彻山谷田野,日军陷入了人民战争的汪洋大海之中。

激战至当天下午3时,日军两次施放烟幕弹借以掩护突围,但都被游击队打得缩了回去。日军知道孤军突围无望,只好在百花洞荔枝园北端的小高地和以北的山地,挖掘堑壕,固守待援。同时,放出军鸽带信向驻石龙的日军求援。军鸽飞到数公里外的大沙乡停下栖息时,被大沙乡抗日自卫队打了下来。

大沙乡抗日自卫队从军鸽身上解下被围日军的求援信和作战地图,送到第三大队临时作战指挥所。曾生与林平、梁鸿钧、邬强一起研究敌情,决定组织力量加紧进攻,不给日军丝毫喘息的机会。他们分头到各中队进行战斗动员,号召战士们不怕牺牲,抓紧战机消灭敌人。

入夜,日军收缩防线,集中在荔枝园北面的小高地上。第三大队组织突袭小分队,轮番袭扰敌营,日军彻夜惊惶不安。

第二天上午,日军反复组织兵力突围,却一次又一次被游击队打了回去。广州的日军出动飞机到百花洞上空向被围日军空投弹药和粮食,但大部分落在游击队的阵地上。日军再也无力组织突围,只好固守待援。

下午,驻广州、莞城、石龙的日军纠集骑兵、步兵1000多人前来救援。

他们开抵战场后，先集中野战炮等重型武器向游击队阵地轮番轰击。被困的日军见援军已至，在烟幕弹的掩护下，突围夺路而逃。日军大队长长濑在突围时被击毙。① 一股日军在逃窜时被冲散，其中 3 人逃至大径村的稻田里，被抗日自卫队击毙。

百花洞战斗持续了两天，毙伤日军大队长以下官兵 50 余人，缴获长短枪 10 余支、弹药辎重一大批、战马数匹。抗日游击队和抗日自卫队共伤亡 10 余人。日军这次损兵折将，大败而逃，驻广州的日军南支派遣军头目哀叹："这是进军华南以来最丢脸的一仗。"②

百花洞战斗旧址

百花洞战斗的胜利，是广东人民抗日游击队重返惠东宝敌后作战的一次重大胜利。它打击了日军的嚣张气焰，显示了人民战争的威力，鼓舞了东江地区抗日军民的胜利信心。

战后，大岭山抗日根据地举行军民祝捷大会。林平、曾生在大会上讲话，表扬了部队和抗日自卫队指战员英勇作战，不怕牺牲的战斗作风和革命精神，赞扬了大岭山抗日根据地群众积极支援和配合部队作战的英勇行为，号召全体军民更加团结，提高警惕，常备不懈，保卫大岭山抗日根据地。

---

① 关于日军大队长长濑被击毙的具体时间有两说。一说是日军刚进入百花洞时被击毙，见彭沃、王彪：《百花洞杀敌记》，载陈一民主编：《南北征战录》，广东经济出版社 1998 年版，第 73 页。另一说是后来在突围时被击毙，持此说的有：王作尧：《东纵一叶》，广东人民出版社 2009 年版，第 124 页；郑戈：《勇赴国难》，中共广州市荔湾区老干部局 2001 年 3 月内部出版，第 66 页；《吕苏采访实录》，载张黎明：《记忆的刻度——东纵的抗战岁月》，群众出版社 2006 年版，第 149 页。

② 转引自《东江纵队史》，广东人民出版社 1995 年版，第 85 页。

百花洞战斗载入了中国人民抗日战争的史册。2015年7月7日，《人民日报》增设《纪念全民族抗战爆发78周年特刊》，其中刊登编辑部整理的《回望血与火的十大战场》一文，记载了中国抗战的10个战例，依次为：平型关大捷、黄土岭战斗、百团大战、冉庄地道战、车桥战斗、五道岗战斗、百花洞战斗、台儿庄战役、第三次长沙大捷、仁安羌大捷。排列第七的百花洞战斗，列为人民抗日游击队伏击战的典范，文章指出："此战，是广东人民抗日游击队（东江纵队前身）的代表性作战。"①可见，百花洞战斗在全国抗战史上是有一定影响的。

四、反顽斗争

大岭山抗日根据地初步建立起来后，频频受到国民党顽固派军队的攻击。曾生率领大岭山抗日根据地军民，坚决执行中国共产党提出的坚持抗战、团结、进步的方针，对来犯顽军予以自卫反击。

1941年5月24日，国民党第七战区东莞战地国民兵团第三大队大队长刘发如，出动200余人偷袭大岭山抗日根据地杨西乡。当地反动地主、汉奸张玉衡引领刘发如部在山门村捕杀了5名游击队民运队员。刘发如原是东莞水乡道滘的土匪头子，后被国民党东莞县政府"招抚"编入地方武装，1939年春任第四战区第四游击纵队第三大队大队长。在东莞抗战初期，他曾率队多次抗击日军。后来在日军的压力下，为了巩固其地方势力范围，他暗中指使部属叶衍龄（外号"凤凰九"）等人投靠日军，又派堂弟刘棠出任伪军暂编陆军独立步兵第七团团长，变成日军的得力帮凶。

杨西乡位于大岭山西北部，原属于刘发如的势力范围。因此，他

---

① 《人民日报》2015年7月7日《纪念全民族抗战爆发78周年特刊》。

与杨西乡的反动地主和汉奸互相勾结，跟广东人民抗日游击队争夺杨西乡。接到刘发如部偷袭杨西乡的情报后，曾生、林平和邬强马上带队进行自卫反击。林平率领第一中队到山门村、飞鹅岭一线投入战斗。曾生率领重机枪排占领杨西乡山门村旁边的制高点，以猛烈火力掩护第一中队从正面进攻。邬强率领第二中队从侧面迂回攻击。中共大岭山区委组织附近乡的抗日自卫队前来配合作战。刘发如部遭到突然打击，不敢恋战，丢下10多具尸体和部分伤兵败退。游击队和抗日自卫队一直将刘发如部追到莞城附近才收兵。

刘发如不甘失败，于5月28日再次出动200余人进犯杨西乡。曾生率领第三大队和抗日自卫队在连平一带与刘发如部激战。此时，奉命从宝安赶来参加保卫大岭山根据地的第五大队第一中队和重机枪中队，到达战场投入战斗。经过半天的激战，击溃了刘发如部，共毙伤敌20多人，缴枪20多支。

6月1日，驻观澜的国民党第七战区惠淡守备区指挥部挺进第六纵队第三支队第三大队200余人，向大岭山区大塘村扑来。曾生率游击队第三大队在牛牯岭一带抢占有利地形，在第五大队两个中队和各乡抗日自卫队配合下，对顽军形成包围合击之势。顽军第三支队第三大队大队长黄文光原与刘发如商定共同出兵夹击大岭山抗日根据地。直到战斗打响后，黄文光才发觉刘发如并没有出兵配合，结果自己变成了孤军深入，处处被动挨打，只好撤出战斗，逃回观澜。

6月6日，刘发如部对杨西乡发动第三次进攻。由于游击队早就做好迎战准备，刘发如部稍经接战，就慌乱逃回老巢道滘，从此再也不敢来犯。

从5月24日至6月6日，大岭山抗日根据地军民在14天之内连续取得四次胜仗，打退了顽军的进攻。之后，曾生和邬强来到杨西乡，召开有数千人参加的群众大会，公审并枪决了勾结刘发如的杨西乡反动地主、汉奸张玉衡。

9月中旬，中共东莞县委获悉顽军准备进犯大岭山抗日根据地的情报，派人到大岭山通知第三大队和大岭山区委。第三大队和大岭山区委立即在党政干部中进行反顽斗争的动员，并由报社印发大量反顽斗争的标语、传单，揭露国民党顽固派进攻人民抗日武装的罪恶行径，号召大岭山抗日根据地军民团结战斗，制止内战。

9月21日，顽军黄文光大队从观澜扑向大岭山区，进抵大朗西牛陂时，被第三大队第三中队哨兵发现。枪声响后，曾生立即派通讯员到大塘村，通知《新百姓》报社转移到百花洞、第三中队从大塘转移到大王岭待命。第三中队在转移中遭到顽军猛烈炮火的封锁，情况危急。曾生命令彭沃带领第一中队火速前往支援，掩护第三中队安全转移。顽军占领大塘村后，三次进攻大王岭，都被游击队击退。当天下午，游击队开始反攻。战至黄昏，占据大塘村的顽军撤至金桔岭。

顽军被击退后，曾生与梁鸿钧、邬强分析[①]，认为顽军此次进攻没有出动主力，很可能是试探性的进攻，大战还在后头，必须迅速组织大岭山抗日根据地军民严阵以待。

果然不出曾生他们所料。10月4日，顽军向大岭山抗日根据地发动大规模的进攻。这次顽军出动的是第七战区惠淡守备区指挥部挺进第六纵队第三支队的三个大队和一个炮兵连，总共1000余人，由支队长徐东来指挥。当天，顽军进占了大塘和连平。

第二天，顽军分三路从大塘、连平、太公岭向大王岭合击。第三大队的三个中队和连平乡抗日自卫队，在大王岭至大环的山上与顽军展开激战。第一中队在大王岭后山占领阵地，负责保卫领导机关的安全和掩护群众疏散。第二、第三中队在南北两侧钳制两路顽军。第一中队掩护

---

① 林平于百花洞战斗结束后患病，离开大岭山到香港治疗，没有参与领导1941年7月以后大岭山抗日根据地的反顽斗争。

领导机关和群众转移后，退守至更鼓楼山，然后由第一小队坚守，掩护第二、第三小队转移。第一小队打退顽军多次冲锋后也奉命转移。在转移途中，第一小队小队长杨仰仁和文化教员颜金榜中弹倒下。曾生命令第一中队派人冲回去把杨仰仁、颜金榜二人救了回来，但他俩因流血过多而牺牲。

战斗持续了3天，第三大队受到一些损失。部队开到大岭山东北山麓，与顽军对峙。为了转移顽军视线，曾生率领部分队伍下山，绕道汪潭，寻找适当战机，但未达目的，只好在汪潭补充一些粮食后，又返回山上。

面对数倍于己的顽军，曾生冷静地思考：在敌我力量悬殊的情况下，如果继续在内线与顽军硬拼，打消耗战，是不可取的。他又想起早前去香港与正在那里养病的林平会面时，林平传达廖承志关于"不要和顽军硬拼，要同它软磨"的指示，觉得廖承志的指示十分正确。于是，他与梁鸿钧、邬强等人研究决定，改用小部队及抗日自卫队在大岭山坚持内线作战，牵制顽军，部队主力则转移外线作战，开赴宝安县与第五大队会合，集中兵力打击顽军后方，务求粉碎顽军对大岭山区的进攻。根据这一决定，邬强率领第二中队留下，在内线坚持战斗；梁鸿钧、曾生率领第一、第三中队和短枪队转移宝安。

梁鸿钧、曾生率领第三大队的两个中队到达宝安后，与第五大队会合，在外线寻找战机。10月中旬的一个晚上，梁鸿钧、曾生、王作尧指挥部队突袭广九铁路线石鼓车站的顽军，歼灭了顽军一个中队。这一仗虽然胜利了，但没有达到预期效果，对顽军的威慑作用不大。此后，游击队找不到袭击宝安顽军的战机，未能连续主动地给顽军以有力的打击，因而未能实现从外线出击顽军，调动顽军撤出大岭山抗日根据地的战略目的。在这种情况下，曾生与梁鸿钧、王作尧研究决定：曾生率领第三大队第一中队到惠阳坪山整训，在惠宝边开展抗日游击战争；梁鸿钧率领第三大队第三中队和短枪队留在宝安的黄田、固成一带活动，配合第五大队作战。至于策应在大岭山坚持斗争的部队的任务，则由梁鸿钧、王作尧组织在宝安的部队实施。

　　顽军占领大岭山区连平、大沙、同沙、大塘等乡村后，当地一些反动地主和反革命两面派，组织反动联防队，恢复保甲制度。顽军在地方反动势力配合下，天天出动"围剿"，捕杀了抗日游击队员、地方干部和抗日积极分子50多人，烧毁房屋500多间，抢走群众耕牛200多头以及其他财物一大批。10月10日，连平联乡办事处主任刘荫以及地方干部谭家驹、陈柏昌、黄坚等7人，在治平乡绒旗墩村被反动武装围捕。他们有的被装进麻袋抛下山坑的深潭，有的被活埋在山洞里。设在绒旗墩村的第三大队医务站被顽军袭击，10余名医务人员和伤病员被俘活埋。

李淑桓

　　在被害的大岭山抗日根据地军民中，有一位名叫李淑桓的女游击队员。李淑桓是香港女同胞，原籍广东鹤山，抗战开始后，她先送长子去延安参加八路军，再送其余6个子女到东江地区参加广东人民抗日游击队。她本人也于1941年春从香港到东莞大岭山参加广东人民抗日游击队，被派驻大塘村办学，并以教书为掩护，负责交通情报工作。李淑桓在大塘被捕后，被顽军押到金桔岭严刑拷打，迫她供出游击队的去向。她宁死不屈，痛斥顽军不抗日打内战的行径，最后惨遭杀害，就义时47岁。李淑桓一家在抗战中有4人先后为国捐躯，其中她本人以及两个儿子牺牲在东江地区。她的英雄事迹传遍了东江地区，被誉为"东江游击队之母"。在1942年3月8日广东人民抗日游击总队举行的三八国际劳动妇女节纪念大会上，曾生以李淑桓的英雄事迹教育部队指战员和人民群众，号召大家学习她坚贞不屈的革命精神，将抗战进行到底。曾生在纪念大会上说："郭妈在生死关头，在敌人酷刑面前，大义凛然，表现出一个革命军人的气节和骨气，她的革命精神永远是我们学习的榜样。"[1] 同时，广东人民抗日游击总队机关报《东江民报》出版专刊，宣传李淑桓的英雄事迹。

大岭山抗日根据地以东中心区被顽军占领后，中共大岭山区委转移到虎门，继续领导大岭山区群众进行抗日反顽斗争。邬强率领第三大队第二中队，分成若干小分队活动，仍然控制着大岭山西部地区，并深入到莞太、宝太公路交通线的敌占区，袭击日、伪军据点；同时，到大岭山以东地区袭击小股分散的顽军，扩大了部队活动地区。

11月中旬，顽军大部分从大岭山区撤走，只留下一个大队驻守金桔岭。这时，林平已在香港治好病回到宝安阳台山抗日根据地。他与在宝安活动的梁鸿钧和邬强研究决定，由邬强、叶锋率领第五大队第一、第二中队和第三大队第三中队开赴大岭山区，在第三大队第二中队配合下，打击当地反动武装。11月下旬，部队汇集到大岭山区，击溃了顽军的进攻，打击了反共联防队。但由于力量悬殊，大岭山抗日根据地一时难以恢复。12月上旬，叶锋率领第五大队的两个中队回师宝安阳台山，邬强则率领第三大队第二、第三中队继续留在大岭山区开展恢复根据地的斗争。

1942年3月，曾生奉命从惠阳坪山返回大岭山坚持斗争。踏入这片战斗过的土地，他思绪纷纭，数月前反顽斗争的情景历历在目。他为大岭山抗日根据地的丢失而沉痛，为许多战友、地方干部以及群众积极分子的牺牲而悲伤。他深深感到，对这次反顽斗争，应该认真检查主观上的原因，深刻接受惨痛的教训。

夜深了，屋外边的春雨淅淅沥沥下个不停。曾生辗转难眠，反思着

---

[1] 王曼、郭际：《大岭山忠魂——记李淑桓烈士》，载陈一民主编：《南北征战录》，广东经济出版社1998年版，第416页。"郭妈"即李淑桓。

去年这场反顽斗争的教训：

在根据地迅速建立、部队在对敌作战中接连获胜的时候，我的思想深处确实滋生了一些自满情绪，因而眼光不够远大，未能预先作好准备，向根据地外边开辟一两片可供回旋的地区，以便进退有据。当顽军大举进攻时，我们未能认真领会和执行廖承志同志"应和顽军软磨"的指示，仍然从正面去硬顶了几天，在敌我力量悬殊的情况下拼消耗。后来又寄希望于到外线去打击敌人，以解大岭山之围，又因我们的力量还不够大，打击顽军不够痛，而致落空。[①]

曾生回到大岭山的第一件事，就是整顿和充实部队。当时，大岭山以东的中心区仍被顽军和反共联防队占据着。曾生率领部队在大岭山西南的北栅、太平一带平坦地区活动，尝试开辟平原水网地带的抗日游击战。经过几个月的艰苦斗争，游击队在太平地区建立了游击基地，为恢复大岭山抗日根据地创造了有利条件。

1942 年 6 月下旬，曾生奉命离开大岭山区，返回广九铁路以东地区，负责惠（阳）宝（安）边和港九地区敌后抗战的领导工作。与此同时，梁鸿钧、王作尧率领第五大队以及刚组建的惠阳大队，挺进东莞，会同第三大队集中兵力打击盘踞大岭山附近的顽军。6 月底，梁鸿钧、王作尧率第五大队和惠阳大队回师宝安阳台山，第三大队仍然留在大岭山区活动。

至同年底，第三大队在地方党组织和抗日自卫队的密切配合下，逐步控制了整个大岭山区。大岭山抗日根据地失陷一年又两个多月后，重新回到了抗日军民的怀抱里。

_____

① 《曾生回忆录》，解放军出版社 1992 年版，第 242 页。

第七章　秘密大营救

一、香港沦陷

1941 年 12 月 8 日上午 8 时 30 分，香港港岛上空突然传来"隆隆"的飞机声，紧接着，剧烈的爆炸声响了起来。日军出动 48 架飞机，对香港的军事据点、交通设施进行轰炸。香港陷入了一片火海之中。

1941 年 12 月 8 日，日机轰炸香港启德机场

这是日本发动太平洋战争的重要组成部分。

发动太平洋战争，夺取东南亚地区的战略资源，截断援助中国抗战的一切国际通道，称霸西南太平洋，建立"大东亚共荣圈"，是日本帝国主义的国策。1941 年 6 月苏德战争爆发后，日本决心乘美国和英国无力东顾之机，实施"南进"方针，夺取英美等国在东南亚和南太平洋的殖民地和附属国，并配合德国和意大利在欧洲作战，积极准备发动太平洋战争。

1941 年 12 月 8 日，太平洋战争正式爆发。这天（夏威夷时间为 7 日，星期日）早晨 7 时 55 分，位于太平洋西海岸的中国大陆尚处于黎明前的黑暗之中，日本特遣舰队的飞机和潜艇，突然偷袭夏威夷岛的瓦胡岛南端的美国太平洋舰队驻地珍珠港，300 架飞机分两批狂轰滥炸，水上鱼雷齐发。在前后不到两小时的偷袭中，日军重创美国海军的太平洋舰队，共炸沉炸伤美国舰艇 18 艘，击毁美国军机 260 多架，毙伤美军 4500 多人。美国太平洋舰队除 3 艘航空母舰未在珍珠港外，几乎全部覆没。

与此同时，日军出动 11 个师团、2300 余架飞机、230 余艘舰艇，按原定计划进攻香港、菲律宾、马来亚、缅甸以及荷属东印度等地。

日军偷袭珍珠港的当天，英、美对日宣战。12 月 9 日，中国国民政府正式对德、意、日宣战；中国共产党发布宣言，提出"建立太平洋一切抗日民族统一战线，坚持抗战完全胜利"的方针。

香港不仅是一个国际性商业城市，而且是一个优良军港。日本侵略者把它作为"南进"的枢纽站，夺取了香港，就可以从本土经冲绳、台湾到香港，同菲律宾、新加坡、马来群岛联成一线，使日军的兵源调遣和物资运输畅通无阻。它又可以与东面的台湾、西南的海南岛遥相呼应，形成对中国大陆的半月形包围，封锁中国的对外联系。因此，从 1941 年 11 月开始，日军在我国南方的港九外围和惠东宝地区，集结了第二十三军第三十八师团，包括步兵、骑兵、炮兵和坦克部队共约 2 万人，还有第二遣华舰队航空兵第二十三军飞行队，准备进攻香港。

当时，香港的英国守军有陆军 2 个旅，一个炮兵团及海、空军共 1 万余人，马尔特比少将任香港英军总司令，香港总督杨慕琦兼全军指挥官。

香港的英国当局知道，只依靠自己的兵力是无法抵抗日军入侵的，因此派出高级军官与八路军驻香港办事处联系，要求广东人民抗日游击队协助牵制进攻香港的日军。廖承志经请示中共中央同意，与港英当局会谈。廖承志表示，广东人民抗日游击队可以协同驻港英军保卫港九，但英方必须供应必要的武器弹药，并开放民主，成立各民主党派联合办事处，武装港九人民，共同保卫香港。英方表示同意。然而英方缺乏诚意，对广东人民抗日游击队存有戒心。当周伯明与驻港英军司令谈判具体协议时，英方提出：要派军官到广东人民抗日游击队中去监督使用武器，广东人民抗日游击队不能进入九龙新界。这些不合理的要求，理所当然地被拒绝了。直到日军进攻香港，谈判仍未取得结果。

1941年11月5日，日本天皇批准对美国、英国、荷兰国的作战计划。12月2日，日军第二十三军正式下达进攻香港的命令。

12月8日清晨，日军第二十三军航空队出动30多架飞机，对九龙启德飞机场实施轮番轰炸，瞬间摧毁了英军所有的飞机。与此同时，日军第二十三军三十八师团，包括步兵、骑兵、坦克兵、辎重兵共1.5万余人，向九龙发起进攻。日军分东、西两路越过深圳河，沿着广九铁路南段和青山道，向九龙市区推进。

日军在粉岭、大埔打败英军后，乘胜追击，攻下城门堡。随后，日、英两军在垃圾湾进行激战。

12月11日中午，九龙半岛上唯一的坚固防线——垃圾湾防线（又称"酒徒防线"）被日军攻破。至此，九龙守军已无法继续防守，只好撤回港岛。

12月13日，九龙南端被日军占领。英军立即退往港岛。至此，日军进攻香港的第一阶段以占领整个九龙半岛告一段落。当天上午，日军第二十三军司令官酒井隆派出劝降使臣多田督知中佐，挟持香港总督的私人秘书李氏夫人等3名英籍女人质，举着白旗乘小艇从油麻地码头驶往港岛，向香港总督杨慕琦劝降。

总督杨慕琦拒绝投降。

劝降失败后，日军向港岛实施猛烈的飞机轰炸和炮火轰击。英军在港岛上的炮台大部分被摧毁，一艘驱逐舰被炸毁。总督府官邸四周也落下了雨点般的炮弹。

12 月 17 日，日军又一次派人坐小艇往港岛劝降，仍然遭到总督杨慕琦的拒绝。当天黄昏，日军第二十三军下达登陆港岛的命令。

12 月 18 日，日军进攻香港进入第二阶段，即夺取港岛阶段。当天，日军首先对登陆地的英军炮兵阵地等一系列军事设施实行破坏性的轰击。晚上 8 时 50 分，日军三个联队总共 7500 余人在猛烈炮火掩护下，兵分三路同时向港岛发起强攻。左翼一路从茶果岭海边出发，登陆鲤鱼门和筲箕湾，直取柴湾山，再回头进攻并占领炮台。中翼一路从中池湾出发，直取柴湾山，再回头占领炮台。右翼一路以尖沙咀东部海边出发，在北角与铜锣湾之间的海边登陆。三路日军登陆成功后，即以市区中心为目标展开攻击。

从 12 月 20 日起，港岛围城战进入白热化。英军虽然极力抵抗，但日军凭借优势兵力，锐不可当。

12 月 21 日，日军从黄泥涌峡分兵直下紫罗兰山包围浅水湾。

12 月 22 日，日军占领聂高逊山。

12 月 22 日凌晨，日军攻破金马伦防线。当晚，残存的英军被压缩在湾仔山峡等狭窄的地域内。

12 月 24 日，日军攻破港岛北部的祝礼顿山防线。入夜，日军炮轰英军维多利亚兵营和海军船坞，引起大火。南岸的日军也于当晚攻破赤柱村外的英军防线。

12 月 25 日上午，香港总督杨慕琦和英军驻港司令马尔特比少将分别发表圣诞公告，勉励守军奋战到底。英军虽极力抵抗，却大势已去。当天正午，日军恢复炮轰，并向海军船坞推进。下午，马尔特比少将评估了局势，认为主要阵地已经全部失陷，能够机动使用的火炮只剩下 8 门，炮弹所剩无几。下午 3 时 45 分，他向总督杨慕琦作出"无法进行更有效抵抗"的报告。

12 月 25 日傍晚 6 时 20 分，杨慕琦和马尔特比打着白旗，渡海到九龙半岛酒店的日军指挥部，正式向日军投降，从而结束了这场仅仅18天的香港守卫战。

12月26日凌晨1时，日军占领香港。

日方统计：日军攻陷香港的18天战争中，日军战死683人，负伤1413人；香港方面阵亡1555人，被俘9495人——被俘者大多数是投降之后放下武器的，其中只有少数中国人，大多数是英国人、印度人和加拿大人。[①]

12月28日，日军举行占领香港的入城仪式。香港被英国统治百年之后，沦为日本占领地。

二、虎穴营救

香港沦陷后，有数百名文化界进步人士和爱国民主人士被困留在那里，面临着落入日军魔爪的巨大危机之中。

全面抗战初期，何香凝、柳亚子、茅盾、邹韬奋等大批文化界人士和爱国民主人士，在内地开展爱国文化活动，拥护和宣传中国共产党的抗日主张和抗战成绩，抨击国民党的消极抗战和反动统治，被国民党顽固派视为眼中钉，受到种种迫害。特别是1941年1月国民党顽固派军队包围袭击新四军的"皖南事变"发生后，他们受到国民党顽固派的进一步迫害，在国民党统治区内已难以立足。在中共中央和周恩来的关怀和帮助下，他们于1941年1月5日起，陆续从桂林、重庆、昆明、上海等地撤到香港。在香港，他们积极开展抗日救国活动，创办各种进步报刊，成立各种爱国社团，继续宣传抗战与民主，使香港的抗战文化盛极一时，对全国人民和海外同胞产生了巨大影响，这就引起了日本侵略

---

① 日本防卫厅研究所战史室：《香港作战》，天津市政协编译委员会译，中华书局1985年版，第234页。

者和汉奸的仇视，也引起了国民党顽固派的忌恨。

因此，日军占领香港后，立即封锁港岛至九龙的交通，挨家挨户搜捕爱国民主人士和抗日分子，限令旅港文化人前往"大日本军报道部"或"地方行政部"报到，否则"格杀勿论"。随后，日本特务机关"大东亚共荣圈事务所"又在报刊上刊出"请邹韬奋、茅盾先生参加大东亚共荣圈"的告示；日本文化特务禾田幸助还在香港的一些戏院打出幻灯字幕："请梅兰芳、蔡楚生、司徒慧敏等先生到九龙半岛酒店会晤"。种种迹象表明，日军通过威逼利诱，要对这些文化名人下毒手了。

中共中央极为关心这些困留在香港的文化界进步人士和爱国民主人士的安危，并紧急部署秘密大营救。

1941 年 12 月 8 日，日军进攻香港的当天，中共中央书记处电示南方局书记周恩来并转在香港工作的廖承志、潘汉年、刘少文："香港文化人、党的人员、交通情报人员应向南洋及东江撤退。"①

12 月 9 日，周恩来致电廖承志，对有关人员撤离香港的路线作了明确指示：退路只有广州湾、东江和马来亚。能出琼崖、东江游击区则更好；不能留也不能南去或打游击的，转入内地。②

12 月 20 日，周恩来又致电廖承志，急切询问香港的文化界朋友如何安置，住九龙的朋友是否已撤出，与曾生部队及海南岛能否联系。

12 月下旬，周恩来再致电廖承志、潘汉年、刘少文并中共中央书记处，提出具体方案：将困在香港的爱国人士接至澳门转广州湾然后集中桂林；即刻派人告知梅龚彬、胡西民，并转告在柳州的左洪涛，要他们接待；政治活动人物可留桂林，文化界人士可先到桂林新华日报社，

---

① 《中共中央关于太平洋战争爆发后与英美建立统一战线问题给周恩来等的指示》（1941 年 12 月 8 日），载《南方局党史资料·统一战线工作》，重庆出版社 1990 年版，第 71 页。

② 中共中央文献研究室编：《周恩来年谱（1898—1949）》（下册），中央文献出版社 2007 年版，第 534 页。广州湾，即今湛江市。

戈宝权等人来重庆；对戏剧界朋友可要夏衍组织一个旅行剧团，转赴西南各地，暂不来重庆；留港的少数人必须符合秘密条件；存款全部取出，一切疏散和帮助朋友的费用均由你们开支；派人帮助宋庆龄、何香凝和柳亚子、邹韬奋、梁漱溟等人离港。[①]

秘密大营救的主要组织者、中共中央南方局委员、八路军驻香港办事处负责人廖承志

这一封封电报，足见中共中央及南方局、周恩来对身陷香港的文化界朋友和爱国民主人士的担忧、牵挂和关怀。

廖承志和潘汉年、刘少文接到中共中央及南方局的电报指示后，立即研究决定：形势严峻，时间紧迫，应以最快速度展开营救工作，要分头与文化界进步人士和爱国民主人士取得联系，首先设法把他们从港岛转移到九龙，然后护送到东江游击区，再从那里转送大后方。总体营救方案确定以后，廖承志派刘少文前往九龙，向尚在九龙召开党的会议的张文彬、梁广、林平等人传达中共中央和南方局的紧急指示，要求不惜一切代价做好营救工作。

随后，廖承志与连贯（时任八路军驻香港办事处秘书长）等，从港岛坐船偷渡到九龙，与张文彬、梁广、林平等人会合。他们在九龙旺角上海街的一座楼房里，以打麻将牌为掩护，进一步研究营救方案。他们首先明确具体分工：张文彬、廖承志、林平、连贯尽快从香港撤出，转到东江游击区或国民党统治区，指挥并负责安排沿途接应及护送工作；

---

① 中共中央文献研究室编：《周恩来年谱（1898—1949）》（下册），中央文献出版社 2007年版，第 536 页。

梁广、刘少文留下来负责港九地区的营救工作。然后，他们重点研究了由广东人民抗日游击队以及地下党组织在九龙接应和护送文化界进步人士、爱国民主人士到东江抗日根据地的事宜。他们决定利用游击队早前开辟的东、西两条交通线进行营救工作。从九龙至西贡经沙鱼涌进入惠阳游击区的水上交通线称为"东线"；从青山道经荃湾、元朗进入宝安游击区的陆上交通线称为"西线"。对这两条路线的武装护送、沿途食宿、警戒，以及可能出现的情况，他们都一一作了研究。

把文化界进步人士和爱国民主人士从港岛转移到九龙，是营救活动的第一步。林平安排地下党员李健行和爱国商人廖安祥，克服种种困难，迅速打通港岛至九龙的交通线，保证了整个营救工作的顺利开展。

1942 年元旦，大营救工作拉开序幕。廖承志、连贯、乔冠华等一行 4 人走东线。他们于当天拂晓前从港岛乘小艇到达九龙。1 月 2 日傍晚登上由广东人民抗日游击队海上中队护航小队的武装船，偷渡大鹏湾。1 月 3 日凌晨 3 时到达沙鱼涌海域，与曾生派出的游击队惠阳短枪队取得联系后，于当天清晨 5 时靠岸，再由这支短枪队护送至惠阳游击区。

随后，张文彬、林平也走东线，先后到达惠阳田心村。

以上几个人，既是大营救的组织者，又是第一批被营救者。

1 月 3 日中午，惠阳短枪队护送廖承志、连贯、乔冠华一行来到惠阳坪山东南的石桥坑。这是一条偏僻的山沟，只有几间空置的砖石结构旧房屋。接着，张文彬也来到了那里。

几天前，曾生率领广东人民抗日游击队第三大队第一中队暂住在石桥坑等候。看到廖承志、张文彬他们脱险回来后，曾生悬了好几天的心终于放了下来。

大家寒暄了一阵，便坐下开会，研究和布置下一阶段的接应和护送工作。

廖承志对曾生说："从香港撤出的文化界进步人士和爱国民主人士，很快就要到宝安游击根据地来，你要到宝安白石龙我们游击队的临时指挥部去负责接待工作。"

"好的，我会尽快赶到白石龙"。曾生回答。

会议决定：派连贯到东江上游的龙川县老隆镇布置中共东江后方特别委员会（惯称"后东特委"）在老隆设立接待站以及负责老隆至韶关的护送任务；派乔冠华到韶关，会同粤北省委在韶关设立接待站以及负责从韶关转送桂林的任务。

会后，廖承志、连贯、乔冠华3人出发到惠州、老隆，沿途布置接应工作。

送走廖承志一行后，张文彬、曾生赶到宝安白石龙村。此时，林平以及调到游击队机关工作的香港市委书记杨康华已提前到达白石龙村了。

1月6日，张文彬召集游击队和地方党组织负责人林平、梁鸿钧、曾生、王作尧、杨康华、黄宇等人开会研究，对在东江游击区内接应、护送、食宿等工作，作出具体部署和安排，并再次明确分工：梁鸿钧负责部队的军事指挥，调集三个中队和一个独立小队在白石龙外围的龙华一带待命并担任警戒；曾生在白石龙负责整体的接待工作，杨康华协助曾生做好接待任务；王作尧负责布置从九龙到宝安白石龙的沿途警戒并设法筹款；林平到惠阳坪山，布置惠阳县委、惠阳前线工委建立接待站以及护送工作等任务。

1月9日，大营救工作正式开始。午夜，3艘小木艇载着邹韬奋、茅盾、胡绳、戈宝权等第一批20人撤离港岛偷渡到九龙。他们在九龙市区的秘密接待站休息了一夜后，化装成难民，于1月11日清晨离开九龙市区，在游击队武工队护送下，走西线经元朗十八乡，顺利通过日军的封锁线，安全到达宝安白石龙村。

戈宝权在他的回忆文章中，详细记述了第一批人士撤离香港辗转来到宝安白石龙村的情况：

11日的清晨，我们这十几人就离开九龙市区，夹在成群结队的难民当中，向青山道出发。……十点钟左右，我们到了荃湾，拐进路旁的一家农舍，这是事先安排好接待我们的地方。我们喝了水，吃了一顿红米饭，下午就离开大路，进入九龙的大帽山区。

从这时起，我们要经过一些"绿林好汉"管辖的地区。当我们爬上山口时，我看见一个持枪的人坐在路旁，面前摆着一顶帽子，我们每个人都丢了一块港币作为"买路钱"。接着我们走进了荒无人烟的山谷，沿着乱石滚滚、溪涧横流、长满羊齿类的枯枝和矮小灌木丛的山路攀行，我们幸好得到一个名叫"曾大哥"的人来迎接。他穿着便装，手里拿着一把系着红绸子的盒子炮，为我们开路。一路上我们还碰到两个年轻的拦路抢劫的"烂仔"，被"曾大哥"缴了械。这一带山路不好走，邹韬奋滑了一下，扭伤了脚。黄昏时，我们来到元朗镇外的一所又高又大的红漆大门的住宅，据说是一位"南洋伯"（华侨）修建的宗祠，现在已成为一位名叫"王大哥"的人管辖的领地。后来我才知道，东江游击队已先向他打过招呼，要保护我们这一行人安全过境，他这才招待我们，当晚还为我们做了一顿白米饭。

我们休息了一夜，12日清晨背上包袱，先到元朗镇的市场，等人来领路。……我们沿着公路向宝安（深圳）的方向前进……我们路上渡过深圳河，在傍晚到了宝安县境，就在一所破旧的民房里过夜。13日早晨，一位"白皮红心"的维持会长，带来了四个日本兵，说明我们是回乡的难民，要我们排好队，报了数，然后这四个日本兵就押着我们走了7里多路，到了一个用木板搭成的瞭望哨，才放我们自由的向前进。谢天谢地，我们总算越过了这7里日本兵守卫的地区。这时我们就像自由的鸟儿，直奔上叫做梅林坳的林木茂密的山岗，经过一段困难的攀登，我们来到了山顶，路过山脊，看到山那边的望天湖树林，才坐下来休息。这时，带路的"向导"唱起我们熟悉的《游击队之歌》，告诉我们快到家了，原来我们已进入了东江游击区。

这天傍晚我们来到了一个相当整洁的名叫白石龙的村庄。……经过4天的长途跋涉之后，我们终于在我们党领导下的游击区里，度过了第一个平静而又安全的夜晚！①

从1月底至2月底，是营救工作最紧张的日子，每隔一两天就有一批人从港岛偷渡到九龙，每批少的有10余人，多的有20～30人不等，大部分走西线到宝安白石龙，少数爱国民主人士容易暴露身份的，或因年老体弱，不适宜跋山涉水的，就安排他们走东线。何香凝、柳亚子则直接用船护送到海丰的汕尾。此外，还有少数人如夏衍、蔡楚生、司徒慧敏、金山、李少石、廖梦醒、金仲华、范长江、千家驹、华嘉等，由中共地下交通员护送偷渡到长洲岛，再经澳门转到大后方。

进入东江游击区的一批又一批文化界进步人士和爱国民主人士，在广东人民抗日游击队的武装护送下，越过广九铁路，经过沿途的秘密交通站、接待站，陆续转到惠州，再由中共惠阳县委设法将他们转移到龙川县老隆镇，然后由中共后东特委通过统战关系，利用国民党的走私汽车将他们护送到韶关，再转到大后方。

经过前后6个多月的紧张工作，中共广东组织和广东人民抗日游击队从港九地区，抢救出文化界进步人士、爱国民主人士及其家属等800余人。其中著名人士有：何香凝、柳亚子、茅盾、邹韬奋、夏衍、胡绳、戈宝权、张友渔、黎澍仑（黎澍）、沈志远、刘清扬、胡仲持、胡风、

---

① 戈宝权：《忆从香港脱险到东江的日子》，载《胜利大营救》，解放军出版社1999年第1版，第279-281页。

千家驹、萨空了、廖沫沙、任白戈、宋之的、于毅夫、金仲华、范长江、叶籁士、恽逸群、吴全衡、袁水拍、蔡楚生、司徒慧敏、叶以群、张铁生、韩幽桐、沈兹九、杨刚、吴在东、徐柏昕、胡耐秋、特伟、高士其、端木蕻良、杨东莼、王莹、许幸之、胡考、盛家伦、俞颂华、成庆生、叶方、于伶、凤子、舒强、葛一虹、黄药眠、沙千里、华嘉、司马文森、沙蒙、羊枣（杨潮）、丁聪、周钢鸣、叶浅予、章泯、戴英浪、金山、张明养、郁风、梁若尘、梁漱溟、邓文田、邓文钊、陈汝棠、李伯球、蝴蝶等人。同时，被抢救脱险的还有一批国民党军政官员及其家属，如国民党第七战区司令长官余汉谋夫人上官德贤、南京市市长马超俊的夫人等 10 余人。

这场秘密大营救，历时 200 多天，其规模之大，历时之久，行程之远，涉及面之广，被营救人数之多，都是十分罕见的。营救工作虽然历尽艰险，但被营救者全部安全脱险，无一伤亡。这一壮举，堪称中国革命史上的一个奇迹。

中共中央致电张文彬和林平，高度评价这一营救行动并表示嘉奖，指出：你们部队、地方党和有关方面的同志在香港沦陷后，全力抢救文化人，是对国家的一个重要贡献。这些人都是中华民族文化的精华，抢救了这些人，就是保存了重要的瑰宝，具有重要的意义。[1]

张文彬对广东人民抗日游击队这次卓有成效的营救工作表示满意。他对曾生等人说："你们虽然是一支小小的游击队，但是坚持了武装斗争，站住了脚，意义很大。假如没有你们在这个地区的工作基础，要进行这次有效的营救，是难以设想的。"[2]

许多当年被营救的文化界著名人士盛赞这次秘密大营救行动。茅盾由衷地赞叹，这是"抗战以来（简直可说是有史以来）最伟大的'抢救'

---

[1] 《杨康华回忆录》，广东人民出版社 2001 年版，第 105 页。

[2] 《曾生回忆录》，解放军出版社 1992 年版，第 228 页。

工作"①。夏衍称："永远忘不了这场惊心动魄的往事。""大营救表明了党中央、南方局对知识分子的关怀，大营救也以生动的事实，说明了共产党人和游击区军民在万分困难的环境中舍生忘死地执行统战政策的史事。这是真正的肝胆相照，生死与共。"②

三、文化名人在白石龙

1942年初春，深山密林掩映下的宝安县白石龙村，突然来了许多操着外地口音的陌生客人。他们是被广东人民抗日游击队从香港抢救出来护送到这里暂住的中国文化艺术界精英。一批又一批文化名人的抵达，使这个平日荒凉沉寂的小山村顿时热闹了起来。

白石龙村地处深圳和龙华之间，距九龙约100里路，隐藏在群山之中，是一个偏僻的小山村，只有20多户人家。这里虽然离敌人的据点只有二三十里路，但驻深圳的日军不会轻易越过山头到来，驻龙华的国民党顽军也不敢贸然前来骚扰。广东人民抗日游击队的临时指挥部先是设在白石龙村的一座小教堂里，后迁至村外不远的沙梨园一栋小楼房。因此，游击队选择白石龙村作为文化名人撤出香港走西线进入东江游击区停留的第一站。

1942年1月13日，第一批脱险的文化名人50多人先后来到白石龙村。曾生等游击队领导人热情接待了他们。第一个晚上，他们当中的大部分人被安置在白石龙村教堂里住宿，茅盾、邹韬奋等10余人则被接到沙梨园部队临时指挥部休息。

第二天，曾生、杨康华安排这批文化名人搬到白石龙村后山窝的茅寮里暂住。

---

① 茅盾：《脱险杂记》，香港时代图书有限公司1980年版，第196页。

② 夏衍题词（1985年11月8日），载《秘密大营救》，解放军出版社1986年版。

1942 年，第一批到达白石龙村的文化名人合影

白石龙村后山窝的树林有 4 个新茅寮，是龙华乡民主政府为迎接文化名人的到来专门搭建的。这些茅寮用竹竿搭架，用茅草铺盖而成。四壁也是用茅草遮掩，两头有茅草门。茅棚内，中间是一条通道，两边为通铺大床，床板为竹片，禾秆作垫褥。棚内没有桌椅，行李只能放在各人的床铺底下。游击队在草棚外加强了警戒哨，好让客人放心休息。

茅草棚尽管如此简陋，但从虎口中脱险的文化名人，一走进这奇特的"新居"，便感到安定舒适，疲惫不安的情绪立即消失了，他们情不自禁地感叹："这才真是我们的家。"①

茅盾在他的《脱险杂记》中，真实生动地记述了从香港脱险来到白石龙村以及受到曾生等游击队领导人热情接待的经过。

当年的白石龙村，茅盾的记忆是这样的：

太阳快要落山的时候，走过一条很长的小路，两旁都是茂盛的树木。这像是一条甬道。同行的人都说：到了，到了。"甬道"走完，前面是

---

① 廖沫沙：《东江历险长留念》，载《胜利大营救》，解放军出版社 1999 年版，第 297 页。

一片平地，隐约可见房屋，大概这是一个村子。这时候，队伍拉得很长，散散落落，三五成群，脚力好的，一批一批从后面赶上来，越过我们去了。等到我们也进了那村子，但见断垣颓壁之下，坐的站的，全是我们这批客人，大家都很兴奋地在说笑，想不到游击区的总部所在地竟是这样平淡无奇的。

从前，这村子——不，应该说是镇罢，一定是相当繁荣的。我们看见好几座烧剩的大房子的高墙，很好的石脚，水磨砖，墙上的窗洞还有铁栅没有拆去。又看见这里那里都有几丈平方铺水泥的地，据说这是晒谷场。晒谷场有这样讲究，可想而知一定还有相当富丽的住房和它相配。但现在，这一切都看不见了。现在，里把路长的石板路上（在从前，这是村内的大街），两旁仅有那高耸的断垣和那些水泥铺的晒谷场。这就是敌人"三光"政策中的一"光"。现在全村只剩下些破烂的平屋，老百姓就在那里边摆个摊子，卖香烟、片糖，偶然也有凉薯和鸡蛋。小店墙上贴着中文和日文的标语，这是游击队的。听说全村唯一的没有遭受严重破坏的大房子是一所教堂，同路来的朋友们有一部分后来在那里住过一个时期。这所教堂，当然只剩一个空壳，教士早已走了，信徒也已星散，家具更不用说早已荡然无存，但单看那房屋的规模，也就知道它是曾经盛极一时的。当香港文化人走东江路线撤退到内地的那个时期，这座冷落了的教堂送旧迎新，前前后后"招待"过的文化人，少说也有几百罢？

我们十来人被欢迎到一所小楼房去。这是两上两下，靠着小山坡，四面空旷，洋式建筑，从前的主人一定是有钱的，现在却成为游击队司令官曾生将军的临时总部。这座小小洋楼，独能幸存，似乎是一个奇迹；最主要的原因，恐怕在于它的位置不在村内大街的两旁而在离村半里许的小山坡下。从前这里一定还有不少树木，但现在只剩屋后一棵，却也断了半截了。曾生将军在楼上和我们相见，说昨天就在等候我们了。又说，今晚暂时委屈我们在这楼上过一夜，明天再布置妥当的地方。

茅盾记述了跟东江游击队领导人曾生、林平初次见面的印象：

曾生将军是中等身材，方脸，光头，穿一身黑布唐装，裤管塞在袜统子里，脚上是橡胶底跑鞋。他能说"普通话"，音调缓慢而沉着。人家说他战前还在广州教书，现在他虽然是游击队的司令官了，但一举一动，依然是书生风度。

曾生将军而外，我们又见到政委林平和几位担任宣传工作文化工作的年青干部。林政委，看来还不到四十，身材比曾将军略高，但较为清瘦。十多年的艰苦革命斗争在他身上留着的显著特征便是冷静，坚决而又思考周密，——这是和他谈了三五分钟的话就会慢慢感觉到的。他的"普通话"很好，不过也带着广东话的音调。

茅盾描述到达白石龙的当天晚上，曾生请他们吃红烧狗肉的情景：

有人拿灯来了，这是小小的煤油灯。接着就端上晚饭了。曾生将军抱歉地说，弄不到好菜，可是有狗肉，问我们吃不吃狗肉？我们这一伙十来人，谁也没有吃过狗肉，这时一听说，大家便不约而同笑着叫好！于是端上狗肉来了。要不说明，我们还当它是山羊肉呢！

这一餐晚饭，真吃得痛快。虽然只有一荤一素，但我觉得比什么八大八小的山珍海错更好，永远忘记不了。

茅盾忆述了在白石龙第一晚休息时的所见所闻和感受：

这小小的洋楼是并排两间，我们吃饭的一间可以说是外间，通楼梯。

有一道门通到隔壁的一间，还比较小些，这是曾生将军的办公室，他和总部的工作人员共有五六位之多，就挤在这小间内。显然，他们是把外间让给客人了，我们感到抱歉，但也盛情难却。

我们在外间开了个大地铺，主人给我们一些日本军毡做褥子，这是我们第一次使用着战利品，那种兴奋的心情是难以形容的。

晚间，我下楼去小便，看见门外有哨兵。我想，这是因为司令官也睡在楼上的原故。但在第二天我知道这几个哨兵是保护我们的，曾将军吃完晚饭就带了少数战士袭击敌人去了。①

广东人民抗日游击队在白石龙村外的沙梨园里，为这些从香港脱险归来的文化名人举行了一场盛大的欢迎会。林平、曾生相继致辞，转达中共中央的指示以及对他们的慰问，介绍了东江游击队的建立、发展和战斗历程。有几位文化名人畅谈了这次脱险的切身体会，邹韬奋发言时，自喻是跟随"文化游击队"从香港转移阵地归来。他说："你们的武器是枪，可以打日本鬼子，保家卫国。我们的武器是笔，可以不停地写，替人民的部队宣传。"然后，邹韬奋强调指出："没有人民的枪杆子就没有人民的笔杆子。今后一定要把枪杆子和笔杆子结合起来。"②

当时，位于广九铁路两侧的东江抗日根据地，范围窄小，粮缺物乏，且经常受到日、伪、顽军的袭击和骚扰。因此，游击队的给养十分困难，战士们的生活非常艰苦，每人每天的伙食菜金仅有一毫钱，有时一天只能吃上两顿稀饭，经常以杂粮、野菜充饥。当大批文化名人来到游击区后，游击队的经济给养更加不堪重负。1942 年 1 月 10 日，张文彬向中共中央报告东江游击区情况时反映："此间聚集文化男女老少共二百余人以上，行动颇不便，而游击区地小粮缺、物价飞涨（四百多元百斤米），

---

① 茅盾：《脱险杂记》，香港时代图书有限公司 1980 年版，第 245-248 页。

② 杨奇：《见证两大历史壮举》，人民出版社 2011 年版，第 67-68 页。

又无钱（维持给养已无法），港亦无法接济。"①

在经济严重困难面前，曾生和王作尧要求部队指战员，就算自己勒紧裤带，也不能让这些文化名人挨饿。为此，部队各单位紧缩开支，开源节流，千方百计筹集钱食。他们不得不从200里路以外的市场购买粮食。一些游击队员在通过敌人封锁线把粮食运回来时，牺牲了宝贵的生命。为了改善这些尊贵客人的伙食，游击队接待人员使出"浑身解数"：树上掏鸟蛋，田里捉青蛙，河中摸鱼虾。

戈宝权忆起当年进入宝安游击区的生活时，动情地说："尽管游击队的条件很困难，我们每天还可以吃到粗糙的白米饭，干炸小鱼或虾酱之类的东西。部队也很关心我们，还常把煮好的'番薯泡糖水'（红糖煮的番薯汤），用水桶挑来送给我们吃。有时还烧好热水，要我们到队部旁的树林和河边去洗澡。"②

一些文化名人在生活上不太适应东江游击区的艰苦环境，游击队想尽办法关心和照顾他们，尽力为他们排忧解难。其中有一件鲜为人知的小事：

茅盾离开香港时，匆忙中穿了一双尺码小的新跑鞋，经过长途跋涉，双脚出现肿痛，加上出门时行装过简，没带够御寒衣服，来到白石龙山区时，早晚感到身体有些寒冷。他只好无奈地写了一个便条给游击队接待工作人员：

我的跑鞋（新的）太小，走长路脚痛，现拟掉换一双较长的（听说

① 张文彬：《关于东江游击区情况致中共中央、粤北省委、潮梅特委并南委电》（1942年1月10日），载中国人民解放军历史资料丛书编审委员会编：《华南抗日游击队》（上册），军事科学出版社2008年版，第449页。

② 戈宝权：《忆从香港脱险到东江的日子》，载《胜利大营救》，解放军出版社1999年版，第281页。

部队中有胶底鞋），不知可否？兹附上脚寸，倘换得后，即将我的鞋子换上奉还。

又：部队中所用棉军服，可否借一件穿穿。

（请照附上之尺寸）

茅盾[1]

参与接待工作的东江文化工作委员会书记杜襟南，收到这个便条后，设法找来一双合穿的 40 码胶鞋和一件棉军衣，满足了茅盾的要求。

文化名人最初住在白石龙村后山窝的茅寮，距离广东人民抗日游击队东江民报社的茅寮不到 100 米。东江民报社的工作人员负责接待这些文化名人，既认真照顾他们，又努力向他们学习，彼此之间相处得十分愉快。

这里介绍一下与《东江民报》有关的一些名人轶事：

1942 年 1 月初，由东江文化工作委员会提议，经林平、曾生和王作尧同意，决定将《新百姓》报改为《东江民报》，谭天度任社长，杨奇任主编，金石坚任党支部书记。当大批文化名人从香港撤到宝安白石龙时，该报编辑部正在赶编《东江民报》第 1 期，社长谭天度亲自动笔，写下创刊词《投回祖国的怀抱》。[2]

1942 年 1 月 20 日，文化界知名人士邹韬奋、茅盾、胡风、胡仲持、沈志远、胡绳、宋之的、黎澍、戈宝权等 10 多人，在杜襟南、谭天度陪同下，来到东江民报社参观。这些文化名人对东江游击区的新闻出版工作十分关心，认真观看了展出的各种报纸和油印品后，赞不绝口，尤其是对编辑工作人员用针笔誊写蜡纸的仿宋体字，以及油印技术的创

---

① 中共广东省委党史研究室、广州地区老游击战士联谊会编：《东江纵队图文集》，中共党史出版社、广州出版社 2015 年版，第 129 页影印件。

② 杨奇：《我亲历的〈前进报〉前身〈东江民报〉》，《红广角》2016 年第 6 期。

新，甚感兴趣。参观完毕，杜襟南请他们挥毫为游击队留下一些墨宝。他边说边把带来的纸张笔墨拿出来。杨奇配合默契，赶快在四方桌上铺纸研墨。一开始，几位文化人互相谦让一番，最终还是邹韬奋爽快，他首先执笔为曾生题字，写下"保卫祖国为民先锋"8个大字。接着，他换上一支小楷毛笔，题款写下：

　　曾生大队长以文士奋起，领导爱国青年组成游击队，保卫祖国，驻军东江。韬奋从文化游击队自港转移阵地，承蒙卫护，不胜感奋。敬书此奉赠，藉志谢忱。

韬奋

一九四二年一月廿日于白石龙①

 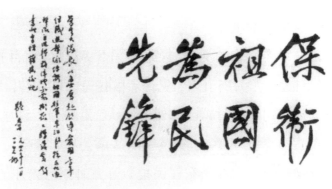

邹韬奋赠给曾生的题字

　　接着茅盾、胡仲持、胡风也各自写了一幅，其中茅盾写的是一首四合体颂诗。

　　这时，报社党支部书记金石坚在杨奇耳边细声商议一阵后，鼓起勇气对邹韬奋和茅盾说："也请给我们新办的报纸题字，好不好？"邹

---

① 中共广东省委党史研究室、广州地区老游击战士联谊会编：《东江纵队图文集》，中共党史出版社、广州出版社 2015 年版，第 128 页影印件。

韬奋并不推辞，再次拿起笔写下了"东江民报"4个浑厚有力的大字。大家鼓掌叫好。茅盾却谦让一番，笑着走出茅寮。黎澍见状，赶紧把他拉了回来。结果，这位大师笑着为这份报纸的副刊题写了"民声"两个俊逸的字迹。

《东江民报》创刊号于1942年2月下旬正式出版。创刊号得到了文化名人的鼎力支持。他们积极参与组稿，女作家杨刚撰写关于第二次世界大战的评介，涂夫画插图，丁聪画漫画，一些诗人、作家为副刊撰写诗文，使创刊号图文并茂，通俗易懂，别开生面，内容丰富。

《东江民报》总共出版了6期，于1942年3月中旬停刊。东江民报社改组为前进报社，出版《前进报》，作为刚刚成立的广东人民抗日游击总队的机关报，杨奇任社长兼总编辑。同年3月29日，《前进报》创刊。

这里顺便提及一下，一些老同志（包括曾生、王作尧）的回忆录以及部分学者发表的文章，说是邹韬奋提议将《新百姓》报改为《东江民报》的。对此，作为当事人、见证者的杨奇、杜襟南，曾多次纠正这一差错。两人还专门调查过这一差错的源头，发现这一说法最早出自原《新百姓》报负责人李征于1985年撰写的《韬公在宝安》一文。于是，杨奇毫不客气地指出："在《东江民报》筹办时他已离开了报社，不了解实际情况，见到邹韬奋为《东江民报》题写了报名，便以为是邹韬奋提议的，因而写入他个人的《东纵回忆录·韬公在宝安》一文中。杜襟南等人看到以后，虽然发现了这一差错，但因这本《东纵回忆录》是自费出版的，无法在报刊上公开更正。等到有关秘书为首长撰写回忆录时，不加核对就照样抄用，于是一错再错，以讹传讹。"①

---

① 杨奇：《传记、回忆录失实种种》，《广东党史》2007年第1期，第54页。此外，杨奇在《红广角》2016年第6期发表的《我亲历的〈前进报〉前身〈东江民报〉》一文，对李征的说法再次作了澄清。

杜襟南生前提及此事，显得有点火气，他说："后来《大家团结》与《新百姓》合并，于 1942 年初由文委决定组东江民报社，由谭老任社长。此处应指出，好多文章写《东江民报》是邹韬奋建议办的，说得活灵活现。此事，在当事人中现在还未死的我与杨奇，均可证明完全不对。这是由某同志文中误传成讹，多人照抄，应予更正。"[①]

1942 年春节期间，游击队与撤到白石龙的文化名人举行联欢晚会。原《新百姓》报驻宝安特派员李征，晚年绘声绘色地忆述了联欢晚会的盛况：

晚会上部队指战员演出了一些节目，如唱《八路军进行曲》、《在太行山上》，粤曲、客家山歌等。主要节目还是戏剧家、音乐家和演员演出的，有的拉胡琴，有的吹笛子、吹口琴，有的清唱京调、昆曲。最精彩的一个节目是在晚会高潮时，出现了一个洋鬼子：他中等个子，穿一身黑色西装、白衬衣，结一条黑领结，脚穿陈旧的黑皮鞋，头戴一顶黑毡帽，鼻子下留着一撮短胡子，右手持一根"士的克"（手杖），横着八字脚一撇一撇地朝前迈，甚滑稽，时而摘下毡帽，摆动手杖，一头黑发向左边梳。"哈！查理·卓别林！""哈！希特勒！""像卓别林扮的大独裁者。"场上有人赞叹说。顿时爆发出一阵热烈的掌声、喝彩声。此时，卓别林摘下帽子，摘掉夹在鼻孔里的黑短胡子，毕恭毕敬地深深一鞠躬，然后抬起头，戴上近视眼镜，连声说："演得不好，聊助一笑！"人们定睛看时，卓别林变成了邹韬奋。"哈哈，韬公，韬公，形神毕肖……"会场上又爆发一阵热烈掌声。[②]

---

① 杜襟南：《六十年来我师友——怀念敬爱的谭天度老》，载《谭天度纪念文集》，中共党史出版社 2002 年版，第 46 页。"谭老"，是杜襟南对谭天度的尊称。

② 李征：《东纵回忆录》，1996 年 8 月内部印行，第 62 页。

在白石龙游击区，从香港来的文化名人开始了一种军事化生活。按游击队的规定，他们的吃饭时间为每天上午 10 时和下午 4 时。为了掩蔽，避免住处升起炊烟，饭菜都是在附近山村做好后挑进山谷的。同时，为了安全，他们随时要准备转移住处。

白石龙一带既是敌占区之中的游击区，也是敌后前线，爬过南面的一座山头，就是日军重要据点深圳。曾生和杨康华考虑到，这么多文化名人聚居在白石龙附近，时间长了很有可能被敌人发现。于是，他们请乡民在阳台山的深坑、蕉窝，杨美村的泥坑，搭建了一些茅寮，准备把这些文化名人转移到那里去。

果然，当这些文化名人撤离白石龙几天后，白石龙就受到国民党顽军的长途奔袭。顽军搜索不到这支"文化游击队"，便一把火将茅寮烧掉了。

大批文化名人的到来，使广东人民抗日游击队的政治工作得到较大的加强。他们当中的一些人，被邀请为部队军政训练班讲课。其中邹韬奋讲授"中国的民主政治问题"，茅盾讲授"中国文学"，胡绳讲授"中国哲学"，沈志远讲授"政治经济学"，黎澍讲授"中国革命史"，戈宝权讲授"社会主义苏联""苏联妇女运动"。美术界、音乐界、舞蹈界和戏剧界的专家、学者、艺术家，也为部队作过专题讲演。这许多活动，使游击队员们扩大了视野，增长了知识，激发了革命斗志。

从 1942 年 2 月上旬开始，这些被营救出来的文化名人在东江抗日根据地暂住了一段日子后，被陆续转送到大后方去。最早离开宝安阳台山的是茅盾夫妇、胡仲持、廖沫沙、叶以群 5 人。而最迟离开宝安阳台山的是邹韬奋夫妇、胡绳、黎澍等人，那时已经是 1942 年 4 月中旬了。

人离情谊在。1944 年 7 月 24 日，邹韬奋在上海病逝。此时，在东江坚持敌后抗战的这支游击队，已发展成为东江纵队。东江纵队得悉邹韬奋逝世的噩耗后，以司令员曾生、政治委员林平、副司令员王作尧暨全体指战员的名义，向邹韬奋家属发出唁电，表达对邹韬奋的悼念及对其家属的慰问。唁电指出：

前年香港沦陷后，我们曾竭尽力量救护了留港的文化界同人出险，而我们认为光荣的是邹先生能够从敌人的搜捕中安全出来，与我们同住一个时期，我们至今还忘不了邹先生的面貌和声音。邹先生对革命事业的忠贞，深深刻在我们心里。自邹先生离开我们地区后，我们时刻挂念他，直到他安全到了华中根据地，才放下了心。

…… ……

邹先生虽然长离了我们，但他的精神、他的事业，我们是继续着努力下去，直到最后胜利。

…… ……

我们已决定在全区举行隆重的追悼大会，翻印遗著，邹先生的精神深注到全区人民的心坎中。[1]

从这份唁电中可以看出，在那场秘密大营救当中，广东人民抗日游击队广大指战员与文化界知名人士、爱国民主人士建立起来的革命情谊，是何等的真挚和深厚啊！

---

[1] 《东江纵队全体指战员致邹韬奋家属唁电》（1944 年 10 月 12 日），载中央档案馆、广东省档案馆编：《广东革命历史文件汇集》甲 46，1987 年 12 月印，第 43–44 页。

第八章　打开东江敌后抗战新局面

一、白石龙会议

1942 年 1 月下旬，正当广东人民抗日游击队和中共广东地方组织把从香港抢救出来的文化界进步人士及爱国民主人士陆续转送大后方之际，中共南方工作委员会（简称"南委"）[①] 副书记张文彬，在宝安县阳台山抗日根据地内的白石龙村，多次主持召开广东人民抗日游击队干部会议，筹划广东敌后游击战争的更大发展。

太平洋战争爆发后，中国抗日战争的形势发生了深刻变化。为适应抗战新形势的需要，1941 年 12 月 17 日，中共中央发出《关于太平洋战争爆发后敌后抗日根据地工作的指示》，指出："我敌后抗日根据地的总方针应当仍旧是长期坚持游击战争，准备将来的反攻。""中央号召在敌后艰难困苦条件下英勇斗争的全体同志，咬紧牙关，渡过今后两年最困难的斗争，同时准备一切条件（加强调查研究，加强学习，训练干部等），迎接全世界反法西斯的胜利与新的伟大时刻的到来。"[②]

[①]　中共南方工作委员会于 1940 年 11 月成立，为中共中央南方局派出机构，方方任书记，下辖江西省委、广东省委撤销后分置的粤北省委和粤南省委、广西省委、闽西南潮梅特委（闽粤赣边省委）、赣南特委、琼崖特委。它与 1937 年 10 月至 1938 年 4 月存在的中共南方工作委员会是两个不同的组织机构。

[②]　《中共中央关于太平洋战争爆发后敌后抗日根据地工作的指示》（1941 年 12 月 17 日），载中国人民解放军历史资料丛书编审委员会编：《华南抗日游击队》（上册），军事科学出版社 2008 年版，第 444–445 页。

中共中央的指示，对敌后军民战胜困难，坚持持久抗战，起了重要的指导作用。

中共南委副书记张文彬自 1942 年 1 月初撤出香港到达东江抗日根据地后，多次与广东人民抗日游击队的干部谈话，讨论研究贯彻中共中央的指示精神，并详细了解东江抗日根据地所面临的斗争环境和游

白石龙会议旧址

击队内部的情况。1 月下旬，他召集广东人民抗日游击队的干部，在宝安县白石龙村游击队驻地，主持召开游击队干部会议。参加会议的有林平、梁鸿钧、曾生、王作尧、杨康华，以及广东人民抗日游击队第三、第五大队的领导干部。随后，张文彬又在白石龙的松林里召开游击队干部扩大会议，广东人民抗日游击队全体大队级干部和部分中队级干部参加。这一系列会议，统称"白石龙会议"。

在白石龙会议上，张文彬作了多次重要讲话。他反复说明坚持抗战、坚持团结、坚持进步、坚持抗日民族统一战线、坚持抗日反顽斗争的必要性和可能性，也反复强调坚持和发展东江抗日根据地以及人民抗日武装的重要战略意义。张文彬指出，广东人民抗日游击队处于日、伪、顽军的夹击之中，斗争是长期尖锐而复杂的。要坚定信念，坚持苦斗，顽强挺住，熬过困难就是胜利，熬过困难就会有大发展。他告诫大家，在军事上，要坚决贯彻毛泽东同志关于游击战争的战略战术思想，机动灵活，避免硬拼和打消耗仗；要避敌锋芒，攻敌弱点，采取扰敌、疲敌、挫敌的战术，消灭其有生力量。

张文彬还介绍了赣南红军三年游击战争的"三能"经验：能打、能

跑、能躲，即在环境许可或有条件时，要当机立断，集中优势兵力，用战斗去消灭敌人；不适宜打或打不赢时，就主动避开敌人，迅速撤离；跑不了时，就隐藏起来，保存力量，等待机会再打击敌人。

张文彬这些讲话，给与会者深刻的启发。以致曾生晚年依然深有感触地说："张文彬同志的讲话，使我和我们的干部受到很大的教育，使我们大大增强了在日伪顽军夹击下进行战斗的胜利信心，和懂得了更多的斗争方法。"①

会议总结了东江地区对敌斗争的经验教训。与会者认为，在中国共产党的领导下，三年多来特别是重返惠东宝敌后以来，广东人民抗日游击队在艰苦曲折的斗争环境中，紧紧依靠群众，不断打击日、伪、顽军，部队从东移返回敌后时的100余人发展到1500多人，初步建立了惠（阳）东（莞）宝（安）抗日根据地。但游击队在胜利发展中，也受到了一些挫折和损失。

针对广东人民抗日游击队在胜利发展中的挫折和教训，张文彬在会上谈了自己的看法和意见。他说：这些挫折和教训，最为严重的有两次，一是1940年3月曾生、王作尧部队离开惠东宝敌后东移海陆丰；二是1941年9月广东人民抗日游击队第三大队在东莞大岭山反顽斗争的失利。这两次损失教训深刻，要经常反思，认真记取。由于中共中央对"东移海陆丰"事件已有明确的结论，大家的认识比较一致，因此张文彬并没有作过多的评论。但是，他针对大岭山反顽斗争的失利，对曾生进行了严厉的指责。

张文彬说："我们在开辟东莞大岭山抗日根据地时，曾生同志执行统战政策有偏差，对地主斗争过火，导致了地主联合国民党顽固派向我们进攻，使大岭山根据地的党组织、抗日政权和人民群众受到了很大损

---

① 《曾生回忆录》，解放军出版社1992年版，第236页。

失。在顽军大规模进攻面前，曾生同志率领第三大队主力从大岭山转移到宝安阳台山，以后又转到惠宝边。这是逃跑主义的表现，结果丢失了大岭山根据地。"

张文彬这番批评虽然严厉，但给曾生下的结论还是比较客观的。他说："造成这种失误，说明曾生同志是书生带兵，没有经验。因此，安排你再回到大岭山工作，以立功补过！"①

对于张文彬的批评，曾生有不同的看法。关于"偏差"和"过火"的问题，曾生认为："当时总部在大岭山地区对统战政策还是注意自觉执行的，对地方士绅有联合有斗争是不可避免的，而应该深刻记取的教训是在于对敌斗争胜利发展时，我们滋长了自满轻敌的情绪，当顽军大举进攻的时候，以为硬拼就可以把敌人打出去，结果打了消耗仗，使部队受到一些损失。"②

关于"逃跑主义"问题，曾生认为："顽军以绝对优势兵力重点进攻我大岭山抗日根据地，我们打了几天错误的消耗仗后，即以部分兵力在内线坚持，而将主力转移到外线，在第五大队配合下积极打击顽军侧后，以牵制顽军，解除大岭山区的压力，是符合游击战争的原则的。至于把一部分部队转移到惠宝边，是为了恢复和发展以坪山为中心的老区抗日游击战争，把我们部队的活动推广到比路西地区更广阔的路东地区去，是积极的行动。"③

当时，持曾生上述观点的，还有邬强等一些知情的干部，他们认为

① 张文彬在白石龙会议上批评曾生的内容，参见《曾生回忆录》，解放军出版社1992年版，第237页；邬强：《烽火岁月》，广东人民出版社1993年版，第139页；尹林平：《在〈东江纵队史大事年表〉座谈会上的讲话》（1982年10月27日），载《尹林平》，广东人民出版社1994年版，第443页；黄慰慈、邓汀、叶青茂：《海纳百川，壁立千仞》，载《怀念曾生同志》，中共广东省委党史研究室1996年12月内部出版，第128页。

② 《曾生回忆录》，解放军出版社1992年版，第237页。

③ 《曾生回忆录》，解放军出版社1992年版，第237—238页。

张文彬对曾生的批评意见不符合事实。

曾生虽然保留了自己的意见，但为了顾全大局，并没有在会议上作辩解，而是含着眼泪接受了这一不公正的批评。但他感到很委屈。会后，他与在大岭山根据地一起工作过的杜襟南谈心，足足谈了两个小时，向最了解自己情况的战友倾吐了内心的苦衷。①

为何曾生当时不在会议上对张文彬的批评作辩解呢？在他的回忆录中找到了答案：

张文彬同志来我们部队的时间不是很长，还来不及深入地了解全面的情况，因而对上述两个问题的看法有不够准确的地方。但当时从整个对敌斗争来说，这些不同的意见，是大同中的小异问题，不必要匆忙地展开讨论，而且当时的情况也不容许我们再坐在那里讨论了。因为当时在宝安，内战的气氛已经日趋紧张，在我们送走了文化界人士的时候，广东国民党当局已经调集部队，将要向我们大举进攻，集中精力进行反顽斗争已是当务之急。

所以，对于张文彬同志对我个人的批评，虽然在认识上有不同的看法，但我还是持"有则改之、无则加勉"的态度。②

这种对待张文彬批评的态度，体现了曾生襟怀坦白，严于律己，宽以待人的品格。

白石龙会议宣布了两个重要决定：

第一，为加强和统一广东敌后抗日游击战争的领导，南委决定成立广东军政委员会（又称"东江军政委员会"，简称"军政委员会"），

---

① 杜襟南：《战地相从情更深》，载《怀念曾生同志》，中共广东省委党史研究室 1996 年 12 月内部出版，第 184 页。

② 《曾生回忆录》，解放军出版社 1992 年版，第 238 页。

由 7 人组成，林平任主任，梁鸿钧、曾生、王作尧、杨康华、谭天度、黄宇为委员。[①]

第二，成立广东人民抗日游击总队，梁鸿钧任总队长，林平任政治委员，曾生任副总队长，王作尧任副总队长兼参谋长，杨康华任政治部主任，李东明任政治部副主任，邬强任参谋处处长。总队设总队部（参谋处）、政治部和军需处。为适应当时的政治环境，梁鸿钧的身份没有公开，对外则以曾生和王作尧署名为正、副总队长。会议决定对部队进行整编，成立一个主力大队和四个地方大队：在原第五大队基础上成立主力大队，仍称第五大队（代号"珠江队"），王作尧兼任大队长；东莞地区部队仍为第三大队，曾生兼任大队长；惠宝边区部队编为惠阳大队；宝安地区部队编为宝安大队；港九地区部队编为港九大队。

白石龙会议是广东敌后抗战史上的一次重要会议。它正确分析了东江地区的抗战形势，认真总结了三年来开展敌后抗战的经验教训，明确了游击队今后的斗争方向和任务，并作出了加强部队建设的部署，这对于进一步开展敌后抗日游击战争，建立巩固的抗日根据地具有重要意义。

二、创建惠宝边抗日根据地

按照白石龙会议的分工，曾生于 1942 年 3 月回到东莞大岭山工作。同年 6 月，广东人民抗日游击总队领导重新分工，曾生从大岭山回到坪山，负责惠宝边区和港九地区的敌后抗战领导工作，不再兼任第三大队大队长。

---

① 《林平关于执行组织问题指示及请示军政委员会人选问题致中共中央并周恩来电》（1942年 10 月 25 日），载中国人民解放军历史资料丛书编审委员会编：《华南抗日游击队》（上册），军事科学出版社 2008 年版，第 501 页。

早在 1941 年 9 月，曾生率领第三大队第一中队撤出东莞大岭山抗日根据地转移外线作战时，就从战略角度考虑，认为广九铁路以西地区（惯称"路西"）的日、伪军较多，又有顽军的夹击，不利于抗日游击战的发展，游击队需转向广九铁路以东地区（惯称"路东"）发展。于是，1941 年 11 月，曾生率领第三大队第一中队向惠阳坪山推进，与惠阳的游击队会合后，迅速开展创建以坪山为中心的路东惠宝边抗日根据地。年底，为统一惠宝边敌后抗战的领导工作，曾生组建了中共惠阳前线工作委员会（简称"惠阳前线工委"），谭天度任书记。谭天度是广东高明人，1893 年 3 月生，1922 年春加入中国共产党，1927 年 8 月参加南昌起义，1940 年 6 月任中共广东省委文化工作委员会书记，1941 年 9 月调入广东人民抗日游击队。惠阳前线工委成立不久，1942 年 4 月，广东人民抗日游击总队惠阳大队（简称"惠阳大队"）成立，以广东人民抗日游击队第三大队第一中队和惠阳短枪队为基础组成，彭沃任大队长，谭天度任政治委员。彭沃是广东海丰人，1915 年生，1930 年参加红军，1932 年 2 月加入中国共产党，1938 年 12 月任惠宝人民

谭天度

抗日游击总队特务队（警卫队）队长，1939 年 5 月任第四战区第三游击纵队新编大队第一中队中队长，1940 年 10 月任广东人民抗日游击队第三大队第一中队中队长。惠阳大队成立后，惠阳前线工委撤销。曾生常驻惠阳大队大队部，对惠阳大队进行具体指导。

惠阳大队在惠宝边取得了一系列战斗胜利，其中有著名的铜锣径伏击战。1942 年 5 月 14 日，驻宝安县横岗的日军骑兵部队，出动 70 余人马，经铜锣径到碧岭抢粮。惠阳大队在日军返回经过铜锣径峡谷时进行伏击，大获全胜，毙敌 15 人，伤敌 30 余人，毙敌战马 31 匹，俘获战马

3匹。战后，惠阳大队委托一名国民党乡长，把俘获的3匹战马转送设在淡水的第七战区惠淡守备区指挥部。谭天度特意叫人在这3匹马的马背写上"曾生游击队俘获的战马"这10个大字，一路上引得群众争相观看，拍手叫好，大家奔走相告："曾生游击队打败了日本仔。"①

惠阳大队虽然取得不少战斗胜利，但以坪山为中心的惠宝边抗日根据地还未建立起来。此时，惠阳大队可以控制的地区仅局限于梧桐山以东，葵涌以西，坪山以南至沿海，共800多平方公里，回旋余地较小。另外，抗日民主政权也没有普遍建立起来，骨干部队只有惠阳大队。为此，曾生感到十分焦虑。他经过反复思考，形成了三个决策：一是部队向西扩展至梧桐山周围，以加强与宝安阳台山根据地的联系，并打通与港九大队的联络；向东扩展至大鹏半岛，建立游击基地。二是建立一支强有力的民运工作队伍，广泛开展群众工作。三是再组建一支骨干部队。他把这些设想报告了总队政委林平。林平与总队其他几位领导人研究后，同意了曾生的决策。

对于民运工作，曾生有着丰富的实践经验。他在创建东莞大岭山抗日根据地的斗争中，深刻体会到民运工作对开辟和建设抗日根据地的重要性。于是，他召集惠阳大队党总支部和政训室干部开会，研究民运工作的部署。他向大家介绍在大岭山开展民运工作的做法和经验，分析在惠宝边开展民运工作的具体情况。经过充分讨论，会议决定由曾生和惠阳大队政训室主任叶锋主抓民运工作，政训室要把主要力量投入到这一工作中去。

惠阳大队抽调一批素质较高的党员、干部，组成坪山、坑梓、横岗、龙岗、茜坑、田心、盐田、大鹏、平地、新圩共10个民运工作队，形成了整个惠宝边区的民运工作网。民运队深入各乡村，发动和组织群众，

---

① 谭天度：《东江擎天柱》；高健、李东明、刘培、曾源：《运筹帷幄，发展路东》，载《怀念曾生同志》，中共广东省委党史研究室1996年12月内部出版，第28页、第96页。

成立各种抗日团体、抗日自卫队、乡村基层抗日民主政权和中共基层组织。1942 年 9 月,首先成立了坪山乡人民政府。随后,大鹏、葵涌、沙鱼涌也成立了乡民主政府。

为实现在惠宝边再建立一支骨干部队,曾生决定,把原先编入国民党地方杂牌部队的三个中队(由茜坑、马鞍岭、塘埔的两支抗日自卫队以及长枪队组成)拉出来,整编为一个独立中队,直属广东人民抗日游击总队领导。曾生向独立中队布置任务:"你们中队今后的任务,就是在大鹏半岛和大亚湾活动,在战斗中壮大部队,提高部队战斗力,开辟和巩固大鹏半岛抗日游击基地,并开辟海上游击战场。"在惠宝边东部地区和大鹏半岛一带活动的独立中队,与在惠宝边西部活动的惠阳大队,相互呼应,打开了惠宝边敌后游击战争的新局面。

1942 年秋冬,顽军纠集一个团的兵力向惠宝边区进攻,企图消灭惠阳大队。此时,惠阳大队按照曾生的部署,已把活动重点转移到粤港边界的梧桐山地区。10 月,惠阳大队正在梧桐山一带休整,遭到国民党顽军第六十五军一八七师一个团的进攻。惠阳大队利用复杂的地形与顽军周旋。11 月下旬,惠阳大队集中梧桐山北面的油田、茜坑、桔子园一带休整,顽军分三路扑来。双方展开激战。但因寡不敌众,顽军占领了茜坑、桔子岭以及通往盐田的大小山坳等地。惠阳大队向梧桐山南麓的南山、庵上一带转移。曾生和谭天度赶到庵上村。庵上村距大鹏湾海岸约 2 公里,离沙头角日军据点约 3 公里。曾生与惠阳大队的领导干部分析敌情,他认为:惠阳大队处于日军和顽军的夹击之中,必须迅速脱离这一险境。大家表示赞同,一起研究了突围方向和时间。这天晚饭后,曾生率领惠阳大队,趁着夜色在盐田顽军据点与沙头角日军据点的结合部悄悄穿插出去,然后乘船渡过大鹏湾,在九龙新界的榕树坳登陆,并于当晚分批转移。曾生与谭天度率领短枪队一部先行,于大鹏湾海边乘船转移到上洞村。随后,副大队长高健率领惠阳大队其余人员也到达上洞村。惠阳大队再转移到顽军侧后，以小队为单位分散作战，采取夜间突袭，拂晓攻击的战术，打得顽军防不胜防。顽军最后不得不撤出梧桐山区。

当年，谭天度写了一首游击诗《袭击日寇后从海上转移》，生动描述了惠阳大队这一时期对敌斗争的情景。诗曰："海洋万里接天齐，漫漶乌云压首低。月黑浪花翻似雪，风高帆影去如飞。沙场交锋犹历历，战士兴发笑嘻嘻。游击生涯天地阔，无分早晚与东西。"①

经过艰苦的斗争，至 1942 年底，以坪山为中心的惠宝边抗日根据地初步建立起来了。

1942 年至 1943 年，是东江抗日根据地军民最为艰苦的时期。除了受到日、伪、顽军轮番"扫荡"、"清剿"、进攻外，还遭遇了严重旱灾。东江农村粮食普遍失收，加上敌人的经济封锁，东江抗日根据地出现严重饥荒。面对这种困境，广东人民抗日游击总队的领导人带领东江抗日根据地军民设法渡过难关，坚持抗战。当时，在惠宝边区工作的曾生，要求边区的游击队节省粮食，并亲自动员农村的富裕人家借余粮救济灾民。他带头节省粮食，与战士们同甘苦，共患难，吃的是仅能维持生命的伙食，穿的是打补丁的衣服，为广大指战员树立了艰苦奋斗的好榜样。为帮助惠宝边区的农民生产救灾，曾生指示惠阳大队成立惠阳县生产救济会。生产救济会开办了两个石灰窑、两个榨油厂，既筹得救济款，又便利农民群众的生产和生活。生产救济会组织群众开展生产自救运动，向群众发放救济款和低息贷款，借谷种给困难群众，推广农业高产技术，等等。

在曾生的指导和帮助下，惠宝边区的抗日军民粉碎了日、伪、顽军的夹击，战胜了严重的自然灾害，使惠宝边抗日根据地得到了巩固和发展。

---

① 谭天度：《东江擎天柱》，载《怀念曾生同志》，中共广东省委党史研究室 1996 年 12 月内部出版，第 28 页。

三、开展港九敌后斗争

自从日军占领香港后，广东人民抗日游击队开辟新的敌后战场，在新界、九龙地区和海上开展游击战争。

早在 1941 年 11 月，日军在惠东宝广九铁路两侧集结兵力准备进攻港九时，曾生与王作尧根据正在香港开会的林平来信指示，就已作出部署，一旦日军进攻并占领香港，马上派出武工队挺进港九敌后，开辟游击基地，开展抗日游击战争。

1941 年 12 月 8 日，日军越过深圳湾，向香港发起进攻。广东人民抗日游击队趁日军立足未稳，派出部队分东、西两路进入新界、九龙地区。

东路由王作尧负责。他派遣第五大队的干部周伯明、曾鸿文和黄高阳，加上一支精干的短枪队，进入罗湖、元朗、锦田、荃湾以及沙田地区，并伸展到青山道、深水埗，与九龙市区连接起来。随后，以第五大队短枪队为基础，组成在港九地区活动的广东人民抗日游击队第五大队武工队。

西路由曾生统筹。1941 年 12 月 11 日，曾生从茜坑、马鞍岭抗日自卫队中抽调人员组成一个小分队，尾随日军进入西贡半岛的赤径、企岭下、涂涌湾一带活动。接着，曾生从第三大队第一中队抽调 20 人组成另一支小分队，又从惠阳短枪队等单位抽调 10 多人组成另一支短枪队，也进入西贡半岛活动。这三支小队伍共 50 多人，不久合并组成在港九地区活动的广东人民抗日游击队第三大队武工队。至此，进入港九地区的广东人民抗日游击队已有近百人。

从东路、西路进入港九地区活动的两支广东人民抗日游击队武工队，足迹遍布新界地区，并打通了从港九市区到东江抗日根据地的水路和陆路通道。他们在当地群众大力支持和帮助下，搜集英军溃退时丢下的武器弹药，获得轻重机枪30多挺，

游击队向九龙挺进

步枪、冲锋枪数百支，弹药及军用物资一大批。游击队进入港九地区后很快就补充了装备，还把一大批优良武器运回东江抗日根据地上交游击队总部。

广东人民抗日游击队武工队在港九敌后向广大群众展开抗日宣传，动员他们组织起来保卫家乡。在元朗、沙田等地组织了两支抗日自卫队，一支农民自卫常备队；在沙头角区的乌蛟腾村、三亚村，大埔区的罗洞、船湾、九龙坑一带组建了农民自卫队和新兵训练队；在西贡地区秘密组织了"游击队之友"小组。这些当地抗日武装，在广东人民抗日游击队武工队的带领下，参与对日军作战，打击土匪特务，后来还加入了广东人民抗日游击总队港九大队。

为了更好地开展港九地区的抗日游击战争，1942年3月，以进入港九地区的两支武工队为主体，组成广东人民抗日游击总队港九大队（简称"港九大队"），对外称为"港九人民抗日游击队"，蔡国梁任大队长，陈达明任政治委员。蔡国梁是福建厦门人，1912年生，1938年加入中国共产党，同年12月初在叶挺指挥的东路守备军总指挥部任警卫排排长，随后任惠宝人民抗日游击总队中共总支部书记、第四战区第三游击纵队新编大队政训员、广东人民抗日游击队第五大队政训员。陈达明是广东中山人，1919年生，1938年加入中国共产党，曾任中共香港市委委员。由于广东人民抗日游击总队分工曾生负责惠宝边和港九

地区的敌后游击战争领导工作，曾生多次来到港九大队，代表总队检查他们的工作，并予以工作指导。

港九地域狭小，回旋余地不大，加上游击活动地区多数是日军军警林立的区域和圩镇，这就决定了港九敌后游击战争的主要形式是隐蔽斗争，只能采取机动灵活的战术打小仗、打巧仗。因此，港九大队各支队伍在游击战争中，来去无踪，声东击西，对日、伪军展开破击战、伏击战、捕捉战，使日、伪军十分恐慌。

随着港九敌后游击战争的发展，为获得更大回旋余地，港九大队决定开辟大屿山抗日游击基地。大屿山岛面积约 200 平方公里，是港九地区最大的岛屿。大屿山岛的战略位置十分重要，它位于珠江口，扼守着通往广州、澳门等地的海上航线，也监视着香港到东南亚的航道。1942 年 6 月，港九大队派遣武工队进入大屿山岛，剿灭了岛上的土匪，并迫使日军龟缩在东面的梅窝和西面的大澳。年底，港九大队组建大屿山中队，牢牢控制了大屿山岛。

港九大队就像一把尖刀，插入香港日军的心脏里，使日军受到致命的打击。港九大队有一个名扬港九地区的战斗英雄刘锦进[①]，他体格壮健，皮肤黝黑，人们都喜欢叫他"刘黑仔"。他的传奇式英雄事迹，在港九地区广为流传。刘黑仔是惠阳大鹏人，1917 年生，1939 年加入中国共产党，同年参加惠宝人民抗日游击总队，1941 年任广东人民抗日游击队惠阳短枪队小组

刘锦进

长。香港沦陷后，刘黑仔奉命率领几名短枪队员从新界吉澳岛进入西贡、九龙一带活动，被任命为短枪队副队长，港九大队成立后任短枪队队长。

---

① 1946 年 5 月 1 日，时任东江纵队西北支队作战参谋兼短枪队队长的刘锦进，在粤北山区与国民党军队作战时重伤牺牲。

他率领港九大队短枪队员，在港九地区神出鬼没地袭击日军，捕杀特务汉奸。刘黑仔智勇双全。他曾3次化装菜农，挑着菜担进入九龙市区叫卖，经过日军岗哨时，突然从菜担里掏出手枪，击毙了4名日军。他率领数名短枪队员，在蠔涌公路设伏，活捉了日本华南派遣军司令部的高级特务东条正芝。他和黄冠芳带领短枪队员，黑夜潜入九龙启德机场，刺死日军门卫，在油库和飞机上放置定时炸弹，炸毁日军油库一座和飞机一架。日军甚为惊恐，曾多次重金悬赏捉拿刘黑仔。

经过一年多的艰苦战斗和群众工作，港九大队得到了发展壮大，先后建立了五个地区中队（沙头角、西贡、元朗、大屿山、市区中队）、一个海上中队，两个长枪中队以及一个直属中队，总人数800余人，建立了多处游击基地，打开了港九敌后抗日游击战争的局面。

四、广东敌后抗战的新起点

在香港新界的东北部，有一个被群山环绕的自然村落——乌蛟腾村（又名乌蛟田村）。这是广东人民抗日游击总队港九大队的根据地之一。1943年2月，中共广东省临时委员会（简称"省临委"）和广东军政委员会在这里秘密召开会议，史称"乌蛟腾会议"，它成为广东敌后抗战的新起点。

从1942年3月开始，广东国民党顽固派先后出动5000多兵力，向东莞大岭山、宝安阳台山、惠宝边和港九抗日根据地发动大规模进攻。广东人民抗日游击总队一方面在政治上舆论上揭露国民党顽固派反共摩擦、破坏抗战的阴谋，一方面在军事上予以坚决反击。至1942年底，疲于奔命的顽军被迫收兵，对东江抗日根据地和游击区的进攻以失败告终。

正当广东人民抗日游击总队粉碎国民党顽固派进攻的时刻，1942

年 11 月 8 日，中共中央南方局书记周恩来根据广东敌后抗战的形势，给广东人民抗日游击总队政委林平发来电报指示，指出"你们在任何时候都需准备好对付顽方及日寇两方面的可能进攻形势"。由于南委和粤北省委半年前已遭到国民党破坏，电报通知：南方局决定成立临时广东省委，由林平、连贯、梁广 3 人组成，林平任书记；同意成立军政委员会，以林平为主任，指挥东江及中路两部游击队。①

林平收到周恩来的电报指示后，首先落实广东全省的两个领导机构。1943 年 1 月，中共广东省临时委员会成立，以林平、梁广、连贯为委员，林平任书记，梁广负责城市工作，连贯负责联系国民党统治区的党组织和统战工作。省临委管辖除潮梅、琼崖地区以外的广东党组织，隶属中共中央南方局领导，领导机关设在广东人民抗日游击总队内。与此同时，调整广东军政委员会成员名单。由于周恩来电报指示要求军政委员会"指挥东江及中路两部游击队"，因此林平对 1942 年 1 月白石龙会议张文彬宣布南委决定的名单作了适当变动，吸收在中路（珠江三角洲地区）工作的时任中共南（海）番（禺）中（山）顺（德）中心县委书记罗范群、中共南番中顺中心县委委员兼广州市区游击第二支队代司令林锵云为广东军政委员会委员，谭天度、黄宇不再担任广东军政委员会委员。调整后的广东军政委员会成员，仍由 7 人组成：林平为主任，梁鸿钧、曾生、王作尧、杨康华、罗范群、林锵云为委员。② 新名单由林平上报南方局和周恩来批准。

为了贯彻执行中共中央南方局关于对付日军和顽军进攻的指示，总

---

① 《周恩来关于东江游击队需准备对付顽方和日军两方面进攻致林平电》（1942 年 11 月 8 日），载中国人民解放军历史资料丛书编审委员会编：《华南抗日纵队》（上册），军事科学出版社 2008 年版，第 504—505 页。

② 此名单依据 1943 年 11 月 23 日林平给中共中央军委的报告《东南两游击区目前情况》，见广东省档案馆编：《东江纵队史料》，广东人民出版社 1984 年版，第 77 页。

结东江和珠江三角洲敌后游击战争的经验教训，确定今后的工作方针，1943 年 2 月上旬，省临委和军政委员会决定在新界沙头角乌蛟腾村召开联席会议。其时，曾生正在惠宝边三洲田的山村部署反击顽军对惠宝边抗日根据地的进攻，他接到了林平派来交通员口头传达的开会通知。随后，梁鸿钧、王作尧、杨康华从路西地区，罗范群从中山县，先后来到三洲田与曾生会合。曾生带领他们一齐下山，乘船渡过大鹏湾，经九龙西贡与林平会合，再转到乌蛟腾村。

乌蛟腾会议旧址

1943 年 2 月中旬，省临委和军政委员会在乌蛟腾村召开会议，出席会议的有：林平、梁广、连贯、梁鸿钧、曾生、王作尧、杨康华、李东明、罗范群等。林平主持会议。

会议学习了中共中央南方局和周恩来的指示。与会人员一致认为，南方局和周恩来的指示，又一次给广东党组织和部队指明了斗争方向。

会议认真总结东江地区和珠江三角洲一年来对敌斗争的成绩和经验教训，特别是检讨了反顽斗争的教训。认为：一年多来，广东人民抗日游击总队是忠实执行中共中央以及上级指示的，坚持了敌后抗日游击战争，党和部队的威信得到提高；政治思想工作有所加强，干部经受了艰苦斗争的锻炼，党在部队中的领导作用得到加强。但是，由于我们对广东国民党地方实力派的反共反人民本质的认识还不够深刻，对时局估计偏于乐观，因而对广东国民党顽固派的进攻估计不足，准备不够。在顽军集中兵力进犯阳台山，敌我力量悬殊，回旋余地不大的情况下，本应避敌锋芒，总队部领导机关和主力应转向外线到大岭山区或惠宝边区去，却留在内线坚持，处于被动挨打的局面。加上战术上较多地采取正面防御打消耗战，致使部队陷于被动处境，给部队和抗日根据地带来了严重损失。

会议一致认为，当前的局势正如周恩来所指出的非常险恶。从整个形势发展来看，斗争将会更加尖锐、艰苦和复杂。但是，我们经过这一两年艰苦斗争的锻炼，只要采取正确的措施，就一定能够战胜困难，夺取胜利。

会议经过讨论，一致确定：必须以积极主动反击日、伪、顽军作为我们部队行动的方针，迅速改变被动地位，争取局势好转。为此，会议确定了 10 项今后工作任务。关于这 10 项工作任务内容，目前公开出版的有关史书和回忆录，各有不同表述。这里，"原汁原味"地引述林平于会后给中共中央转周恩来的报告中说到的 10 项工作任务：

1. 设法统一领导两区之军政委员会及各级成立之指挥部，加强各级干部，使各大队能起战略单位之作用，改变领导方式与工作作风。

2. 调整部队，加强主力及敌后兵力，提高部队质量与战斗力。

3. 加强党务工作，提高质量、数量，加强党的领导作用；组织"三风"学习，调整委员会，加强训练教育，改造干部思想意识，加强党性锻炼；组织干部业务教育，并加强时事政治理论教育。

4. 发展武装之重心放在建立外围与组织民众武装，专门训练，派遣干部去进行，并加强其领导。

5. 加强政治攻势与政治宣传，广泛系统解释我队之主张，力戒党员骄傲自大。

6.适合群〔众〕生活习惯与要求，广泛组织民众，提高民众文化水平。

7.广泛开展统线工作，克服过左，多交朋友，对绅士、父老、乡政机关应加尊重，团结各阶层。

8.加强敌伪工作，从长期打算布置。

9.经济财政长期打算，自力更生，尽可能进行生产事业，厉行节约，开源节流。

10.建立保卫组织，粉碎敌伪顽密控的内线暗杀等阴谋，正确执行中央政策，克服过左毛病。①

乌蛟腾会议是广东人民抗日游击战争的历史进程中，克服困难、扭转被动，走向主动的重要会议。它使广东人民抗日游击总队的干部在思想上彻底消除了对广东国民党顽固派的幻想，确定了坚决进行反顽斗争和积极主动打击日、伪军的方针，为广东敌后游击战争的发展奠定了坚实的思想基础。

1943年2月25日，周恩来致电林平，"同意军政委员会新名单及人员分配"；并指出"军政委员会不要举行全体会议。在目前情况下，各军政指挥员离开部队集中开会，是非常不妥的"②。同时，南方局批准广东人民抗日游击总队领导干部调整名单：总队长曾生，政治委员林平，副总队长王作尧，副政治委员兼政治部主任杨康华，参谋长梁鸿钧，政治部副主任李东明。③

---

① 《林平关于东江、珠江三角洲两区工作总结及今后工作方针致中共中央转周恩来电》（1943年2月21日），载中国人民解放军历史资料丛书编审委员会编：《华南抗日游击队》（上册），军事科学出版社2008年版，第529页。

② 《周恩来关于同意广东军政委员会新名单等问题致林平电》（1943年2月25日），载中国人民解放军历史资料丛书编审委员会编：《华南抗日游击队》（上册），军事科学出版社2008年版，第530页。

③ 广东人民武装斗争史编纂委员会编：《广东人民武装斗争史》（第三卷），广东人民出版社1994年版，第226页。《东江纵队史》，广东人民出版社1995年版，第156页。

广东军政委员会实行分散领导，林平负总责，曾生到惠宝边区，梁鸿钧到宝安，王作尧、杨康华到东莞，罗范群、林锵云到珠江三角洲，分别领导各地的对敌斗争。

乌蛟腾会议结束后，曾生、林平率领总队领导机关转往惠宝边区，按照乌蛟腾会议确定的积极主动反击敌人的方针，指挥广东人民抗日游击总队，以各大队为战略单位，在敌后战场开始了新的斗争。

曾生直接指挥惠阳大队和独立中队，继续向梧桐山区推进和开辟稔平半岛根据地。

梧桐山山高林密，东面濒临大鹏湾，与香港新界的榕树坳、吉澳岛隔海相望；东麓是盐田、三洲田，与田头山毗邻；南麓是沙头角、莲塘，与香港新界相接；西南面是广九铁路布吉至深圳路段，紧接宝安阳台山抗日根据地；北麓是山子下、横岗、沙湾。早在1942年夏曾生回到惠宝边区工作后，就作出决策要开辟梧桐山游击区，并派遣惠阳大队进入梧桐山开展游击活动。为了开辟梧桐山西南面的新区，1943年2月，曾生命令惠阳大队派出一个独立小队，到靠近深圳的坳下村一带，打击日、伪军。2月18日，独立小队在坳下村后山被日军包围。独立小队与日军展开激战，毙伤日军20余人，但终因寡不敌众，全队20余人全部壮烈牺牲。1943年夏秋间，惠阳大队在港九大队沙头角中队配合下，数次攻击沙头角日军宪兵队和警备队。梧桐山周围的日、伪军遭到游击队接连打击，只好收缩兵力。日军撤离横岗、沙湾等地，只留伪军驻守沙湾、丹竹头，以此作为深圳日军的外围据点。为了进一步控制梧桐山西部和南部地区，打通惠宝边与阳台山抗日根据地的联系，曾生命令惠阳大队攻打丹竹头伪军据点。战前，曾生在油田村召开作战会议，制定作战方案。战斗打响后，持续了一个小时仍未奏效，惠阳大队只好撤出战斗。为此，指战员情绪有些低落。曾生鼓励他们："大家不要气馁，要认真总结经验教训，提高组织指挥能力和战术水平，争取打好以后的仗。"丹竹头战斗后，惠阳大队短枪队加强在丹竹头周围活动。丹竹头据点的伪军频频遭到打击，龟缩在据点里再也不敢出来抢掠了。

惠阳大队向梧桐山推进一年来，尽管遭到一些挫折，但取得了显著成效。梧桐山东部和东北部地区，已与坪山中心区连成一片，成为比较巩固的抗日根据地；梧桐山西部和南部地区，除丹竹头、沙湾、沙头角三个敌据点外，大部分地区已被游击队控制。

稔平半岛位于惠阳县东南部，面积400多平方公里，西濒大亚湾，与大鹏半岛遥遥相对；东濒红海湾，隔海为海丰县的汕尾镇。稔平半岛地理位置十分重要，是广东人民抗日游击总队向东发展的重要基地。1943年春夏间，曾生派遣干部到稔平半岛秘密开展工作，建立中共基层组织，发展抗日自卫武装。同年6月，曾生命令独立中队：消灭被日军收编的驻马鞭岛的"中华民国广东省反共救国海军第四总队第四大队"，为广东人民抗日游击总队挺进稔平半岛扫除障碍。7月6日晚，独立中队由16人组成的突击队，在马鞭岛海面袭击这支伪海军部队，全歼伪海军大队长以下官兵70余人。曾生赞誉这次战斗开创了广东人民抗日游击总队海战的范例。

马鞭岛战斗的胜利，使曾生得到了启示：广东人民抗日游击总队向稔平半岛发展，必须有一支大队级的骨干武装，同时要有一支能控制大亚湾海域的海上武装。于是，他考虑扩建独立中队，担负开辟稔平半岛的任务。他把这一想法告诉林平。林平十分赞同。两人一起精心策划，决定把独立中队扩建为护航大队，并确定了干部人选。8月中旬①，曾生来到大鹏半岛的枫木浪，召集独立中队干部开会，宣布总队的决定：以独立中队为基础组建广东人民抗日游击总队护航大队，刘培任大队长，曾源任政治委员，下辖两个陆上中队、两个海上中队、

---

① 这一时间根据时任护航大队大队长刘培回忆。

一个独立小队和短枪队。曾生向到会的干部发出动员令: "护航大队的主要任务是以大鹏半岛为基地, 向东发展, 开辟稔平半岛, 扩大我们的抗日根据地, 并打通至潮汕的路线, 争取早日和韩江那边的党组织和抗日武装联系起来。你们要团结新区可能团结的力量, 共同打击那里的日伪军, 解放那里的人民。同时还要提高警惕, 严防顽军的突然袭击。要注意做好群众工作, 要不断壮大革命力量。"①

刘培是广东惠阳人, 1922 年 5 月生, 1939 年加入中国共产党, 1941 年 1 月参加广东人民抗日游击队, 任惠阳短枪队司务长、中共支部书记, 1942 年 7 月任广东人民抗日游击总队独立中队中队长。曾源是广东和平人, 1917 年 5 月生, 1938 年 10 月加入中国共产党, 1940 年任中共和平县委书记; 1942 年 6 月调入广东人民抗日游击总队, 任总队政治部民运干事。

根据曾生的布置, 刘培、曾源率领护航大队活动于大鹏湾、大鹏半岛和大亚湾、稔平半岛之间, 担负起广东人民抗日游击总队向东扩展和控制海上交通线, 以及在海上打击日、伪军的任务。

在东莞、宝安活动的广东人民抗日游击总队第三、第五大队和宝安大队, 互相配合, 也主动出击日、伪军和反击顽军。在东莞地区, 先后取得霄边、篁村、茶山、沙岭、大宁等战斗胜利。特别是沙岭伏击战, 在敌占区内击伤了前往石龙视察的伪 "广东政治指导员" 陈璧君 (汪精卫老婆), 毙伤日、伪军 10 人, 此战震惊了东江地区的日、伪军。在宝安地区, 先后取得了西乡、福永、沙井、丹竹头、公明、松岗等战斗胜利。广东人民抗日游击总队在宝安、东莞活动的部队, 还多次击退顽军对阳台山、大岭山抗日根据地的进犯, 使阳台山根据地得到了恢复和发展, 并与东莞大岭山根据地连成一片。在广东人民抗日游击总队一

---

① 《曾生回忆录》, 解放军出版社 1992 年版, 第 297 页。

连串战斗胜利的威慑下，经过策反工作，驻东莞厚街的伪军第三十师八十九团代理团长兼第一营营长梁德明，于 1943 年 11 月 8 日率领其第一营和一个机炮连携械起义，开赴大岭山抗日根据地，参加广东人民抗日游击总队，随后被编入宝安大队。

广东人民抗日游击总队主动出击日、伪军，积小胜为大胜的同时，经受了反"扫荡"斗争的严峻考验。

1943 年下半年，国际反法西斯战争接连取得胜利，苏联红军在欧洲战场转入反攻，英美联军也加强了太平洋战场的对日攻势。由于日军在太平洋战场接连失败，日军大本营预感到其海上交通有被完全切断的可能，因此认为，必须打通中国南北铁路交通线，以维持日军在中国以及东南亚战场的作战，而当务之急是首先打通广九铁路，确保广州、香港两个"中转站""补给站"的安全。为此，日军制定了打通广九铁路的作战计划。这个作战计划分为两个阶段：第一阶段，占领广九铁路沿线各据点，打通广九铁路；第二阶段，对东宝抗日根据地实行"扫荡"，以巩固其占领的广九铁路沿线据点，保障广九铁路的正常通车。

对于日军企图打通广九铁路，"扫荡"广九铁路沿线根据地的动向，广东人民抗日游击总队早已有所预料。1943 年 6 月，总队长曾生在总队出版的《抗日杂志》创刊号上发表的《论目前政治形势》一文指出："日阀对中国的正面进攻，以重庆为主要方向，而将必然以进攻广东，打通粤汉铁路为其重要的配合。以广东范围而言，则进攻粤北是主要方向，而以进攻东江打通广九铁路为重要配合，因此广东与东江战场上都面临着日阀进攻的形势。"[①]9 月 5 日，广东人民抗日游击总队总队部、政治部作出《关于目前形势与工作的决定》，指出：日军"占据广九铁路，事在必行"，我们要"在明天（当敌人打通广九路进犯东江时）能够成

---

① 广东省档案馆编：《东江纵队史料》，广东人民出版社 1984 年版，第 55 页。

为东江抗战的中流砥柱！"①

11月11日，日军第二十三军一〇四师团②向广九铁路沿线进攻。驻广九线中段的国民党第十二集团军独立第九旅、第七战区惠淡守备区挺进纵队独立第一支队溃败。日军轻易占领了广九铁路沿线，继而迅速向东莞大岭山、宝安阳台山抗日根据地"扫荡"，企图一举消灭广东人民抗日游击总队和摧毁这两个抗日根据地。

日军进攻的矛头首先指向东莞大岭山。日军第一〇四师团的两个联队、驻莞城、石龙、太平的日军以及伪军第三十师共9000余人，加上部分日军的空军、炮兵和骑兵，号称万人之众，采取"铁壁合围"战术，向大岭山根据地实行大"扫荡"。11月18日拂晓，日军借着大雾掩护，分三路向大岭山推进。其时，在大岭山地区活动的有广东人民抗日游击总队第三、第五大队和大岭山抗日自卫队，总共1000余人。他们在大岭山外围的莲花山、怀德等地多次击退日军的进攻，毙伤敌60余人，然后逐步撤到大岭山上。副总队长王作尧与第三、第五大队领导人邬强、彭沃等人研究，制定突围部署。当天晚上，第三、第五大队以及大岭山抗日自卫队在夜幕和树林的掩护下，由熟悉山路的当地共产党员和民兵带路，分三路秘密突围，神不知鬼不觉地跳出了敌人的包围圈。第二天清晨，日、伪军在飞机、大炮的掩护下发起总攻，结果扑了个空。

第三大队突围后，坚持在东莞地区作战，袭击茶山、常平等火车站，破坏广九铁路交通和通信联络，出击莞（城）太（平）公路沿线的日、伪军，炸毁莞城外围的公路桥梁，围困大岭山日、伪军据点，以逼迫"扫荡"大岭山的日、伪军回师驻防。在宝安县活动的宝安大队，根据总队的命令，配合大岭山根据地军民开展反"扫荡"斗争，出击广九铁路西侧的日、伪军据点，炸毁了西乡日军机场两架飞机。

---

① 广东省档案馆编：《东江纵队史料》，广东人民出版社1984年版，第71–73页。

② 日军第二十一军于1940年撤销战斗序列后，所属的第一〇四师团划入第二十三军战斗序列。

11月下旬,日、伪军转向宝安阳台山根据地"扫荡",采取"多路围攻"的战术,先后进犯布吉、龙华、乌石岩。此时,从大岭山突围转移到宝安阳台山根据地的第五大队,与宝安大队互相配合,采取阻击、袭击、伏击等战术,与敌周旋。

日军主力在广东人民抗日游击总队内外线的打击下,从12月上旬至下旬,陆续撤出大岭山、阳台山根据地,在广九铁路线和宝(安)太(平)、莞(城)太(平)公路线上困守。至此,广东人民抗日游击总队粉碎了日、伪军来势汹汹的对东莞大岭山根据地的"万人扫荡"和对宝安阳台山的"多路围攻"。

1943年,是广东人民抗日游击总队在乌蛟腾会议精神指引下,对日、伪、顽军作战取得较大胜利的一年。全年共作战80多次,毙伤、俘日伪军1300多人,缴获轻重机枪19挺、长短枪500多支;毙、伤、俘顽军100多人,缴获武器装备及通讯器材一批。此外,争取了800多名伪军官兵起义或投诚。[①]至年底,广东人民抗日游击总队已发展到3000多人,惠东宝抗日根据地已完全恢复,并且向莞太、莞樟、莞龙、宝太、宝深公路和广九铁路中段两侧,以及大鹏湾和大亚湾沿海、梧桐山周围、广州外围扩展。同时,还开辟了港九和增(城)博(罗)边抗日游击根据地。这些胜利,打开了东江敌后抗日游击战争的新局面,也为1944年对敌斗争的大发展创造了良好条件。

---

① 《东江纵队史》,广东人民出版社1995年版,第188页。

第九章　"广东人民解放的旗帜"

一、东江纵队司令员

大鹏半岛沙鱼涌附近，有一个背山面海的村庄，名叫土洋村。村中有一座意大利天主教堂，建于 1912 年，由主楼、礼拜堂和附属用房三部分实体组成，主建筑为两层砖木楼房，颇具中西合璧风格。自从太平洋战争爆发，神职人员撤离了这座教堂。1943 年 12 月，广东人民抗日游击队东江纵队成立，把这座弃置的教堂作为司令部。曾生、林平等东江纵队领导人，在这里运筹帷幄，决胜千里。

东江人民抗日武装自 1938 年建立之日起，就在中国共产党的领导下，坚持敌后抗日游击战争。但由于当时的客观条件限制，为便于开展活动，一直没有正式公开中国共产党的领导和部队番号。1943 年 7 月 10 日，中共广东省临委书记、广东人民抗日游击总队政委林平，致电中共中央南方局周恩来，请求公开部队面目。

1943 年 8 月 23 日，新华社在延安《解放日报》发表的《国共两党抗战成绩的比较》和《中国共产党抗击的全部伪军概况》中，第一次公开宣布广九铁路地区有中国共产党领导的抗日游击队在抗击日、伪军。随后，中共中央根据形势的发展和斗争需要，指示将广东人民抗日游击总队的番号改称为"广东人民抗日游击队东江纵队"，正式公开宣布接受中国共产党的领导。

接到中共中央的指示，曾生、林平等广东人民抗日游击总队的领导人十分兴奋，立即着手做好筹备工作。他们就发表成立宣言问题再次请示党中央。9月20日，周恩来复电："东江纵队为中外共知的中共游击队，你们发表宣言毫无问题，而且应该强调只有共产党领导的游击队才能在敌后存在和发展。"①

根据中共中央和周恩来的指示，曾生与林平等人研究了起草东江纵队成立宣言的内容，并商量宣布正式成立的日期。

东江纵队成立的日期确定为1943年12月2日。这是曾生提议，经省临委和军政委员会研究同意的。

曾生为何要选择这个日期？原来，在筹备工作过程中，他回想起东江人民抗日武装最早组建的往事：1938年10月日军侵占华南后，中共中央指示广东省委和八路军驻香港办事处，要在东江日军占领区后方开拓抗日游击区。根据党组织的指示，曾生从香港回到家乡惠阳坪山，建立了中共惠宝工委，又于1938年12月2日组建了惠宝人民抗日游击总队。这支抗日武装，与王作尧在同时期组建的惠东宝人民抗日游击大队，成为早期的东江抗日游击队，共同在东江地区开展敌后抗日游击战争。东江抗日游击队在中国共产党的领导和关怀下，逐步成长壮大。因此，以当初惠宝人民抗日游击总队成立的时间作为东江纵队成立的日期，可以更好地体现东江抗日游击队的发展过程。

1943年12月2日，广东人民抗日游击队东江纵队（简称"东江纵队"）在惠阳县土洋村（今深圳市大鹏新区葵涌街道土洋社区）公开宣布成立。曾生任司令员，林平任政治委员，王作尧任副司令员兼参谋长，杨康华任政治部主任。当天，他们联名公开发表《广东人民抗日游击队东江纵队成立宣言》。

---

① 《周恩来关于同意东江纵队发表宣言复林平电》（1943年9月20日），载中国人民解放军历史资料丛书编审委员会编：《华南抗日游击队》（上册），军事科学出版社2008年版，第589页。

《广东人民抗日游击队东江纵队成立宣言》阐明了东江纵队的性质、宗旨和任务：

我们东江子弟兵能够坚持敌后抗战，就是由于有共产党正确的政治主张作指导，以及全体同志共同努力与各界的援助。因此我们全体同志一致热诚的拥护中国共产党的政治主张，反对内战、投降，坚持团结、抗战、进步的一贯政策；更一致热烈的接受与拥护中国共产党的领导。

我们成立广东人民抗日游击队东江纵队，在中国共产党领导下，为打败日本帝国主义，建设独立、自由、幸福的新中国而奋斗！

《广东人民抗日游击队东江纵队成立宣言》向各界同胞宣告：

我们坚持抗日民族统一战线，我们坚决与各界同胞不分党派、阶级，不分思想信仰，团结一起。我们愿意与各爱国党派及一切忠诚于革命的三民主义的国民党人及国民党军队继续合作。

《广东人民抗日游击队东江纵队成立宣言》还向国际友人宣告：

我们坚决拥护国际反法西斯统一战线，并以无限忠诚与各盟邦及国际友人密切合作。过去在港九方面我们曾经这样做，今后仍将这样做。我们希望能与国际友人在互相尊重密切合作〔下〕，共同完成打倒日寇的任务。①

---

① 《广东人民抗日游击队东江纵队成立宣言》（1943年12月2日），载中国人民解放军历史资料丛书编审委员会编：《华南抗日游击队》（上册），军事科学出版社2008年版，第594-596页。

1944年1月1日，东江纵队向全国发布《广东人民抗日游击队东江纵队曾、王正副司令就职通电》。同日，曾生、王作尧联署颁发《广东人民抗日游击队东江纵队司令部布告》（纵字第一号），此布告用六字句骈文体写成，申明东江纵队的宗旨和抗战到底的决心。

随后，曾生、林平、王作尧、杨康华联名致电中共中央军委，报告了东江纵队成立情况：

兹为更加有效打击敌人，保卫东江前线敌后人民，巩固抗日基地，充实反攻力量计，乃于十二月二日成立东江纵队司令部，正式宣言，通电全国，在中国共产党领导下，为彻底解放中华民族而奋斗！[①]

关于东江纵队的领导人选问题，有一个小插曲。梁鸿钧原是广东人民抗日游击总队参谋长，但没有担任东江纵队领导职务，这难免让人产生疑问。对此，林平向周恩来报告了个中原委："参谋长原由梁鸿钧负责，但他坚不愿做，只好由王兼，而代以军事特派员名义，负责军事指导工作。"[②]

东江纵队成立时，下辖7个大队：第二大队、第三大队、第五大队、惠阳大队、宝安大队、港九大队、护航大队，总兵力3000余人。次年2月，东江纵队新增两个大队：东莞大队、铁东大队，一个独立中队：独立第三中队。

东江纵队领导机关设司令部和政治部。东江纵队领导机关常驻坪山

---

① 《曾生、林平等就东江纵队成立给中央军委的报告》，载中国人民解放军历史资料丛书编审委员会编：《华南抗日游击队》（上册），军事科学出版社2008年版，第598页。档案原文缺成文时间。

② 《林平关于东江纵队成立致周恩来电》（1944年2月6日），载中国人民解放军历史资料丛书编审委员会编：《华南抗日游击队》（上册），军事科学出版社2008年版，第636页。

及其周围和大鹏半岛等地，省临委和军政委员会领导机关及其电台，设在大鹏半岛的半天云、油草棚、西涌等地。

1944 年 1 月 25 日（农历 1944 年正月初一）[①]，东江抗日根据地军民分别在惠阳坪山、宝安龙华、东莞大岭山等地举行庆祝东江纵队成立大会，曾生和林平出席在坪山举行的庆祝大会，并在大会上讲话。曾生在庆祝大会上号召东江纵队全体指战员：

1944 年 1 月，在惠阳坪山举行的东江纵队成立大会现场

现在东江的局面是以我军为主抗击日本侵略军，这是我军发展的黄金时期。我们各个部队必须抓紧时机，乘胜前进，壮大我军力量，扩大抗日根据地，准备大反攻，迎接抗日战争胜利的到来。我们要在中国共产党领导之下，为中华民族的彻底解放而奋斗到底！[②]

东江纵队的成立，在国内外产生了重大政治影响。从此，东江纵队在华南抗日战场上，高高地树起了一面中国共产党领导的敌后抗战的鲜艳旗帜。

---

① 1943 年 12 月 30 日东江纵队司令部、政治部《关于"庆祝本队东江纵队成立及部队成立五周年纪念的通知"的补充》指出："兹将前次通知各区队筹备庆祝纪念大会的日期一律规定于旧历新年元旦开始举行。"参见广东省档案馆编：《东江纵队史料》，广东人民出版社 1984 年版，第 90 页。

② 《曾生回忆录》，解放军出版社 1992 年版，第 322–323 页。

二、全面发展敌后游击战争

我们是广东人民的游击队，我们是八路军、新四军的兄弟。我们的队伍驰骋于东江战场上，艰苦奋斗，英勇杀敌，取得了辉煌的胜利。我们有伟大中国共产党的光荣领导，用我们英勇顽强的战斗，一定把敌伪和顽固军队彻底消灭！同志们，前进吧！光明已来临。今天，我们是民族解放的战士；明天啊，是新中国的主人！

这是东江纵队队歌《东江纵队之歌》歌词。[①] 这首队歌，创作于1943年12月，由东江抗日军政干部学校教育长林鄂（林之原）作词，东江纵队政治部政工队队长史野（蔡史野）谱曲。《东江纵队之歌》，激励着东江纵队广大指战员在华南敌后战场上奋勇杀敌。

东江纵队成立后，曾生、林平率领东江纵队全体将士，积极出击敌人，全面发展敌后游击战争。

在广九铁路两侧，东江纵队开展破袭战，使日军的"广九铁路全线通车"计划落空。日军不甘心失败，策划对东江纵队大规模进攻，以确保广九铁路畅通。1944年3月31日，驻东莞大朗的伪军第四十五师

① 这首歌最初的歌名叫《歌东江纵队成立》，歌词依据《东江纵队成立宣言》撰写，1943年12月初首次在东江纵队机关报《前进报》发表，很快就在部队中流传。东江纵队司令部遂决定把它作为东江纵队队歌，歌名改为《东江纵队之歌》。本书选取的歌词，是纪念东江纵队成立40周年的修改版，由曲作者史野执笔修改（因当时词作者林鄂已去世），其修改内容获得东江纵队老战士的普遍认可。1983年11月，《东江纵队之歌》（修改版）在广东电台《每周一歌》栏目播放。原先的歌词为："我们是广东人民的游击队，我们是八路军、新四军的兄弟。五年来，我们驰骋在东江战场上，艰苦奋斗，英勇牺牲，已奠定我们的胜利今天。我们接受了中国共产党的领导，用我们英勇无双的战斗，一定把敌伪第五纵队彻底消灭！同志们，前进吧，光明来临了。今天，我们是民族的英雄；明天啊，是新世界的旗手。"

一三四团1000多人，进攻在广九铁路西侧东莞梅塘乡黄獚坑村活动的东江纵队第三大队。第三大队在第五大队配合下展开反击，取得歼敌两个连的胜利。5月7日，驻广九铁路东莞

东江纵队战士在广九铁路两侧战斗

樟木头车站的日军一个大队，由大队长加藤率领，奔袭梅塘乡龙见田村的东江纵队临时指挥机关以及在那里整训的东江纵队第三、第五大队。5月8日凌晨，日军摸到龙见田村附近。发现敌情后，东江纵队副司令员兼参谋长王作尧当即命令正在出早操的第三大队独立中队，迅速抢占附近的制高点马山，掩护纵队临时指挥机关转移。日军在密集炮火和机枪配合下，先后4次向马山冲锋。独立中队坚守马山。战斗打响后，驻附近长山口的第五大队闻讯，从敌侧后投入战斗。东莞大队的一个中队和第三大队两个中队也在梅塘西北面投入战斗，对日军形成半月形包围态势。战斗至黄昏，日军连续施放烟幕弹，趁黑夜由汉奸引领从小路撤走。这场战斗史称"梅塘反击战"，毙伤日军近百人。日军逃回樟木头后，士气低落，大队长加藤以及10多名士兵剖腹自杀。东江纵队在这场战斗中，伤亡30多人，其中第三大队独立中队政委李忠（钟若潮）等26人牺牲。

1944年7月22日凌晨，东江纵队独立第三中队（代号"飞鹰队"），袭击驻广九铁路宝安平湖车站东侧谭屋村的伪军警察中队，毙伤俘敌中队长以下官兵80余人。独立第三中队第一小队第一班（班长黄友，又称"黄友班"）副班长李查理在战斗中牺牲。战斗结束后，独立第三中队押着俘虏冒雨向东莞凤岗官井头村撤退。他们走到凤岗老虎山西北的下沙岭时，突然遇到日军藤本大队400余人的伏击。走在队伍前面担

任尖兵的黄友班，立即抢占一条较高的田基围，掩护中队主力撤离。黄友班在阵地上坚持了一个多小时，打退日军多次冲锋。为减少牺牲，黄友安排3名新战士于阵地后面长满簕竹的小河撤退。阵地上只剩下黄友、尹开、赖志强、傅天聪4人继续抗击敌人。又打退日军数次冲锋后，黄友腿部和胸部中弹负重伤，其余3名战士相继阵亡。黄友趴在阵地上继续战斗。子弹打光了，他把手枪和一本《党员须知》塞进稻田泥浆里，做好牺牲的准备。这时，日军冲过来了，黄友用尽全身力气扔出最后一个手榴弹。"轰"的一声，

《解放日报》对黄友班五烈士英雄事迹的报道

冲在前面的几个日军倒下了，后面的日军挺着刺刀蜂拥而至。黄友被刺十几刀，壮烈牺牲。黄友（原名黄丁友）是东莞凤岗人，1928年生，1941年参加广东人民抗日游击队，1944年2月加入中国共产党，牺牲时年仅16岁。老虎山战斗，毙伤日军40余人。战后，东江纵队对黄友烈士及黄友班进行表彰。东江纵队政治部发出《黄友等五抗日英雄牺牲》的通报，追授黄友为"抗日英雄"，将黄友事迹作为全军教材，并把黄友所在的班永远定名为"黄友班"。同时，向中共中央军委报告。延安总部电复："追认黄友同志为广东人民抗日游击战斗英雄"和"中共模范党员"。①1944年12月23日，延安《解放日报》发表《东江纵

---

① 转引自《东江纵队史》，广东人民出版社1995年版，第216页。

队五少年英雄以一当百光荣殉国》的通讯，报道黄友班五烈士的英雄事迹。延安新华广播电台播发了此稿。

在东江纵队的不断打击下，广九铁路始终不能正常通车。对此，美国的《美亚杂志》报道："虽然日军已控制了铁路两头有两年多，但他们还不能使一列火车畅行全线。"[①]

在大鹏湾、大亚湾沿海一带以及港九地区，东江纵队灵活机动地与日、伪军展开斗争。1944年2月7日，东江纵队护航大队攻打驻霞涌的伪军"惠淡守备区经济游击队"第二大队第八中队，毙敌40余人。2月下旬，护航大队袭击平海，歼灭伪盐警一个中队。春夏间，港九大队在九龙地区接连袭击日军的岗哨和交通设施，并派出短枪队深入港九市区中心活动，有力地牵制了日军对沙田、西贡以及大屿山的"扫荡"。8月16日，港九大队海上中队击沉伪军停泊在大鹏湾黄竹角的3艘船，毙伤俘敌38人。

曾生对护航大队和港九大队在大亚湾和大鹏湾开展海上游击战，给予高度的赞扬和评价。他指出：护航大队和港九大队利用周围辽阔的海域和众多的岛屿，发展海上武装，驰骋在南海之滨，勇敢地以小船袭击敌人大船，多次取得击沉或俘获敌船的战果，同时又保护了自己的航运。这支"土海军"使大亚湾和大鹏湾成为东江纵队的内海，取得了一定的行动自由。

正当东江纵队积极打击日、伪军的时候，国民党顽固派却继续实行消极抗日、积极反共的方针，不断向东江纵队进攻。从1944年1月起至5月底，顽军连续三次向东江纵队领导机关和省临委机关所在地大鹏半岛发动进攻。

曾生、林平亲自部署并指挥路东部队反击顽军。1944年1月中旬

---

① 《东江游击纵队与盟国在太平洋的战略》，美国《美亚杂志》1944年7月号。延安《解放日报》1944年9月11日全文译载。

和 4 月初，护航大队打退了顽军第一、第二次进攻。

1944 年 5 月 2 日，顽军出动独立第九旅 4 个营、独立第二十旅 2 个营以及惠淡守备区挺进纵队独立第一支队等部队，总共 2000 余人，发动第三次大规模进攻。顽军分两线向坪山、稔(山)平(海)一带推进，企图将东江纵队路东部队压缩到大鹏半岛一隅并予以消灭。为粉碎顽军的进攻，曾生与林平研究，作出如下作战部署：以惠阳大队并指挥纵队司令部警卫中队和坪山等地的抗日自卫队，采取机动防御的战术，抗击西线顽军的进攻；以护航大队并指挥大鹏联防大队、港九大队的一个中队、坝光和澳头抗日自卫队，采取阵地防御与地雷战、麻雀战相结合的战术，抗击东线顽军的进攻。同时，展开政治攻势。5 月 5 日，东江纵队政治部发布《告各界同胞书》和《告内战官兵书》，揭露国民党顽固派挑动内战的罪行，号召各界同胞行动起来，反对国民党挑动内战；号召顽军官兵拒绝执行内战命令，要以民族利益为重，不要做内战的牺牲品。5 月 11 日，东江纵队司令部向各部队发出关于粉碎国民党顽军内战阴谋的指示，并根据曾生、林平事先制定的部署对路东部队作出反击顽军的具体布置。

在东江纵队灵活机动的战略战术打击以及强有力的政治攻势之下，5 月 30 日，顽军被迫收兵返回驻地。至此，顽军持续了一个月的第三次对大鹏半岛的进攻被粉碎。

曾生重视抗日根据地的开辟，也重视抗日根据地的建设。民主政权的建立和发展，是抗日根据地建设的一个重要内容。东江纵队成立前，曾生有过建设淡水区民主政权的尝试，又有大岭山和坪山、大鹏区抗日民主政权建设的经验。东江纵队成立后，经过艰苦的游击战争，东江抗日根据地得到了巩固发展，大岭山、阳台山、惠宝边、惠东的抗日根据地已连成一片，并且普遍建立了乡级民主政权。因此，曾生与林平认为，要抓住这一大好形势，在抗日根据地内建立县、区级的民主政权。1944年1月20日,林平向周恩来以及中共中央请示关于建立县、区民主政权的问题。1月31日,中共中央书记处复电表示同意,指出东江游击区的抗日民主政权的基本性质应该是新民主主义的,"三三制"①的;政权的形式要因地制宜,便于游击发展和军队转移。

东江纵队根据中共中央的指示精神,向所属各部队发出关于在游击区普遍建立抗日民主政权的通知。林平和曾生研究决定,在路西解放区(包括东莞大岭山和宝安阳台山根据地)、路东解放区(包括惠宝边和港九根据地),惠东解放区(包括稔平半岛在内的惠阳县东部地区根据地),建立县级民主政权。

建政工作由东江纵队政治部负责实施。从1944年下半年开始,东江上述的几个解放区陆续建立了县级民主政权。1944年7月1日,路西解放区成立东宝行政督导处,谭天度为主任,下辖9个行政区(其中东莞5个区,宝安4个区),人口约40万。次年4月,路东解放区成立路东行政委员会,叶锋为主席,下辖6个行政区和1个特别区(港九地区),人口约58万。与此同时,惠东解放区成立惠东行政督导处,练铁为主任,下辖4个行政区和1个大乡,人口约30万。此后,东江纵队挺进东江以北和北江地区,在新开辟的根据地里,也相继建立了区、县级民主政权。各级民主政权的建立,标志着东江抗日根据地的建设发展到一个新阶段,而东江抗日根据地的巩固和发展,为支撑东江纵队全面开展敌后游击战争起到了重要作用。

东江纵队成立半年来,取得了辉煌战绩,成为中国共产党领导的华南敌后战场的主力军。1944年6月22日,八路军参谋长叶剑英在延安会见中外记者参观团,向记者们介绍中共抗战情况,其中指出:中国敌后战场有3个,即华北、华中、华南三大敌后战场。在华北敌后战场抗

---

① "三三制",指在各级民主政府中,工作人员的比例为:共产党员、其他抗日党派、无党派人士各占三分之一。

战者为八路军，在华中敌后战场抗战者为新四军，在华南敌后战场抗战者为中共领导的游击部队。华南日军约有三个半师团、两个独立旅团，合计四个半师团，8万人。其中日军第五十七师团在广九铁路沿线，共产党领导的游击队抗击70%，友军抗击30%。叶剑英介绍中国敌后战场的抗日根据地时，明确指出：三大敌后战场有15个抗日根据地，其中在华南敌后战场有两个，一在海南岛；"一在广九沿线及广州四周，领导者为曾生同志。该部现已迫近九龙，并在香港进行秘密活动，敌人很感头痛"[①]。

1944年7月15日，中共中央军委向东江纵队领导人曾生、林平、王作尧以及琼崖游击队独立纵队领导人冯白驹，发出关于华南抗日根据地工作的电报指示，当中有这么一段话：

自广州沦陷，迄今六年，你们全体指战员在华南沦陷区组织和发展了敌后抗战的人民军队和民主政权，至今天已成为广东人民解放的旗帜，使我党在华南政治影响和作用日益提高，并成为敌后三大战场之一。[②]

这是中共中央军委对华南敌后战场的两支抗日游击队的高度评价和赞誉。

1944年12月2日，是东江纵队成立一周年纪念日。东江各抗日根据地军民举行热烈的庆祝大会。曾生、林平、杨康华出席坪山的军民庆祝大会，并先后在大会上讲话。曾生在大会上总结了一年来的敌后斗争

---

① 《中共抗战一般情况的介绍——1944年6月22日第十八集团军参谋长叶剑英与中外记者参观团的谈话》，延安《解放日报》1944年8月10日。

② 《中共中央军委关于华南根据地工作给曾生、冯白驹等的指示》（1944年7月15日），载中国人民解放军历史资料丛书编审委员会编：《华南抗日游击队》（上册），军事科学出版社2008年版，第775页。

和战绩。他指出：

一年来斗争的结果，毙伤及俘虏敌伪军，合计二千七百八十九人，敌伪士气大为削弱，对我甚为惧怕，稍为突出的据点都放弃了，只能固守沿铁路线及沿海的几个大据点，每个据点都要配置两个营的兵力，而且深沟高垒，不敢外出；相反的，我们则收复了清溪、观澜、乌石岩、黄松岗、霄边、北栅、罗岗洞、三江、鸾岗等二十三据点，扩大了地区，建立了抗日民主政权，把香港、广州两大城市包围起来，队伍扩大了六倍，提高了战斗技术和指挥的艺术。我们逐次的营救盟国人士脱险，盟国间对我已有了新的认识。这一切力量的发展，这一切条件的存在，就是我们在国内外的政治威信大大提高，现在我们已成为中共领导下十五个抗日民主根据地之一，同时又是全国敌后三大战场之一，在反法西斯战争中有着重大的战略意义，将来对日寇反攻，我们是一支不可缺少的力量。[①]

三、与盟军合作抗日

1944年10月7日，惠阳新圩东江纵队部队驻地来了一位负有特殊使命的"不速之客"。他的名字叫欧戴义（Dr.Merrills.Ady），是个美国人，年近五旬，金发碧眼，体格魁梧，自称"欧博士"。他自我介绍是美国陆上技术资源委员会代表，受驻华美军司令部和美国陆军第十四航空队（惯称"飞虎队"）司令官陈纳德派遣，前来东江纵队，要求合作。

欧戴义的经历充满着神秘感。他早年在美国从军，参加过第一次世界大战，退役后当了一名牧师，被派往中国，在广东阳江传教。他在广东一待就是20多年，能说一口流利粤语，常来往于阳江与香港之间。太平洋战争爆发后，他被日军俘虏，因交换战俘得以释放，尔后再度应

① 曾生：《一年来的对敌斗争——在东江纵队成立周年纪念会上演讲》，《前进报》第76期，1945年1月1日。

征入伍，在夏威夷接受短期训练便派驻中国昆明，在美国陆军第十四航空队任职，他的真实身份是美国战略业务局属下的航空地勤资源技术参谋部少校。这次，他是通过第七战区司令长官余汉谋的帮助，靠国民党军统局的关系，经韶关、惠州找上门的。他身上带着陈纳德将军给曾生的亲笔信，以及美军第十四航空队驻曲江办事处联络官林露弸的介绍信。

欧戴义此行，并未事先通知东江纵队。东江纵队领导人对此存有疑虑，因此暂时只派代表与他会晤，以摸清其真实来意，然后迅速电告中共中央，请示与欧戴义接谈办法。10 月 13 日，中央复电："你们与欧博士谈话可表示欢迎合作，关于建立电台、搜集情报、侦察气象、训练爆破可以答应。如有其他要求，可告以须电延安请示，见面情形望电告中央。"[①]

得到中共中央的明确指示，曾生代表东江纵队，出面与欧戴义进行具体洽谈。曾生在惠阳新圩为欧戴义"举行了一个朴素而动人的欢迎宴会"[②]。在双方洽谈中，欧戴义拿出美军第十四航空队司令官陈纳德将军的信给曾生。信中对早前东江纵队营救美军飞行员克尔表示感谢。信中提出，第十四航空队要在广东惠州建立联络站，建立电台，要求东江纵队予以协助，收集美军第十四航空队所需情报。欧戴义带来了报务员唐小武（中国人）[③]和电台 2 部。同时，他以私人名义送给曾生短枪一支，金鸡纳霜（奎宁）千余粒，食品罐头数罐。

林平将曾生与欧戴义谈话的情况，于 10 月 17 日向中共中央、中央军委及周恩来作了报告。

是什么原因使盟军选择要与东江纵队合作？这得从 1942 年春广东

---

① 《中央指示与欧博士会谈》（1944 年 10 月 13 日），载《东江纵队志》，解放军出版社 2003 年版，第 521 页。

② 袁庚：《东江纵队与盟军的情报合作》，载中国人民解放军历史资料编审委员会编：《华南抗日游击队》（下册），军事科学出版社 2008 年版，第 1354 页。

③ 东江纵队后来发现唐小武是国民党军统特务，企图窃取东江纵队电台密码，遂通知欧戴义将其解雇，改由东江纵队派人接替其报务工作。

人民抗日游击队那场享誉中外的秘密大营救说起：

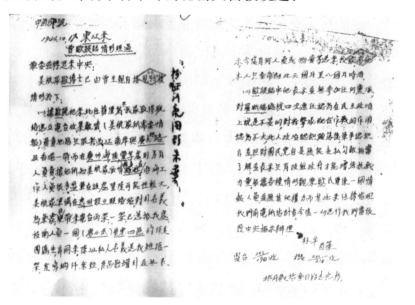

林平向中央汇报曾生与欧戴义会谈情况

　　香港沦陷后，广东人民抗日游击队在营救文化界知名人士和爱国民主人士的同时，展开了营救英军人员和国际友人的工作。游击队在极其艰险的条件下，成功营救出一批英军官兵，开始受到盟国尤其是英国的重视。1942年7月，曾在广东人民抗日游击队协助下成功逃出香港战俘营的英军上校赖特，在广西桂林组建英军服务团，并担任服务团指挥官。随后又在广东惠州设立英军服务团前方办事处，办事处主任祁德也是被广东人民抗日游击队从香港营救出来的。他们的主要任务是营救英军战俘和搜集情报。他们派人找到广东人民抗日游击总队，要求协助调查和拍摄英军战俘在香港被关押的情况，并请求继续帮助营救英军战俘。广东人民抗日游击总队经请示中共中央同意，派港九大队国际工作小组协助英军服务团展开工作，前后总共营救出英国人42名，其他国际友人61名。

　　英方对广东人民抗日游击总队（东江纵队的前身）的合作给予极高

的评价。英军服务团负责人赖特战后返回英国前,向东江纵队表示感谢:"如果没有你们的帮助,我们是不会做出什么工作来的。"[①]

而美国人真正认识东江纵队,则是因为美军飞行员屡屡获得东江纵队的救援。

1944年2月11日,美军第十四航空队空袭九龙启德机场。中尉克尔驾驶的战机被日机击中,他跳伞逃生。在东江纵队港九大队的掩护下,他避过日军持续半个月的搜捕后,被港九大队护送到大鹏半岛土洋村。东江纵队司令员曾生派来一位医生为克尔疗伤。一个星期后,克尔伤愈能走动,要求归队。3月18日上午,曾生来到克尔住处,与他亲切会面,共进午餐。在双方谈话中,曾生向克尔介绍了东江纵队的发展史以及开展敌后游击战争的情况。克尔表示,一定要把自己这段不平凡的经历告诉全世界,一定要把东江纵队的战略地位向他的上级汇报,让全世界都知道东江纵队的伟大工作。3月18日下午,曾生派人用竹篷轿抬着克尔前往坪山。出发前,曾生与他道别,并一起合影留念。克尔当晚抵达坪山,坪山根据地举行热烈的欢迎大会,以坪山人民的名义向克尔赠送一面写着"空中英雄"的三角锦旗。第二天早上,东江纵队把克尔转送到淡水的第七战区惠淡守备区指挥部。

克尔归队后,将自己被东江纵队营救的经过向陈纳德将军报告。同时,他把这一惊险经历绘成5

1944年3月18日,克尔从土洋村前往坪山时曾生(左二)与他握手道别

---

① 黄作梅:《东江纵队的国际地位》,载《前进文萃》(第3辑),1946年6月10日出版。

幅漫画，并配上文字说明，寄回美国的杂志发表。克尔被东江纵队营救脱险的经过，在盟国友人中尤其是在美军第十四航空队中传为佳话。陈纳德将军下令，把东江纵队营救克尔的事迹编印成教育飞行员的材料。

1944年5月26日，美军第十四航空队飞行员勒夫哥、拉忽累尔、沙克、康利和史利斯5人，驾驶417号B-25型轰炸机在大亚湾袭击日军运输船时被击中，他们跳伞降落在大海里，被东江纵队护航大队救回送到惠宝边抗日根据地。曾生接见了他们，并作亲切交谈。数天后，这5名美国飞行员被东江纵队安全转送归队。他们给东江纵队寄来了热情洋溢的感谢信，表示要把东江纵队伟大的抗战工作告诉给每一个人知道。

数月后，东江纵队又救护了美军第十四航空队飞行员伊根和美海军第三舰队飞行员克利汉。离开根据地时，伊根把他的手枪和子弹、佩刀赠予曾生，以表达对东江纵队的营救之恩。他们归队后，先后单独或联名写了6封感谢信给曾生等人。克利汉给曾生的信说："只靠文字不能表示出我对你们为我所做的事的感激，它们太不够了。我唯一能报答你们的办法是为你的工作而说话，这，我保证我将在每一个机会都去做。"①

自这些被营救脱险的盟军人员和国际友人回到大后方以后，才使在国民党长期严密封锁下的东江纵队以及东江抗日根据地军民艰苦奋斗、坚持抗战的真实情况，让盟国人士有了较多的了解，因而引起了盟国以及在华美军总部的注意和重视。

1944年7月，美国的《美亚杂志》发表《东江游击纵队与盟国在太平洋的战略》一文，对东江纵队的地位和作用问题，作了非常客观和颇有见地的阐述。

文章指出：日军如果占领粤汉铁路，便能控制从北平到广州的陆上交通线，后果是极其严重的，不但将中国切为两段，盟军在衡阳的空军基地

---

① 黄作梅：《我们与美国的合作》，载广东省档案馆编：《东江纵队史料》，广东人民出版社1984年版，第671页。

将受到破坏，美军第十四航空队在桂林、零陵、湖南、江西以及浙江中部的机场，也将受到威胁；还将使日本获得其必需的陆路，以补充其与东南亚交通的不安全的海路，从而减轻其日益减少的商船后备的重荷，使盟军在华南海岸登陆作战的计划遭受严重挫折。但是，国民党中央军显然抵挡不住日军打通粤汉线的进攻。唯一办法就是加强在华中、华南敌后作战的游击队建立密切的工作关系，以物资上、技术上及经济上的援助，加强其抵抗力量。文章强调，广东人民抗日游击队"对于盟军将来在华南沿海作战具有极大重要性"，盟军应该立即承认这些游击队的存在及其潜力，并给予各方面的援助，包括派遣联络官，予以技术上和军火的援助，这"对于我们将来进攻日本的胜利，已具有头等的重要性了"。①

在《美亚杂志》发表这篇文章之前，美军已有这样一个作战计划：准备在华南沿海登陆，以切断日军侧翼，进一步孤立日本本土；将来攻击日本本土时，以中国大陆作为美军的出击地。由于华南沿海地区已被日军控制，美军一旦发动登陆作战，必然需要中国方面的接应。

基于以上战略考虑，加上已经了解和认识广东人民抗日游击队东江纵队出色的国际合作能力、成绩以及经验，在华美军司令部认为，坚持华南敌后抗战的东江纵队，完全有可能成为美军的盟友，决定与东江纵队合作。于是，派遣欧戴义与东江纵队联络。

东江纵队按照中共中央的指示，答应了盟军的合作要求。

为避免引起日、伪军的注意，东江纵队把欧戴义的联络组隐蔽在罗浮山北侧一个中共地下党员家中，并派出首席翻译联络官黄作梅陪同，通过架设的电台，搭起了东江纵队与美军第十四航空队及在华美军司令部合作的空中通道。与此同时，东江纵队相应设置一个联络处作为特别情报部门，任命袁庚为联络处处长，主管广东沿岸及珠江三角洲敌占区

---

① 《东江游击纵队与盟国在太平洋的战略》，美国《美亚杂志》1944年7月号。延安《解放日报》1944年9月11日全文译载。

的情报工作，并负责与美军联络组联系，交换日军情报。袁庚是惠阳大鹏人，1917年4月生，原名欧阳汝山，1939年3月加入中国共产党，1944年春任东江纵队护航大队副大队长、代理大队长。这个特别情报部门逐渐扩展到200多个工作人员，都是东江纵队经过挑选的干部，一切经费由东江纵队支持。情报点网纵横交错，遍布从香港到广州、从潮汕到珠江西岸的整个日军占领的地区，有效地配合了盟军在太平洋的反攻。

1944年底，盟军决意摧毁日军在香港和广东沿海的军事设施，以助将来美军登陆。此时，他们迫切需要有关日军机场、港口以及兵营等设施的准确情报。东江纵队联络处根据盟军的要求，布置设在各地的秘密情报站，搜集到许多重要的情报。其中有：日军广州天河飞机场、九龙启德飞机场、宝安西乡飞机场的图例及说明，广九铁路沿线日军工事图解，日军在香港的机关、军火库、油库、船坞、战舰的方位详图及资料，日军神风特攻队K-2飞机图纸，日军根据硫磺岛战败后改进的华南沿海洞穴式工事构造图，日军第一二九师团秘密南下及布防情况，等等。为取得这些珍贵的情报，东江纵队的情报人员出生入死，付出了不少伤亡的代价。

这些军事情报，经曾生认真审核，然后由东江纵队司令部请示中共中央军委同意后，再由联络处提供给欧戴义转美军总部和第十四航空队。

东江纵队与盟军情报处的合作，得到了盟军的赞誉，被认为是美军在"东南中国最重要的情报站"，所提供的情报被认为"在质与量都经常优越"，"对美国战略部队在中国的组织的成功有着决定的贡献"。[①]

1945年3月9日，在华美军司令部派海军上尉甘兹率领一个工作组来到东江解放区，要求东江纵队协助他们到大亚湾进行沿海测量工作，准备盟军登陆华南作战的资料。经请示中共中央军委同意后，东江纵队司令员曾生接见了他们，并派出东江纵队第七支队参谋长赖祥率领

---

① 黄作梅：《东江纵队的国际地位》，载《前进文萃》（第3辑），1946年6月10日出版。

一个小队武装，掩护他们到霞涌沿海，避开日军海防部队的警戒，协助他们完成了测量工作。同时，第七支队把获得的日军海岸防御部署和工事设施等重要情报资料提供给美海军工作组。

甘兹完成测量工作任务回去后，写了一封感谢信给曾生。

曾生司令：

我要表示我对我所工作的地区中你的部队所给予的光辉的合作的真诚谢意，由于他们的努力，使我们能获得工作上必需的情报。

我喜欢地说，你的部队组织给我很好的印象，他们能力高强，纪律甚好。并寄我最好的关切。

甘兹　美国海军上尉
一九四五年三月十一日 ①

东江纵队协助美海军上尉甘兹完成沿海测量工作任务不久，东江纵队联络处设在广州江村和东莞的情报站，侦察到日军第二十三军一二九师团（代号"波雷"）突然出现在惠阳淡水一带。东江纵队及时把这一情报提供给在华美军总部。原来，日军大本营判断美军将在华南沿海登陆作战，于是命令刚组编的驻武汉与长沙之间的精锐机动部队第一二九师团迅速秘密南下应对。为防止行踪暴露，日军第一二九师团关闭电台，昼伏夜行。美军在华司令部对这支日军部队的突然神秘失踪，十分担忧，每天用3部电台，形成交叉信号追踪其动向，但捕获不到任何信息。美军正苦于无从侦知之际，得到东江纵队的情报，如获至宝。

在华美军司令部甚至美国政府，高度评价这份情报，多次向东江纵队表示致谢："你们关于一二九师团的报告很优越，总部致以谢意。""华

---

① 黄作梅：《我们与美国的合作》，载广东省档案馆编：《东江纵队史料》，广东人民出版社1984年版，第681页。

盛顿对发现一二九师团及其消息致以庆贺。""我们对你们近来关于敌军及其活动，驻地和番号的报告特别感到喜悦，这些情报是重要的，实际上它是有生命活力的，因为它揭露了敌人的企图和活动，帮助了我们的指挥当局取得更好的结论和计划。"[①]

日军在华南沿海构建大量洞穴式工事以及一二九师团隐蔽南移等重要情报，引起盟军总部高度重视，盟军最终取消了华南沿海登陆作战计划。为加快战争结束进程，美国决定直接向日本本土投放原子弹。由此可见，东江纵队提供的这些重要情报，对第二次世界大战的战局，尤其是对太平洋战争和中国抗日战争的结束方式及结束时间，有着不可低估的积极的影响。

日本宣布投降前夕，欧戴义调离美军东江情报站，由美国第十四航空队少尉戴维斯接任。东江纵队继续与美军进行情报合作，直至抗战胜利结束为止。

欧戴义离开东江纵队时，写了一封告别信给曾生，表达衷心的谢意：

亲爱的曾司令：

自从和你最后见面之后，出乎我意料之外，我还逗留了多几天来接受你和黄先生的殷勤款待。但是现在我真的要离开了。我惋惜我的回去，虽然这似乎是最好的做法。

我将记着我在这里居留时你们经常有礼貌和诚恳的好意，我经常觉得我是和最好的朋友在一起的。

你的经过袁先生的部门所做的情报工作是有显著的成绩的，我所知道的事情，和现在由戴维斯少尉从总部带下的证实意见令我们对这些完全没怀疑的了。对于你们曾做过的工作，我们感到极大满意，请把我的

---

① 黄作梅：《我们与美国的合作》，载广东省档案馆编：《东江纵队史料》，广东人民出版社 1984 年版，第 679—680 页。

深切情意和尊敬袁先生及他的工作人员表达。

我存在着一个期望，我们的联合和友谊将会在一个现在的许多困难都已被解决的新世界中继续下去！

你的诚实的朋友技术代表　欧戴义

一九四五年八月十七日 [1]

东江纵队与盟军的合作，取得了显著成绩，为世界反法西斯战争的胜利作出了不可磨灭的历史贡献，同时也赢得了很好的国际声誉。

---

[1] 黄作梅：《我们与美国的合作》，载广东省档案馆编：《东江纵队史料》，广东人民出版社 1984 年版，第 680—681 页。信中提到的黄先生、袁先生，分别指黄作梅、袁庚。

第十章 争取抗日战争最后胜利

一、土洋会议的战略决策

1944 年 8 月初，南方又是一个炎热的夏天。中共广东省临委、广东军政委员会在大鹏半岛的土洋村召开联席会议，史称"土洋会议"。这次会议作出的战略决策，对促进东江纵队乃至华南抗日武装的发展壮大，争取华南抗日战争的最后胜利，具有深远的历史意义。

1944 年初，反法西斯战争在世界各主要战场节节胜利，日本侵略者被动挨打，处境困难。在太平洋战场上，美军对日本的反攻与进攻不断增强，日本与南洋的海上交通线已被切断，它在中国的长江补给线也受到中美空军的破坏。为了挽救其在南洋的颓败，清除美军远程轰炸机对其本土的威胁，1944 年 1 月 24 日，日军大本营下达"一号作战"命令和《一号作战纲要》，决定在中国战场上打通平汉、粤汉和湘桂铁路，以连接从中国东北经北平、郑州、武汉、南宁通往东南亚的大陆交通线；同时，摧毁中国南部的中美空军基地，防止中美空军对日本本土的空袭和对日军海上交通的破坏。4 月中旬，日军实施"一号作战"计划，以50 余万兵力，向正面战场的平汉、粤汉和湘桂铁路沿线的豫、湘、桂等省发起新的战略进攻。国民党军队节节败退。至 1944 年夏，平汉线、粤汉线北段相继失陷。

中共中央密切关注着时局的变化。1944 年 7 月 15 日，中共中央军委向东江纵队司令员曾生、琼崖游击队独立纵队司令员冯白驹等人发出电报指示，明确指出："现粤汉之敌，南北对进，已快会合，并有打通湘桂之企图，因此大块华南将沦为敌手，拯救华南人民的责任，不能希望国民党而要依靠我党和华南广大民众。因此，你们在华南的作用与责任，将日益增大。"[1]7月25日，中共中央向省临委和军政委员会发出关于开展敌后游击战争的具体指示，指出：敌打通粤汉路仍势在必行，你们应加紧进行敌后游击战争。凡敌向北侵占的地区，只要其有久占意图，即由你们派出得力干部或武装小队到该地区与当地党员取得联系，尽力发展抗敌武装斗争。同时，珠江三角洲及其以西地区也要扩大现有武装力量，希望广东中共武装能扩大一倍，并能提高战斗力。[2]

土洋会议旧址、东江纵队司令部旧址——土洋村教堂

为了贯彻中共中央的指示，发展华南抗日游击战争，1944年8月初，省临委和军政委员会在大鹏半岛土洋村的东江纵队司令部召开联席会议。出席会议的有林平、梁广、连贯、曾生、王作尧、杨康华、罗范群；列席会议的有：饶彰风、邓楚白、黄宇、李嘉人、饶璜湘等各地区负责人。会议由省临委书记、军政委员会主任林平主持。

会议讨论中共中央的指示，分析广东地区的抗战形势，研究和制定今后工作任务，作出了关于今后工作的

---

[1] 《中共中央军委关于华南抗日根据地工作给曾生、冯白驹等的指示》，载中国人民解放军历史资料丛书编审委员会编：《华南抗日游击队》（上册），军事科学出版社2008年版，第775-776页。

[2] 《中央关于东江纵队开展敌后游击战争给林平的指示》，载中央档案馆编：《中共中央文件选集》第14册，中共中央党校出版社1992年版，第297页。

决定。其中在军事方面的决定：一是建立根据地与发展游击区。凡敌所到或意图占领的地方，都派武工队及军事干部前往活动，发展新的游击区。同时，巩固现有基础，成为反攻的基地。东江纵队首先应创立罗浮山以北、翁源以南，东江、北江之间的根据地。并向东江、韩江之间（潮汕在内）伸展。然后准备在闽粤边、粤湘赣边、粤桂湘边开展工作。中区则首先求得普遍发展，然后向西江、粤桂边及向南路前进。要两方面配合，取得对广州的包围形势，将来会合于粤桂湘边界。二是战略方针是独立自主的游击战争，不放松向运动战发展。主要打击方向为伪军，对敌人不打硬仗，对顽军坚持自卫的反摩擦斗争。三是发展人枪，扩大部队。到 1945 年上半年，东江纵队应发展 4 倍，中区部队应发展 6 倍。普遍建立不脱产的民兵和脱产的抗日自卫队。部队编制要适应发展需要，建立支队编制。四是加强部队思想建设。在全军进行思想教育，加强军队中党的工作。此外，会议对统战、宣传、政权建设、财政经济和城市工作等问题也作了相应决定。会议号召全省共产党员要参加到以武装斗争为中心的革命斗争中来，为打开广东的新局面而努力奋斗。①

土洋会议是华南人民抗日武装发展的转折点，为深入开展华南敌后抗日游击战争指明了方向。会后，省临委向中共中央和南方局作了报告。中共中央复示：省临委的决议与中央精神相符，中央完全同意所提出的工作方针和任务，但要注意向西和向北发展的工作。

曾生参加了土洋会议的全过程，对会议作出的决议感到十分兴奋。此刻，他浮想联翩：自己从香港回到东江地区举旗抗日已经六个年头了，其间经历了不知多少艰难曲折，如今在华南抗战形势将要出现重大变化的时刻，土洋会议根据中共中央的战略部署和指示精神，及时作出了如

---

① 《东江军政委员会关于军事等工作的决定》（1944 年 8 月），载中国人民解放军历史资料丛书编审委员会编：《华南抗日游击队》（上册），军事科学出版社 2008 年版，第 827—831 页。

此具体明确的对敌斗争战略决策，这是多么振奋人心啊！顿时，曾生的脑际里展现了一幅华南敌后抗日游击战争全面发展的壮丽画卷。

土洋会议结束后，曾生率领东江纵队全体指战员，为实施土洋会议的决议而不懈奋斗。

根据土洋会议的决定以及部队迅速发展壮大的情况，东江纵队对所属部队进行整编，建立支队编制。1944 年 9 月，东江纵队第一批建立了 3 个支队：在路西，以东莞大队、宝安大队和第三大队一部为基础，组建第一支队；在路东，以惠阳大队、铁东大队、独立第三中队、惠阳自卫大队和港九大队一部为基础，组建第二支队；以第五大队为基础，并从路西调出一个新兵大队，组建第三支队，作为超地区性的主力支队。同年 12 月，为执行北进战略任务，东江纵队又组建 4 个支队：第四支队、第五支队、北江支队和西北支队。次年 2 月，再组建 2 个支队：第六支队、第七支队。

至 1945 年 6 月，东江纵队共建立了 9 个支队和 4 个独立大队，总人数发展到 1.1 万余人，基本实现了土洋会议要求东江纵队人数发展 4 倍的目标。

二、实施北进和东进的战略任务

根据土洋会议的决定，东江纵队担负北进和东进的战略任务。

为适应向北发展的战略要求，广东省临委和军政委员会决定建立以罗浮山为中心的抗日根据地，把抗日指挥中心从原来的东江南岸转移到东江北岸的罗浮山区，以便更好地领导全省的抗日斗争。

罗浮山海拔 1296 米，山势雄伟，树木茂密，被称为岭南第一山，古代史学家司马迁把罗浮山比作"粤岳"。罗浮山方圆 200 多平方公里，有大小山峰 430 多座，地处博罗、龙门、增城交界处，俯瞰东江，背靠粤北，是个理想的游击战争之地。

开辟罗浮山抗日根据地的战略任务，由东江纵队副司令员兼参谋长王作尧、政治部主任杨康华负责。1945年1月，王作尧、杨康华率领东江纵队第三支队第三大队和东江抗日军政干部学校机关，从东莞企石北渡东江，进抵罗浮山以南的博罗县长宁乡和罗浮山以东的博罗县横河乡一带，随即向北扩展。2月中旬，东江纵队第五大队、北江支队和西北支队先后抵达罗浮山区，然后抽调部分兵力，参与开辟罗浮山抗日根据地的斗争。3月，东江纵队第三支队全部渡过东江，开进博罗，会同第四、第五支队和独立第三大队、独立第六大队以及博西大队，在罗浮山区展开一系列战斗，抗日根据地不断得到扩展。

这些部队经过几个月的艰苦斗争，打开了博罗的局面，使东江两岸的解放区连成一片，为东江纵队领导机关和省临委机关进入罗浮山铺平了道路。

1945年5月下旬，林平、曾生先后率领省临委机关和东江纵队领导机关进入罗浮山抗日根据地。省临委机关和东江纵队司令部设在罗浮山冲虚观。罗浮山是道教圣地，观为道教的庙宇，据说罗浮山有36个观。冲虚观是罗浮山的主观，位于罗浮山南麓麻姑峰下。曾生、林平就住在冲虚观里。从此，这里成为抗战后期广东敌后抗日游击战争的指挥中心。

早在开辟罗浮山抗日根据地之前，东江纵队就已决定派遣一支北上抗日先遣队向粤北挺进，相机进入北江。土洋会议结束不久，1944年8月20日，邬强率领由第三大队主力组成的东江纵队北上抗日先遣队，约300余人，从东莞出发，渡过东江，穿过博罗，进入增城，会合独立第二大队一部，继续向北挺进。9月9日，北上先遣队夜袭清远县城，截击日军第一○四师团西进广西的后续部队，一度解放清远县城。由于日军暂时没有占领粤北，原先退缩到江西三南（龙南、定南、全南）地区的国民党军队又返回粤北，占据了清远。因此，北上先遣队于10月初奉命返回增城，待机再进。

日军于 1945 年 1 月 20 日占领粤北重镇韶关，打通了粤汉铁路南段，粤北沦陷。与此同时，日军占领惠宝沿海，并再次占领惠州，广东处于全面沦陷状态。鉴于这种严重局势，为打开广东敌后抗战新局面，1945 年 2 月上旬，省临委作出决定：一是北上和西进部队挺进清远、四会、广宁，打好基础后，再向连阳、湘桂边推进。二是以中区为基础，向沿海阳江、阳春发展，打通南路，然后向湘桂边推进。三是以罗浮山为基础，巩固增城、龙门、博罗根据地，进一步建立南昆山根据地；北上佛冈、英德、翁源的部队，打好基础后，向曲江、南雄及湘赣边推进。四是以惠阳、潮阳、海陆丰为中心，向惠东、揭阳推进，开展潮汕、闽粤边的游击战争。五是在南（海）番（禺）中（山）顺（德）三（水）东（莞）宝（安）的基础上，构成包围广州的形势。①

中共中央于 3 月 6 日复电，完全同意这一工作部署，并强调："我华南抗日武装斗争应由小北江入手，以湘粤桂边为主要发展方向，方能向北有所依靠，并便于造成更大的根据地，进行持久的斗争。"②

由此，东江纵队迅速组织部队北挺和东进。

1945 年 2 月下旬，邬强、李东明率领北江支队，蔡国梁、邓楚白率领西北支队，一齐从增城出发，渡过流溪河，经从化、佛冈向英德挺进。到达英德后，北江支队在粤汉铁路以东的北江东岸活动，并逐步沿铁路向北推进，发展粤赣湘边的抗日游击战争；西北支队则西渡北江，在英德、清远地区站稳脚跟后，向小北江推进，发展粤桂湘边抗日游击战争。

---

① 《中共广东省临委关于开展广东工作的决定致周恩来并中共中央电》（1945 年 2 月 10 日），载中国人民解放军历史资料丛书编审委员会编：《华南抗日游击队》（上册），军事科学出版社 2008 年版，第 947–948 页。

② 《中共中央关于华南工作方针的指示》（1945 年 3 月 6 日），载中国人民解放军历史资料丛书编审委员会编：《华南抗日游击队》（上册），军事科学出版社 2008 年版，第 953 页。

北江支队进入北江地区的半年多时间，经过连续战斗，部队由原来的 400 余人发展到 1500 余人，活动范围由英德东部扩展到佛冈、新丰、翁源等地，并在粤汉铁路以东建立了县级民主政权——北江东岸抗日行动委员会，从而建立了北江东岸抗日根据地。

西北支队经过五个多月的艰苦斗争，在北江西岸开辟了以文洞为中心的抗日游击基地，并组建了一个独立大队，控制了 200 多个村镇和 50 多公里长的北江水道，使日军在北江的水上运输陷于瘫痪。

北江支队和西北支队在北江的活动，为以后东江纵队大部队挺进粤北打下了基础。

东江纵队向北挺进的同时，组织力量向东伸展。东进战略任务由曾生亲自部署。根据曾生的命令，东江纵队独立第四大队抽调两个中队，组成东进先遣队。1945 年 1 月底，吴海、黄秉率领东进先遣队分成两路向海丰和惠东多竹地区挺进。在当地中共组织及其领导的抗日武装配合下，东进先遣队接连出击日军，部队很快就发展到 400 余人。不久，以独立第四大队为基础，组建了东江纵队第六支队。第六支队会同第七支队，在海（丰）惠（东）紫（金）五（华）地区开展抗日游击战争，先后建立了县级民主政权——海丰县抗日民主政府和惠东行政督导处，创建了海陆丰抗日根据地和惠东抗日根据地。

在北挺部队和东进部队实施战略行动的同时，留在惠东宝地区的东江纵队第一、第二、第三支队，为巩固老区、发展新区也进行了艰苦斗争，取得了较大战果。1944 年秋，第一、第二、第三支队先后分别挺进东莞水乡、东江南岸沿河地区、东江北岸沿河地区。经过反复战斗，第一支队建立了东莞水乡抗日游击基地，第二支队控制了东江南岸沿河的东莞企石和桥头、惠阳的潼湖一带，第三支队控制了东江北岸沿河的东莞上下南至苏村一带。1944 年 11 月 20 日，挺进东莞水乡的第一支队三龙大队和猛豹大队，攻克冼沙伪军据点，全歼伪军"抗红义勇军"

第六团，毙伤敌 60 余人，俘伪军团长以下官兵 150 余人。1945 年 2 月
25 日，经过第一支队的策反工作，东莞县伪保安警察大队大队长麦定
唐率部 180 余人起义，被改编为东江纵队第一支队新生大队。2 月 27 日，
第二支队第一大队在东莞企石河涌击毙因飞机失事降落逃跑的日军陆军
大佐安田利喜雄等日军官兵 8 人。此外，路东、路西根据地粉碎了日、
伪、顽军的多次"扫荡"、进攻和抢粮，进一步巩固了老区。

东江纵队第一、第二、第三支队在惠东宝地区的作战，有力地配合
了北挺和东进部队的战略行动。

三、开辟五岭根据地

1944 年 7 月，中共中央根据日军发动打通中国大陆交通线的战略
进攻后局势的变化，作出巩固华北、华中，发展华南的战略部署，决定
在华南建立一个坚强的战略基地，使华北、华中、华南三大敌后战场南
北呼应，彻底打败日本侵略者。

为此，中共中央军委决定组织八路军南下支队，分成两个梯队南下，
与东江纵队互相配合，开辟五岭根据地，造成南方一翼，配合全国的战
略反攻，收复失地。五岭，指越城岭、都庞岭、萌渚岭、骑田岭、大庾岭，
位于广西、湖南、广东、江西四省交界处，共有 28 个县，地域辽阔，
山高林密，地形复杂，回旋余地大。

南下第一梯队由八路军第一二〇师三五九旅主力 4000 余人组成，
番号为"国民革命军第十八集团军独立第一游击支队"（惯称"八路军
南下第一支队"），王震为司令员，王首道为政治委员。1944 年 11 月
9 日，王震、王首道率领南下第一支队离开延安，踏上了南征之路。

随后，中央军委又组建南下第二梯队，将三五九旅留在延安的部队，
组成八路军独立游击第二支队，刘转连为司令员，张启龙为政治委员；

将延安警备第一旅之一部，组成八路军独立游击第三支队，文年生为司令员，雷经天为政治委员。南下第二梯队总共 6000 余人，于 1945 年 6 月 18 日从延安出发南下。

为了实现开辟五岭根据地的战略决策，1945 年 6 月 16 日，中共中央向广东省临委发出电报指示：

我党除在华北、华中扩大武装，扩大解放区外，还须在华南利用目前有利条件，迅速建立战略根据地，以便在敌人败退时，我华南武装，能进退有据，在国民党发动内战时，你们能配合全国起来，制止内战。

华南战略根据地不可能以目前之东江地区为中心，依今日敌情及将来变化，均应以湘、粤、赣边区为中心，并可东联闽、粤、赣，西联湘、粤、桂，中央即将电令现在湘、鄂、赣边区之王震部队，沿粤汉路，经衡阳、宝庆间，直向湘、粤、赣、桂边区发展，另由延安派出五千人部队，由文年生率领，沿平汉、粤汉路南下，向湘、粤、赣、桂边地区前进，并负责护送七大广东代表，及二百名军政干部给你们，计时七至八个月可到，以至配合你们创造南方局面，成为制止内战之一翼。

为实现此战略方针，你们应即派遣大的有力部队由负责同志率领，随带大批干部，迅向北江地区发展，直至坪石、南雄之线，扩大游击根据地，以便在数月后和王震、文年生各部打成一片，并接收干部。现在小北江支队及在紫金支队，亦应继续向北发展，以扩张左右两翼。[①]

接到中共中央这一电报指示后，林平与曾生等人研究，决定派遣东江纵队独立第一大队并指挥古岭大队，作为挺进粤北先头部队，挺进到

---

① 《中共中央关于华南战略方针和工作部署给广东区党委的指示》（1945 年 6 月 16 日），载中国人民解放军历史资料丛书编审委员会编：《华南抗日游击队》（上册），军事科学出版社 2008 年版，第 1004—1005 页。

新丰、英德、再与北江支队协同向北发展。1945 年 6 月下旬，何通率领挺进粤北先头部队从博罗出发，经新丰北上。

中国共产党第七次全国代表大会（简称"中共七大"）于 1945 年 4 月 23 日至 6 月 11 日在延安召开。大会以后，全党认真贯彻七大路线，争取抗日战争的最后胜利和新民主主义革命在全国的胜利。

1945 年 7 月 6 日至 22 日，省临委在罗浮山冲虚观召开干部扩大会议。出席会议的有省临委委员、军政委员会委员、各地区领导人、各部队负责人，以及东江纵队各支队代表等。会议由省临委书记、军政委员会主任林平主持。会议的主要内容：学习贯彻中共七大精神和中共中央有关指示，总结广东抗战以来的经验教训；建立广东党组织统一的领导机构；部署进军粤北开辟五岭根据地等重要工作。这是广东地方党组织历史上一次具有重要意义的会议，史称"罗浮山会议"。

罗浮山会议旧址——罗浮山冲虚观

会议有 7 项议程：一是黄康作关于毛泽东在中共七大政治报告《论联合政府》的学习辅导发言；二是林平代表省临委作《目前形势与斗争任务》报告；三是曾生代表军政委员会作关于军事工作的报告；四是杨

康华代表东江纵队作关于部队政治工作经验的报告；五是大会发言；六是宣布中共广东区委员会成立；七是林平作《为创造强大巩固的抗日民主根据地而斗争》的总结报告。

会议期间的 7 月 15 日，中共中央军委关于创建湘粤赣桂边五岭根据地的问题电示中共广东区委，进一步强调：

华南问题的关键，在于你们能否在一年内（绝不可错过此种时机）建立起真正有群众基础的粤北、湘南、赣南山区根据地，以准备在一年之后，英、美、蒋军占领广州及平原地区之后，我军能有山地依靠，将华南斗争坚持下去，使你们日益发展着的主力军，获得回旋机动的群众条件、地理条件，以为将来之依靠。如果这一任务不能完成，那你们在一年之后就将遇到失败。

我们曾电告你们，今后发展的主要方向是向粤北、赣南、湘南的五岭山区，建立湘粤赣桂边（以五岭为中心）根据地，迎接八路军南下部队，合力创造华南新阵地，配合华北、华中我军，进行对日反攻作战，并于日寇消灭后，能够对付国民党必然发动的内战。

你们接电后，执行情形如何，你们派出的北江支队已进到英德地区活动，现进到何地？人枪多少？首长为谁？与你们有无电台联系？除此以外尚有其他力量北上否？均望即告。你们要以极大注意力执行北上任务，派往北面的兵力与干部愈多愈好，并必须有强的党、政、军领导人前去。①

接到中央军委这一电报指示，会议专门抽出时间进行学习讨论和研

① 《中央军委关于创造湘粤赣桂边根据地给广东区党委的指示》（1945 年 7 月 15 日），载中国人民解放军历史资料丛书编审委员会编：《华南抗日游击队》（上册），军事科学出版社 2008 年版，第 1035 页。

究贯彻措施。与会人员一致认识到，党中央对开辟五岭根据地既非常重视也很着急，一定要坚决执行这一重大战略部署。

罗浮山会议通过了以下重要决议：

（一）根据中共中央的决定，撤销省临委和军政委员会，成立中共广东区委员会（简称"广东区党委"），由 15 人组成：林平、梁广、连贯、曾生、王作尧、梁鸿钧（当时未获悉他已牺牲）①、杨康华、罗范群、林锵云、梁嘉、刘田夫、饶彰风、黄康、周楠、黄松坚。书记林平，组织部部长梁广，宣传部部长饶彰风，统战部部长连贯，城市工作部部长黄康。

（二）东江纵队司令部负责研究与指导全省军事工作，东江纵队政治部负责研究与指导全省军队的政治工作。

（三）成立与健全各地党组织领导机构。

（四）大力发展党员，巩固民主政权，积极领导人民群众自发性的武装斗争，发展华南民主运动，争取中间势力，孤立反动势力。

（五）今后的中心任务是创造进退有据的战略根据地，扩大解放区，扩大主力军。派出主力分三批北进。第一批集中兵力 1100 人，由王作尧、杨康华、梁广 3 人率领，即刻出发，打开始兴、南雄、仁化、曲江、乐昌、乳源的局面，同时以北江支队向曲江、始兴推进，与当地党组织领导的抗日武装联系。第二批集中兵力 1000 人，于一个月后出发。第三批由曾生、林平率领一个团以上兵力，于三个月后北进。珠江纵队②抽调在广宁、四会活动的主力部队 600 人，会同东江纵队西北支队，

① 1945 年 1 月 20 日，广东人民抗日解放军成立，梁鸿钧任司令员。同年 2 月 23 日，广东人民抗日解放军司令部率领第一团共 400 余人在新兴县蕉山村宿营时，遭国民党军第一五八师四七三团袭击，梁鸿钧等 59 名指战员牺牲。

② 广东人民抗日游击队珠江纵队于 1945 年 1 月 15 日成立，司令员林锵云，政治委员梁嘉，副司令员谢斌，参谋长周伯明，政治部主任刘向东。

向湘粤桂边挺进；并在南路、中区合并统一之后，着其抽调一个团兵力，渡过西江，增加创造湘粤桂根据地的力量。①

罗浮山会议结束后，东江纵队、珠江纵队迅速做好北上出发前的准备工作。

在抗战即将胜利之际，中共中央军委于 1945 年 8 月 11 日再次提醒广东区党委："仍以最大主力用极大速度迅向粤北发展，以便于湘粤边两周后可能到达之王震部队取得联系，造成我华南制止内战的主要根据地。这是最〔重〕要的一着，没有此，你们将无退路。"②

接到中共中央的这两份电报指示，林平和曾生更加意识到部队北上的重要性和紧迫性。于是，由东江纵队司令部急电早前执行北进战略任务已在清远一带活动的西北支队，迅速向始兴、南雄推进，与八路军南下支队会师。8 月下旬，西北支队到达英德倒洞，与先期到达的东江纵队挺进粤北先头部队独立第一大队和古岭大队、东江纵队北江支队和珠江纵队独立第三大队会合，组成联合部队，成立临时联合指挥部，由珠江纵队第二支队支队长郑少康任指挥员，东江纵队北江支队政委李东明、东江纵队西北支队政委邓楚白任政治委员，西北支队副政委陈志强任政治部主任。9 月初，联合部队从英德倒洞出发，沿途先后受到国民党军队第七战区第十二集团军一五三师、一八七师和一六〇师的截击，以致延滞了北上进程。

为统一指挥北上部队的行动，东江纵队成立挺进粤北前进指挥部（简称"粤北指挥部"），由林锵云（珠江纵队司令员）、王作尧、

---

① 《中共广东区委就第一次代表大会决议致中央电》（1945 年 7 月 31 日），载中国人民解放军历史资料丛书编审委员会编：《华南抗日游击队》（上册），军事科学出版社 2008 年版，第 1059–1061 页。

② 《中共中央关于创立湘粤边根据地等给广东区党委的指示》（1945 年 8 月 11 日），载中国人民解放军历史资料丛书编审委员会编：《华南抗日游击队》（上册），军事科学出版社 2008 年版，第 1074 页。

杨康华负责。为统一粤赣边区的地方党组织及其部队的领导，成立粤北党政军委员会，杨康华任书记。

根据罗浮山会议的决定，东江纵队迅速组建第一批挺进粤北的部队。第一批北上的单位有：东江纵队第五支队、东江抗日军政干部学校、鲁迅艺术宣传队、拖拉机文艺宣传队，以及东江纵队政治部部分干部，总共1200多人。他们集中在博罗县横河整训，筹措经费，收集地图，赶制服装，做好出发前的准备工作。

8月16日，第一批北上部队从博罗横河出发，曾生、林平为他们送行，并鼓励他们要不畏艰难北上，争取早日与八路军南下支队会合，共同创建以五岭为中心的湘粤赣桂边根据地。他们出发后，曾生、林平密切关注着他们的行程，随时向他们电告党中央的有关最新指示以及八路军南下支队的南下进展情况。

林锵云、王作尧、杨康华率领第一批挺进粤北部队，经龙门、新丰进入英德根据地，然后向始兴、南雄挺进。他们渡过瀹江后，不断遭到第七战区第十二集团军一五二师的阻击，加上非战斗人员队伍过大，行动缓慢，直至8月26日才抵达始兴县清化地区的隘子，与中共始兴县委领导的始兴县人民抗日自卫队风度大队会合。他们在始兴县风度（地名）停留了3天。

8月29日，粤北指挥部接到广东区党委和东江纵队司令部电报，获悉八路军南下第一支队已于8月28日到达南雄县百顺地区，便立即指挥部队继续北上与八路军南下第一支队会师。第一批北上部队在寻找南下支队过程中，受到国民党军第一六〇师两路截击，伤亡较大。

再说王震、王首道率领的八路军南下第一支队，从延安出发后，于1945年1月27日到达鄂豫皖抗日根据地大悟山，与李先念领导的新四军第五师会师。他们经短期休整后继续南下，于3月下旬进入湘鄂边，用一个月时间，初步建立了湘鄂赣边抗日根据地，然后继续向南挺进。

八路军南下第一支队经过长途跋涉，冲破日、伪、顽军重重堵截，于1945年8月26日进入广东南雄境内。此时，国民党第九战区司令长官薛岳指挥5个军的兵力向八路军南下第一支队合围。由于情势极度危急，南下第一支队在南雄县帽子峰、澜河、百顺只停留了3天，等不及与东江纵队北上部队会合，决定转移北返。8月29日，八路军南下第一支队从百顺朱安的沙坑村掉头，转道江西，前往中原解放区与新四军第五师会合，最后于1946年9月27日胜利回到延安。

八路军南下第二、第三支队从延安出发挺进到河南新安地区时，正值日本宣布投降，旋即奉命转赴东北。至此，八路军南下支队南下广东与东江纵队会合，创建五岭根据地的战略任务，因形势急剧变化，已无法实现了。

据杨康华回忆："王震部在南雄百顺那天，我们刚经始兴过瑶山到达浈江边，从地图上看，我们只差80里路，就可到达百顺，但当时不知王震部在百顺。"[1]1945年9月10日，广东区党委和东江纵队司令部电告粤北指挥部：因形势变化，八路军南下支队奉命北返，粤北指挥部所属部队留在粤北山区独立作战，坚持斗争。

未能与八路军南下支队在粤北胜利会师，成为东江纵队的一件"很大的憾事"[2]。东江纵队的领导干部后来对此事作了反思。

杨康华指出：

会议对于派遣队伍北上五岭会师，没有作出强有力的决定。尽管这是一个战略任务，有别于战役或战斗计划，尽管当时也未料到苏联红军进军我东北，日军马上乞降，但迎接王震南下的部队是应该尽早出发的。如能提前半个月出发，就能会合了，即使由于重庆谈判，王震部要北返，

① 《杨康华回忆录》，广东人民出版社2001年版，第188页。

② 《曾生回忆录》，解放军出版社1992年版，第420页。

但粤赣边的局面会好得多。当时罗浮山会议结束后，区党委还在等梁广前来带队，拖延了时日。区党委7月31日决议中还提到要迅速北进，由王作尧（军）、杨康华（政）、梁广（党）三人率领（原文如此），并报中央。梁广到后，区党委讨论中央关于东纵"主力速靠大山"的指示，北上队伍才赶忙出发。这时，梁广又因区党委另有工作，结果没有成行（后改派林锵云）。迟迟没有北上，这是一大失着。如果接到中央电示北上会师，迅速行动，可争得半个多月以上的时间，在日寇未投降前即抵达始兴、南雄、大庚一带，局面将有很大的不同。这个教训是深刻的。①

曾生分析了这件"憾事"发生的原因：

我认为我们纵队在执行挺进粤北，建立五岭根据地这一战略行动中，动作迟缓了。主要原因是我们没有预料到日本会这样快投降，对北上的紧迫性认识不足，因此在罗浮山会议上，省临委还决定要求我们纵队在一年内完成这个战略任务；同时，我们过于强调要作好充分准备才行动，因而在中央军委一再催促下，第一批北上部队在日本投降的第二天才开始行动。另外，我们在组织工作上也有问题，北上先遣部队虽然及时派出了，北江支队离南雄也比较近，但由于他们都没有携带电台，我们无法掌握他们的情况，因而也无法及时指挥他们的行动，先遣部队像"瞎子摸鱼"地去闯，未能起到应有的作用。北江支队也使用不上。第一批北上的部队行动缓慢；西北支队也未能迅速直插始兴、南雄，而在英德东部停留时间过长，也是原因之一。……我作为纵队司令员要负很大的责任。②

①　《杨康华回忆录》，广东人民出版社2001年版，第186-187页。
②　《曾生回忆录》，解放军出版社1992年版，第419-420页。

中共中央关于建立五岭根据地的战略决策，虽然由于形势突变未能实现，但是日本投降后，当国民党军队大批涌向东江解放区，企图消灭东江纵队时，东江纵队北上部队已经在粤赣湘边站稳了脚跟，在粤北的仁化、南雄、始兴、和平、连平，在江西省的大庾、信丰、全南、龙南、定南，在湖南省的汝城等县，完成了战略展开，开始了创建根据地的斗争。所有这些，为全国解放战争时期华南人民武装的发展、粤赣湘边游击根据地和粤桂湘边游击根据地的建立打下了基础。

四、夺取抗战最后胜利

1945年8月15日晚，罗浮山冲虚观东江纵队司令部，一份关于日本宣布无条件投降的电讯送到东江纵队司令员曾生手上。特大喜讯传出，罗浮山东江纵队驻地整夜沸腾起来了，指战员们在宿舍里敲起口盅、脸盆，高唱《东江纵队之歌》热烈欢庆。当夜雾散去，曙光初现，战士们如潮般涌到冲虚观门前，欢呼："日本投降了！""抗战胜利啦！"大家载歌载舞，沉浸在胜利的喜悦之中。

此刻的曾生，在欢庆抗战胜利的同时，想到面临的严峻局势，心情感觉不到丝毫的轻松。他望着眼前揭开了雾纱的青山，陷入了久久的沉思：一方面，日本虽然宣布投降了，但华南日军的武装尚未解除，仍然盘踞在大小城市和交通要道里。另一方面，东江纵队挺进粤北与八路军南下支队会师，共同创建五岭根据地的战略任务还没有完成。再有，国民党军队已经在粤北大规模向东江纵队北挺部队攻击了，广东内战不可避免地将要发生。因此，自己作为东江纵队的指挥员，决不能松懈斗志，要带领全体指战员迎接新的复杂的斗争。

1945年下半年，抗日战争形势的急剧变化令人始料不及。7月26日，中、英、美三国发表《波茨坦公告》，敦促日本侵略者投降。8月6日和 9 日，美国先后在日本广岛和长崎投掷原子弹。8 月 8 日，苏联对日宣战，出兵东北，向日本关东军发动大规模进攻。8 月 10 日，日本政府向美、英、苏、中四国发出乞降照会。8 月 14 日，日本政府正式照会美、英、苏、中四国政府，表示接受《波茨坦公告》。8 月 15 日，日本天皇裕仁以广播《终战诏书》的形式，向公众宣布无条件投降。

日本宣布无条件投降前夕，中共中央和延安总部发出指示和命令，要求中国解放区军民开展对日全面反攻作战。1945 年 8 月 9 日，中共中央主席毛泽东发表《对日寇的最后一战》的声明，号召八路军、新四军及其他人民军队，应在一切可能条件下，对一切不愿意投降的侵略者及其走狗实行广泛的进攻。8 月 10 日，延安总部总司令朱德为日本投降事向各解放区所有部队发布第一号命令：依据波茨坦宣言，向日军及其指挥机关、伪军、伪政权发出通牒，限期投降并缴出全部武器，如有日、伪军拒绝投降，应坚决消灭之。8 月 11 日，延安总部又连续发布第二至第七号命令，其中第五号命令指出：粤汉路、广九路、潮汕路等铁路线及其他解放区一切敌占交通要道两侧的中国解放区抗日军队，应积极举行进攻，迫致敌伪无条件投降。

广东区党委和东江纵队，坚决贯彻中共中央和延安总部的指示和命令，立即部署广东地区的反攻作战和受降工作。

1945 年 8 月 11 日，曾生、林平、王作尧、杨康华联合署名，向东江纵队所属各部队指挥员发布紧急命令：立即坚决执行延安总部朱总司令命令，"动

1945 年 8 月 11 日，曾生、林平、王作尧、杨康华联合署名发布的紧急命令

员全体军民，开入附近敌占据点，解除日、伪武装，维持治安，镇压土匪特务破坏活动，保护人民生命财产，千金一刻，不得稍有疏忽"①。

8月14日，广东区党委发出紧急指示：华南各抗日纵队集中主力，动员民兵，向日、伪军进行全面进攻，切断交通线，包围敌占据点，解除日、伪军武装和收缴其物资。

正当中国解放区军民向日、伪军展开进攻，不断攻克日、伪军据点，收复国土，逼近大中城市及重要交通要道，迫使日、伪军无条件投降之际，蒋介石却于8月11日连续发布三道"命令"，要解放区军民"就原地驻防待命"，不得向日、伪军"擅自行动"，并且命令日、伪军"切实负责维持地方治安"，等候国民党军队收编。8月17日，美国总统杜鲁门签署盟军关于日军投降的第一号命令，称所有在中国（苏联包围的东北三省除外）的日本陆海空军，只能向国民党政府及其军队投降。

中国共产党领导的人民抗日武装，在日军占领区开辟敌后战场，钳制和消灭了日军大量有生力量，逐渐成为中国抗日战争的主战场。敌后战场与国民党军队为主体的正面战场，共同构成中华民族抗日战争乃至世界反法西斯战争的组成部分。抗战取得最后胜利，蒋介石却不让八路军、新四军和华南抗日游击队接受其包围的日军投降，中国共产党当然是不会同意的。1945年8月13日，八路军总司令朱德、副总司令彭德怀联名致电蒋介石，坚决拒绝其8月11日的错误命令，并指出蒋介石这一命令不但不公道，而且违背中华民族利益，这只会对日本侵略者和汉奸有利。8月15日，朱德以中国解放区抗日军总司令名义，发出致美、英、苏三国政府说帖，声明中国人民抗日武装力量在延安总部指挥下，有权接受所包围之日、伪军队的投降，有权派遣代表参加同盟国处理日本投降事宜。

---

① 中共广东省委党史研究室、广州地区老游击战士联谊会编：《东江纵队图文集》，中共党史出版社、广州出版社2015年版，第301页影印件。

8月15日，朱德以中国解放区抗日军总司令名义，致电在南京的日本"中国派遣军"总司令冈村宁次，命令他及所属一切部队，停止一切军事行动，听候中国解放区八路军、新四军及华南抗日纵队的命令，向人民军队投降（被国民党军队包围的日军除外）。对于华北、华东、华中以及华南的日军，派出的代表究竟到哪个地区接受谁的命令进行投降，朱德在这项命令中均作了具体明确的规定。其中关于华南日军投降事宜，朱德命令冈村宁次："在广东的日军，应由你指定在广州的代表至华南抗日纵队东莞地区，接受曾生将军的命令。"①

8月16日，曾生根据朱德的命令，以中国解放区抗日军华南抗日纵队司令名义，命令日本南支派遣军最高指挥官田中久一：

我命令：广东日军最高指挥官应立即下令各地日军部队（除被国民党军队包围的日军在外），派遣代表前来本军东莞、宝安、惠阳一带地区接洽受降事宜，如若违抗，则视为敌对行为，当即坚决消灭。②

与此同时，东江纵队发表文告，欢迎伪军反正。

8月19日，广东区党委在罗浮山冲虚观召开会议，对受降和收缴日、伪军武器以及反内战的工作进行具体部署。由于国民党军队已开始向北江和东江北岸解放区进攻，会议决定以江南（东江南岸）的惠东宝和港九地区为收缴日、伪军武器的主要地区。"曾生返江南布置工作：（1）收缴敌伪枪支，夺取物资，壮大自己；（2）加强沿海海陆丰、惠、紫等六县工作，占据城镇，准备反内战基地；（3）尽量筹措一切人、枪、

① 《朱总司令命令冈村宁次投降》，延安《解放日报》1945年8月16日。

② 中共东莞市委党史研究室编：《不能忘却的硝烟——东莞抗战画史》，中共党史出版社2015年版，第96页影印件。

物资，以为北进之后援。"①

广东区党委会议结束后，曾生率领东江纵队司令部部分人员和政治部敌工科以及反战同盟部分成员，回到东江以南地区，在惠阳新圩南坑村设立临时指挥部。南坑村位于惠阳西部，东面距离惠阳坪山仅 10 多公里，西面与东莞清溪只有一山之隔。曾生在那里指挥受降斗争，他召集有关支队和港九大队的指挥员，具体布置了受降和反内战工作。

东江纵队各支队、大队坚决执行广东区党委的指示和东江纵队司令部的命令，进行紧急动员，集结主力，全线出击，向东江两岸、广九铁路、广汕公路两侧和沿海的日、伪军据点推进，逼迫日、伪军投降，歼灭顽抗的敌人。

在路西地区，东江纵队第一支队向莞太、莞樟、宝太、宝深等各公路沿线的日、伪军据点发起包围和攻击。8 月 12 日至 22 日，第一支队在莞太线、宝太线连战皆捷，先后取得官涌坳攻坚战、厚街包围战、翟家村包围战、新基伏击战、赤岭迫降、南头迫降等一系列反攻胜利，共歼灭和迫降伪军约三个营的兵力，攻克了莞太公路沿线除莞城、太平，虎门外所有敌据点，解放了东莞重镇厚街、宝安县城南头。

在广九线和路东地区，东江纵队第一支队、第二支队于 8 月 20 日至 23 日分别先后收复深圳、常平、沙头角。至此，广九铁路中段和路东除了石龙、樟木头、淡水外，全部获得解放。

在惠东，东江纵队第七支队经过三门岛、暗街、稔山等战斗，解放了稔平半岛。

在海陆丰，东江纵队第六支队迫使海丰县田乾据点的 12 名日军携带 6 挺轻机枪投降。同时，协同第七支队攻击驻吉隆、平政的伪军，歼

---

① 《中共广东区委关于布置收缴敌伪武器致毛泽东电》（1945 年 8 月 19 日），载中国人民解放军历史资料丛书编审委员会编：《华南抗日游击队》（上册），军事科学出版社 2008 年版，第 1091 页。

敌 80 余人。至此，除海丰城、汕尾等几个敌据点外，海丰县大部分地区获得解放。

在港九地区，东江纵队港九大队经过强有力的军事攻势和政治攻势，迫使长洲岛、大埔和元朗、洪水桥的日、伪军投降，解放了大屿山全岛和西贡地区。港九大队先后接受 500 多名日、伪军投降，其中日军 300 多名。

在东江以北地区，东江纵队第三支队围攻博罗县城，在城郊与拒不投降的日军激战，迫使博罗县伪联防队一个连投降。第四支队包围增城县城，迫使城内的日军投降。

此外，曾生布置东江纵队政治部敌工科，协同第二支队、第七支队的代表，进入樟木头和淡水，分别与广九铁路中段日本驻军指挥官、日军第二十三军一二九师团代表谈判受降事宜。日军以接到上峰命令只向国民党军队投降为由予以拒绝，但又害怕受到东江纵队攻击而造成伤亡，只好同意缴交部分武器物资。其中驻樟木头的日军，缴交了 4 门迫击炮、25 挺轻重机枪、100 余支步枪以及一批弹药、布匹、军毡等军用物资。第二支队第二大队把这些武器、弹药和军用物资经清溪苦草洞运回惠阳新圩古坑村东江纵队临时指挥部。曾生看了，高兴地对负责运送的第二支队第二大队政委黄克说，你们缴获了这么多武器，真不简单。[①]

关于东江纵队迫使日、伪军投降的战绩，国内一些重要报纸曾作连续报道。1946 年 2 月 13 日和 25 日，延安《解放日报》、重庆《新华日报》先后发表《华南抗日游击纵队的功绩》一文，指出日本投降后，东江纵队以全力向粤汉线日、伪军进击，迫使日、伪军投降，先后攻克宝安县城及无数大小村镇，解放了成千万同胞。

---

① 黄克：《回忆在路东地区的受降》，载中共东莞市委党史研究室编：《东莞抗日实录》，中共党史出版社 2006 年版，第 487 页。

由于国民党垄断了受降权，中国共产党并没有获得合理权利参加同盟国和中国政府处理日本投降事宜。1945年9月2日上午，日本投降仪式在停泊于东京湾的美国战列舰"密苏里"号上举行。日本外相重光葵在投降书上签字。随后，接受投降的同盟国代表麦克阿瑟上将，以及美国、中国、英国、苏联、加拿大、法国、荷兰等9个受降国代表依次签字。蒋介石派出的中国代表为军令部部长徐永昌。至此，3个法西斯轴心国的最后一个国家日本正式投降，第二次世界大战以法西斯轴心国的失败和反法西斯同盟国的胜利而结束。9月3日，成为中国人民抗日战争胜利纪念日和世界反法西斯战争胜利纪念日。

1945年9月9日上午9时，中国战区日军投降仪式在南京举行。蒋介石派出陆军总司令何应钦作为中方代表，主持受降仪式。侵华日军总司令冈村宁次作为中国战区日本投降代表，在投降书上签字。

蒋介石把中国战区划分为16个受降区，全部安排国民党将领及其所属军队受降。张发奎、余汉谋被指定为侵粤日军投降的受降主官，张发奎负责的第二受降区为广州、香港①、雷州半岛及海南岛；余汉谋负责的第三受降区为曲江、潮汕地区。侵粤日军投降代表为日军第二十三军司令官田中久一。

1945年9月16日上午10时，广东地区日军签字投降仪式在广州中山纪念堂举行。日军投降代表南支派遣军第二十三军司令官田中久一签署投降书，中国第二方面军司令官张发奎受降。9月28日上午9时，广东曲江、潮汕地区的受降仪式在汕头外马路原国际俱乐部举行。国民党第十二集团军副总司令兼第七战区前进指挥所主任徐景唐，作为第七战区司令长官兼第十二集团军总司令余汉谋的代表，主持受降仪式。日军第二十三军参谋长富田直亮，作为田中久一的代表，在投降书上签字。

① 由于中、英对香港订有正式租约，且英国又是战胜国之一，因此中国战区受降香港地区的方案未能实现，香港受降最终由英国负责。

至此，广东地区的日军正式投降。

在伟大的中国人民抗日战争中，以曾生为司令员的广东人民抗日游击队东江纵队，在中国共产党领导下，紧密地依靠广大人民群众，进行艰苦卓绝的华南敌后抗战，直到取得抗日战争最后胜利。在敌后抗战中，东江纵队先后在东江、北江、粤东和港九地区创建了抗日根据地和游击基地，解放区的总面积6万余平方公里，人口450余万。对日、伪军作战1400余次，毙伤日、伪军6000余人，俘虏迫降3500余人，缴获各种枪支6500余支、炮25门。东江纵队也付出了重大代价，总共有2500余名指战员在抗战中牺牲。①

抗战胜利后，延安《解放日报》报道了东江纵队的功绩，并且指出："它的功绩和八路军新四军一样，对于同盟国打败日本法西斯军队的战争，显然是起了很大作用的。"②

东江纵队的历史功绩和荣誉，属于东江纵队全体指战员。当然，也不能忽视主要领导人所起的重要作用。对于曾生在抗战中的历史贡献，由中共中央审定的《曾生同志生平》是这样评价的："曾生同志为东江纵队和华南敌后抗日根据地的创建和发展，为发展华南敌后抗战和中国抗日战争的胜利，作出了重大的历史贡献。"③

①　《东江纵队史》，广东人民出版社1995年第2版，第331页。

②　《华南抗日游击纵队的功绩》，《解放日报》1946年2月13日。

③　《曾生同志生平》，《人民日报》1995年12月1日。

第十一章　率领东江纵队北撤

一、分散坚持斗争

抗日战争胜利后，中国共产党根据人民的意愿，力图通过和平的途径建设一个独立、自由、民主、统一、富强的新中国。国民党统治集团企图抢夺抗战胜利果实，用内战的方式剥夺人民已经取得的权利，使中国退回抗战前一党专制独裁的反动统治。为争取中国走向光明的前途，中国共产党领导广大人民同以蒋介石为首的统治集团展开复杂而激烈的斗争。因此，曾生率领东江纵队，又踏上了新的征程。

全面内战的爆发，以 1946 年 6 月 26 日国民党军队向中原解放区发动全面进攻为标志。然而，广东的内战早就开始了。抗战胜利前夕，国民党开始在广东挑起内战。1945 年 7 月，龟缩在赣南的国民党军第六十三军和第六十五军，向东江纵队的北江解放区大举进攻。同年 10 月 20 日至 25 日，国民政府军事委员会广州行营（简称"广州行营"）主任张发奎执行蒋介石关于"进剿"中共武装的密令，在广州召开"粤桂两省绥靖会议"，策动内战，扬言要在两个月内"肃清奸匪"。12 月 15 日，广州行营把广东、广西划

《华商报》揭露国民党当局密令"肃清"东江纵队

分为 7 个绥靖区，发布第一号命令，限期于 1946 年 1 月底前"清剿"完毕。在此期间，广州行营调集美式装备的"王牌远征军"新编第一军（简称"新一军"）、新编第六军（简称"新六军"），还有第十三军、第五十四军三十六师，加上原驻广东的第四十六军、第六十三军、第六十四军、第六十五军，共 8 个正规军 17 个师，连同广东省保安团等地方武装以及收编的伪军，总共 50 多个团，在广东全省范围内发动了大规模的内战。

东江解放区是广东区党委的所在地，也是中共领导的广东人民武装主力——东江纵队所在地，因而东江解放区成为国民党军队进攻的重点。向东江解放区大举进攻的国民党正规军，有新一军第三十师、第三十八师、第五十师，第五十四军三十六师，第六十三军一五三师、一五四师，第六十五军一八六师，合共 7 个师，加上地方团队和收编的伪军，总共 7 万余兵力。当时，东江纵队的兵力只有 1.1 万余人，敌我力量对比悬殊。

中共中央密切关注着广东党组织和人民武装的安危。

1945 年 9 月 10 日，中共中央军委致电东江纵队领导人曾生、林平、王作尧，指出八路军南下支队北返，创建五岭根据地的目的已不可能实现，东江纵队应分散坚持斗争，保存武装与干部。

1945 年 9 月中旬，林平率领广东区党委机关和东江纵队领导机关，从罗浮山返回惠宝边区，与曾生会合。随即召开广东区党委会议和干部会议，作出坚持长期斗争的工作部署。新的工作方针是："一方面是坚持斗争，保存武装，保存干部；一方面是长期打算，准备将来合法民主的斗争。"[1] 新的工作布置是：一是军事方面划分 11 个地区坚持斗争。另外加强兵力，建立海（丰）陆（丰）惠（阳）紫（金）五（华）根据地。

---

[1] 《对广东长期坚持斗争的工作布置》（1945 年 9 月 20 日），载广东省档案馆编：《华南党组织档案选编（1945—1949）》，1982 年 3 月印，第 1 页。

二是广东区党委实行分散领导，领导中心暂时仍在江南（东江以南），将来领导中心可能要转移到大城市去。三是把有条件回城市工作的干部都派到城市去，城市工作分为秘密和半公开两个系统，以香港为中心。四是有部队活动的地区，实行军、政统一领导，但仍需建立秘密组织系统；在国民党统治区活动的武工队，由地方党组织领导。会议还讨论了广东区党委领导干部的分工。其中林平、曾生留在东江工作，梁广、连贯到城市工作。9 月 16 日，广东区党委把关于分散坚持的方针和新的工作部署电告中共中央。9 月 19 日，中央复电同意。9 月 20 日，广东区党委正式向各地党组织发出《对广东长期坚持斗争的工作布置》的指示。

随后，曾生、林平研究决定，东江纵队实行分区指挥，在粤北、江南（东江以南）、江北（东江以北）以及海陆惠紫五边区这 4 个地区，建立 4 个指挥部，并重新整编部队。为此，保留此前已建立的粤北指挥部；新组建江北指挥部；将 1945 年 7 月成立的江南指挥部一分为二，组成江南指挥部、东进指挥部（即"海陆惠紫五指挥部"）。粤北指挥部仍由林锵云、王作尧、杨康华负责；江北指挥部指挥员周伯明、政治委员陈达明；江南指挥部指挥员卢伟如、政治委员黄宇；东进指挥部指挥员卢伟良、政治委员张持平。

1945 年 10 月下旬，广东区党委和东江纵队领导机关转移到大鹏半岛解放区。

同年 10 月底，国民党军队发动大规模"清剿"，第六十五军一五四师一个团占领了稔山，其余两个团开进白花、平山一带，摆开了进攻稔平半岛和大鹏半岛的态势。

东江纵队决定在稔平半岛、大鹏半岛和大亚湾展开机动防御作战。作战部署：以东进指挥部第四团、第五团的主力防守稔平半岛；江南指挥部第七团防守稔山以西、白花以南地区，第六团防守大鹏半岛；海上独立大队在大亚湾保障陆上部队濒海侧翼的安全。

11月初，曾生亲自到稔平半岛实施作战部署。他首先到三门岛巡视，对江南指挥部属下的海上独立大队进行作战动员。他对大家说：一定要坚守三门岛，每个战士都要认清守住三门岛的重要性；要团结广大群众，尤其是渔民群众，共同保卫抗战胜利果实，迎接新的斗争的到来。随后，他来到平海镇，召开东进指挥部团以上干部会议，作出分兵作战部署：卢伟良、李征率领东进先遣队，挺进海陆惠紫边，开辟新区，扩大回旋余地；张持平、黄布率领第四团、第五团以及第七支队，防守稔平半岛。

11月中旬，国民党军第一五四师开始向稔平半岛进攻。稔平保卫战历时一个多月，东江纵队东进部队给敌人以狠狠打击，牵制了国民党军队一个师的兵力，减轻了江南部队的压力，保卫了广东区党委和东江纵队领导机关的安全。12月下旬，曾生命令部队撤出稔平半岛，转移到外线作战。

国民党军队在进攻稔平半岛的同时，出动新一军、新六军和第五十四军一个师，并纠合地方反动团队，对路西解放区发动大规模进攻。国民党军队在路西解放区内，采取"填空格"战术，村村驻兵，断绝交通，严密封锁，反复搜索，来回"清剿"；同时，恢复保甲制度，扶植乡村反动政权，妄图歼灭东江纵队路西部队。

在国民党大军压境的情况下，东江纵队江南指挥部第一支队以东莞梅塘、宝山为中心，坚持与敌周旋。12月中旬，国民党军队再次向路西解放区大举进攻。在自卫斗争中，第一支队损失严重，并与江南指挥部失去了联络。为保存实力，第一支队突围到路东解放区。第一支队政委古道在突围中负伤被俘，壮烈牺牲。

此时，国民党新一军等部队也加紧向路东解放区进攻。东江纵队第一支队奉命返回路西地区活动，以牵制路东的敌军。

面对严峻的斗争形势，曾生、林平研究决定：一是江南指挥部主力部队立即向惠（阳）紫（金）方向突围，开辟新的活动区域；二是在各区域组织武工队，坚持斗争，保护群众，解决经济困难；三是精减人员，保存干部，适当将一些干部撤到香港和其他地方；四是干部分散负责，曾生与江南指挥部指挥员卢伟如、政委黄宇，坚持在东宝老区指挥自卫反击斗争，江南指挥部副指挥员兼参谋长高健、政治部主任黄高阳率江南部队主力突围，特委、县委分散坚持斗争；五是广东区党委机关转移香港。[①]12月30日，林平把这一决定报告中共中央军委。

1946年1月2日，中共中央电示林平、曾生，指出："知道你们目前处境已相当困难，我们已告重庆在与国民党谈判停止内战问题时，包括广东琼崖等地停止军事进攻，只要你们熬过当前二三个月，可能改变这种困境，至于军事上具体布置，你们可按具体情况自作决定。"[②]

此后，在解放区大部分被国民党军队占领的情况下，东江纵队各部队分散活动，从内线转移到外线坚持斗争，粉碎了国民党军队聚歼东江纵队的图谋。

东江纵队粤北指挥部所属部队，在林锵云、王作尧、杨康华率领下，分散在南至广东从化、北至江西崇义和湖南汝城，东至广东和平、河源，西至粤汉铁路的20多个县广大地区坚持斗争。北撤前夕，他们已初步开辟了粤赣湘边根据地和游击区。

江北指挥部所属部队，分散在广州外围东面和北面的增城、龙门、博罗、从化、佛冈等县坚持斗争，直接威胁国民党在广东的统治中心。

江南指挥部所属部队分兵活动。第一支队、第六团和第七支队，在东莞、宝安老区坚持斗争；江南大队在大鹏半岛坚持斗争直至北撤；海

① 《曾生、林平向中央军委报告东纵对付国民党军进攻的措施》（1945年12月30日），载广东省档案馆编：《东江纵队史料》，广东人民出版社1984年版，第350–351页。
② 《中共中央关于坚持原地斗争给林平并曾生的指示》（1946年1月2日），载广东省档案馆编：《华南党组织档案选编》，1982年3月印，第6页。

上独立大队以三门岛为基地，在大亚湾和大鹏湾海域活动，并派出一支船队到担干列岛，开辟新区；高健、黄高阳率领"热河"部队①1000余人突围进入东江以东的惠（阳）紫（金）五（华）边区后，分散坚持，开辟新区。

东进指挥部所属部队，进入惠阳、紫金、五华以及河源一带活动，与江南指挥部"热河"部队互相配合，取得多次反击国民党军队进攻的胜利，开辟和扩大了游击根据地。

抗日战争结束半年来，曾生、林平率领东江纵队坚决贯彻中共中央关于分散坚持的战略方针，在地方党组织和人民群众的支持配合下，与国民党军队进行了英勇顽强的斗争，粉碎了国民党当局妄图三个月消灭东江纵队主力的阴谋。在这场自卫斗争中，东江纵队虽然大量减员，但各指挥部都保存了骨干队伍，为中共中央与国民党政府进行北撤谈判创造了有利条件，并在即将到来的全国解放战争中，为恢复和发展华南人民武装斗争打下了基础，积蓄了力量。

二、艰难谈判

1946年4月4日傍晚，一列从香港九龙尖沙咀开出的火车，伴随着"呜——呜"的尖厉汽笛声，缓缓驶入广州大沙头站。东江纵队司令员曾生、政治委员林平，带着4名随行人员，在广州行营一名联络副官和数名宪兵的"保护"下，下了火车，径直朝广州市沙面复兴路64号走去。

沙面是珠江边的一个小岛。广州市沙面复兴路64号（今沙面大街68号）那座古老建筑，是一幢三层红砖楼房，人们称之为"红楼"。

①　"热河"部队由第一支队"壮大大队"、第七支队"猛攻大队"、教导大队、港九大队独立中队以及民运工作人员临时组成。

它曾经是苏联驻广州领事馆，抗战期间落入敌手。1946 年 1 月，北平军事调处执行部（简称"军调部"）第八执行小组抵达广州后，把这座红楼作为办公和住宿场所。曾生和林平以广东中共武装部队代表的身份来到这里，参加广东中共武装人员北撤山东烟台具体细则的谈判。

以东江纵队为代表的广东中共武装部队为何要离开广东，撤到数千公里以外的地方？这要从国共两党的"重庆谈判"说起。

抗战胜利后，以蒋介石为首的国民党统治集团，在美国政府的支持下，玩弄反革命两面手法，一面积极准备发动内战，一面侈谈"国内和平"，邀请中共中央主席毛泽东到重庆举行和平谈判。中国共产党为争取国内和平，针锋相对地采取革命的两手，一方面准备对付国民党军队的进攻，一方面由毛泽东、周恩来、王若飞 3 人组成中共代表团，赴重庆与国民党谈判。

经过 43 天的谈判斗争，1945 年 10 月 10 日，国共双方代表签署《政府与中共代表会谈纪要》（即"双十协定"），其中内容有：中共愿将其所领导的分布在广东、浙江、苏南、皖南、皖中、湖南、湖北、河南（豫北不在内）8 个地区的部队，撤退到苏北、皖北及陇海以北地区的解放区集中。为此，广东人民武装准备北撤。

1946 年 1 月 10 日，中共代表同国民政府代表正式签订停战协定。同日，双方下达于 1 月 13 日午夜生效的停战令。为会商解决军事冲突及有关事项，由政府代表张治中中将、中共代表周恩来中将、美国代表马歇尔特使组成"三人会议"①。并在北平设立由国民政府、共产党和美国三方面各一名代表组成的北平军事调处执行部，以监督执行停战协定的贯彻执行，调解、处理军事冲突。军调部三方代表是：政府代表郑介民少将，中共代表叶剑英中将，美国代表兼主席饶伯森（又译"罗伯

---

① "三人会议"中的国民政府代表，最初由张群充任。

逊"）。军调部下设 29 个执行小组，7 个交通小组，总共 36 个小组，分赴各冲突地点进行调处，其中派到广东的为第八执行小组。第八执行小组三方成员：政府代表黄伟勤少校、中共代表方方少将[①]、美国代表兼主席米勒上校。

方方原名方思琼，广东普宁人，1904 年 6 月生，1926 年春加入中国共产党，1929 年秋任中共普宁县委书记，1933 年底任中共福建省委代理书记，1934 年 4 月任红军独九团军政委员会主席兼团政委，是闽西南三年游击战争领导者之一，1938 年任中共闽粤赣边区省委书记，1940 年 11 月任中共南方工作委员会书记。

1946 年 1 月 25 日，军调部第八执行小组三方代表抵达广州，执行调处及谈判任务。此时，广州行营主任张发奎正忙着执行蒋介石的内战命令，调集军队向东江解放区进攻，企图一举消灭东江纵队。军调部第八执行小组到达广州的第二天，广州行营发言人在报刊上发表公开谈话，称"广东没有中共军队，只有'土匪'，对调执组来粤表示惊异"[②]。言外之意，停战命令不适用广东。

第八执行小组在广州举行的第一次预备会议上，政府代表黄伟勤秉承国民党最高当局旨意，重复广州行营发言人的谈话，称广东没有中共部队，只有"土匪"。对于国民党当局颠倒黑白的谎言，中共代表方方理直气壮地驳斥：曾生将军领导的东江纵队就是中共领导的一支驰名中外的抗日部队，这支部队坚持在华南敌后抗战，阻击了日军的南进，营救民主人士和国际友人，保卫华南人民的生命财产，立下了赫赫战功。你们把它诬为"土匪"，这不过是为发动内战寻找借口。

方方一针见血的发言，使政府代表无言以对，也获得了美方代表米勒的同情。

---

① 中共中央军委根据谈判斗争需要，临时授予方方少将军衔。

② 《华南纵队发言人驳粤当局谬论》，延安《解放日报》1946 年 2 月 21 日。

广东国民党当局用卑劣手段破坏谈判。派特务两次潜入第八执行小组中共代表的住处，毁坏了军调部发给中共代表使用的电台；并在第八执行小组驻地警备森严，企图禁绝中共代表与外界的接触联系。

根据方方建议，第八执行小组原定于 2 月 12 日到大鹏半岛解放区进行实地调查。第八执行小组抵达惠州后，受到国民党军队百般阻挠而无法成行，只好折返广州。与此同时，国民党军队向东江解放区发动了新一轮的进攻。

方方力排政府代表的各种无理刁难，亲自为第八执行小组起草电文，把国民党军队违反停战协定的情况向军调部报告。军调部中共代表叶剑英一次次地揭露国民党广东军事当局进攻东江解放区的罪行，"向重庆和广州当局要求承认广东人民抗日游击队东江纵队，它的领袖是曾生"①。

在这复杂尖锐的斗争形势中，曾生、林平坚决贯彻"双十协定"精神，一面组织部队做好北撤各项准备工作，一面指挥部队坚持自卫斗争。

为了迫使国民党广东当局履行停战协定，承认人民武装的合法地位，中共中央和广东区党委除了指示广东人民武装坚持自卫斗争外，还通过社会舆论与国民党广州当局展开针锋相对的斗争。

1946 年 2 月 16 日，中共中央发言人通过新华社发表谈话，强烈谴责国民党广东当局否认中共部队存在的谬论和挑起内战的罪行，"迫切希望三人委员会与北平执行部，迅速采取必要步骤，纠正国民党当局此种错误言行，停止对华南抗日纵队的进攻与污蔑，使停战命令在广东迅速实现，以保障国内的和平"②。在此前后，广东区党委发言人通过报

---

① 《军调第八小组"旅行"完毕返省，方少将否认"东江无共军"》，香港《华商报》1946年 2 月 27 日。

② 《中共中央发言人谈话：望三人委员会与执行部纠正粤当局错误言行》，香港《华商报》1946 年 2 月 17 日。

刊发表谈话，详列东江纵队的抗日战绩，向国内各界人士讲明事实真相，揭露国民党当局对人民武装的污蔑。东江纵队也通过全国各报馆向政治协商会议发出文告，揭露国民党军队违反停战协定，进攻广东解放区的事实真相，呼吁国内外人士主持公道，停止内战，实现全国和平。

由于广东国民党当局的阻挠与破坏，军调部第八执行小组抵达广州一个多月时间，工作没有任何进展。其间，方方几次建议邀请东江纵队司令员曾生、政委林平到广州参加谈判，都遭到国民党方面的拒绝。有关东江纵队北撤的事宜，也无法列入第八执行小组的议事日程。

为了打破谈判僵局，1946年3月9日，林平根据周恩来的指示，秘密飞抵重庆，参加谈判斗争。

3月11日，由周恩来安排，林平以华南人民抗日游击队代表的身份，出席中共谈判代表团在重庆曾家岩举行的中外记者招待会。林平向记者详细介绍华南人民抗日游击队的发展历程和抗战功绩，用事实驳斥国民党广东当局否认广东有中共武装部队存在的谎言。

3月18日，周恩来以中共谈判代表团团长身份，再次在重庆曾家岩举行中外记者招待会。周恩来先让东江纵队政委林平和新四军第五师江汉军区政委郑绍文，分别报告广东、湖北的中共部队被国民党军队围攻和封锁的情况。林平出示了抗战期间被东江纵队救援的盟国友人所写的感谢信和有关照片，详细介绍东江纵队营救进步文化人和国际友人、盟军的事迹，揭露国民党在广东挑起内战的罪行。周恩来最后发表评论，代表中国共产党"号召全国人民、盟邦朋友、各党派朋友，一致起来拥护并监督政协全部协议的实现"[1]。

周恩来举行的中外记者招待会，引起了强烈的社会反响。在香港的国民党元老何香凝、爱国人士蔡廷锴、中国民主同盟南方总支部负责人

① 延安《解放日报》1946年3月22日第1版。

李章达等人，先后发表声明，呼吁停止内战，停止对东江纵队的军事进攻。被东江纵队营救过的英美朋友，也发表公开谈话，声明东江纵队是一支英雄部队，表示坚决予以支持。

国民党当局迫于强大的舆论压力，又未能在期限内消灭东江纵队，终于不得不承认广东有中共部队的存在。

3月27日下午，"三人会议"成员在重庆怡园开会，经过商谈，签订了《广东中共武装部队北撤协定》。具体内容为：一是承认华南有中共领导的抗日武装力量；二是同意北撤2400人，不撤退的复员，发给复员证，政府保证复员人员的生命安全、财产不受侵犯、就业居住的自由；三是撤退到陇海以北，撤退船只由美国负责。

为尽快促成广东中共武装部队北撤，经周恩来多次交涉，"三人会议"决定派代表团到广州协助军调部第八执行小组工作。代表团成员：美国代表柯夷上校，政府代表皮宗阗，中共代表廖承志、林平。3月31日，代表团乘专机来到广州，会同军调部第八执行小组，与国民党广东当局谈判有关中共武装人员北撤的具体事宜。

4月1日下午，谈判开始。广州行营主任张发奎重弹"广东没有中共武装"的老调，企图否认在重庆达成的协议，受到了廖承志的严词驳斥。

经过反复讨价还价，至4月2日，广州行营才与第八执行小组就广东停止内战和东江纵队北撤问题签署了协议。这份协议以《三人会议代表团备忘录第一号》的形式，于4月6日公布，内容包括三项原则、十项决议。协议如下：

三人会议代表团来粤后，与北平军事调处执行部第八小组及广州行营授权代表数度会商后，行营遵奉蒋委员长指示，在下列三原则下协助实施：

（一）登船地点：大鹏湾。

（二）人数二千余人（不得超过三千人）。

（三）时间自开始调查之日起，至登船之日止。以一个月为限不得超出。

行营代表在上述三原则及停战命令下与代表团协商获得如下决议：

决议一：广东省内之东江以南，东江以北，以及广东北部三地区之中共武装人员二千四百人，其中包括妇孺约三百人，应在大鹏半岛集中，用美国轮船运到山东烟台登岸。

决议二：上述人员之集中及登船之准备，自第八小组派联络小组出发调查开始之日起，共一个月，但距离大鹏湾过远之地区（粤北区）的人员，如不能及时赶到，若需宽限时日，呈报三人会议决定之。

决议三：在中共武装人员集中大鹏半岛期间，以及登船以前，大鹏半岛葵涌、王母圩等一带地区之政府军队，应撤离该区若干距离，以便空出该地区供中共武装人员作集中之用。

决议四：在中共武装人员集结及行军、登船过程中，广州行营绝对保证彼等之安全，并特别通令其所属，不得有任何攻击行动。

决议五：上述中共武装人员集中转移过程中，广州行营同意代购食粮或供款与彼等购粮，广州行营并同意在运输医药等方面，给予彼等一切可能之协助。

决议六：为执行上述决议，军事调处执行部第八小组应以三人会议代表机关资格迅速组成，并派出三个联络小组，分携电台到东江以南，东江以北，以及广东北部三地区，进行调查及协助中共武装人员至大鹏半岛集中登船，各联络小组均包括政府、中共及美国三方面之代表各一人。

决议七：广州行营派出宪兵若干人，供第八小组及其联络小组使用，随同联络小组出发，其人数与任务由第八小组决定，该宪兵在联络小组执行职务期间，须接受第八小组及其联络小组之命令。

决议八：中共方面之林平少将于决议重要原则确定后，即乘飞机出发，于三日内陪同中共武装人员代表曾生将军或其代表，以及中共方面的联络小组人员前来，第八小组以便和行营代表共同商讨撤退中共武装人员之具体细则事宜。三日之后，即作为委员长命令中提及之"调查开始日期"，政府方面允保证上述人员公务来往之安全及供给交通等方便之便利。

决议九：关于决议各点，执行之具体细则，由第八小组与广州行营代表及中共武装人员代表共同商决进行。

决议十：本决议经三方面签字后，即付诸实施。[①]

这份协议，还有 3 条附记：一是不能歧视在各地复员的广东中共武装人员及其家属；二是将中共领导的琼崖纵队北撤问题提交重庆"三人会议"讨论处理；三是因第八执行小组中共代表的电台被国民党特务损毁，若国民党最高当局允许，可使用美方电台代发电报给军调部。

东江纵队北撤决议签署后，"三人会议"代表团于 4 月 3 日飞回重庆复命。

按照协议第八条规定，为商讨东江纵队北撤的具体细则，曾生、林平以中共武装人员代表身份，从香港九龙乘火车到广州参加谈判。

谈判开始前，曾生、林平与方方进行研究，认为此次谈判主要任务是落实重庆谈判的有关协议，尽快使广东中共武装安全撤到山东。为防止国民党广东当局破坏协议借故拖延北撤，必须采取会内会外斗争相结合的方法，一边通过谈判迫使广东国民党当局履行协议，一边组织部队

---

① 《三人会议代表达成广东东江问题协议》，重庆《新华日报》1946 年 4 月 7 日。中共中央军委根据谈判斗争的需要，临时授予曾生、林平少将军衔，故这份协议出现"林平少将""曾生将军"的称呼。

做好北撤准备。因此不能把部队的主要负责人都困在谈判桌上。于是，他们决定由林平提前返回部队。两天后，林平以请假去香港治病为由，离开广州，乘坐轮船到香港，再坐船返回大鹏半岛部队驻地，组织部队配合谈判桌上的斗争。

东江纵队北撤具体细则谈判的代表是：中共武装人员代表曾生少将，广州行营代表王衡少将，军调部第八执行小组的三方代表方方、黄伟勤、米勒。4月9日，谈判开始。经过反复争论和分组商讨，初步达成了关于东江纵队各部队集结地点、国共军队军事分界线、北撤部队行军路线、通信器材使用等问题的协议，并就此发表了第一号新闻公报。

由于国民党广东当局别有用心，顽固坚持，这份协议中的一些条款对东江纵队的北撤十分不利。例如，协议规定东江纵队要在一个月内集结完毕。而东江纵队当时分散在数十个县1000多平方公里的范围内活动，交通阻隔，通信落后，要在一个月内集中到大鹏湾，是十分困难的。又如，行军路线必须由国民党方面指定，行军时不得开群众大会，不能贴标语和散发传单，不能接受各界的食品招待和物资供应，等等。为了顾全大局，中共代表还是在协议中签了字。

尽管如此，国民党广东当局仍然横生枝节，制造事端，肆意毁约。他们除了继续调集重兵进攻东江解放区外，还在经费问题上进行百般刁难和克扣。例如，按4月2日"三人会议"代表团达成的协议，东江纵队北撤人员的粮款、运输以及医药费等，应由广州行营拨付和协助，但广州行营只同意借给粮款，其余款项不肯承担。经中共代表据理力争，他们勉强答应借款7亿元"国币"①，但只是先交1亿元，并且附加一个先决条件：要求中共在河北省南口、石家庄、沧州等地拨粮归还，通

---

① "国币"为法币的惯称。1935年11月4日，国民政府实行法币政策，规定以中央银行、中国银行、交通银行发行的钞票为法币，禁止银圆在市面流通。至1946年，法币已急剧贬值。1948年8月19日，国民政府发行金圆券代替已崩溃的法币。

过军调部华北执行小组送交给那里的国民党军队，然后广州行营才会借款给东江纵队。这些刁难，显然是借机拖延时间，等待全面内战爆发，以便一举消灭东江纵队。

对此，中共代表方方强烈要求广州行营发布停止进攻东江纵队的命令，同时将国民党广东当局的军事挑衅和无理要求电告周恩来、叶剑英和军调部。中共中央为了顾全大局，按国民党的要求，立即向河北南口、石家庄、沧州等地送去粮食，又从南京、上海寄来一笔款，供东江纵队北撤急需之用。

经过反复斗争，至 5 月 21 日，终于达成广东中共武装人员北撤的最后协议，随后发表第三号公报。最后协议内容：一是各方同意政府在淡水仅留保安团一个营，在龙岗驻宪兵一连，广州行营保证中共武装人员的绝对安全。二是各方同意由广州行营借给中共方面 3.37686 亿元 "国币"，其中 1 亿元已交中共代表，其余款项，则由广州行营代为购粮并扣除粮款后付给。三是第八执行小组决定于 5 月 25 日派遣 3 个支组，由广州出发各地协助中共武装人员北撤。各支组成员：AB 支组（东江以南），政府代表罗绮皓少校、中共代表曾生少将、美国代表伐塞门上士；C 支组（东江以北），政府代表曾广奕中校、中共代表黄坚少校、美国代表琼斯少尉；D 支组（粤北），政府代表黎国熹中校、中共代表杨康华上校、美国代表纳尔逊上尉。[①]

5 月 22 日，第八执行小组的中共代表方方、中共武装人员代表曾生，在广州市沙面胜利大厦举行名流人士和记者招待会，通报东江纵队北撤谈判情况，到会者约 60 余人。方方致欢迎词，第八执行小组美国代表米勒、广州行营代表王衡、中国民主同盟南方总支部主席李章达、第三党广东负责人李伯球等先后发言。最后由曾生致答谢词。席间，有记者

担心地询问曾生："东江中共北撤人员是否能依规定在一个月内集中完毕？"曾生满有信心地回答："只要中途不生枝节和意外，当可如期。"①

　　5月23日下午2时半，军调部第八执行小组在广州沙面的广州行营招待所举行记者招待会，发表中共武装人员北撤的协议公报。到会记者30余人。中共代表方方主持招待会。三方代表先后讲话，从各自的角色分别介绍北撤谈判最后达成协议的具体情况。

　　至此，历经4个多月的东江纵队北撤谈判斗争，宣告胜利结束。

三、北撤山东

　　大鹏湾沙鱼涌海滩，兀立着饱经沧桑的礁石群，中间有一块由石级平台托起的花岗岩石碑——东江纵队北撤纪念碑。这块纪念碑建于1985年9月，上面刻着曾生的题词："1946年6月30日，人民抗日游击队东江纵队及各江武装部队，为了坚持国内和平，从此登船北撤山东。"这些红漆大字，在蓝天碧海映衬下，分外醒目。石碑不远处的岸边，有一座近年建成的东江纵队纪念公园，园内的东江纵队北撤纪念墙和纪

东江纵队北撤纪念碑

①　《东江中共军北撤问题，两方面已获最后协议》，香港《华商报》1946年5月24日。

念亭，刻着不少珍贵的北撤历史照片和历史文献，以及大部分北撤人员的名字。所有这些，犹如一幅凝重的历史画卷，向人们展示了东江纵队的北撤斗争历程。

自达成广东中共武装人员北撤山东的最后协议，到北撤部队集结大鹏湾沙鱼涌登船，这一个月来东江纵队又经历了不知多少惊涛骇浪。

1946 年 5 月 25 日，军调部第八执行小组派出 3 个支组，分赴江南（东江以南）、江北（东江以北）和粤北地区，调处北撤的各项工作。6 月 13 日下午，第八执行小组全体成员乘火车来到香港，然后于 6 月 15 日离港坐船抵达大鹏半岛葵涌，监督北撤协议的执行。

在第八执行小组的监督和保证下，东江纵队北撤部队分别从粤北、粤东、江南和江北集中出发，赶往葵涌集结候船。

葵涌位于大鹏半岛西北部，群山环抱，风景秀丽。它附近的土洋，曾是东江纵队司令部驻地。如今，葵涌、土洋一带被用来作为东江纵队北撤部队的临时驻地。

正当东江纵队各部队从各活动区赶往葵涌集中时，国民党当局再次破坏北撤协议。国民党陆军总司令何应钦命令广东军事当局，趁东江纵队集中北撤之际一举迁灭之。据此，广东军事当局在北撤部队各集中点和行军路线加强兵力部署，制造事端，企图消灭东江纵队。同时，在经济上制造困难，原答应拨给 3.7 亿多元"国币"供北撤之用，最后只给 1 亿元。

5 月 25 日，AB 支组（惯称"江南支组"）到达惠州后，原定于 5 月 29 日转赴坪山，但国民党当局诸多刁难，拖延和阻止中共代表曾生跟东江纵队江南指挥部接触。这时，有人暗中告知曾生，说国民党广州行营准备派人来暗算他，要他提高警惕，不宜在惠州久留。经过半个月的尖锐斗争，直到 6 月 10 日，国民党当局才不得不同意派人到坪山与东江纵队江南指挥部联络。东江纵队江南指挥部所属部队，本来距离集结地葵涌最近，但由于国民党当局的阻拦，直至 6 月 11 日下午才到达葵涌。

此时，曾生回到自己的部队中，在葵涌小学设置东江纵队临时司令部，布置先行到达的部队做好北撤具体事宜。

东江纵队江北部队，于 6 月 2 日行军至增江河畔沙塘圩时，突遭国民党军第一五三师四五九团一个营的袭击，牺牲 8 人，被捕 7 人。江北部队历经艰险，于 6 月 16 日到达葵涌。

东进指挥部的部队，于 6 月初[①]行军至惠东园潭时，遭广东省保安第七团一个营的攻击。东进部队进行自卫还击，毙伤敌数十人，俘敌 50 余人。

国民党军队在军事上吃了亏，便在政治上反咬一口，向第八执行小组告状："共军违背停战协定袭击国军，要求迅速调处。"第八执行小组派江南支组前往惠阳平山调处。

在平山国民党军队驻地，广东省保安第七团团长恶人先告状，对曾生说："你们在园潭干了我们一手。"

曾生笑了一笑，毫不客气地说："那是你自找苦吃。平山、稔山是我们从日寇手中夺回来的根据地。你们来园潭打我们，不是我们去平山打你们，还望你遵守停战协定。"

保安团团长不服气。

曾生当着江南支组美国代表和政府代表的面，拿出在园潭战斗中缴获的国民党广东军事当局作战命令密件，说："请你们看看。"

在铁证面前，保安团团长哑口无言，政府代表和美国代表也不好

---

① 张持平：《东纵东进部队北撤的经过》，载中共宝安县委党史办公室编：《回顾东纵北撤》，1986 年 7 月印，第 100 页。关于园潭战斗发生的时间，还有另外两种说法：1946 年 5 月 19 日（李征：《北撤山东散记》）；1946 年 6 月 17 日（赖祥：《针锋相对，自卫还击——记东纵东进部队北撤前园潭之战》）。

说话了。①

东江纵队东进部队，于 6 月中旬到达葵涌。

集中北撤最困难的是东江纵队粤北部队。当时，粤北部队分散在广东的始兴、南雄等 9 个县以及湘赣边界的广大地区，加上国民党军队的沿途阻击和破坏，南下行军显得更为艰险。6 月 13 日，粤北部队南下抵达英德龙口，国民党军队在附近埋伏了两个团准备围攻。D 支组（惯称"粤北支组"）政府代表黎国熹也暗中下毒手，指使 3 名特务潜入东江纵队粤北指挥部驻地，刺杀指挥员未遂后，又派人用水笔枪企图行刺支组内的中共代表杨康华。6 月 19 日，粤北部队南移至龙门永汉。从粤北一直跟踪而来的国民党军第一三一师一个团，企图发起攻击。粤北支组中共代表提出严正抗议，东江纵队粤北部队严阵以待。国民党军队见阴谋败露，只好作罢。

就这样，粤北部队克服重重艰难险阻，终于在 6 月 23 日——比原限定时间提前 2 天赶到葵涌。

此外，分布在珠江、韩江、中区、南路等地区的其他人民武装奉命参加北撤的部分干部，分别乔装辗转来到香港，再坐船于 6 月下旬抵达葵涌。

为统一领导北撤工作，6 月 23 日，根据广东区党委决定，在土洋村成立北撤部队军政委员会，组成人员：东江纵队司令员曾生、副司令员兼参谋长王作尧、政治部主任杨康华，珠江纵队司令

1946 年 6 月，曾生（左一）与王作尧（左二）、杨康华在东江纵队北撤前合影

① 张持平：《东纵东进部队北撤的经过》，载中共宝安县委党史办公室编：《回顾东纵北撤》，1986 年 7 月印，第 102 页。

员林锵云、副司令员谢斌，广东人民抗日解放军政治委员罗范群、副司令员谢立全、政治部主任刘田夫。曾生任北撤部队军政委员会书记。东江纵队政委林平原定参加北撤，中共中央鉴于全面内战必将爆发的严重局势，故决定让他留下，与方方一起领导广东及华南的人民解放斗争。

北撤部队军政委员会成立后，作为书记的曾生，深深感到肩上的担子十分沉重。这些天，他吃不好饭，睡不好觉，时时担心着北撤部队的安危。

曾生的担心并不是多余的。他回想起这半年北撤谈判斗争的情况，清醒地意识到：国民党当局亡我之心不死。另外，他已接到新的情报：国民党军队在惠（州）淡（水）地区除了原有一个师外，最近再增加一个师，形成了对北撤部队包围压迫之态势。决不能让"皖南事变"在广东重演！想到这里，他马上召集北撤部队军政委员会成员开会研究，作出了对付国民党军队袭击的部署：江南指挥部和东进指挥部的部队驻扎在葵涌外围，负责阻击国民党军队的进攻，掩护集中在葵涌的北撤人员突围和疏散；粤北指挥部和江北指挥部的部队，做好分路突围的准备，突围出去后回到原来的根据地坚持斗争；准备 300 条民船，停放在沙鱼涌附近港湾，待战斗打响后，将机关干部和非武装人员从海上撤往安全地带。

北撤部队原计划于 6 月 25 日登船，但美国方面突然来电：因台风影响，运载北撤人员的船会迟到。

广州行营获此消息，以为消灭东江纵队的时机到了，密令参谋处绘制进攻北撤部队的路线示意图。广州行营参谋长甘丽初得意忘形地说：中国有两句成语，一句是"瓮中捉鳖"，一句是"一网打尽"，东江纵队虽然冲破了这次南下的几个关口，现在他们集中到这里，就等于鳖入了瓮。

集中在葵涌的北撤部队，处于十分危险的境地。

在这千钧一发时刻，潜伏在广州行营工作的中共特别支部成员杨应彬，看到了这一密令，迅速告知也在广州行营工作的中共地下党员左洪涛。左洪涛急忙找到民主人士萨空了，请他速赴香港设法向林平报告这一特急情报。①

广东区党委获悉这个特急情报，迅速作出决定：一是向周恩来、叶剑英报告；二是由方方向军调部第八执行小组提出抗议，并知会美国代表米勒，请他出面制止国民党的倒行逆施；三是动员香港进步报刊，揭露和谴责国民党广东军事当局的阴谋。

曾生接到这一情报后，马上召开北撤部队军政委员会会议作出对策。北撤部队军政委员会委员分头到北撤部队中进行紧急动员，要求大家做好突围和应变准备。曾生来到驻扎在葵涌外围的部队中，命令他们占据制高点，构筑工事，设置地雷区，严阵以待。他又派人与港英当局联系协助撤退，英方在抗战时期得到东江纵队的帮助，因此承诺：一旦战事发生，可以从海上掩护东江纵队向香港新界撤退。

由于北撤部队及时觉察广州行营的阴谋，并做好了政治上的斗争和军事上的准备，广州行营的围歼计划未能实施。

然而，那些国民党地方团队，仍然"小动作"不断。6月28日，驻淡水的广东省保安第七团派出便衣，携枪偷越划定的军事分界线，试图进行捣乱，被北撤部队抓获。此外，广东省保安司令部副司令韦镇福发电报给军调部第八执行小组的政府代表，要求留下曾生"算清了账再走"②。中共代表方方和美国代表米勒没有理会这种无理取闹。

此时，北撤部队接到通知，运载北撤人员的美国军舰，将于6月29日下午到达大鹏湾。

① 杨应彬：《六十年的战斗经历》，载中共广东省委党史研究室编：《广东党史资料》第28辑，广东人民出版社1996年版，第57页。

② 吕剑：《送东江纵队北行》，香港《华商报》1946年7月3日。

6月29日，北撤人员吃过早餐，一早就从葵涌出发，抵达沙鱼涌海滩候船。随军记者钟紫报道："战士们刚刚放下多年战斗相随行李，便听见指导员广播着方方少将给同志们的信。"①

方方给参加北撤的曾生、王作尧、杨康华以及各位指战员的慰问信写道：

我代表中共中央军委会热烈的慰问你们！

我以沉重又兴奋的情绪欢送你们！

你们打了八年日本鬼，解放了大片国土，挽救了千百万同胞的厄运，然而日本鬼投降了，你们却不能不离开家乡，一想到这里，不禁令我挥泪。

然而，你们为了全省全国的和平，你们为了坚决执行人民领袖毛泽东同志的训令，你们终于决然毅然冲破一切困难——不怕牺牲，不怕艰苦，义无反顾的英勇的集中北撤，说明你们纪律的严明，训练的有素，怀抱的伟大，不愧是人民的优秀的儿女，不愧是毛泽东的好学生，这是如何的使我感动兴奋呢！②

听着这封感情真挚的送别信，许多人热泪盈眶。

6月29日下午2时许，美军运载北撤人员的登陆舰开进大鹏湾。东江解放区的父老乡亲得到子弟兵即将登船北撤的消息，扶老携幼，提着各种食品和生活用品，不顾国民党军队的阻拦，冒险前来送别。在这就要离别的时刻，乡亲们难分难舍。这时，群众中有人深情地朗诵着《送

---

① 钟鲁平：《东江纵队北撤山东始末记》，《烟台日报》1946年8月6日。钟鲁平即钟紫，东江纵队《前进报》记者，以香港《正报》记者名义随东江纵队北撤，作为随军记者负责报道东江纵队北撤情况。另一种观点是：方方于6月29日下午4时站在沙滩上直接对全体北撤人员作欢送讲话，而不是写慰问信，持这种观点的有曾生、王作尧、刘田夫、李征等人。

② 钟鲁平：《东江纵队北撤山东始末记》，《烟台日报》1946年8月6日。

别我们的子弟兵》：

> 同志们呀慢慢地走，
> 且让我们再紧紧地拉把手，
> 要说的话呀说不尽，
> 请喝完我们这杯送别酒。
> 八年的时光不算短呀，
> 你们打击敌人没曾松过手，
> 保卫自己的人民和土地，
> 你们的鲜血没白流。
> …… ……①

这首朗诵诗，生动地反映了东江纵队与人民群众的鱼水情深。

在沙鱼涌海滩上，送别的群众有好几千人，呼喊声、哭声、叮嘱声汇成一片，场面感人至深。

曾生的母亲带着未满 2 岁的孙子曾德平，也匆匆赶来送别。为了不拖累部队的北撤行动，曾生夫妇忍痛割舍与家人的亲情。早在半年前，就把刚生下的女儿（后取名陈晓霞）送给香港一个陈姓的士司机作养女。北撤前，又设法将 3 岁多的女儿曾彦眉托付给乡亲抚养，无奈一时找不到人，只好把女儿装在箩筐里，塞上一些钱和饼干，放到路边指望有过路人领走。但曾生母亲不忍心，又跑回去把孙女捡了回来。几经周折，终于委托到一位老乡乐意领养。送别了北撤部队后，曾生母亲和黄萍带着曾德平远走他乡，逃难到九龙深水埗隐姓埋名掩蔽下来，直到 1950 年初才由曾生派人接回。

---

① 李惠群：《军民鱼水情——记土洋、沙鱼涌群众欢送东纵北撤的情景》，载中共宝安县委党史办公室编：《回顾东纵北撤》，1986 年 7 月印，第 226 页。

广东区党委和北撤部队军政委员会严格遵守关于北撤期间沿途"不开群众大会"的协议，因而没有举行正式的欢送大会，只是在 6 月 29 日下午登船前举行简单的送别仪式，并向军调部第八执行小组的美国代表米勒赠送锦旗。

在送别仪式上，曾生发表简短扼要的讲话：

今天是我们集中北上的最后一天了。

……　……

我们驻地分散，一个月的期限难于集中。但由于同志们的努力，不到一个月就集中完成了。这足见同志们对于坚持和平的真诚和决心！

我们的集中北撤，是经过了三方代表的努力的。为了和平，米勒上校是辛苦了。今天我们献给他一面绣旗，表示我们的谢意。[①]

曾生讲完话，北撤妇女队代表、曾生夫人阮群英将一面绣着"和平使者"四个大字的鲜红的锦旗献给美国代表米勒。

米勒满脸笑容地接过锦旗，用手轻轻地抚摸着，再用双手高高举起向人们展示。顿时，人群中爆发出雷鸣般的鼓掌声和欢呼声。站在米勒旁边的方方，兴奋地带领大家高呼口号："和平万岁！""民主万岁！"热烈的欢呼声，响彻云霄。

米勒作答谢发言："我很感激，一定很珍贵的保护它，祝中国的和平早日实现！"

人们不禁要问：为何要向美国代表米勒赠送锦旗？参加北撤谈判的中共代表方方、曾生、林平心里都十分清楚，在谈判过程中，美国代表米勒处理双方矛盾还是较为公允的。尤其当他得悉国民党军队密谋在葵

[①]　吕剑：《送东江纵队北行》，香港《华商报》1946 年 7 月 3 日。

涌围歼北撤部队后，同意并签发了以第八执行小组的名义给张发奎的急电："在美国军舰到达大鹏湾前的等待时间里，中共武装人员的安全应予以确实保证；在接到第八执行小组关于中共武装人员已经登船启航的通知之前，政府军队不得越过已商定的军事分界线。"故此，北撤部队军政委员会决定向米勒赠送一面锦旗，以表彰这位美国朋友半年来为实现广东中共武装人员北撤，为广东的和平事业所付出的辛勤劳动和贡献。

6月29日下午4时，美军的585号、589号、1026号3艘登陆舰，在一艘驱逐舰的率领下，徐徐靠近沙鱼涌海滩。由于没有码头，北撤人员要涉过齐胸的海水登船。军调部第八执行小组工作人员拿着登记表逐一核对上船人数。原定北撤人数是2400人，将要登船完毕时，那些站在海岸边送行的人们情感失去了控制，像洪水般冲向海边，那些不愿意留下的东江纵队战士乘势冲上了登陆舰。最后，参加北撤的人数比原来额定的多出183人。东江纵队北撤部队总共2583人①，其中包括珠江纵队89人、韩江纵队47人、广东人民抗日解放军105人、南路人民抗日解放军23人、桂东南游击队1人。

登船完毕，天色已晚，美军登陆舰驶离沙鱼涌，暂时停留在大鹏湾。曾生坐在第一艘船上。此刻，他紧绷的神经仍然未能放松。作为北撤部队的总指挥，他通过电台与其余两艘船的战友保持着密切的联系，指挥部队应付随时都有可能出现的突发事件。其实，早在登船前，他就已与北撤部队军政委员会成员研究确定了上船后干部的分工和应变措施：一是将美军的3艘登陆舰编组：第一船为589号船，由曾生、刘田夫指挥；第二船为585号船，由罗范群、谢立全、谢斌指挥；第三船为1026号船，由王作尧、林锵云、杨康华指挥。曾生任总指挥。二是各船派出干部日夜在航海室值班，检查航线，以防舰队驶离原定目标的航向。三是每艘

---

① 《曾生关于东江纵队情况向华东局汇报的记录》(1946年9月10日)，载深圳市史志办公室编：《两广纵队史》，中共党史出版社2010年版，第118页。

船挑选数十名精壮战士暗藏短枪，准备在发生突变时夺回已入库的所有武器弹药。

6月30日上午8时，太阳从海平线升起，海面上波光粼粼。满载东江纵队北撤部队的美军登陆舰离开大鹏湾，开往山东烟台。曾生与战士们站在甲板上，深情地望着曾经战斗过的大鹏半岛，使劲地挥动双臂，与仍然留在海滩上的战友和群众告别。此时，船上的指战员们一齐唱起了《北撤进行曲》：

> 为了广东的和平呀，
> 我们要离开战斗的家乡。
> 我们要走上新的路程，
> 漂洋过海到遥远的北方。
> ……　……

悲壮的歌声，伴随着海风在大鹏湾上飘荡。

第二天，即7月1日，舰队进入台湾海峡，浪急风高，暴雨倾注。曾生向各船发出电报，要求同志们以实际行动纪念"七一"党的生日，号召大家紧密团结，发扬光荣的革命传统，战胜困难，时刻警惕，随时准备战斗，保证胜利完成北撤任务。

7月4日中午，天气分外闷热。曾生走出船舱，在甲板上凭栏远眺，眼看舰队就要驶入渤海湾，海面上一片风平浪静。然而，曾生的心中正翻起阵阵波涛：就在昨天舰队接近上海附近海域时，党中央发来关于全面内战已经爆发需要提高警惕的电文。现在离烟台越来越近了，在这关键时刻，必须牢记党中央的指示，提高警惕，确保北撤部队安全到达。于是,他快步返回船舱,向各舰发出电报命令:明日7时船即可抵达烟台,由于山东形势紧张，希望全体同志做好战斗准备。[①] 各舰指挥员接到命令，立即进行传达，布置应变工作，与美军几经交涉，开箱取出了轻重武器，做好随时战斗准备。

1946 年 7 月 5 日，东江纵队抵达烟台后，曾生接受《大众日报》记者采访

经过五个昼夜的航行，7 月 5 日凌晨，舰队到达烟台。

烟台市地处山东半岛东北部，濒临渤海、黄海。明洪武三十一年（1398 年），当地军民为预防倭寇侵扰，在临海北山上设狼烟墩台（即烽火台），北山后称"烟台山"，烟台市也由此得名。1945 年 8 月 24 日，八路军收复烟台，成为当时中国共产党领导的全国解放最早、规模最大的沿海港口城市。烟台的战略位置十分重要，是华东连接东北、华北的海路枢纽，对东北乃至全国战局的影响举足轻重。东江纵队主力北撤烟台，体现了中共中央的高瞻远瞩和对东江纵队的关爱。

曾生率领第一船的北撤人员首先登岸。

北撤部队受到胶东解放区党政军领导和群众上万人的热烈欢迎。山东《大众日报》报道："烟市群众闻讯倾市而出，万人空巷箪食壶浆，执旗拿花，纷纷列队在码头欢迎。……当曾生司令率部登岸时，军乐锣鼓鞭炮齐起，欢呼声盈耳不绝，群众争以鲜花投掷，慰劳物品不断塞入战士们的衣袋里。"[②]

在烟台港门前举行的欢迎仪式上，胶东军区副司令员王彬致欢迎

① 钟鲁平：《东江纵队北撤山东始末记》，《烟台日报》1946 年 8 月 6 日。另据叶锋的北撤日记。

② 《全市万人空巷举行盛大欢迎，东江纵队北撤抵烟》，山东《大众日报》1946 年 7 月 10 日。

词，胶东行署主任曹漫之、八路军第六师政委仲曦东相继讲话，"对为和平而忍让北撤的东江纵队同志，致热烈欢迎与慰问，对进攻抗日有功的国民党反动派，则严厉斥责，并号召大家共同保卫和平"①。最后，曾生在欢迎仪式上致答谢词。曾生接过群众代表敬献的鲜花，向到会的烟台群众敬礼，然后说："我们这次为了执行党的和平方针，忍让离开奋斗八年的家乡，为了实现民主团结，撤出战斗八年的解放的地区，远远的来到烟台。以后我将继续用我们的血肉，和这里的弟兄共同为中国的和平与人民的解放而奋斗！"②

欢迎仪式结束，北撤部队在八路军老大哥的引领下，离开海湾码头，分成两列队形穿过市区前往宿营地。

翌日，烟台市党政军民举行欢迎东江纵队胜利北撤大会。胶东地区党政军负责人在会上讲话，高度评价东江纵队北撤的重大胜利。随后，中共中央华东局（简称"华东局"）、华东军区、胶东行署均派出慰问团，带上布匹、军鞋、袜子，以及胶东土特产花生、红枣、西瓜、梨子等物品，来到北撤部队驻地慰问。

7月6日下午4时，曾生假座烟台市外事办公厅举行记者招待会，介绍东江纵队的发展过程以及抗战的英勇战绩，揭露国民党当局破坏协议，纠集军队进攻东江纵队并阻挠北撤的罪行，报告东江纵队胜利北撤的经过。最后，曾生表示："虽然历史的斗争证明我们有力量在广东坚持下去，但我们为顾全国家大局，为执行党的正确的和平方针，所以我们忠实遵守了协议，我们是非常光荣的，我们相信全国人民是会做一个公正的裁判的。"③

东江纵队北撤到达烟台的消息公布后，华东局、新四军军部及山东

---

① 《全市万人空巷举行盛大欢迎，东江纵队北撤抵烟》，山东《大众日报》1946年7月10日。
② 《全市万人空巷举行盛大欢迎，东江纵队北撤抵烟》，山东《大众日报》1946年7月10日。
③ 《曾生将军发表谈话》，山东《大众日报》1946年7月22日。

军区、晋冀鲁豫军区、晋绥军区和热河军区等领导人陈毅、刘伯承、邓小平、贺龙、萧克等，以及山东省参议会暨山东省政府，相继发来慰问贺电。

新四军军长兼山东军区司令员陈毅、新四军政委兼山东军区政委饶漱石、新四军副军长兼山东军区副司令员张云逸、新四军副政委兼山东军区副政委黎玉、新四军政治部主任兼山东军区政治部主任舒同，于7月7日致曾生转东江纵队全体指战员的贺电称：

东江纵队坚持华南八年抗战，英名远扬，威震环球，曾经给予并肩作战之八路军、新四军以极大的鼓励。……东江纵队全体指战员秉忠贞坚卓之精神，为和平民主事业奋斗，迫使顽暴凶徒不敢凌犯，终于突破国民党反动派之严重封锁，而远渡重洋得与我山东八路军、新四军部队会师，此实为我党我军之一伟大胜利。[①]

晋冀鲁豫军区司令员刘伯承、政治委员邓小平的慰问电全文如下：

胶东分社转曾生同志暨东江纵队全体同志鉴：

你们忠诚执行协定，忍痛让出苦战八年艰苦缔造的东江解放区，离别家乡父老，毅然北撤，获得国内人士一致赞扬，特致亲切慰问。现内战烽火四起，愿共同携手，保卫和平，予好战之徒以严重打击。

刘伯承、邓小平
一九四六年七月十二日 [②]

中共中央华东局的贺电指出：

---

① 《曾生将军率部安抵烟台，华东诸首长特电致贺》，山东《大众日报》1946年7月12日。
② 《刘伯承邓小平将军电慰东江纵队》，山东《大众日报》1946年7月14日。

你们与日寇奋战八载，刚驱走了民族敌人，复遭国民党反动派大举进攻，浴血奋战十一月，历尽艰苦牺牲，但由于你们具有崇高的布尔什维克的坚定不移，不畏任何艰辛，忠实于人民的精神，胜利终于被你们取得，中国人民有了你们这样钢铁的队伍，反动派任何进攻一定被打垮，人民一定会胜利。[①]

北撤部队收到这些慰问电和贺电，倍受鼓舞，更加坚定了与国民党反动派战斗到底的决心。

[①]　《各地电贺东江纵队，中共华东中央局贺电》，山东《大众日报》1946 年 7 月 19 日。

第十二章　驰骋华东战场

一、整训学习

　　1946 年 7 月底，中共中央作出关于东江纵队北撤部队归华东局和新四军兼山东军区直接领导的指示，并确定了"保存华南骨干，提高干部质量"的方针。为此，中共中央华东局决定对北撤人员进行全面培训，为建立一支华南主力部队打好基础。

　　由于全面内战爆发，曾生关注着家乡广东的局势，担忧着留在广东的东江纵队指战员的险夷，牵挂着东江解放区人民群众的安危。他从北撤指战员的家书中得悉：国民党广东当局趁东江纵队主力北撤，加紧部署"清乡"，设立集中营收捕东江纵队复员人员，国民党保安团在惠东宝地区公开贴出"凡持有东江纵队复员证者杀无赦"的标语；地主恶霸和奸伪分子对东江解放区群众进行反攻倒算、寻仇报复。根据这些情况，曾生召开北撤部队领导干部会议，作出如下决定：一是要求各队切实做好北撤人员的思想工作，引导指战员深刻理解北撤山东的伟大意义，认清国民党反动派的本质，将悲痛和仇恨转化为力量，抓紧休整和学习，认真做好投身全国解放战争的准备。二是以东江纵队北撤领导人的名义，向东江解放区乡亲发出通电，揭露国民党当局破坏协议，反攻倒算，迫害东江纵队复员人员的罪恶行径，号召东江父老乡亲团结起来。"采取同一步骤，严肃自卫，人不犯我，断不犯人，人若犯我，迫我至于绝境，自不能束手待毙！"①1946年8月1日，曾生、王作尧、杨康华、林锵云、卢伟如和周伯明，联名发出《东江纵队北撤人员重要通电》，在香港《正报》公开发表。

9月10日，华东局召开会议，听取东江纵队司令员曾生关于北撤部队情况的汇报，研究决定培训北撤部队的措施。

曾生在会上首先报告了北撤前华南各抗日游击纵队活动的情况，以及与国民党当局进行谈判斗争实现胜利北撤的经过。然后，着重汇报了北撤部队人员的组成和到达烟台后的生活、思想情况。最后，曾生代表北撤部队提出今后工作意见：今后工作总任务是"学习本领准备打回去，东纵旗帜希保留"②。

会议作出五项决定，并电报中共中央。电文如下：

中央：

　　东江纵队的名义保留；战斗部队编成东江纵队教导团，仍由东江纵队司政机关统率；地方干部、技术人员分别送入党校及侦听、卫生、通讯学校学习；军队干部编入华东军政大学学习；东江纵队教导团统归华东军政大学统一指挥教育。

华东局　九月十日③

中共中央于1947年2月8日复电华东局及东江纵队领导人曾生、王作尧、杨康华，明确指出：

---

① 《东江纵队北撤人员重要通电》，香港《正报》1946年8月1日。

② 《曾生关于东江纵队情况向华东局汇报的记录》（1946年9月10日），载深圳市史志办公室编：《两广纵队史》，中共党史出版社2010年版，第120页。

③ 《华东局关于东江纵队北撤部队的意图和培训安排向中央的报告》（1946年9月10日），载深圳市史志办公室编：《两广纵队史》，中共党史出版社2010年版，第114页。

东江纵队领导干部于学习后成立教导支队指挥作战，或参加山东各级领导机构工作，由华东局及东江纵队负责同志商决。此后东江纵队只保留名义，领导机关即使在，惟华东局组织部可吸收东江纵队一人参加，登记东江纵队全体干部党员及其工作分配地区，以便将来南方工作需要时易于征调。[①]

1946年9月13日，北撤部队经过近两个月的休整，离开烟台，途经莱阳、高密、诸城、莒县，于10月1日到达临沂地区待命。

10月下旬，曾生率领北撤部队开往华东军政大学所在地莒县大店。经过编队和学习动员，指战员们分别进入有关学校学习。当时，华东军政大学校长由新四军第一副军长兼山东军区第一副司令员张云逸兼任，副校长为余立金。为便于管理北撤部队的学员，华东局任命曾生为华东军政大学副校长，仍保留东江纵队司令员职务。

进入华东军政大学学习的北撤部队有2000多人，其中1000余名战斗人员编为东江纵队教导团，曾生兼任团长和政治委员，陈达明任副政治委员。另有1100余名军政干部、妇女干部和勤务人员，分别编入华东军政大学第四大队（团营干部队）、第五大队（连排干部队），第四大队大队长王作尧、政治委员谢立全，第五大队大队长谢斌、政治委员杨康华。

除此之外，北撤部队进入华东党校学习的有173人，他们大多数是广东地方党组织区委以上干部，由林锵云、罗范群、刘田夫带领。进入其他各种专业技术学校或训练班学习的有200余名专业技术干部，另有少数干部进入山东大学读书。

北撤部队干部、战士的学习安排就绪后，曾生终于松了一口气，他

---

① 《中共中央关于东江纵队的处理意见电告华东局和东江纵队》（1947年2月8日），载深圳市史志办公室编：《两广纵队史》，中共党史出版社2010年版，第114页。

期待着指战员们学习结业后，组成新的战斗部队，奔赴全国解放战争的伟大战场。

　　按照华东军政大学的分工，曾生负责管理东江纵队教导团、第四大队、第五大队的学习和训练。

　　1946 年 11 月 25 日，华东军政大学正式开学，学员们在这里主要进行政治学习和军事训练。

1946 年 11 月，华东军政大学开学时合影，前排左五为曾生

　　在华东军政大学学习期间，东江纵队教导团参加了一些作战行动。1947 年 1 月上旬，华东野战军发动鲁南战役，东江纵队教导团奉命开赴华东局和华东军区所在地山东临沂，担任城防警卫任务。2 月中旬，华东野战军发动莱芜战役，东江纵队教导团参加这一战役的战略佯动，开赴临沂以南的阜前、兰墩地区，构筑野战阵地防御工事。莱芜战役打响后，东江纵队教导团随华东局领导机关和华东军区司令部转移到沂水县，继续担任警卫任务。

　　随着莱芜战役的展开，华东军政大学转移到莒县以北的招贤镇，学员们在那里继续学习。在整风学习阶段，曾生认为这一环节很有必要，必须通过整风学习，帮助北撤部队克服过去在抗日游击战争的艰苦环境中，自然形成的山头主义、分散主义和游击习气。因此，他把主要精力放在第四大队、第五大队的整风学习上，他到这两个大队去作民主集中制的报告，着重检查东江纵队在领导上的弱点，并批评干部队伍中存在的不良作风，启发学员们进行自我反省。

在鲁南战役和莱芜战役中，华东野战军俘虏了大量国民党军队官兵，缴获了大批火炮、坦克和汽车等装备。华东军政大学500余名北撤部队学员，奉命到前线担任战俘的接收和整训任务。在此期间，华东野战军决定成立特种兵学校，为组建特种兵纵队培训干部。东江纵队奉命调派曾源到特种兵学校担任政治处主任，并从华东军政大学第五大队选派68名学员到特种兵学校学习。这些学员毕业后，成为华东野战军特种兵部队的骨干。

经过几个月的学习和训练，北撤部队指战员的思想觉悟、政策水平、军事理论、作战指挥、军事技能等各方面，都有了显著提高，组织纪律观念大为增强。北撤部队的正规管理教育和正规作风已基本建立起来，为以后组建正规野战部队打下了坚实的基础。

1947年4月中旬，在华东军政大学学习的北撤部队指战员结业并分配工作。他们当中，除了东江纵队教导团准备编入即将成立的两广纵队教导支队外，其余学员分别派到华东军区、华东军政大学、各野战纵队，以及山东省党政机关工作或学习锻炼；还有50余人准备调回广东工作。在华东党校的北撤地方干部学员，还未结业，继续留校学习。

二、两广纵队司令员

在东江纵队北撤山东时，全面内战已经爆发，以蒋介石为代表的国民党统治集团撕毁协议，出动军队，对共产党领导的解放区发动全面进攻。在这严重关头，中共中央号召全党及解放区军民，团结一致，彻底粉碎国民党军队的进攻，建立独立、和平、民主的新中国。为适应全国解放战争形势的需要，1947 年 3 月，中共中央电示华东局，决定以东江纵队北撤部队为基础，组建中国人民解放军两广纵队，为将来解放两广 [①] 和华南创造更有利的条件。

1947 年 3 月 31 日，中共中央华东局任命曾生为两广纵队司令员、渤海区党委副书记。五六月间，华东局和华东野战军又相继任命雷经天为两广纵队政治委员、林锵云为副政治委员、姜茂生为参谋长、杨康华为政治部主任。

关于组建两广纵队，中共中央强调要采取自力更生的原则。为此，华东局和华东军区决定，以东江纵队教导团为基础，接收在莱芜战役中解放的 880 名两广籍战士，加上渤海军区的一个新兵补训团，先成立两广纵队教导支队，进行教育训练，待条件和时机成熟时再正式成立两广纵队。

1947 年 5 月上旬，两广纵队教导支队成立，下辖 3 个团。曾生兼任教导支队司令员和政治委员，邬强为副司令员，陈达明为副政治委员兼政治部主任。第一团团长彭沃、政治委员郑少康，第二团团长黄布、政治委员陈一民，第三团团长刘培、政治委员谭桂明。为了加强两广纵队的建设，中共中央和华东局从八路军、新四军中选调了 10 余名师、团级干部，到两广纵队教导支队机关和部队中担任军政领导职务。

在两广纵队教导支队成立大会上，曾生作动员报告。他指出："党中央给我们的任务，以教导团为基层基础，成立两广纵队，即是组成战略部队准备打返华南的主力，为解放华南事业而斗争，这任务是光荣伟

① "两广"，为广东、广西两省的合称。

大又重大的，要由不足一千的骨干扩大成为万余人的部队是条件艰苦的事情，这就需要同志们努力。"①

两广纵队教导支队成立后，立即开展紧张的军事和政治训练。

根据华东局和华东军区关于"一面训练，一面战斗"的指示，两广纵队教导支队第一团、第二团，于1947年7月分别开赴鲁中、鲁南地区以及胶济线以北的小清河、章丘地区，配合兄弟部队作战，进行实战锻炼。第一团首先于7月2日在利津县北关渡过黄河南下，相继参加南麻、临朐、诸城等战役，再移至安丘县王家沟，担负警卫华东局机关的任务。第二团继第一团之后，于7月中旬南渡黄河，在章丘、高青、邹平一带进行实战锻炼，11月初返回渤海区黄河以北滨县一带。第三团仍留驻滨县一带进行军事训练。两广纵队教导支队机关则于7月起，逐步由利津县城夹河一带，向西经明集移驻滨县北部曹家桥、前代村、龙王庙村一带。

1947年6月30日，刘伯承、邓小平率领晋冀鲁豫野战军，在鲁西南一举突破敌人的黄河防线，揭开了人民解放军战略进攻的序幕。在这一有利的时机下，华东局和华东军区决定正式成立两广纵队。

1947年8月1日，正是中国人民解放军建军20周年纪念日。这天，中国人民解放军两广纵队成立大会在滨县曹家桥（今属滨州市滨城区堡集镇）举行。两广纵队领导人是：司令员曾生，政治委员雷经天，副政治委员林锵云，参谋长姜茂生，政治部主任杨康华、副主任刘田夫②，下辖第一团、第二团、第三团和教导总队，连同两广纵队机关总

① 《曾生在成立教导支队时的动员报告记录·曾司令员编队报告》（1947年5月上旬），载深圳市史志办公室编：《两广纵队史》，中共党史出版社2010年版，第134页。

② 东江纵队副司令员兼参谋长王作尧已另有职务安排。他于1947年5月在华东军政大学结业后，先后担任华东野战军第十纵队副参谋长、华北军政大学教育部副部长，直至1949年5月才调任两广纵队副司令员兼第二师政委。

共 4800 人，直属华东野战军建制。

雷经天是广西南宁人，1904 年 7 月生，1925 年加入中国共产党。土地革命战争时期，先后参加著名的南昌起义、广州起义和百色起义，历任黄埔军校政治部宣传科科长、中共广东省委特派员、中共广西省委代理书记、中共右江特委书记、右江苏维埃政府主席、陕甘宁边区最高法院院长、八路军独立游击第三支队政委等职务。姜茂生是广西凤山人，1911 年生，参加过著名的百色起义，1929 年 12 月加入中国共产党，历任红七军政治保卫队班长、闽西南红军连政治指导员、新四军特务团团长等职务。

成立大会发表《中国人民解放军两广纵队成立宣言》，阐明了两广纵队成立的宗旨和根本任务，宣言指出：

我们特在华东战场组成中国人民解放军两广纵队，我们的队伍里有去年为求国内和平忍让北撤的东江纵队全部，有在解放区奋斗多年的革命战士及爱国青年，有热爱祖国的华侨，更有从国民党军队中解放出来的两广官兵。大家在为求得中国独立和平民主的统一意志下，组成这一支强大的人民武装，在中国共产党与中国人民解放军总部的领导和指挥下，与其他部队，并肩作战，为反对蒋介石的卖国内战独裁，反对美帝国主义的侵略而斗争到底！为解放两广人民，解放全国人民而斗争到底！ [1]

大会通过了给中共中央主席毛泽东、中国人民解放军总司令朱德的通电：

---

[1] 《两广纵队成立宣言》，载深圳市史志办公室编：《两广纵队史》，中共党史出版社 2010 年版，第 135 页。

中共中央毛主席、朱总司令:

我们中国人民解放军两广纵队已于八月一日在华东前线正式成立,我们全体指战员在你们英明领导下,在伟大的爱国自卫战争中,坚决执行并保证完成你们所给予的一切艰巨任务,彻底粉碎蒋介石对全国解放区的进攻,一直打到两广,解放华南,全军团结一致,为全中国人民的解放奋斗到底。

中国人民解放军两广纵队司令员曾生、

政治委员雷经天暨全体指战员

八月一日 [①]

大会也通过了给华东军区首长陈毅等人的通电,表示坚决执行华东军区的命令和指示,粉碎蒋军对华东的进攻,争取全国大反攻和胜利早日到来。

华东局、山东省参议会、山东省政府、东北民主联军总司令兼总政委林彪和副总政委罗荣桓、晋冀鲁豫中央局和晋冀鲁豫军区暨边区政府、新四军兼山东军区司令部和政治部,分别致电曾生、雷经天暨两广纵队全体指战员,对两广纵队成立表示祝贺。这些贺电,指出两广纵队成立的重大意义和所肩负的艰巨而光荣的任务,表达了各解放区党政军民的殷切期望,给予两广纵队全体指战员极大的勉励和鼓舞。

1947年9月27日至28日,两广纵队党委举行第一次会议。会议明确了两广纵队的建设方针和任务。

在9月27日的会议上,曾生汇报北撤部队在华东军政大学学习和两广纵队组建以来的情况,罗范群、刘田夫汇报北撤部队在华东党校学习的情况,林锵云传达刘少奇、朱德、叶剑英等党中央和军委领导人对

---

① 《一支新的人民劲旅诞生——两广纵队成立》,山东《大众日报》1947年8月11日。

两广纵队发展问题的指示，雷经天传达张云逸、邓子恢、舒同等华东局领导人的指示。

中共中央和华东局对两广纵队建军方针和任务的指示，主要有五个方面：一是两广纵队要在华东战场上进行实战锻炼，要靠自己的努力，在战斗中求得发展壮大；二是要建立一支有 3 个师 9 个小团规模的两广纵队主力部队，成为南下解放两广、解放华南的力量之一；三是两广纵队将来要接受党中央的统一部署，向南进军，打回广东去；四是两广纵队应是一支机动部队，随华东野战军行动；五是两广纵队要加强思想作风建设，克服山头主义，纠正急于南下的想法，培养不怕牺牲的战斗作风。

在 9 月 28 日的会议上，大家集中讨论了中共中央和华东局对两广纵队建军方针和任务的指示精神。曾生作了长篇发言，着重谈三个问题：

第一，关于时局的发展和南下的时间问题。曾生指出：今天我们对蒋介石实行杀头政策，就是要彻底推翻蒋介石的独裁反动统治。如何壮大我们的力量，使革命胜利的旗帜插遍全中国，取得建立新民主主义新中国的胜利，是我们党的历史使命。因此，我们今天一方面要在军事上取得胜利，进行波浪式的反攻；另一方面要在解放区加紧土改复查，巩固与扩大解放区，这是党中央的两个拳头，是推翻蒋介石反动统治的坚实力量。今天我军的反攻是"波浪式""刘伯承式"[①]的，如果这种反攻能跳跃得快，那么我们南下的时间就会早一些。但必须顾及困难的一面，要看到美国对蒋介石的支持和蒋介石的拼死挣扎。胜利到来的时间可能如党中央估计需要两年。因此我们今天应争取时间，在华东战场学习锻炼，做好南下准备。在我们队伍中，有一种"速胜论"，以为很快

---

① 1947 年 6 月，刘伯承、邓小平指挥晋冀鲁豫野战军，采取千里跃进的进攻方式，直捣国民党军队盘踞的大别山，威胁了国民党统治心腹南京和武汉。这一战略行动，成为人民解放军由战略防御转为战略进攻的转折点。

就会南下。这种思想倾向，会影响大家学习锻炼的情绪。对我们今天来说，不在于迟早南下，而在于能否学到本领。两广纵队组建以来，我们的一些干部对建军方针不够明确，以为两广纵队的建立只是为了华南的解放，并以为南下只是两广纵队的任务。这种思想是不对的，虽然陈毅军长指示两广纵队将来要为解放两广而南下，但我们必须随时执行党交给的任务，服从解放战争整体局势，参加华东的解放斗争。

第二，关于部队的锻炼与扩大的方针。曾生指出：党中央现阶段给我们的主要任务是在实战中锻炼，但并不等于部队在能够发展的条件下不去扩大与发展。部队在实战锻炼中是可以扩大的，问题在于对锻炼与发展的理解和掌握。部队没有锻炼就不能壮大，在锻炼中可能会有消耗，但又需要壮大，所以两者不是对立的，而是统一的。目前部队以锻炼为主，在锻炼中逐步发展壮大。我们的干部普遍存在着扩大与发展不靠自力更生为主的倾向，而是想着依靠外援，不愿意从打仗中扩大，怕人枪少而不敢战斗，希望野战军能送枪。我们要纠正这种错误倾向。我们的方针是：在自力更生原则下尽量争取外援。

第三，关于思想建设。曾生说：我们在广东时，只重视组织领导，放松了思想领导。到山东烟台后，对我个人来说，思想领导确是一件新鲜的东西。当时我是想离开北撤部队去学习的，对北撤部队存在的思想问题，留待上级去解决，故放松了思想领导。两广纵队组建以来，我本人虽然有一些进步，但还存在很多缺点，例如未能从干部着手进行思想教育工作，以及对思想领导这个问题认识不深刻，等等。这些存在问题应该引起注意和认真改正。[1]

林锵云、罗范群也在讨论会上就提高两广纵队干部战士的素质问题作了发言。最后，雷经天作会议总结发言，强调要按照中共中央和华东

[1] 《两广纵队党委会议记录节录》（1947 年 9 月 28 日），载深圳市史志办公室编：《两广纵队史》，中共党史出版社 2010 年版，第 145—148 页。

局的新指示，明确两广纵队建设的新方针。

这是两广纵队史上一次极为重要的会议。会后，两广纵队政治部向党员干部作了传达，并组织大家学习党委会议的决议。通过传达学习，澄清了干部队伍中对两广纵队建设方针与任务的模糊认识，为两广纵队在华东战场的锻炼提高打下了坚实的思想基础。

三、参加豫东战役和济南战役

1947 年 10 月 13 日，中共中央军委电令两广纵队开往黄河以南，在鲁西南地区参加较大规模的战斗。

11 月 6 日，两广纵队在滨县龙王庙举行反攻誓师大会。政委雷经天宣读誓词，司令员曾生作动员讲话。曾生号召全体指战员，在反蒋自卫战争中，在人民解放军举行的反攻作战中，为人民杀敌立功。

11 月 10 日，两广纵队司令部率领第二团、第三团和教导总队[①]，从滨县曹家桥出发，南渡黄河。12 月 13 日，进入鲁西南前线曹县西北魏湾一带，归华东野战军北线兵团指挥，其任务是配合北线兵团在鲁西南机动作战，相机进行小规模的歼灭战，保障晋冀鲁豫野战军主力和华东野战军外线兵团的后方交通补给线。

在两广纵队开往鲁西南地区的同时，曾生奉命带领第一团政委陈一民等人，前往华北接收兵员和武器。

曾生一行首先来到河北省河间地区，在那里见到了总司令朱德以及晋察冀野战军司令员杨得志和政委罗瑞卿。朱德十分关心两广纵队的发展，向曾生详细询问了两广纵队的情况，鼓励两广纵队扎扎实实地在战斗中锻炼提高，并强调要十分注意搞好各方面的团结，还亲自批准拨给

---

① 此前第一团跟随华东局机关担任警卫任务，还未回归两广纵队建制。

两广纵队一门山西产一三式山炮。朱德语重心长地对接炮的两广纵队干部说："这门炮你们带回去，要好好学习使用，为建立两广纵队的炮兵团打好基础。"①杨得志也亲自安排拨给两广纵队一个营的两广籍解放战士，以及步枪、轻重机枪等武器共700多件。

接着，曾生一行来到中共中央工作委员会（简称"中央工委"）机关所在地河北省平山县西柏坡。在那里，曾生见到了中央工委书记刘少奇。刘少奇再次强调：你们要依靠自己从斗争中发展扩大，在华东战场上学好本领，准备按党中央的部署，打回两广去，打回华南去。他还针对曾生想把北撤部队交给华东局安置，自己则去华东党校学习然后由组织另行分配工作的念头，严肃地对曾生说："党叫你当两广纵队司令，你就要尽最大努力把两广纵队建设好，如果党需要叫你走，你就愉快地服从。"②

刘少奇这番话，对曾生的思想触动很大，使他受到了一次深刻的党性、组织性教育。

曾生离开西柏坡，来到晋冀鲁豫军区，在那里见到了晋冀鲁豫军区副司令员徐向前和副政委薄一波，他们也非常支持两广纵队的发展，从冀南军区调拨了一个新兵团给两广纵队。至此，曾生华北之行的任务圆满完成。

在曾生离开部队前往晋冀鲁豫军区期间，两广纵队第二、第三团在考（城）菏（泽）公路的毕寨打了一场小仗后，奉命开往成武县西北的青固集地区休整。1948年1月上旬，两广纵队第一团也从东线返回。部队会合休整期间，进行了以"三查"（查阶级、查工作、查斗志）、"三整"（整顿组织、整顿思想、整顿作风）和诉苦教育（诉旧社会和

---

① 《曾生回忆录》，解放军出版社1992年版，第506页。《两广纵队史》，广东人民出版社1988年版，第31页。

② 《曾生回忆录》，解放军出版社1992年版，第506–507页。

反动派给广大劳动人民的苦）为主要内容的新式整军运动。

1948 年 2 月中旬，国民党军队大举向鲁西南解放区进犯。曾生率领两广纵队奉命掩护华东野战军主力在南面作战。部队转战鲁西南十几个县，得到了很好的实战锻炼。

3 月 28 日，两广纵队完成掩护主力作战的任务后，从平阴县石庄北渡黄河，在东阿县以东的任集地区休整。

至此，两广纵队在华东战场的实战锻炼暂告结束。通过实战锻炼，两广纵队逐步掌握了在北方平原的正规作战方法、后勤补给方法和政治工作方法。作为指挥员的曾生，也逐步掌握了组织和指挥运动防御作战的方法。

两广纵队在任集地区休整了两个月，其间继续进行新式整军运动以及军事训练。曾生等纵队领导干部带头进行“三查”，谈自己的家庭出身和个人经历，查自己的思想和工作作风方面的缺点，然后请干部们提出批评意见。干部们向曾生提意见，认为他的检查联系自己实际不多，检讨不够深刻。于是曾生再次作了自我批评。曾生晚年回忆这次新式整军运动时仍深有感触：“这样全面的检查是我有生以来的第一次，教育非常深刻。”[1]

5 月下旬，两广纵队新式整军运动结束，经过“三查”、“三整”和诉苦教育，干部、战士提高了思想水平和阶级觉悟，改进了作风，促进了团结，增强了斗志。

5 月 25 日，两广纵队接到华东野战军司令部关于准备参加豫东战役的电令。

豫东战役，是华东野战军外线兵团和中原野战军（1948 年 5 月由晋冀鲁豫野战军改编）一部，于 1948 年六七月间在河南省东部地区同国民党军队进行的一次重要的战役决战，也是两广纵队第一次集中在一

---

[1] 《曾生回忆录》，解放军出版社 1992 年版，第 513 页。

起参加的大规模战役。

战役开始前，敌我双方大军云集。国民党集结了正规军25个整编师及部分保安部队共25万人，企图把华东野战军和中原野战军分割开来予以歼灭。中共中央军委根据当时的形势，考虑到解放军集中主力在中原战场作战更为有利，遂调集华东野战军第一、三、四、六、八纵队、两广纵队、山东兵团、苏北兵团和中原野战军第十一纵队共20万人，在鲁西、豫皖苏一带，先寻机消灭敌邱清泉兵团（即第二兵团），然后把敌人的其他兵团分割开来逐个歼灭。

5月29日至31日，华东野战军在黄河以北的各纵队（包括两广纵队），分别渡过黄河兼程南下，与中原野战军第十一纵队会合。

国民党军队发现华东野战军渡过黄河南下，急由邱清泉兵团北上堵击。邱清泉兵团是国民党嫡系部队，所属的各整编师都是美式装备。

华东野战军司令部根据敌我态势，命令第三、第八纵队攻打中原战略要地河南开封，以调动邱清泉兵团西援，创造歼敌战机。两广纵队奉命掩护特种兵纵队南移参战。

6月16日晚，围攻开封敌军的战斗打响。两广纵队参与阻敌增援的战斗。经过四昼夜激战，华东野战军于6月22日攻克开封，全歼守敌3万余人。

开封的失守，使蒋介石大为震惊。他急令邱清泉兵团和第四绥靖区刘汝明部，分别从成武、商丘和晋西南地区向开封夹击，又命令新组建的区寿年兵团（即第七兵团）由民权地区迂回开封，包围华东野战军第三、第八纵队，企图在开封跟解放军决战。这正符合解放军攻克开封是为了诱敌来援，以便在运动中将其各个歼灭的意图。因此，华东野战军司令部决定放弃开封，吸引邱清泉兵团西进，而集中兵力围歼区寿年兵团于杞县地区。遂作出部署：以华东野战军第一、第四、第六纵队和中原野战军第十一纵队、两广纵队组成南北两个突击集团，由第一纵队司令员叶飞指挥，准备对区寿年兵团实施夹击；以第三、第八、第十纵队组成阻援集团，阻击邱清泉兵团等部东援。

6月23日，两广纵队从陈留以南调往杞县东北地区，受第六纵队指挥，向尹店、吕屯集、白云寺攻击前进，协同华东野战军第一、第四纵队和中原野战军第十一纵队实行战场分割。次日，又奉命沿白云寺、李冈至吕屯集、蓼堤岭一带进行运动防御，以吸引区寿年兵团整编第七十五师于前沿阵地，以便其他兄弟纵队将敌围歼。

6月25日中午，敌整编第七十五师第六旅向两广纵队第一团阵地发起攻击。第一团杀伤敌一部后撤退至蓼堤岭。敌跟踪追击至第一团阵地前。第一团沉着应战，打退敌军多次冲锋，并相机实施阵地出击，一直打到天黑，始终坚守住阵地。6月26日凌晨，第一团奉命转移至裴村店、杞县城东北一线，担任机动阻击任务。

6月27日晨，华东野战军突击集团各纵队从四面八方向区寿年兵团发起猛攻。为保障突击集团顺利歼敌，华东野战军司令部命令第三、第八纵队在杞县县城西南楮皮岗至王堌集一线，布置坚固的阻击线；又将两广纵队从突击集团抽调出来，加入阻援集团，负责守备杞县县城。

接到守备杞县的任务后，曾生与雷经天、姜茂生研究作出部署：第二团进入县城守备，扼守城东、北、西三面；第一团扼守城南至五里河一线，确保第二团侧后安全；其余部队在杞县以东的桃林岗一线，协同兄弟纵队继续阻击西进之敌区寿年兵团。

6月27日中午，邱清泉兵团整编第八十三师进抵杞城西郊和北郊，对两广纵队第二团的阵地发起猛攻，并以部分兵力向城东迂回，企图一举攻下杞城。第二团顽强抗击，同敌军争夺护城堤外的村庄，打退了敌人多次冲锋。与此同时，第一团也击退了迂回城东之敌。战斗持续至当天深夜，敌军在付出较大代价后占领了护城堤外的村庄。

为加强杞城的防御，华东野战军司令部命令两广纵队继续全力守备，又增调第四纵队第十二师支援，并归两广纵队指挥。两广纵队则受第四纵队统一指挥。为更有利于作战，两广纵队司令部决定：由姜茂生率领司令部部分人员在城内南大街设置前进指挥所，直接指挥城防各部队作战；曾生与雷经天则继续留在城南郊马心庄的纵队基本指挥所指挥全局防守。

6月28日凌晨，两广纵队司令部发出命令：对敌实施反击，夺回护城堤外的村庄。接到命令后，第二团展开全面反击，夺回了北大堤以外的所有村庄，歼敌一个连。第一团于西大堤外逐村攻击前进，经过4个小时的激战，攻占距西门两公里的彭庄，歼敌一部。

反击战胜利后，两广纵队司令部调整作战部署：第一团守城西；第二团守城北；第四纵队第十二师教导队守城东；第十二师第三十四团守城西南部，与第三纵队衔接；两广纵队特务营[1]为预备队。

6月28日中午12时，敌邱清泉兵团整编第八十三师、第七十师第九十六旅，在飞机、大炮猛烈火力支援下，向杞县县城发起全面进攻。敌我双方展开激烈的争夺战。城北第二团的防御方向战斗尤为激烈，敌人数次冲上城北护城堤，并占领了第二团二营的重机枪掩体顶部。在那里担任防守的第五连进行英勇顽强的反击，第二排排长张清率领战士跳上掩体顶部与敌人展开白刃战，两次把敌人打了下去。在第三次反击时，张清不幸中弹牺牲。第二营营长邱伯寿等5名营、连级干部负伤。

敌军久攻不下北大堤，遂改变主攻方向，除以部分兵力继续进攻北大堤外，派出一个团的兵力，迂回城东第十二师教导队的阵地。6月28日下午3时半，敌军突破东大堤阵地，从东门攻入城内，然后向北门和北关迂回。第二团腹背受敌，团指挥所又遭敌炮火轰击而中断了指挥，战情十分危急，此时，两广纵队已没有预备队可使用了，且第十二师的后续团尚未到达。在无力组织反击的情况下，曾生与雷经天商议后，

---

[1]　两广纵队第三团因严重非战斗减员，于1948年2月缩编为特务营。

于当天下午 5 时半命令部队撤出县城，移至杞城南郊设防。

战后，曾生对杞城的失守作了严格的自我检讨。他认为：两广纵队守备杞县县城，参加抗击邱清泉兵团的进攻，虽然为围攻敌区寿年兵团的华东野战军主力部队争得了两天的宝贵时间，但遗憾的是，未能坚守至全歼区寿年兵团的最后一刻。战斗中，第一团、第二团和特务营打得十分顽强，尤其是第二团，连续两天胜利地抗击了敌人优势兵力和火力的进攻，并在反击中歼敌一部。如果东门不失守，他们还可以继续坚守在北大堤上。"杞县县城的失守，虽然主要是守备东门部队责任，但是我作为城防统一指挥的指挥员，同样负有不可推卸的责任。首先，我对第十二师教导队的战斗力了解不够，赋予了他们力不胜任的任务；其次，使用纵队预备队的时机过早，和对第十二师后续团的情况事先估计不足，因而造成在关键时刻无机动兵力可调。"①

对于曾生的自责，两广纵队政治部副主任刘田夫评价："他严于责己，敢于坦率承认自己的缺点和承担领导的责任。每当我回忆起这些往事，不禁从内心加以敬佩。"②

6 月 29 日晨，华东野战军突击集团把区寿年兵团分割包围在龙王店、铁佛寺、榆林铺一带，正准备将其全部围歼时，敌黄百韬兵团（由整编第二十五师、快速纵队及第二交警总队临时组成）、邱清泉兵团前来援救。两广纵队奉命与兄弟部队一起阻击黄百韬兵团。

7 月 2 日下午 2 时，黄百韬兵团整编第二十五师在炮兵和航空兵火力支援下，以坦克为先导，猛攻两广纵队阵地。两广纵队英勇阻击，特务营政委陈志强牺牲。战斗一直持续到黄昏，敌人仍无法突破两广纵队的阵地。

---

① 《曾生回忆录》，解放军出版社 1992 年版，第 521 页。

② 刘田夫：《和曾生同志一起驰骋华东战场》，载《怀念曾生同志》，中共广东省委党史研究室 1996 年 12 月内部出版，第 24 页。

就在此时，华东野战军突击集团将区寿年兵团的整编第七十五师大部以及新编第二十一旅歼灭，生俘兵团司令区寿年。华东野战军司令部遂决定集中突击集团的大部分兵力，攻歼黄百韬兵团。

两广纵队奉命将原阵地交给第一纵队接防，参加攻歼黄百韬兵团的作战。7月2日至6日，两广纵队与第四纵队协同作战，切断黄百韬兵团的退路，防止敌人向东突围，并指挥华东野战军司令部警卫团和骑兵团机动阻击西援之敌。

经过五昼夜激战，黄百韬兵团被华东野战军歼灭3个团，只好收缩在帝丘店一带狭长地区固守待援。在此期间，邱清泉兵团和胡琏兵团（即第二十兵团）等部，从三面向华东野战军所在地推进。为保持主动权，7月6日晚，华东野战军各部奉命撤出战斗，另寻战机消灭邱清泉兵团。豫东战役至此胜利结束。此役连同平汉路阻击战，华东野战军和中原野战军共歼敌9.4万余人，削弱了中原国民党军队有生力量。

两广纵队参加豫东战役，历时一个多月，共转移52次，行程1300余公里，足迹遍及苏鲁豫皖的22个县，连续参加对敌军3个兵团的作战，共歼敌1372人，击毁敌坦克2辆，缴获各种武器一大批。两广纵队伤亡283人。

华东野战军于1948年春夏间先后取得胶济路西段及中段战役、豫东战役和兖州战役的胜利后，使山东省会济南之敌完全陷于孤立。根据中共中央军委的指示，华东野战军决定于1948年9月16日发起济南战役。

济南是蒋介石在山东的重要据点之一，设防坚固，由第二绥靖区司令王耀武率10万兵力把守。此外，还有驻守徐州地区的国民党军队3个兵团共17万人，可以随时增援济南。

1948年8月20日，中共华东野战军前线委员会扩大会议在山东曲阜孔庙召开，研究攻打济南的战役部署。两广纵队曾生等几位领导人参加了这次会议。会议决定：华东野战军以7个纵队14万人组成攻城集团，其中第三、第十纵队及鲁中南纵队组成攻城西集团，第九纵队、渤海纵队组成攻城东集团，两广纵队和渤海军区部队担任扫清济南外围之敌的任务（主要是占领济南的门户长清县城）；以8个纵队18万人组成阻援和打援集团；以第十三纵队为战役预备队。两广纵队的具体作战任务是：在济南攻城西集团司令员宋时轮统一领导下，由两广纵队指挥华东野战军司令部警卫团、第十纵队特务团、华东野战军政治部警卫营，配合特种兵纵队一个野炮连，于9月16日24时前，完成对长清县城的包围，限于4天内全歼守敌，以保证攻城西集团顺利攻占济南西郊各据点及尔后的攻城行动。

长清县城位于济南市西南约25公里处，有守敌2000多人，并有坚固的城墙和一条护城河，城门上及其周围筑有碉堡，是一座易守难攻的城池。两广纵队根据华东野战军司令部的作战命令，对攻城作出周密部署。9月12日，曾生、雷经天、姜茂生联名签署下达两广纵队第一号作战命令，随即率队从汶上县向长清县开进。9月13日，发出第二号作战命令。

9月16日凌晨4时，两广纵队进至长清县城外围，完成了对县城之敌的包围。凌晨4时30分，发起对城外敌人的攻击。当天下午2时，攻克敌军外围阵地和城关防线。两广纵队各团从四面逼近城墙根，做好攻城准备。9月17日下午，曾生召集各团团长、政委汇报战备情况，确定了炮火准备和总攻发起时间。

9月17日下午6时，向长清县城发起总攻。

在两广纵队第二团的方向上，野炮连和团属迫击炮连突袭轰击20分钟，摧毁了西门城楼两侧的碉堡和地下暗堡，随后延伸射击。炮火轰击结束后，第二团第一、第二营的轻重机枪在城门南北两侧按预先分配的目标，以猛烈火力封锁城墙上的射击孔。与此同时，担任突击任务的第一营爆破组，迅速接近西城门。随着"轰隆轰隆"两声巨响，炸毁了鹿砦，炸塌了城门。第一营第一连突击组长叶新①一跃而起，高喊："同志们冲呀！"带领突击组员冒着敌人密集的子弹，奋勇冲锋，占领了敌人前沿阵地的碉堡，打开了突破口。第一营全部进入突破口后，分三路向敌纵深猛插。第三营接着投入战斗，扩大战果。

在华东野战军司令部警卫团的方向上，两广纵队炮兵队进入南关民房内，用山炮摧毁了南门楼左右 3 个碉堡，炸塌了南门，警卫团突击部队随即突入城内。

在两广纵队第一团和第十纵队特务团的方向上，他们也先后攻入北门和东门。其中，第一团以迫击炮连和两个机枪连的火力，压制敌人的火力点，掩护担任突击任务的第二连爆破组炸开城门，突击组接着猛打猛冲，完成了对北门的突破。第一团第一营的后续部队迅速冲入城内，展开逐街逐巷的争夺战，最后包围和歼灭了敌人一部。

城内敌人节节败退，龟缩到县城西北角的天主教堂顽抗。曾生和姜茂生从南门进入城内，就地布置各团消灭残敌。于是，炮兵再次进行轰击，各团继续展开猛攻。敌军一部企图翻越城墙突围，结果在护城河淹死 200 余人。当晚 7 时 30 分，全歼守敌，战斗结束，长清县城获得解放。

9 月 18 日，攻城西集团攻占古城、仁里庄等地。9 月 19 日晚，敌整编第九十六军吴化文部举行战场起义。当晚，攻城西集团越过吴化文部防区，于 9 月 20 日拂晓占领商埠以西阵地。此时，两广纵队奉命加入攻城西集团，作为攻打济南城的预备队。9 月 21 日，两广纵队除留下特务营在长清县城负责警备外，大部分部队开进济南飞机场担任警戒任务。

9 月 22 日中午，攻城西集团全歼商埠之敌，攻城东集团亦肃清了

---

① 叶新是广东海丰人，1943 年参加东江纵队，在淮海战役的秤砣山战斗中牺牲，时年 28 岁。

济南城东外围之敌。9月23日黄昏，东、西攻城集团同时向济南城发起总攻。经过八昼夜的攻坚战，于9月24日攻克济南城。

济南战役共歼敌10.4万余人，生俘国民党第二绥靖区司令官王耀武。至此，山东除青岛等敌少数据点外，大部分地区获得解放，从而使华北、华东两大解放区连成一片。济南战役的胜利，揭开了人民解放军战略决战的序幕。

在济南战役中，两广纵队担任攻占长清县城的任务，首次进行城市攻坚战，仅用几十分钟便攻入城内，原定9月20日完成的任务，结果提前三天半完成。这次战役，两广纵队歼敌1914人，其中俘敌1444人，毙伤敌470人，缴获大小炮29门、各种枪支1617支。两广纵队伤亡143人。[①]

济南战役结束后，曾生率领两广纵队休整一个月，进行战斗总结，整顿纪律，接收新兵，整编部队。其间，重建第三团，组建补训团和山炮队。经过补充整编，两广纵队人数从成立时的4800人增至5515人。

四、参加淮海战役

随着济南战役的胜利，中共中央军委及时把攻势引向就地歼灭国民党军队大兵团的战略决战，先后组织了辽沈、淮海、平津三大战役及其他几个重要战役。这些战役一环扣一环，一个胜利接着一个胜利，构成了中国革命战争史上一幅气势磅礴、波澜壮阔的画卷。曾生率领两广纵队，参加淮海战役全过程，完成战役各个阶段的作战任务，为人民解放军战略决战的胜利作出了贡献。

淮海战役，国民党称之为徐蚌会战，是以人民解放军华东野战军、中原野战军为主要力量，在以徐州为中心，东起海州（连云港），西至

---

① 《两广纵队史》，广东人民出版社1988年版，第61—62页。

商丘，北起临城（今枣庄市薛城），南达淮河的广大地区，对国民党军队进行战略性进攻的战役。

1948 年 10 月，两广纵队司令员曾生（右）在淮海战役准备阶段与两广纵队政委雷经天合影

中共中央军委决定：战役第一阶段最主要的作战，由华东野战军集中主力歼灭敌黄百韬兵团（重组后的第七兵团）和钳制邱清泉兵团、李弥兵团（即第十三兵团）。中原野战军则以主力直出津浦路徐（州）蚌（埠）段，攻占宿县，力求歼灭第四绥靖区的国民党部队，孤立徐州。另外，中原野战军以两个纵队阻击敌黄百韬兵团的东援。

华东野战军根据中央军委的部署，决定集中 10 个纵队围歼黄百韬兵团。两广纵队的任务是：与第三纵队、冀鲁豫军区独立第一和第三旅，协同中原野战军第一、第二、第四、第九纵队，由邓小平、刘伯承、陈毅、粟裕等组成的淮海战役总前敌委员会统一指挥，从西面、西北面威胁徐州，牵制邱清泉兵团，使其不能东援。

1948 年 10 月下旬，华东野战军司令部向两广纵队等部传达中央军委的命令：第三纵队、两广纵队及冀鲁豫军区两个独立旅，迅速进至商丘、砀山一线以北地区牵制敌人。中央军委还命令中原野战军在郑州战役胜利结束后，立即向东行动，在华东野战军第三纵队、两广纵队和冀鲁豫军区两个独立旅的协同下，不但要牵制敌孙元良兵团（即第十六兵团）、刘汝明兵团（即第十八兵团）的全部，还要牵制敌邱清泉兵团、李弥兵团的一部，以保证淮海战役第一阶段的胜利。

10 月 20 日，华东野战军下达淮海战役的预备令，其中指出：第三纵队并指挥两广纵队和冀鲁豫军区独立第一、第三旅，进入鲁西南金乡、单县、成武之间地区，伺机向商丘、砀山线发动攻势，配合中原野战军主力东进攻击津浦路徐（州）蚌（埠）段的行动，并配合华东野战军主力围歼黄百韬兵团的作战，力求拖住孙元良兵团不得经商丘、砀山东援，威迫邱清泉兵团的侧后，使其不敢由砀山、徐州东援。

11月6日晚上6时，华东野战军按计划发起淮海战役。各部队向预定目标开进，发现国民党军队正在收缩，当即进行追击。

两广纵队兵分两路，从山东鱼台县孟店出发，于11月8日中午挺进到李寨，获悉敌邱清泉兵团第五军四十六师一三六团、一三七团在唐寨一带设防。两广纵队司令部命令第一团展开正面进攻，第二团从北面配合。

第一团在攻击中歼敌一部，第二团由唐寨北面配合，占领了小坊子，也歼敌一部。敌凭借优势兵力和火力，进行多次反扑，均被击退。黄昏，两广纵队第一团和第三纵队第二十七团分两路同时突进，歼敌3个排，并乘胜追击，从西、北、南三面将敌包围，实行强攻，但未奏效，敌我双方呈相持状态。11月9日凌晨，敌军突然用密集炮火轰击两广纵队阵地，并出动一个团进行反扑，来势凶猛。曾生接到敌情报告后，与参谋长姜茂生判断：敌人可能是以进为退，企图逃跑。于是，命令第一团沉着应战，坚决击退敌人的反扑。第一团顽强阻击，并实施反冲击，歼敌一个排。拂晓，敌全线东撤，两广纵队和第三纵队跟踪追击。当晚10时，两广纵队进抵黄河口以北郭庄一带。至此，两广纵队胜利完成牵制敌人的任务。

在解放军各路部队的猛烈攻击下，国民党军队军心涣散。11月8日，第三绥靖区副司令官何基沣、张克侠（均为中共地下党员）率领三个半师约2.3万人起义。由此，徐州东北大门洞开，野战军迅速通过第三绥靖区防区，迫使邱清泉、李弥、孙元良3个兵团慌忙猬集徐州。中原野战军主力已逼近津浦线的徐州、蚌埠段。11月10日，山东兵团进抵大许家以西，切断敌黄百韬兵团往西的退路；华东野战军主力亦渡过运河，在窑湾地区歼灭黄百韬兵团第六十三军，于11月11日将黄百韬兵团合围在碾庄地区。中共中央军委审时度势，决定在徐州地区围歼"徐州剿匪总司令部"（简称徐州"剿总"）司令刘峙集团，命令中原野战军、华东野战军第三纵队和两广纵队，集中兵力攻取宿县，歼灭孙元良等部，破袭并切断津浦路的徐州、宿县段，完成包围徐州的战略任务。

11月12日，中原野战军、华东野战军第三纵队、两广纵队进至津浦路的徐州宿县段夹沟以北地区，在这里打一仗，歼灭正向徐州撤退的孙元良兵团殿后的部队，接着在三堡地区歼灭敌第三绥靖区冯治安部从起义中逃窜出来的4000余人。11月14日，两广纵队转至萧县以东地区，以第二团和纵队侦察连攻击徐州西南约10公里处的姚楼至霸王山一带的敌人，歼敌一部，余敌逃走。第一团向梁台子搜索前进，并侧击向华东野战军第三纵队看将山阵地进攻之敌。

中原野战军主力在华东野战军各部队的密切配合下，开进津浦路徐（州）宿（县）段作战。11月15日攻克战略枢纽宿县，歼敌黄百韬兵团第二十五军一四八师等部万余人。至此，完成了对徐州的战略包围。

11月18日，华东野战军第三纵队从三堡向柳集攻击前进。两广纵队奉命于19日晨接替第三纵队在三堡及其两侧的防地，作宽大正面的防御，确保主战场侧后安全。但由于第三纵队在两广纵队到达前已于18日晚上8时撤离，当两广纵队第二团赶到时，敌孙元良兵团第四十一军一二二师已占据第三纵队撤出的阵地。第二团组织部队反复向敌人进攻，以期夺回被占据的阵地。战至黄昏，因敌众我寡，且伤亡较大，第二团奉命撤出战斗。这次战斗，毙伤敌400余人，但第二团也伤亡较大，牺牲34人，负伤106人。

华东野战军经过一个星期的激战，于11月22日全歼黄百韬兵团

10万人，击毙兵团司令黄百韬。至此，淮海战役第一阶段胜利结束。

黄百韬兵团被歼后，徐州之敌成了惊弓之鸟。蒋介石为挽回危局，急忙命令徐州"剿总"副总司令杜聿明放弃徐州，率领邱清泉、李弥、孙元良兵团等部迅速向南突围，同时命令从西南赶来增援的黄维兵团（即第十二兵团）和位于固镇、蚌埠的李延年兵团（即第六兵团）及刘汝明兵团北上接应，分三路会攻宿县，实行南北夹击，打通津浦路徐（州）蚌（埠）段，然后退守淮河以南，屏障南京。

中共中央军委和淮海战役总前委决定，淮海战役第二阶段作战重点是围歼黄维兵团。作战部署：以中原野战军全部7个纵队并指挥华东野战军第七纵队和特种兵纵队一部，负责围歼黄维兵团；以华东野战军全部主力用于阻援作战。据此，华东野战军决定把阻击邱清泉、李弥、孙元良3个兵团的南进为重点，分两个梯队作战，以5个纵队为第一梯队，3个纵队为第二梯队。两广纵队作为第一梯队，参加徐州以南津浦路两侧的阻击战，以保障苏北兵团和中原野战军侧背的安全。

野战军各部按照战役部署，迅速进入各自位置。东线大军急行军，实行层层包围敌人。11月25日，中原野战军7个纵队将黄维兵团包围于宿县西南的双堆集。11月26日，徐州杜聿明集团为了救援黄维兵团，全线向西南发动猛烈攻击。邱清泉兵团在铁路以东，向鲁中南纵队防区突击；孙元良兵团在铁路以西，向两广纵队突击。

11月26日下午5时，孙元良兵团第四十一军一二二师在第一二四师配合下，由二十五里桥、双沟向两广纵队第三团阵地进攻。次日拂晓前，敌军袭占了第三团的两瓣山阵地和第一团的白虎山阵地。两广纵队的第一道防线被突破。第一团退守纱帽山、马路山主阵地；第三团撤回卢村寨，固守第二道防线，并掩护第二团和两广纵队直属队加强第二道防线工事。

11月27日拂晓，敌第四十一军以两个团的兵力，在两个野炮营、两个山炮营支持和第四十七军一部配合下，三面夹击两广纵队第一团第一营防守的纱帽山阵地。第一营打退了敌人三次冲锋，杀伤敌200余人。由于敌我兵力悬殊，第一团伤亡较大，于当天下午3时撤出纱帽山和马路山阵地。

两广纵队与敌军激战两天后，吸取因兵力分散未能守住第一道防线的教训，调整了第二道防线的防守部署：以第一团集中防守卢村寨及瓦房村；第二团集中防守大方山和黄山；第三团防守秤砣山，并保障两广纵队侧翼安全。

11月28日晨，孙元良兵团以第四十一军为第一梯队，第四十七军为第二梯队，在飞机大炮的支援下，向两广纵队第二道防线发起猛攻。敌第四十一军首先集中兵力向两广纵队第一团的瓦房村阵地进攻。经过两小时的争夺战，纵队司令部考虑到瓦房村小而又突出，不利于防守，遂于当天上午9时命令第一团撤出，集中兵力坚守卢村寨。

敌军占据瓦房村后，再次猛烈轰击大方山和卢村寨。炮击过后，敌第四十一军倾力对卢村寨和大方山进攻，企图一举突破两广纵队的第二道防线。

在大方山方向，敌军首先集中力量攻击左侧山脚两广纵队第二团的前沿阵地。防守前沿阵地的第二团第四连，击溃敌军第一次冲锋。敌军用猛烈炮火向第二团前沿阵地轰击，并再度集中兵力冲锋。前沿阵地工事全部被摧毁，第四连伤亡较大，不得不撤出阵地。第二营旋即组织反击，未能奏效。敌军以猛烈炮火实施逐次延伸射击，于当天上午10时20分夺占了大方山阵地。

曾生获悉大方山阵地失守，顿感事态严重：大方山是卢村寨的屏障，卢村寨则是敌孙元良兵团南逃的通道，敌占领了大方山，就可居高临下从卢村寨两翼实施夹击。卢村寨一旦失守，两广纵队的防御就有崩溃的危险，孙元良兵团就可以直指曹村、夹沟，协同从东边南进的邱清泉兵团夹击华东野战军第三纵队，打开杜聿明集团南进缺口，从而影响战役的全局，后果不堪设想。为了不让敌企图得逞，曾生与雷经天、姜茂生交换意见后，立即命令第二团不惜一切代价夺回大方山阵地。

第二团迅速组织第一、第二、第四、第五连的兵力，以第五连为主要突击连，在全团的炮火和第一、第三团的侧翼火力支持以及第一团第一营的侧击配合下，向占领大方山之敌进行反击。经过40分钟的激战，终于在当天中午11时20分夺回大方山阵地，歼敌副营长以下官兵100余人，从而挽救了危局，稳定了防线。

敌不甘心失败，在猛烈的炮火掩护下，数次向大方山反扑。第二团接受上午的教训，采取积极灵活的防御战术应战：在敌炮火轰击时，部队隐蔽在棱线后的死角地带防守；当敌炮火向纵深延伸再由步兵冲锋时，则迅速抢占棱线阵地，居高临下猛击敌人；另派出小分队，从山两侧突击敌一侧，因而连续数次把敌人打了下去。

在卢村寨方向，敌人在猛烈的炮火掩护下，向第一团阵地反复冲锋。第一团在正面以密集火力大量杀伤敌人后，又从侧翼实施阵前出击。11月28日上午9时30分至下午3时30分，第一团击退了敌人三次冲锋。敌军接二连三地吃了败仗后，集中更多炮火轰击卢村寨，并连续出动飞机对卢村寨轮番轰炸。仅半个小时，第一团卢村寨前沿阵地所有工事被摧毁，民房被炸得残墙断壁，纵队指挥所也因遭到炮击而一度中断了指挥。

正当敌实施毁灭性轰炸，两广纵队顽强抗击敌军疯狂进攻的时刻，山东兵团首长发来电报，命令所有阻击部队必须坚决把敌人堵住，在现有阵地上不许后退一步，并调整了阻击战部署：以第九纵队，两广纵队和冀鲁豫军区独立第一、第三旅，组成西路阻击兵团，由第九纵队统一指挥；以第三、第八纵队和鲁中南纵队组成中路阻击兵团；以第一、第四、第十二纵队组成东路阻击兵团。同时告知，第九纵队将于11月29日上午进抵卢村寨，增援两广纵队第一团。

第一团指战员得悉第九纵队快要到来增援的消息，增强了坚守阵地的信心。

11月28日下午6时许，敌军又开始向卢村寨进攻，以密集炮火轰击后，出动两个团的兵力铺天盖地扑过来。这次进攻，敌军采取波浪式的轮番冲锋。两广纵队第一团与敌军进行反复交锋，前沿阵地多次失而复得。在拼杀中，指战员们表现出非同寻常的英勇顽强。第六连有一个班，与冲上来的敌军一个连展开肉搏战，全部壮烈牺牲。第一营有一个排长，身负多处重伤，始终带领全排战士冲杀搏斗，直至腰骨和双腿被炸断，全身血肉模糊而牺牲。

就这样，第一团一次又一次打退了敌军的进攻。几番恶战，毙伤不少敌人。第一团也伤亡较大，全团只有一个连仅剩一个建制排，其他各连只剩一至两个合编班，战斗力大为减弱。

两广纵队前沿战斗激烈，纵队指挥所气氛紧张。纵队几位领导人已经两昼夜没有合眼了。曾生和姜茂生一直守在电话机旁，随时听取各团的战况汇报。

第一团团长彭沃在电话里向曾生汇报了多次击退敌人冲锋的情况，并反映："我们团这两天打苦了，伤亡相当严重，再打一个回合就没有什么战斗力了。"

曾生紧紧地抓着电话筒，以严峻的语气对彭沃说："老彭呀，现在已经到了最严重的关头，一定要顶住，今天我们要和敌人'晒栏'，卢村寨绝对不能丢失，必须坚持到第九纵队前来接防。"

彭沃完全明白自己所担负任务的分量，他以坚定的口吻回答："请首长放心，我们团打剩最后一个人也不会后退一步。"①

---

① 《曾生回忆录》，解放军出版社1992年版，第549页。彭沃、郑少康：《卢村寨阻击战》，载《南北征战录》，广东经济出版社1998年版，第522页。"晒栏"，广东客家方言，意为与敌人拼到底。

曾生放下电话筒，皱着眉头在地图前沉思了好一会，然后把姜茂生和邬强叫过来（此时雷经天已到后梯队检查工作，不在纵队指挥所），研究确保卢村寨坚持到第九纵队到来增援的措施。经研究，作出三项决定：一是号召全体指战员与阵地共存亡，战斗到最后一个人也要坚守在阵地上。二是把纵队直属警卫连、侦察连、文工团以及所有能抽调出来的机关工作人员和后勤人员，拨归第一团指挥，以加强卢村寨的防御力量。三是派纵队参谋长姜茂生到第二团、纵队参谋处处长邬强到第一团，以加强这两个团的作战指挥。

11月28日晚7时30分，曾生把警卫连和侦察连的连长叫来纵队指挥所，在地图上给他们分析了战情，命令他们把各自的连队拉到卢村寨后，归第一团第二营指挥，并让他们转达对第二营营长的命令：必须拼尽全力，坚守阵地。警卫连和侦察连接到任务后，于晚上8时30分到达卢村寨前沿，正值敌人又一轮冲锋开始，他们立即协同第一团第二营将敌人击退，并实施反击。敌军遗尸数十具败退。但这两个团总共伤亡28人。经此打击，敌人锐气大减，暂时停止了进攻。敌我双方处于僵持状态。

在两广纵队的防守正面，从11月28日晚至11月29日晨，敌军又集中炮火通宵达旦地对卢村寨进行毁灭性的轰击，并四次出动小分队利用夜间进行偷袭，企图重演攻占两瓣山的伎俩，袭占卢村寨。但敌人这次失算了，每次偷袭都被第一团派出的潜伏小分队以突然短促的火力击退。

11月29日晨，敌军在更猛烈的炮火和飞机配合下，又开始对两广纵队防守的大方山和卢村寨阵地轮番冲锋，试图突破两广纵队的第二道防线，以达到其南逃之目的。

在大方山方向，两广纵队第二团顶住了敌人数次冲锋，并展开有力的反击，坚守住大方山主阵地以及山脚前沿阵地。

在卢村寨方向，第一团在纵队直属警卫连和侦察连的火力配合下，顽强地抗击敌军的轮番冲锋。敌人的主要攻击矛头是第一团第二营五连设置于寨西北角的柏树林阵地和小坟堆阵地。敌我双方反复争夺，各自伤亡严重。第五连第一排排长林权，率领本排战士坚守在柏树林中的阵地，柏树林被敌军炮火击倒，全排只剩下不到一个班的人数。敌人开始新一轮冲锋，林权指挥剩下的战士沉着应战，待敌冲至 20 米近距离才突然猛烈开火。敌被击退，林权率领战士们跳出战壕追击。他正准备向敌群投掷手榴弹，不幸被敌侧方位的火力击倒，牺牲时手榴弹仍紧紧握在手中。林权是广东东莞人，1942 年参加广东人民抗日游击总队，1943 年加入中国共产党，是东江纵队北撤战士，牺牲时年仅 25 岁。

11 月 29 日上午 9 时许，敌孙元良兵团以第四十一军正面进攻卢村寨，又以预备队第四十七军一二七师从卢村寨西侧的夏庄实施迂回攻击。两广纵队此时已无机动兵力阻敌迂回攻击。在此危急关头，第九纵队先锋营赶到，立即投入战斗，与两广纵队第一团及纵队直属警卫连、侦察连一起，击溃了正面进攻之敌。与此同时，冀鲁豫军区独立第一、第三旅也阻敌于夏庄、青龙山一线。第九纵队的后续部队陆续赶到，使卢村寨的防御力量不断增强。战至黄昏，敌军炮火虽然一直不停地轰击卢村寨，但再也无力进攻了。

11 月 30 日凌晨，卢村寨阵地由第九纵队接防。此时，徐州以南的阻击战已接近尾声，而两广纵队也胜利完成了阻击任务，奉命集中力量防守秤砣山、大方山和黄山。

对于两广纵队坚守卢村寨的战斗，华东野战军在战役总结中指出："尤以卢村寨激战最烈，工事大部被摧毁，我击退敌数次冲锋，终为广纵英勇守住。"①

---

① 《华东野战军淮海战役实施经过节录》，载深圳市史志办公室编：《两广纵队史》，中共党史出版社 2010 年版，第 200 页。

　　徐州以南的阻击战，是两广纵队成立以来承担任务最重，作战最激烈、最艰苦的一次战斗。两广纵队以劣势兵力和火力，在第一道防线被敌袭占，伤亡严重而又无机动兵力可用的危情下，连续苦战四昼夜，顶住敌孙元良兵团的猛攻，守住了卢村寨和大方山阵地，与参加徐州以南阻击战的其他兄弟纵队一起，粉碎了敌杜聿明集团向南突围的企图，为随后全歼黄维兵团和杜聿明集团创造了有利条件。

　　11月30日，杜聿明命令孙元良兵团和李弥兵团在前，邱清泉兵团殿后，并胁迫部分学生跟随，总共30万人，由徐州西南方向撤逃。华东野战军司令部命令渤海纵队进占徐州，其余纵队追歼逃敌。两广纵队参加了追击战。

　　12月4日拂晓，华东野战军所有追击部队进抵张寿楼至洪河集地区，完成对杜聿明集团的合围。敌人发现解放军主力已经赶到，即猬集一处，采取东、北、西三面掩护，南面突击的战术，企图向南突围。华东野战军司令部命令山东兵团统一指挥第一、第四、第九纵队、两广纵队和冀鲁豫军区独立第一、第三旅，由北至南，往李石林、青龙集方向攻击敌军。

　　12月4日上午，两广纵队第二团进至雷集，发现敌李弥兵团第九军一六六师正在屈王庄掩护其兵团本部向西南逃跑，即以第一营从正面发起攻击，第二营从南面迂回抄敌后路。敌弃屈王庄溃逃。第二团追击数公里，俘敌营长以下官兵近200人，毙伤敌100余人。第二团伤亡60余人。

　　当天中午，两广纵队第三团参谋长何通率领第一、第四、第五连进抵马庄，发现小阁子的敌人突围，立即展开追击，在阎阁西北截住敌李弥兵团第八军第四十二师一个团，歼敌300余人。结束了小阁子战斗后，第一连一个排和第五连两个排追击溃敌至屈楼时，从阎阁方向传来激烈的枪声。原来，是敌第八军的一个团在阎阁对华东野战军第四纵队第十师二十九团二营发动进攻，第二营击退敌3次冲锋后，伤亡严重，阵地被敌炮火和坦克摧毁。敌人实施第四次冲锋，坦克已开到阵地前沿。在此危急之际，两广纵队第三团第一连、第五连及时赶到，一边与兄弟部队联系接受指挥协同作战事宜，一边从阎阁以西向侧翼猛攻，将敌击溃。随后，敌又以坦克掩护步兵进行反扑。第一连、第五连以及刚赶到的第四连，击退敌人多次冲锋，毙敌 100 余人，并乘胜攻下阎阁西南的刘楼，解了兄弟部队之危。当天，第四纵队司令员陶勇将此情况向华东野战军首长报告，为两广纵队第三团第一、第五连请功。

华东野战军首长发出嘉奖令，指出两广纵队第三团第一连、第五连主动向敌出击，配合兄弟部队作战，"充分表现出发扬了我军作战中勇猛顽强积极主动互相策应的传统作风，除我广纵部队应继续保持并发扬此种优良作风之外，全军各部队亦应开展学习，从政治上及战术素养上继续提高发挥战斗中主动协同友邻作战的优良作风。特此通令嘉奖并责成全军向此范例学习"[1]。

12 月 6 日，两广纵队第三团于锦桥与谢楼之间，截住南逃之敌第九军一六六师一部。敌企图冲开缺口夺路而逃。何通指挥第一、第四、第五连与敌激战，拟攻占锦桥村，以堵住敌南逃通道。在第四、第五连配合下，第一连副连长方泉率本连战士冲进锦桥村，直插敌群，不幸被敌人子弹击中胸部。他身负重伤，仍坚持指挥作战。参谋长何通也在这次战斗中腹部受重伤，被子弹打断肠子，幸得第四纵队军医及时抢救脱险。而方泉因伤势过重于次日牺牲。方泉是广东惠阳人，1943 年 9 月参加广东人民抗日游击总队，1945 年 1 月加入中国共产党，是东江纵队北撤战士，牺牲时年仅 26 岁。这次战斗，第三团这三个连共歼敌200 余人。同一天，两广纵队第一团追击敌人至王柳园，攻占王楼、孙楼和杜庄，歼敌一部。

---

① 《华东野战军嘉奖两广纵队第三团主动协同友邻作战的通令》，载深圳市史志办公室编：《两广纵队史》，中共党史出版社 2010 年版，第 202-203 页。

12月8日零时，两广纵队向南进抵孟集一线。当天拂晓，第一团攻克魏庄，第二团攻克秦三官庄、詹庄。中午12时，第一团和第二团在纵队山炮队的支援下，攻击在李楼防御之敌第五军第二○○师，但未奏效。下午5时，第一团再次组织进攻，仍未能奏效，伤亡80余人，只好撤出战斗，就地监视敌人。

12月12日，杜聿明集团的20多万人马，被解放军压缩在永城东北陈官庄、青龙集一带约南北5公里、东西10公里的狭小地区。华东野战军追击战暂告结束。

12月15日，中原野战军6个纵队、华东野战军3个纵队以及特种兵纵队一部，在双堆集地区全歼拒绝投降的黄维兵团，歼敌10万余人，生俘兵团司令黄维。以此为标志，淮海战役第二阶段胜利结束，并随即开始以歼灭敌杜聿明集团为目标的第三阶段作战。

黄维兵团被歼后，李延年、刘汝明两个兵团害怕被解放军歼灭，于12月16日逃回淮河以南。此时，杜聿明集团的兵力已被歼三分之一以上，待援绝望，寻隙突围。中共中央军委指示淮海战役总前委和华东野战军，对杜聿明集团采取"围而不打"的方针，让敌人受饿、受冻、受困，削弱其战斗力。因此，野战军各部队转入休整，以恢复体力和加强战斗力。

华东野战军在休整期间，就地包围监视敌人，并积极展开政治攻势。同时，制定作战方案：如果敌人突围，就迫使其向西突围，诱敌至永城、会亭集、夏邑、太平集、韩道口、薛家湖、孟集之间的预设战场将其歼灭。

华东野战军进一步制定具体作战部署：以7个纵队和冀鲁豫军区2个独立旅严密包围并监视敌人，以6个纵队和豫皖苏军区独立旅进入机动位置待机，又以其中4个纵队和独立旅预设战场，即以第十二纵队控制薛家湖、山城集地区；渤海纵队控制韩道口、太平集地区；以两广纵队并指挥华东野战军司令部警卫团和冀鲁豫第三军分区第五团控制夏邑、会亭集地区；鲁皖苏军区独立旅以赞阳集为中心布防；鲁中南纵队负责确保永城。一旦敌人突围，即开放缺口，迫使其向西突围，进入预设战场，将其歼灭。

两广纵队接到任务后，转移到会亭集地区，作出如下作战部署：第一团位于程楼一线，第二团位于会亭集，第三团位于韩口线，警卫团位于关楼一线，冀鲁豫第三军分区第五团控制夏邑，纵队指挥所位于会亭集东 1 公里前的郭楼。

1949 年 1 月初，经中共中央军委和淮海战役总前委批准，华东野战军决定对杜聿明集团发动攻击，并调整了战役部署：以 10 个纵队组成东、南、西 3 个突击集团，从几个方向实施突击，割裂歼灭敌人；以 5 个纵队作为外围拦截部队，截歼可能突围之敌。两广纵队作为外围拦截部队。

1949 年 1 月 6 日下午，华东野战军发起对杜聿明集团的总攻。

1 月 8 日，华东野战军司令部电令两广纵队：加强战斗准备，随时堵歼突围之敌，并将华东野战军司令部警卫团调至永城守备，另调华东野战军骑兵团归两广纵队指挥，作为敌突围时的快速追歼部队。

1 月 9 日，华东野战军各突击集团楔入敌军防御纵深。敌军全线崩溃。敌坦克一部向西南突围，两广纵队即令骑兵团及第一、第二、第三团各一部向南追击，截获坦克 6 辆。另有 2 辆敌坦克向会亭集方向突围，两广纵队后勤部队将其缴获，俘虏敌中校副团长以下全部乘员。

经过 4 天激战，至 1 月 10 日，华东野战军全歼邱清泉、李弥两个兵团共约 20 万人，生俘杜聿明，击毙邱清泉，仅李弥率领少数人逃脱。至此，淮海战役以大获全胜结束。

淮海战役是解放战争战略决战三大战役中起承前启后作用的第二大战役，也是三大战役中在战场兵力对比上敌占相对优势的情况下进行的一次战役。这场战役，解放军参战部队 60 万人，国民党军先后出动 80 万人。战役历时 66 天，歼灭国民党军队 55.5 万人，将蒋介石在南线战场上的精锐部队消灭干净。这一胜利，基本解放了长江以北的华东和中原广大地区，使国民党反动统治中心处于人民解放军的直接威胁之下。

两广纵队在淮海战役中胜利完成了华东野战军司令部分配的作战任务，共歼敌 2023 人，缴获坦克 8 辆，其他武器一大批。作战对象包括杜聿明集团的邱清泉、李弥、孙元良 3 个兵团。两广纵队伤亡 919 人，其中牺牲 184 人。在华东野战军前委召开的淮海战役总结会上，华东野战军司令员陈毅、副司令员粟裕赞扬了两广纵队在作战中的英勇顽强表现。陈毅还亲切地对曾生说："在徐南阻击战中你们辛苦了，我们当时手上实在是一个预备队也没有了，所以未能及早增援你们。"①

1949 年 1 月 15 日，中共中央军委决定将野战军番号统一改为按序数排列，西北野战军改称第一野战军，中原野战军改称第二野战军，华东野战军改称第三野战军，东北野战军改称第四野战军。各野战军的下属纵队改为军。至于两广纵队，第三野战军司令员陈毅于 1 月下旬在第三野战军前委扩大会议上说："两广纵队名义保持到两广，有号召作用，而且有了影响，可以归兵团指挥，也可以直接指挥。可以补充一个师打回两广去。"②因此，两广纵队原番号不变，归第三野战军第十兵团建制。

淮海战役结束后，两广纵队先后转移到河南省虞城、江苏省东台地区，进行战备整训，等候新的作战任务。

---

① 《曾生回忆录》，解放军出版社 1992 年版，第 559 页。

② 《两广纵队政治委员关于淮海战役前后情况的报告》（1949 年 1 月 20 日），载深圳市史志办公室编：《两广纵队史》，中共党史出版社 2010 年版，第 258 页。

第十三章　打回广东去

一、挥师南下

1949 年 3 月上旬，曾生和雷经天接到第三野战军转来的中央军委电令：两广纵队现有部队扩编为一个正规师，划入第四野战军建制，准备参加解放两广的战斗，部队立即开赴河南省许昌附近休整待命；两广纵队抽调可配备一个师的全套干部，到北平接收由国民党原第六十二军一五七师和平改编的第四野战军独立第二十四师；曾生、雷经天赶来河北省西柏坡，向中央军委汇报工作。[①]

根据中央军委这一电令，两广纵队迅速抽调排以上干部 400 余人，由邬强、饶璜湘率领，乘火车到济南，然后转赴北平执行接收任务。雷经天也先于曾生坐火车到济南再转乘汽车前往西柏坡。

3 月 12 日，曾生率领两广纵队大部队，怀着依依不舍的心情，离开战斗了 20 个月的华东地区，从江苏东台出发，踏上了进军华南、解放两广的征途。

3 月下旬，两广纵队抵达河南商丘地区后，曾生稍做准备，即乘汽车前往河北省平山县西柏坡村。

西柏坡地处太行山东麓，冀西山区滹沱河北岸，是解放战争后期中共中央和中央军委驻地。中共中央在这里指挥了辽沈、淮海、平津三大

---

① 《中央军委关于两广纵队转隶第四野战军和扩编的电报节录》（1949 年 3 月 5 日），载深圳市史志办公室编：《两广纵队史》，中共党史出版社 2010 年版，第 303 页。

战役，召开了具有伟大历史意义的中共七届二中全会和全国土地会议。

在西柏坡，周恩来代表中央军委接见并听取了曾生的工作汇报。周恩来对曾生说：你在这里稍作休息，然后随中央首长进北平，去见第四野战军的领导同志，完成接收工作后，把接收部队带回河南，与两广纵队原有的三个团整编为两个师，然后随第四野战军南下，参加解放两广的作战。

3月23日，正是出行的好日子。这天，华北大地春光明媚，和风吹拂。毛泽东等中共中央领导人率领中央机关工作人员，从西柏坡迁往北京办公。由于曾生要到北平见第四野战军领导人商谈关于接收部队的事宜，周恩来叫曾生坐他的专用吉普车一起出发。

坐车途中，周恩来十分健谈，向曾生说起大革命时期在广东工作的情况，谈了在黄埔军校和参加东征的经历，也谈到新中国成立后社会主义革命和建设的美好前景。曾生听了，颇受教益。

3月24日晚，毛泽东、周恩来的车子抵达河北省涿县县城，在那里住了下来，等候第二天凌晨换乘火车进入北平。

当晚，周恩来把曾生引荐给毛泽东。

毛泽东见到曾生，饶有兴致地问："你就是在广东打教育厅的那个曾生吗？"[1]

"是的。"曾生第一次见到毛泽东，不免有些拘束。

"打得好！"毛泽东挥起拳头高兴地说。

接着，毛泽东问起两广纵队的建设："你们接收独立第二十四师之后如何整编？要官还是要兵，还是官兵都要？"

"主要是要兵，按照周恩来同志的指示，两广纵队的部队整编为两个师。"曾生回答。

---

[1] 指1936年1月9日曾生率领广州地区学生举行第三次抗日示威大游行时发生的"砸省教育厅事件"。具体内容详见本书第二章。

3月25日凌晨2时，曾生跟随毛泽东、周恩来等中央领导人离开涿县县城，坐上了开往北平的火车。毛泽东来到曾生身边坐下，又与他亲切交谈。

"你知道你们广东是什么时候开化的吗？"毛泽东问。

曾生回答不上，只好摇了摇头。

毛泽东望了一眼车窗外呼啸而过的风景，来了兴致，讲起南越王赵佗的故事。

毛泽东用浓重的湖南口音说："你们广东开化很早。秦始皇时代，广东就是秦朝管辖的地方。河北人赵佗去广东做官，他对地方治理得不错。秦朝末年，天下大乱，他趁机扩占了粤西、海南岛等地方，自立为王。汉高祖平定天下后，派人去见他，他表示臣服，接受汉朝的管辖。"

曾生听完，感到惭愧，自己是广东人，却对广东历史知之不多。同时，他又觉得纳闷：毛泽东为何对他说起南越王赵佗的故事？直到新中国成立后，曾生在广州工作时，查考了赵佗治理广东的历史，才明白毛泽东的用意是待广东解放后，要把广东治理好建设好。[①]

3月25日拂晓，火车抵达位于北平西郊的清华园站。毛泽东一行改乘汽车，到颐和园休息。下午5时，中共中央和中央军委领导人毛泽东、刘少奇、朱德、周恩来、任弼时，在西苑机场检阅人民解放军部队。曾生被安排跟随中央领导人参加了阅兵式。

曾生第一次看到这么壮观的阅兵场面，心里十分激动，他想：第四野战军即将挥师南下向中南和华南进军，两广纵队接收独立第二十四师和整编部队的工作必须加快进行，争取早日加入进军华南的战斗行列。

在北平，曾生住在北京饭店。在那里见到了第四野战军领导人，他们指定第四野战军政治部副主任陶铸负责安排两广纵队接收部队。

---

① 《曾生回忆录》，解放军出版社1992年版，第564—565页。

曾生主持接收独立第二十四师的工作。这支部队原为国民党第六十二军一五七师,原先在天津一带守备,1948年12月调驻北平,归"华北剿匪总司令部"直接指挥,北平和平解放时随"剿总"司令傅作义起义。该师大部分官兵是广东人,抗战期间参加过抗击日军的粤北会战、长衡会战和桂柳会战;师长何宝松是广东兴宁人,曾在国民革命军第十九路军任职,参加过1932年的"一·二八"淞沪抗战和1933年抗日反蒋的"福建事变"。

4月14日,陶铸、曾生率领两广纵队400余名接收干部,到独立第二十四师展开接收工作。陶铸宣布了独立第二十四师的师、团政治干部的任命:邬强任师政治委员,饶璜湘任师政治部主任,洪向东、陈一民、黄乃宇分别任第一、第二、第三团政治委员,对各营、连、排均派出两广纵队接收干部担任政治教导员、政治指导员以及政治服务员。独立第二十四师军官的官职予以保留,这就使得大多数官兵的思想情绪稳定了下来。官兵们听说要带领他们打回两广去,解放全中国,感到十分高兴。

由于接收政策的正确,接收人员的努力工作和模范作用,加上独立第二十四师少将师长何宝松等一批军官的积极配合,接收工作得以顺利进行。

曾生在北平期间,还见到了时任北平市军管会主任兼北平市市长叶剑英。叶剑英询问了两广纵队的情况,并借了一辆小车给曾生工作之用。曾生又在北平多次找到已调到中共中央城市工作部的杨康华,希望他返回两广纵队工作,一起打回广东。经请示周恩来同意,杨康华回到两广纵队,继续担任两广纵队政治部主任。接着,又传来一个好消息:原在华北军政大学工作的王作尧,调任两广纵队副司令员,得到这两位老战友回到两广纵队搭档,曾生感到格外高兴。

5月底,曾生从北平赶回河南襄城两广纵队驻地。何宝松、邬强率领独立第二十四师也随后离开北平,南下编入两广纵队。

6月10日，两广纵队召开干部会议。曾生传达毛泽东等中央领导人接见他们的情况。他说：毛泽东主席对两广的情况很了解，对两广纵队很关心，要求我们把部队整编好、建设好；朱德总司令要求我们注意搞好团结。杨康华传达第四野战军领导人的指示：要求两广纵队建立优良的战斗作风、工作作风和生活作风。王作尧介绍华北军政大学改造国民党军官的做法和经验。与会者对中央领导人的指示进行了学习和讨论。大家认为，中央首长十分关心两广纵队的建设，我们一定要加强团结，加强纪律观念，带好部队，打好胜仗，为解放全中国作出应有的贡献，绝不辜负中央首长的殷切期望。

6月21日，两广纵队进行扩编，下辖两个师。第一师以纵队第一、第二团和独立第二十四师第一、第二团的四个营整编为两个大团，每团三个营共2500人。第一师师长由纵队司令员曾生兼任、政治委员罗范群、副师长邬强、参谋长彭沃、政治部主任江平秋，第一团团长翟信、政治委员黄凯之，第二团团长黄布、政治委员陈一民。第二师以纵队第三团、独立第二十四师第三团及纵队第一团和第二团各一个营，整编为两个团，每团两个营共1500人。第二师师长何宝松、政治委员由纵队副司令员王作尧兼任、副师长李克明（南下途中由上级派来）、参谋长蔡国梁、政治部主任饶璜湘，第四团团长黄明金、政治委员曾源，第五团团长刘培、政治委员黄乃宇。纵队供给部和卫生处合编为后勤部，部长郑少康、政治委员关山。纵队成立炮兵团（辖两个炮兵营），以纵队炮兵营编为第一营，独立第二十四师炮兵营编为第二营，再加上一个工兵连、一个警卫连，总共1500人，配山炮15门、重迫击炮4门，团长袁庚、政治委员郑定立。教导团1200人，团长谢阳光、政治委员郑铮。纵队警卫营500余人。其时，两广纵队总人数为1.36万余人。部队整编后，继续在原地整训待命。

自1949年5月渡江战役后，国民党残余部队尚有150万人，盘踞在台湾和中南、西南、西北若干省份内。其中，中南地区有华中军政长官公署白崇禧集团、广州绥靖公署（后改为华南军政长官公署）余汉谋集团，共 28 个军 73 个师，总兵力 40 余万人。中共中央军委决定，由第四野战军在第二野战军一部协同下，歼灭中南地区的残敌。根据当时的敌情，中央军委判断白崇禧集团将于湘南一带跟南下野战军决战。因此，决定由第四野战军主力 6 个军及两广纵队挺进湘南，争取在 8 月底到达永州、郴州一线。与白崇禧主力交战后，可尾随其退路向两广前进，并于 11 月或 12 月占领两广。

7 月初，第四野战军南下主力发起宜（昌）沙（市）战役和湘赣战役。这两个战役分别歼敌 1.5 万余人和 8.1 万余人（含长沙起义 7.7 万余人），但没有达到聚歼敌主力的预期目的。当南下野战军挺进湘中、赣南时，余汉谋集团仍据守广东，白崇禧集团则退据以衡阳、宝庆（今邵阳）为中心的湘南地区，依托湘江、永乐江、资水、芷江等天然屏障，构成了一条东起粤北乐昌与余汉谋集团防线衔接，西至湘西、背靠滇、桂、黔的"湘粤联合防线"，企图阻止人民解放军南进。

根据战局变化以及第四野战军在宜沙战役、湘赣战役中的教训，中共中央军委主席毛泽东对进军中南提出了大迂回、大包围、大歼灭的作战方针。7 月 16 日，中央军委致电第四野战军前敌委员会（简称"第四野战军前委"），指出白崇禧集团本钱少、极机灵，非万不得已绝不会跟人民解放军作战。判断其与人民解放军作战的地点不外是湘南、广西、云南三地，而以广西的可能性最大。因此，第四野战军第一步应准备在湘南、第二步准备在广西、第三步在云南与白崇禧集团作战。并明确指示第四野战军，无论在茶陵、衡阳以南，在全州、桂林等地或其他地方与白崇禧作战，都不要近距离包围迂回，而应采取远距离包围迂回的方法，完全不理会白崇禧的临时部署而远远地超过他，占领他的后方，才能掌握主动，迫使他最后不得不跟人民解放军作战。中央军委对各部队进军路线和各部队担负的作战任务也作了重新部署,其中命令:两广纵队应即速出动,走江西入广东。7月17日,中央军委再次致电第四野战军前委,发出补充意见,提出解放两广的初步方案。指出:"陈赓三个军、十五兵团两个军统由陈赓率领,经赣州、南雄、始兴南进,准备以三个月的时间占领广州。然后十五兵团两个军协同华南分局所部武装力量及曾生纵队,负责经营广东全省,陈赓率四兵团三个军担任深入广西寻歼桂系之南路军,由广州经肇庆向广西南部前进,协同由柳州、永州入桂之北路军寻歼桂系于广西境内。然后陈赓率自己的三个军入云南。"电文还指出:"曾生两个小师应即提前结束整训,遵陈赓道路或仍走粤汉路速去广州。"①

由此,第四野战军前委制定了解放两广、聚歼残敌的具体作战方案:由第二野战军第四兵团、第四野战军第十五兵团两个军及两广纵队组成东路军,经赣南进入广东,歼灭余汉谋集团主力,占领广州,然后第四兵团西上入桂,担任截断敌南逃的任务;由第四野战军第十二兵团三个军组成中路军,首先歼灭位于湘潭、湘乡和宝庆一线之敌。迫使白崇禧集团主力向桂林方向撤退,然后尾随白崇禧集团主力,寻机作战;由第四野战军第十三兵团两个军组成西路军,由湘西直插黔桂,然后南下柳州,截断白崇禧西逃滇黔之路。在具体作战方案中,第四野战军前委命令两广纵队立即出发,由江西入粤参加解放广东的作战。

7月24日,两广纵队在河南省襄城县举行南下进军誓师大会。7月25日,部队在两广纵队副司令员王作尧、政治部主任杨康华率领下,分批出发南下广东。部队沿平汉铁路,经漯河、信阳,越过大别山进入湖北省,再经河口、浠水,于黄石横渡长江后进入江西省,行程万余里。

---

① 《中共中央军委对7月16日关于追歼白崇禧指示的补充意见》(1949年7月17日),载中共广东省委党史研究室编:《广东党史资料》第17辑,广东人民出版社1990年版,第49—50页。

1949年7月24日，两广纵队在河南省襄城县举行南下进军誓师大会

曾生、雷经天、姜茂生3人待部队出发后，乘汽车首先前往武汉，向叶剑英[①]和第四野战军首长汇报工作并接受新的指示，然后离开武汉，赶往江西赣州。

两广纵队经过两个月的艰苦行军，于9月27日抵达江西省赣州附近地区待命。

二、参加广东战役

1949年9月，正是农历闰七月，江西赣州热浪滚滚，气氛高涨。南下野战军各部队负责人、地方党组织负责人，从四面八方汇集到这里，共议解放广东的大计。

赣州位于江西省南部，是一座具有二千多年历史的古城，发源于武夷山脉和南岭山脉的贡水和章水，在这座城边汇合，成为赣江，故得名

---

① 1949年7月，中共中央决定派叶剑英到广东工作，任中共中央华南分局第一书记。8月9日，叶剑英离开北平南下，经武汉、九江、武昌等地，于9月3日抵达江西赣州，主持召开华南分局一系列会议。

赣州。赣州距广东北部边境百余公里，是江西至广东的要冲。1949 年 8 月 14 日，第四野战军十五兵团四十八军解放了赣州。

为了加强对广东、广西地区党政军工作的统一领导，中共中央决定组建新的华南分局 ①。1949 年 8 月 1 日，中共中央任命叶剑英为华南分局第一书记，张云逸为第二书记，方方为第三书记。新的华南分局领导广东、广西两省以及香港的党组织，隶属中共中央华东局领导。

1949 年 9 月 6 日，新的华南分局在赣州正式组成。委员人选则由叶剑英、张云逸、方方三人商定，待中央批准后才公布。华南分局随即召开一系列会议（史称"赣州会议"），研究讨论解放广州市、广东省乃至整个华南地区的部署，以及领导机构组成、干部配备、城乡接管等重大问题。两广纵队司令员曾生、政委雷经天参加了赣州会议。

9 月 7 日，叶剑英在赣州主持召开作战会议。出席会议的有第二野战军第四兵团负责人陈赓、郭天民、刘志坚，第四野战军第十五兵团负责人邓华、赖传珠、洪学智、肖向荣，华南分局第三书记方方，两广纵队负责人曾生、雷经天。

会议分析了敌情，制定了广东战役作战方案。

此时，在广东境内有国民党正规军刘安祺兵团（即第二十一兵团），辖第三十二、第五十军；沈发藻兵团（即第十三兵团），辖第二十三、第七十军；胡琏兵团（即重建的第二十兵团），辖第十、第十八军；以及第三十九、第六十二、第六十三、第六十四、第一〇九军共 11 个军约 12.5 万人。另有空军第一军、海军第四军区及地方部队等 4 万余人。以上总计 16.5 万余人，统由华南军政长官公署司令长官余汉谋指挥。余汉谋依据国民党政府国防部关于"巩固粤北、确保广州"的指令，布防如下：以第三十九军、第六十三军位于乐昌、

---

① 1949 年 4 月 8 日，中共中央香港分局改称中共中央华南分局，方方任书记，林平任副书记。

曲江、南雄一带组成第一道防线；以第二十三、第五十、第七十军位于英德及其以西、以南地区组成第二道防线；以第三十二、第一〇九军位于广州外围的花县、从化、增城、博罗、惠阳一带组成第三道防线；以第十、第十八军位于潮汕地区，相机策应粤北、广州作战；以第六十二、第六十四军位于湛江、海南岛，保持退路。

会议根据敌情作出决定：先消灭北江、东江一带的国民党军队，进占曲江、惠阳，创造条件，争取和平解放广州。如果国民党军队在广州顽抗，则坚决以武力消灭之。为了达到战役的突然性，各部队必须于9月底前到达预定地域集结，第十五兵团集结于江西南部的南康、信丰地区；第四兵团集结于广东北部的南雄、仁化以及与之接壤的湖南汝城一线；两广纵队集结于江西兴国以南地区。

作战会议根据敌情可能发生的变化，制定了两套作战方案。第一方案：如果敌人扼守曲江、英德一线顽抗，第二野战军第四兵团主力则沿粤汉铁路向南攻击前进；第四野战军第十五兵团则由集结地域插至英德或以北地区断敌退路，争取歼灭国民党部队4个军的兵力；两广纵队经惠阳向南迂回，并相机占领惠州，视情况必要时以一个军加强之；华南分局的地方武装则积极向潮汕方向佯攻，牵制与迷惑敌人。第二方案：如果国民党军集中兵力据守广州、虎门等地，第二野战军第四兵团则沿粤汉铁路南下，进至广州以北、以西；第四野战军第十五兵团进至广州以东；两广纵队插至广州以南，截断广州虎门之间的联系，合力聚歼广州之敌。会议一致推举第四兵团司令员兼政治委员陈赓统一指挥广东战役。

9月12日，中央军委批准了这个作战方案。

9月11日、16日和20日，叶剑英在赣州连续三次主持召开华南分局扩大会议。出席会议的有华南分局和南下野战军的负责人方方、陈赓、邓华、赖传珠、肖向荣、洪学智、刘志坚、郭天民、曾生、雷经天、李嘉人等。会议研究讨论了关于解放广东、接管广东的一系列重大问题，着重解决华南地区党政军领导机构的组成以及后勤、支前、金融等问题，制定和通过了《华南港币处理意见》《关于支前工作的决定》《关于过去华南及广东工作的决议》。

中共中央华南分局《关于过去华南及广东工作的决议》指出，方方等领导的华南分局和各地党委，自1946年以来，在广东以及华南各省领导人民武装斗争和各项工作，是有很大的成绩的。这表现在已解放了广东1300万以上的人民，建立了8万人以上的人民武装，组织了150万人以上的农会会员，并在广东全省三分之一以上的地区初步建立了人民民主政权。这些成绩，就使得华南敌后的人民战争得以坚持下来，配合了三年来全国解放战争的胜利。同时又给人民解放军主力进入华南及广东作战，最后完成解放华南及广东全省的任务，提供了有利的条件。①

9月21日至24日，华南分局在赣州召开干部大会（又称"高干会议"），叶剑英作《关于解放广东的若干问题》的综合报告，陈赓作军事问题的报告，方方作关于广东情况的介绍，两个兵团的负责人、两广纵队负责人、粤东和粤北及赣南三个区党委的负责人，也先后在会议上发言。曾生在会议上介绍了两广纵队建立、发展和作战的基本情况。

9月28日，中共中央批复同意华南分局委员和常委名单。委员由叶剑英、张云逸、方方、陈赓、郭天明、刘志坚、邓华、赖传珠、洪学智、肖向荣、古大存、曾生、雷经天、冯白驹、林平、陈漫远、莫文骅、林锵云、区梦觉、梁广、冯燊、易秀湘共22人组成。叶剑英、方方、陈赓、赖传珠、邓华为常委。②

---

① 《华南分局第三次会议记录》（1949年9月20日），载中央档案馆、广东省档案馆编：《中共中央华南分局文件汇集》，1989年11月印，第206页。

② 《华南分局关于分局与常委名单的报告及中央批复》（1949年9月23—28日），载中央档案馆、广东省档案馆编：《中共中央华南分局文件汇集》，1989年11月印，第225-226页。

同日，广东战役联合指挥部正、副司令员叶剑英和陈赓联合签发《广州外围作战命令》。这份作战命令，通报了敌情，分析了粤敌今后的动向，下达了迅速解放全广东的作战任务。作战总任务是：先歼灭曲江、翁源（老城）、英德地区之敌，然后迅速南下，协同广东境内的人民武装会攻广州，完成解放全广东的任务。为便利作战指挥，以第二野战军第四兵团为右路军；第四野战军第十五兵团（缺第四十八军）为左路军；两广纵队、粤赣湘边纵队和粤中纵队①组成南路军，由曾生、雷经天和林平统一指挥。作战部署仍为9月7日在赣州作战会议上制定的两套作战方案。

《广州外围作战命令》规定南路军的作战部署是：

1. 两广纵队应于十月十日前到达和平地区，迅速继续南下经河源博罗地区，争取于十月二十日进至广州虎门之间地区，与粤湘赣纵队会师，截断广州虎门之间联系。

2. 粤湘赣纵队应于十月十日自现地出发，自取捷径于十月二十日前进至广州以南地区，截断敌南退之道路。如在两广纵队（因路远）未能按时到达之情况下，该部必须积极准备单独作战，努力钳制广州之敌不使南逃，以等待主力南下聚歼之。②

《广州外围作战命令》强调，如敌放弃曲江、英德、翁源，退守广州，或敌仅以小部沿途阻击，主力退守广州或向西及西南撤退，"南路军在两种情况下，均应迅速按时进至广州以南，截断敌之退路，以待主力南

---

① 中国人民解放军粤赣湘边纵队于1949年1月1日公开宣布成立，司令员兼政治委员林平。中国人民解放军粤中纵队于1949年7月18日公开宣布成立，司令员吴有恒，政治委员冯燊。

② 叶剑英、陈赓：《广州外围作战命令》（战联字第1号），1949年9月28日。原件存中国人民解放军军事科学院。

下围歼之"①。并规定南路军两广纵队的进军路线为河源博罗线,以免
与左路军交叉拥挤。

此时,南下野战军中、西路军已发起衡(阳)宝(庆)战役,白
崇禧集团驻守湘南的桂系第四十八、九十七军以及驻守粤北的第四十六
军北调。余汉谋为保存其实力,亦将粤系的第三十九军由曲江一带缩回
英德、清远一线,在"湘粤联合防线"的战略结合部的乐昌与曲江之间,
只留粤系的第六十三军防守。由此,"湘粤联合防线"已不攻自破了。

从 10 月 2 日开始,各路军按照预定部署,向余汉谋集团发起进攻,
广东战役正式打响。解放军三路大军作战人数总共 22 万人。其中,左
路军 8 万人,右路军 12 万人,南路军 2 万人(只计参战部队人数)。

作为南路军的两广纵队,于 9 月 30 日从赣州附近的驻地江口出发,
取道信丰、定南进入广东。10 月 1 日,在进军途中,从收音机里听到
中华人民共和国宣告成立的特大喜讯,两广纵队全体指战员精神振奋,
决心加快行军步伐,出色完成作战任务,以实际行动庆祝新中国的诞生。

10 月 8 日,曾生率领
两广纵队进入广东境内的
和平县。踏进广东的土地,
一种故乡的亲切感顿时涌
上曾生的心头。和平县位
于广东的东北部、东江上
游,与江西省的定南、龙
南接壤。1945 年 8 月日本

两广纵队抵达粤赣边境时,指挥员观察敌情

投降后,根据中共中央关于"分散坚持斗争"的方针,曾生布置东江纵
队第三支队向和平、连平一带挺进,开辟了粤赣边九连山根据地。他自

---

① 叶剑英、陈赓:《广州外围作战命令》(战联字第 1 号),1949 年 9 月 28 日。原件存中
国人民解放军军事科学院。

从 1946 年 6 月 30 日率领部队北撤山东，已离开广东 3 年多了，如今又看到了故乡的一草一木，怎能不令他怦然心动呢？

10 月 9 日，曾生与雷经天带领两广纵队司令部部分人员进入龙川县境内，准备与粤赣湘边纵队领导机关会合。曾生的老搭档、老战友林平，早已在老隆通往龙川城外的大道上等候了。两人久别重逢，分外亲热，又是握手，又是拥抱。

赣州会议时，林平没能及时赶到参会。曾生虽然未见着林平，但已在这次会议中了解到：林平任司令员兼政委的粤赣湘边纵队，在三年多的解放斗争中，由小到大，由弱到强，作战部队由 1946 年东江纵队主力北撤时留下坚持斗争的武装人员 400 余人[①]，发展到拥有 8 个支队、5 个主力团、3 个县独立团，共 3.8 万人的大部队，解放了湘南、赣南、粤北、翁江以及东江和珠江三角洲的大部分地区。曾生为此感到自豪。两广纵队与粤赣湘边纵队有着很深的渊源，被曾生形象地比喻为一根藤（东江纵队）上结出的两只瓜。如今这两支兄弟部队会师于东江，为了解放广东而并肩作战。因此，曾生、林平两人显得格外开心。

这两支部队的领导机关抵达龙川县城后，由雷经天、林平、曾生 3 人组成中共广东战役南路军前线委员会（简称"南路军前委"），雷经天任书记，统一指挥南路军的作战行动。南路军前委立即召开扩大会议，研究作战部署。会议决定，以两广纵队司令部作为南路军指挥部，作战部署分两套方案。第一方案：如潮汕之敌胡琏兵团西撤增援广州，两广纵队于惠阳平山地区予以阻击；粤赣湘边纵队挺进东莞太平地区，

---

① 《东江纵队北撤时各区留下人员情况》（1946 年 9 月 15 日），载广东省档案馆、中共惠州市委党史办公室编：《粤赣湘边区革命史料》，广东人民出版社 1989 年版，第 32—34 页。中共惠州市委党史研究室：《粤赣湘边纵队史》（修订本），广东人民出版社 1989 年版，第 16 页。东江纵队至抗战胜利时达到 1.1 万人，因国民党挑起内战，有 2400 余人北撤山东，4000 余人复员，部分干部转移大城市工作，其余大部分人散失，故留下坚持武装斗争的只有 400 余人。

截断广州之敌南逃退路。第二方案：如敌胡琏兵团不向西撤，两广纵队则挺进东莞、太平地区，粤赣湘边纵队迅速进入番禺以南地区，截断广州敌人南逃之路。[①]

作为南路军的另一支部队粤中纵队，处于广州南部和西南部的敌后地区，华南分局已另行布置任务：不直接进军广州，而是向西江两岸进迫，肃清西江沿岸的国民党部队和土匪，使南下野战军占领广州后能顺利安全溯江而上入桂作战。[②]因此，南路军作战部署的这两套作战方案不分配粤中纵队的作战任务。

10月9日晚，粤赣湘边纵队司令部设便宴为两广纵队领导人接风洗尘。林平知道曾生一向喜欢吃狗肉，特地吩咐伙房宰了一条狗。自从北撤山东后，曾生已有三年多未闻到狗肉香味了，原因是为尊重华东地区群众的风俗，曾生下了禁令，不许部队吃狗肉。在筵席上，曾生与林平频频举杯祝酒，祝战友久别重逢，祝广东早日解放。

10月10日，南路军前委发布第一号作战命令。

根据第一号作战命令，南路军兵分三路向广州东南挺进。第一路的两广纵队第一师和粤赣湘边纵队独立第六团，由南路军指挥部率领。10月13日进抵河源，10月15日直取博罗，迫使河源和博罗的两个保安营投降，然后直奔东莞樟木头。

第二路的两广纵队第二师和粤赣湘边纵队独立第二团，在粤赣湘边纵队东江第一、第二、第三支队的配合下，由河源直插惠州。10月14日，敌军逃离惠州城和东莞县城。10月15日，两广纵队第二师一部和东江第一支队主力进入惠州城。东江重镇惠州宣告解放。10月17日，东江

① 《南路军前委作战命令》，载广东省档案馆、中共惠州市委党史办公室编：《粤赣湘边区革命史料》，广东人民出版社1989年版，第576页。

② 《华南分局第二次会议记录》（1949年9月16日），载中央档案馆、广东省档案馆编：《中共中央华南分局文件汇集》，1989年11月印，第192页。

第一支队第三团解放东莞县城。同日，东江第一支队第五团、第六团包围汕尾之敌，并展开政治攻势，迫使守敌900余人宣布起义。

第三路的粤赣湘边纵队独立第一、第三、第四团和第四支队，于10月14日经惠阳进至广九铁路线的樟木头，10月15日直插虎门附近，切断敌军南逃通道。

10月16日，由石龙向广州逃窜的国民党第一〇九军一五四师，因广州解放而被迫折返博罗县龙华圩一带。南路军指挥部获悉这一情报后，立即命令已抵达东莞樟木头的南路军第一路部队返回博罗，与南路军第二路的两广纵队第二师第四、第五团以及纵队炮兵团一起，在两广纵队第一师副师长邬强的统一指挥下，包围博罗龙华之敌，并展开政治攻势。10月19日，国民党第一〇九军一五四师副师长郑荫桐率部3329人起义，接受和平改编。同日，南路军指挥部率两广纵队第一师进占东莞石龙，促使敌税警团和粤汉铁路护路总队起义。两广纵队第二师和粤赣湘边纵队第四支队占领虎门要塞。至此，南路军完全切断了敌沿珠江南逃的通道。

在南路军全力向广州东南挺进的同时，左路军和右路军以秋风扫落叶之势直逼广州。9月29日、30日，左路军第四野战军第十五兵团两个军分两路先后从江西南康、信丰向广州挺进。10月6日至13日，在粤赣湘边纵队北江第一支队、东江第三支队的配合下，先后进占广东的翁源、新丰、佛冈、从化、花县、龙门、增城，10月14日占领华南重镇广州。右路军第二野战军第四兵团的三个军，从10月3日开始，分别从湖南桂东、汝城和江西大庾以及广东始兴向广州推进，10月6日占领乐昌、仁化，10月7日占领曲江。突破了敌粤北防线后，右路军迅速沿粤汉铁路和北江西岸追击溃敌，10月9日占领乳源、英德，10月13日占领清远，然后沿三水、四会、高明、鹤山、开平、台山、恩平等地追击逃敌。10月25日至26日，第四兵团在粤中纵队配合下，将敌一个兵团部（第二十一兵团部）和 4 个军（第三十九、第五十、第二十三、第七十军）共 4 万余人围歼于阳江、阳春地区。在这之前的 10 月 22 日，胡琏兵团撤离汕头，乘船逃往金门。

广东战役自 1949 年 10 月 2 日起至 11 月 4 日结束，历时 34 天，共歼敌 6.2 万人。[①] 广东大陆大部分地区获得解放。两广纵队在广东战役中，歼敌 4274 人，缴获各种枪支 2587 支、大小炮 58 门。[②]

三、肃清残敌

广东战役胜利结束后，在南下野战军中，第二野战军第四兵团和第四野战军第十五兵团一个军（第四十三军）西上广西作战。第十五兵团大部以及两广纵队则留驻广东清剿残敌，争取广东的全面解放。

参加解放广东战役的南路军进抵东江下游之后，驻东江地区的国民党军队，除了第一〇九军一五四师在博罗龙华和平起义外，其余均逃往珠江三角洲中山县境内。其中第一〇九军军部率第一九六师集结于唐家湾，第三二一师和广东省保安第三、第五师集结于前山、南屏、三灶岛等地。

为迅速消灭逃窜珠江三角洲之敌，中共中央华南分局决定，撤销广东战役南路军指挥部，由两广纵队与粤赣湘边纵队组成珠江三角洲作战指挥部。

1949 年 10 月 29 日，珠江三角洲作战指挥部在东莞石龙成立，曾生任司令员，林平任政治委员，王作尧任副司令员，严尚民任参谋长，邬强任副参谋长，杨康华任政治部主任，刘田夫任政治部副主任。并

---

① 广东人民武装斗争史编纂委员会编：《广东人民武装斗争史》（第四卷），广东人民出版社 1995 年版，第 381 页。

② 《两广纵队战斗统计表》，载《两广纵队史》，广东人民出版社 1988 年版，第 143 页。

由以上 7 人组成中共珠江三角洲作战指挥部前线委员会，曾生任书记，统一指挥两广纵队、粤赣湘边纵队、珠江三角洲地方人民武装。当天，珠江三角洲作战指挥部发出进军珠江三角洲的"命令"，通报了敌情、珠江三角洲作战指挥部及前线委员会组成人员名单，明确下达了进军珠江三角洲的任务："集中主力歼灭珠江三角洲地区残敌，并肃清该区散匪土顽，以协助该地建立人民政权，进行征筹粮食，接济广州市，支援西进部队。"① "命令"对各部队的进军方向作了布置，还对通信联络和注意事项作了规定。

10 月 30 日早上，两广纵队各部队从驻地出发，分别经莞（城）太（平）线、樟（木头）太（平）线，进至虎门附近集结待命。曾生率领珠江三角洲作战指挥部也同时从石龙移至东莞太平镇。当天，曾生、林平、王作尧、严尚民、邬强在太平镇本部联名发出进军珠江三角洲的《补充命令》：

（一）据了解一〇九军军部一九六师集结于唐家湾带，保三、五师一部散布平岚、前山寨线，斗门发现广州卫戍部队番号，其主力集中于三灶岛。

前山寨敌方置放大量物资，上敌现彷徨不定，准备逃跑，但找不到出海船只。

（二）指挥部决集中主力第一步先歼唐家湾、平岚、前山寨之敌，第二步攻占斗门，最后解决三灶岛。

（三）部署：

1. 二师由太平船运石岐，拟一号前到石岐，即东进至张家边以南集结，侦察情况，待一师到达石岐之后，同时沿崖口、北山逼近唐家湾，

① 珠江三角洲作战指挥部：《命令》（1949 年 10 月 29 日），载深圳市史志办公室编：《两广纵队史》，中共党史出版社 2010 年版，第 314 页。

相机解决该敌。

2. 一师拟二号进到石岐集结后即南向以平岚为目标攻击前进，得手后继续占前山寨，会同二师攻歼唐家湾之敌。

3. 边纵第一、三、四团由严参谋长率领即日设法开石岐集结准备接引唐家湾方面作战。尔后视情况负责攻占斗门作攻击三灶岛之准备。

4. 指挥部率四支队随一师后，第一步进至石岐，尔后视情况位置通报。

（四）各部运输船只须派部队护送回太平，交渡江指挥所接收（要塞司令部）。①

随后，曾生带同邬强在太平镇主持召开师、团干部会议，布置作战任务。

10月30日下午，两广纵队各部从虎门乘船西渡珠江，向中山县开进。

在这之前的10月27日，两广纵队就已派出第一师第一团先锋营300余人作为先头部队，由两广纵队后勤部部长郑少康率领，从虎门横渡珠江挺进中山县。10月28日夜晚，先锋营到达中山县城石岐，控制了城区制高点和水陆交通要道，同时与中共中山县委、粤赣湘边纵队中山独立团取得联系。②10月30日中午，两广纵队先头部队与粤赣湘边纵队中山独立团举行入城仪式，在石岐仁山广场举行会师典礼，宣告中山解放。当天下午3时，中山县各界人民在仁山广场集会，欢迎人民解放军暨庆祝中山解放，两广纵队先头部队和中山独立团派出部分队伍出

---

① 珠江三角洲作战指挥部：《补充命令》（1949年10月30日），载广东省人民武装斗争史编纂委员会办公室、中共宝安县委党史研究办公室编：《两广纵队史料》，第339–340页。编印日期不详，文中的"一号""二号"，为日期的1日、2日。

② 《吕华给谭桂明、大臣（黄旭）的信》（1949年10月29日），载中共中山市委党史研究室、中山市老战士联谊会编：《中山解放实录》，1999年9月印，第211页。

席，并接受各界代表献旗。

11月1日，两广纵队直属队和第一、第二师及粤赣湘边纵队第四支队陆续抵达石岐镇。珠江三角洲作战指挥部设于石岐悦来正街。

11月2日上午，珠江三角洲作战指挥部召开师、团和支队主要领导干部会议，布置具体作战任务。当晚，第一师、第二师和第四支队先后沿中山上下栅、坦洲攻击前进。敌广东省保安第三、第五师等部闻风南逃，而第一〇九军一九六师、三二一师早已乘船逃走。两广纵队和粤赣湘边纵队第四支队跟踪追击。11月3日晨，第二师完全控制前山、坦洲一线。敌逃往南屏、北山、湾仔等地，与解放军隔河对峙，并不时地发炮袭击解放军阵地。

11月4日，两广纵队发起歼灭南屏、湾仔等地残敌的战斗。作战部署是：以炮兵团第一营在炮台山正面轰击敌人；以第二师第四、第五团和第一师第二团，分两路从南屏以西连胜围迂回切断敌退路。当天下午，纵队炮兵团开始轰击南屏、湾仔、北山等处敌军阵地。第二师在中山独立团配合下，于下午3时突至南屏，歼敌保安第三师第八团一个营。第一师第二团随后亦攻至南屏，俘敌一部。当晚9时，第二师第四团攻占黑面将军山，随即与第五团分别从银坑、北山方向攻占湾仔，俘敌一部，余敌乘船逃往澳门等地。此战，共歼敌402人，缴获各种枪支315支、大小炮4门，解放了南屏、湾仔。

第二师控制了湾仔后，发现靠近澳门海面有国民党海军第四战防舰队数艘炮舰及若干小舰艇。11月5日，第二师发炮攻击，击沉敌炮舰1艘，击伤2艘。

珠江三角洲作战指挥部参谋长严尚民指挥粤赣湘边纵队独立第一、第三、第四团，从顺德容奇经江门南进。11月5日攻占斗门县，全歼守敌489人。三灶岛守敌闻风溃退。11月11日，进占三灶岛，缴获误降三灶岛简易机场的敌B-26型轰炸机1架。

11月13日，两广纵队第二师第五团越海攻击横琴岛，歼敌42人，缴获各种枪支425支、大小炮16门、运输船1艘，解放了横琴岛。

11月16日，两广纵队炮兵团以警卫连、工兵连各一部为突击队，在第二营炮火支援下，一举攻占珠江口外的大铲岛，歼敌少将参谋长以下官兵117人。

至此，两广纵队进军珠江三角洲歼灭国民党残余部队的作战告一段落。第一师留驻中山；第二师调驻东莞；炮兵团除了第一营留驻中山协同第一师守备外，团部率其余部队驻守宝安（1950年2月全团调驻中山唐家）。

在此期间，在博罗龙华起义的国民党军第一五四师以及在石龙起义的粤汉铁路护路总队和税警团，统一改编为两广纵队独立师，曾源任政治委员，郑荫桐任副师长，叶基任参谋长。

12月4日，两广纵队一部解放距虎门7.5公里的龙穴岛。12月5日解放中山县属的淇澳岛。

1950年1月6日，两广纵队第二师指挥粤赣湘边纵队东江第一支队新编独立第三营，在炮兵团的支援下，对大亚湾的三门岛进行登陆作战。全歼守敌国民党"人民革命军挺进第一纵队"，歼敌团长以下官兵286人，缴获各种枪支264支、迫击炮2门。

1950年4月，人民解放军解放海南岛后，国民党加强了对珠江口的封锁，把位于珠江口伶仃洋外的万山群岛（由70余座大小岛屿组成）视为反攻大陆的基地，派遣海军第二舰队和一个海军陆战团，加上原守岛地方武装，共计2000余人，统归"万山防卫司令部"指挥，企图负隅顽抗。

4月底，中共中央军委和中国人民解放军中南军区指示广东军区解放万山群岛。5月初，广东军区作出解放万山群岛的作战部署：以第四野战军第四十四军一三一师（缺三九一团）、广东军区珠江军分区炮兵团（即两广纵队炮兵团）、第四十四军一三二师炮兵营、中南军区炮兵第十加农炮连、第五十军无后坐力炮连、第四十四军一三〇师步兵连，组成登陆作战和火力支援部队；以广东军区江防部队①组成海战、航渡和物资运输部队。参战总兵力 1 万余人，统一由第一三一师指挥，并组成以一三一师师长刘永源、副师长邵震为首的联合指挥所，刘永源任总指挥。

5 月 25 日凌晨，发起解放万山群岛战役的第一步作战。广东军区江防舰艇部队以 16 艘炮舰、登陆舰和 8 艘民船，组成火力船队和登陆运输船队，运载第一三一师三九二团、三九三团各一营、一个炮兵连和 10 余门火炮，从唐家湾启航，分两路奔袭垃圾尾岛（今桂山岛）。当天，火力船队击沉敌炮舰 1 艘，击伤 3 艘，俘 1 艘；登陆部队第一三一师占领青洲、三角山等岛。5 月 26 日至 31 日，第一三一师在炮兵部队配合下，又先后攻占垃圾尾、牛头、大头洲、赤滩、大小蜘蛛、东澳等岛屿，完成第一步作战任务。

在第一步作战中，人民解放军在取得重大胜利的同时，也付出了较大的代价，被击沉、击伤炮舰各 1 艘，100 余人伤亡或被俘，其中火力船队队长郭庆隆（第一三一师三九二团副团长）、副队长林文虎（广东军区江防部队海防队副队长）②牺牲。

敌不甘心失败，又从第三舰队中补充大中型舰 10 余艘，以外伶仃洋为基地，控制万山海域，封锁解放军的海上运输，阻延解放军的作战

① 1949 年 12 月，广东军区江防司令部成立后，从两广纵队、粤赣湘边纵队以及其他部队选派一批干部，再抽调两广纵队独立师第二团 500 余人，组成广东军区江防司令部舰艇部队。这支舰艇部队成为中国人民解放军海军南海舰队的前身。

② 林文虎，广东普宁人，1920 年生，泰国华侨，1940 年 5 月回国参加东江抗日游击队，1941 年 5 月加入中国共产党，历任东江纵队第五大队中队长、粤赣湘边纵队第四支队独立第三团副团长、两广纵队独立师第二团代理团长。万山群岛战役结束后，林文虎被中南军区追认为"海军战斗英雄"。

行动。

万山海战联合指挥所决定于 6 月 8 日发起第二步作战，为了加强火力，命令两广纵队炮兵团投入战斗，协同江防部队支援第一三一师的逐岛作战。接受任务后，曾生来到两广纵队炮兵团召开干部会议，下达支援第一三一师解放万山群岛的作战命令，并对部队进行战斗动员。他号召部队指战员："你们要发扬我军优良战斗作风和用木船打军舰的精神，敢于近战拼搏，一定能取胜。"他指示炮兵团要很好地服从第一三一师指挥，克服困难，密切支援步兵作战。[1]

6 月 1 日，两广纵队炮兵团装船出发，开向万山前线，支援第一三一师开展逐岛作战。6 月 5 日，炮兵团第一营在西线支援第一三一师三九三团攻占了大小万山、白沥、竹州和横州岛，6 月 10 日，炮兵团第二营在东线支援第一三一师三九二团攻占隘洲列岛。

两广纵队炮兵团作战前动员

6 月 26 日晚，两广纵队炮兵团进占三门岛。6 月 27 日，炮兵团第二营协同广东军区江防部队，在三门列岛和外伶仃岛海域击伤敌驱逐

① 何通：《典范长存》，载《怀念曾生同志》，中共广东省委党史研究室 1996 年 12 月内部出版，第 143 页。

舰、护卫舰和扫雷舰各 1 艘，迫使敌舰队撤逃。在炮兵团的支援下，第一三一师三九二团于 7 月 1 日占领外伶仃岛。8 月 3 日攻占担杆列岛，8 月 4 日攻占鸡澎列岛。至此，万山群岛战役结束。万山群岛除蚊尾洲外，均获解放。

万山群岛战役历时 72 天，是人民解放军陆海军协同作战的开端。此役歼敌 700 余人，击沉击伤敌舰艇 16 艘，缴获各种舰船 11 艘，解放岛屿 45 座。万山群岛战役的胜利，拔掉了国民党军在华南沿海的最后立足点，彻底粉碎了国民党军队对珠江口的封锁。解放军以劣势装备战胜优势装备敌人的光辉战绩，得到毛泽东主席的电令嘉奖，指出："这是人民海军首次英勇战例，应予学习和表扬。"[①] 中南军区首长也对参战部队通令嘉奖。

万山群岛战役结束后，两广纵队炮兵团担任守备珠江口至万山群岛的任务，并负责解放万山群岛最后一个岛屿——蚊尾洲。

蚊尾洲是珠江口外最南端突向南海前沿的一座孤立小岛，岛上四周是悬崖峭壁。国民党"广东沿海游击司令部"一个支队 40 余人，凭借其险要地形和坚固工事进行固守，与香港特务互相配合，囤积武器，运输给潜伏在内地的土匪特务。

广东军区决心拔除这颗附在珠江口外的"毒瘤"。

两广纵队炮兵团拟定了解放蚊尾洲的作战方案。1950 年 12 月初，曾生陪同中南军区参谋长赵尔陆来到中山唐家湾，审定并批准了作战方案。炮兵团团长何通随即率领参战部队，开进垃圾尾岛备战。

广东军区江防司令部派出 4 艘舰艇也开到垃圾尾岛集结，协同炮兵团作战。

两广纵队炮兵团制定了具体作战部署：抽调炮兵团警卫连、工兵连

---

① 《当代中国》丛书编辑部编：《当代中国海军》，中国社会科学出版社 1987 年版，第 165 页。

组成突击队，利用黑夜跨海奔袭，首先秘密占领蚊尾洲附近的岛屿阵地，然后以炮火充分压制敌人，海陆步炮协同登岛，一举歼敌。

12月6日黄昏，江防部队的4艘舰艇以及几艘运载炮兵团第一、第三、第六连的渔船，编队从垃圾尾岛起航。12月7日凌晨，到达蚊尾洲西北约10公里的庙湾岛集结。各炮兵连乘渔船在蚊尾洲以东约3公里的黄茅洲、湾州秘密登陆占据阵地。然后，4艘舰艇成战斗队形前进。

12月7日上午，炮兵首先在黄茅洲、湾州以猛烈炮火压制蚊尾洲的制高点灯塔附近的敌炮阵地和登陆点的火力点，然后分别对敌火力点及灯塔的窗口射孔进行破坏性射击。敌火力点被清除后，突击队乘坐登陆舰靠近蚊尾洲，在烟幕弹的掩护下，迅速攀登峭壁，强行登岛，冲到敌阵地前。敌人见大势已去，只好举白旗投降。至此，广东沿海岛屿全部解放。

以曾生为司令员的两广纵队，于1949年7月25日在河南襄城出发南征，进入广东后与兄弟部队粤赣湘边纵队并肩战斗，切断敌人南逃退路，解放了东江流域和珠江三角洲广大地区，肃清了珠江三角洲和广东沿海岛屿残敌，共歼敌5135人，缴获各种炮85门、轻重机枪354挺、长短枪3253支[①]，圆满完成了上级交给的作战任务，为广东的解放作出了重要的历史贡献。

① 《两广纵队战斗统计》，载《两广纵队史》，广东人民出版社1988年版，第143页。

第十四章　保卫新中国

一、清剿土匪

曾生指挥两广纵队胜利完成解放广东的战斗任务后，根据中共中央华南分局的指示，率领两广纵队驻守珠江三角洲地区，清剿土匪，保卫祖国南大门。同时，他兼任地方党政领导职务，参与领导地方的接管和建设工作。

1949 年 10 月 14 日，华南最大城市广州获得解放。为保障人民生命财产安全，维护社会安宁，确立革命秩序，华南分局决定对广州全市实行军事管制。根据中央人民政府人民革命军事委员会电令，10 月 20 日，广州市军事管制委员会成立，叶剑英、方方、邓华、赖传珠、洪学智、曾生、林平、朱光、李章达、吴奇伟、张酄村为委员，叶剑英任主任，赖传珠任副主任。[①] 广州市军事管制委员会是广州军管时期最高权力机关，统一军事、经济、文化等管制事宜。

1949 年 11 月 6 日，广东省人民政府成立，叶剑英任主席，方方、古大存、李章达任副主席。广东省人民政府委员有 30 人，曾生是其中之一。[②]

11 月 17 日，根据中共中央军委命令，中国人民解放军广东军区成立，叶剑英任司令员兼政治委员，邓华、洪学智、曾生分别任第一、第二、

---

① 《广州市军事管制委员会布告》（军字第一号），1949 年 10 月 20 日，原件存广州市档案馆。

② 中共广东省委党史研究室：《中国共产党广东地方史》（第一卷），广东人民出版社 1999 年版，第 740 页。

第三副司令员，赖传珠、林平、冯白驹分别任第一、第二、第三副政治委员，肖向荣、杨康华分别任政治部主任、副主任。11月底，广东军区党委成立，由赖传珠、邓华、洪学智、肖向荣、林平、曾生6人组成，赖传珠为书记，邓华为副书记。① 为了配合珠江三角洲地区清剿残敌和巩固珠江防务，12月5日，成立广东军区江防司令部，洪学智任司令员兼政治委员，王作尧任副司令员。曾生、王作尧、杨康华除了担任上述职务外，仍任两广纵队原来领导职务。

1949年11月底，中共珠江三角洲地方委员会（简称"珠江地委"）② 成立，隶属华南分局领导，管辖中山、顺德、南海、三水、番禺、花县6个县的县委和佛山市一个市委，曾生任书记，杨康华、刘向东任副书记。地委机关驻中山石岐镇。东莞、宝安两个县委也于次年2月划归珠江地委管辖。

11月，两广纵队和粤赣湘边纵队奉命驻守珠江三角洲地区，其任务是：肃清土匪、特务和反动地主武装，保护河道航行安全；协助地方建立政权，维护社会治安，保护人民生命财产；严密封锁海防边防，禁止粮食外流，并负责征筹粮食以接济广州和支援野战军西进粮食补给。

珠江三角洲位于广东省东南部、珠江入海口处，毗邻香港、澳门，是中国的南大门。这里土地肥沃，物产丰富，人口稠密，是广东经济最富庶的地区。区内河汊纵横交错，珠江口内外岛屿星罗棋布，地形复杂。新中国成立前数十年来，这里是号称"大天二"③ 的大小股匪，与反动

---

① 《叶剑英方方致中央组织部并报华中局电——请示广东军区党委名单》，载中央档案馆、广东省档案馆编：《中共中央华南分局文件汇集》，1989年11月印，第309页。中共中央于1949年11月30日复电同意广东军区党委名单。

② 1950年4月，中共珠江三角洲地方委员会改称中共珠江地方委员会，也简称"珠江地委"。珠江地委于1952年11月撤销。

③ "大天二"，广东俗语，源于赌具天九牌，天牌十二点红黑各半为最大，地牌二红点次之。这里指欺霸一方的土匪。

统治者、外国势力和地主恶霸互相勾结，横行霸道，打家劫舍，欺压人民，成为广东政治上最复杂的地区。

两广纵队进军珠江三角洲地区后，国民党军驻守该地区的正规部队或被消灭，或已撤逃，但其残部与那里的特务、股匪、反动地主武装沆瀣一气，进行"反共救国"活动，继续残害人民，破坏社会治安。因此，解决珠江三角洲地区的治安问题，既是巩固广州社会秩序的先决条件，又是守护新中国南大门的首要任务。

华南分局第一书记叶剑英十分重视珠江三角洲地区的工作。他指示曾生：一定要尽最大努力迅速剿灭土匪和国民党地下武装，肃清特务，巩固边防海防；珠江三角洲的匪特不除，广州就得不到安宁，而要根除珠江三角洲的匪特，就必须切断他们跟港澳的联系。

根据华南分局布置的任务和珠江三角洲地区的敌情，1949 年 11 月 17 日、11 月 23 日，珠江三角洲作战指挥部于中山石岐本部先后发出"广字第〇〇一号命令"和"广字第〇〇二号命令"，明确规定驻守珠江三角洲地区的任务，并对部队的兵力部署和各部队的任务进行分配。

驻守珠江西岸地区的部队，由两广纵队第一师（附山炮两个连），粤赣湘边纵队独立第一、第三、第四团及第四支队组成，归两广纵队司令部兼珠江三角洲作战指挥部直接指挥。两广纵队司令部和第一师师部驻石岐。

驻守珠江东岸的部队，由两广纵队第二师、炮兵团（缺山炮两个连），粤赣湘边纵队东江第一支队第三团等部组成，归两广纵队政治部主任杨康华统一指挥。第二师师部驻东莞县城。

各部队所有马匹组成骑兵队，担任陆路交通线的巡逻，严密封锁和禁止粮食、物资外流。各镇驻军设检查站，监察来往船只，如发现走私和偷运粮食出口的船只，一律扣留查处。

另外，广东军区江防司令部驻石岐，以 8 艘舰艇组成两个分队，派出舰艇在水上巡逻，负责护航和封锁。

1949年12月13日至15日，珠江三角洲作战指挥部在石岐召开军事会议，研究和部署清剿土匪的工作，参加会议的有各师、团参谋长或军事副职和机关科以上干部。会议分析了珠江三角洲敌我斗争形势，明确了剿匪的指导思想，布置了剿匪任务。曾生首先在会议上讲话。他传达华南分局和叶剑英的指示：广东解放后肃清土匪是开展广东工作的首要任务，必须在三个月左右肃清大股土匪。然后，他简要通报部队进军珠江三角洲以来取得的战绩及近期的敌情，指出剿匪工作中存在的困难和问题，提出克服困难和解决问题的办法。

在会议上，王作尧介绍珠江水域敌我海军的情况，严尚民介绍匪情特点，杨康华作有关政策的讲话。与会人员围绕剿匪工作进行了热烈的讨论。

曾生作会议总结发言，讲了以下五个方面的问题：

第一，剿匪工作存在的困难和问题。主要有：驻守珠江三角洲的部队建制比较繁杂，若配合不好，容易被土匪钻空子；珠江三角洲河汊纵横，地形复杂，土匪凭险活动；土匪对珠江三角洲的长期经营已根深蒂固；地区辽阔，剿匪部队不足；未制定统一的土匪政策；未建立对匪情的信息收集工作。因此，必须努力克服和解决以上困难及存在问题。

第二，对政治土匪和经济土匪要坚决消灭，但在策略上应有所区别。

第三，对前段时间剿匪工作的检讨。总的来说，剿匪工作取得了初步成绩，在有部队驻守的地区治安已逐步好转。但目前收缴土匪的枪支还不够多，群众还没有组织起来防匪自卫。对于南（海）番（禺）顺（德）地区匪患的严重性，还没有得到足够的重视。同时，未能动员和组织地方党、政、军、民共同开展剿匪工作。

第四，肃清土匪的方针。一是要组织农民自卫队、区乡民兵常备队武装自卫。二是要派出干部掌握改造愿意维持地方治安的地主武装。三是各地党、政、军、民要联合组成治安委员会，收编或改编土匪队伍。四是正确执行土匪政策。应将政治性的与经济性的匪首以及胁从者区分开来；把土匪本人与其家庭区别开来处理。五是部队应将剿匪成绩广为宣传。六是各部队在剿匪中要防止出现过左、过右的倾向，纠正不良作风。

第五，加强剿匪部队的思想建设和组织建设。克服要求调动或到其他地区工作的思想倾向，在思想上应明确今后三个月内要完成肃清大股土匪的任务。剿匪中应注意执行纪律，尤其是群众纪律和缴获归公的纪律。各团、各区均应普遍建立情报网，加强侦察工作，在纵队青干班和地方中抽调部分干部经训练后作为侦察情报人员。组织水上部队，征聘船员。水上部队应学会水上作战。水、陆部队密切配合，进行水陆联合作战。[①]

各部队认真传达了这次军事会议精神，深入进行思想动员，使指战员们提高了认识，统一了思想，明确了任务。各部队进入规定位置，开始了大规模清剿土匪的行动。

在剿匪初期，由于部队对匪情的严重性认识不足，加上国民党军队仍占据着伶仃岛和万山群岛，并在沿海进行骚扰，一些帝国主义国家在边境的挑衅时有发生；珠江三角洲城乡水陆交通还未恢复；县、区人民政权的架子刚搭起来，工作尚未走上正轨。部队当时的主要兵力用在巩固海防和边防、恢复城乡交通以及协助地方政府突击征粮等方面，因而对打击土匪的力度不够大。

1950年2月，广东军区珠江军分区（即广东军区第六军分区）成立，同时撤销珠江三角洲作战指挥部。曾生兼任珠江军分区司令员和政治委员、珠江军分区党委书记，王作尧兼任第一副司令员，彭沃任第二副司

---

① 《珠江三角洲作战指挥部军事研究会会议记录》（1949年12月13日至15日），载深圳市史志办公室编：《两广纵队史》，中共党史出版社2010年版，第335–337页。

令员兼参谋长，杨康华兼任第一副政治委员，陈钱祥任第二副政治委员，饶璜湘任政治部主任。两广纵队的番号在名义上仍然保留，所属部队编入珠江军分区，其中独立师、炮兵团、教导团番号不变，第一师、第二师番号撤销，下辖的4个团改编为珠江军分区独立第一、第二、第四、第五团，后又改称为珠江军分区独立第十四、第十五、第十六、第十七团。珠江军分区除了管辖两广纵队的部队外，还

1950年，曾生任广东军区珠江军分区司令员时照片

管辖南海、番禺、中山、顺德、三水、花县、东莞、宝安共8个县大队，总兵力2.65万人。这些部队，继续担任驻守珠江三角洲地区的任务。

由于珠江军分区所属部队整编和调动频繁，加上新中国成立初期生产任务重，部队忙于搞生产等原因，剿匪工作一度有所放松。

为了尽快肃清土匪，1950年2月25日，华南分局、广东军区联合发出《关于剿匪工作指示》。3月中旬，广东军区召开第一次剿匪会议。会议分析严峻的广东匪情，批评太平麻痹思想，纠正重生产、忙整编，忽视剿匪的偏向。会议要求明确剿匪任务，重新调整部署，实行包干制，限期完成剿匪任务。

3月26日，珠江军分区召开团和县大队主要负责人会议，重新研究和部署剿匪工作。曾生代表珠江军分区党委会作会议总结发言，强调主力部队实行地方化和发挥工作队的作用。会议根据匪情重新部署了兵力，决定把剿匪重点首先放在珠江以西、番禺以南各县。会议确定了实行包干制剿匪的方针，给各团、各县大队划分包干责任区，实行"四包"，即包消灭土匪、包发动群众、包建立乡村政权、包执行政策纪律；要求

部队既当战斗队、工作队，又当生产队，要抽出百分之十的兵力搞生产。

根据会议精神，各团、县大队开展剿匪立功运动，以营、连、排、班为单位，划分包剿区，使整个珠江三角洲地区掀起了剿匪新高潮。4月1日，在珠江军分区统一号令下，各部队统一行动，向土匪展开全面进剿。由于有地方党组织和政府积极支持以及广大人民群众的配合，部队经过两个月紧张的军事进剿和政治攻势，剿灭了大股的土匪2800余人，使珠江三角洲的社会治安和社会秩序逐渐好转，城乡水陆交通畅通无阻。

6月2日至13日，珠江地委第二次扩大会议召开。珠江地委书记曾生代表珠江地委常委会作《关于珠江区半年来各项工作的总结报告》。报告中总结了半年来剿匪工作的10条经验：驻剿与机动相结合；主力进剿与便衣侦缉相结合；陆上清剿与水上出击相结合；军队与地方相结合；以匪制匪；包干制与消灭边缘地区土匪相结合；全面进剿与重点使用兵力相结合；按土匪活动地区猖狂程度先东南后西北进剿；军事进剿与政治攻势相结合。①

曾生在半年工作总结报告中强调：党政军的领导要进一步发动群众，清挖土匪；军队与地方要步调一致，纠正过去某些不协调现象；要部署好保卫夏收的工作，防止土匪在夏收时抢粮。

会议通过了《争取夏收胜利与珠江区进一步的巩固》的决议。指出："要进一步巩固农村阵地，必须做好一系列的农村工作，要在防洪渡荒、保护夏收、清匪肃特、减租反霸、合理负担等一连串工作中，进一步发动群众，健全农会，整理民兵，改造政权，肃清反动力量，削弱封建势力，建立农民在乡村中的优势，巩固农村中的人民民主专政。"②

---

① 曾生：《关于珠江区半年来各项工作的总结报告》（1950年6月2日），载中共佛山市委党史研究室编：《佛山市党史资料选辑》（1949年10月—1971年12月），2008年8月印，第69-71页。

② 《争取夏收胜利与珠江区进一步的巩固》（1950年6月13日珠江地委第二次扩大会议通过），载中共佛山市委党史研究室编：《佛山市党史资料选辑》（1949年10月—1971年12月），2008年8月印，第93页。

为加强党、政、军合作，发挥各级党委在剿匪斗争中的作用，7月2日，珠江地委、珠江专署、珠江军分区联合成立以曾生为主任的清剿委员会，统一领导珠江地区的剿匪工作。在清剿委员会的统一领导下，珠江三角洲地区继续进行艰苦细致的清剿斗争。至1950年8月底，珠江三角洲大股土匪被全部消灭，小股土匪尚余4股共38人，部分土匪或逃往港澳地区，或潜伏在农村基层政权组织内和边远农村。

1950年9月，美国侵略军在朝鲜仁川登陆，港澳地区的英葡军舰、飞机经常侵扰华南的领空、领海，造成了海防、边防的紧张状态。由此，珠江军分区对兵力部署作出相应改变，除第十四团（原第一团）的两个营和各县大队的部分兵力继续执行剿匪任务外，其余各团和县大队的兵力转为担任海防边防的任务。此时，原已逃往港澳的不少土匪，又趁机潜回珠江三角洲，使珠江三角洲地区的土匪从38人骤增至3800余人，剿匪斗争出现了反复。12月，珠江军分区召开各团参谋长会议，决定重新组织兵力，继续全面清剿土匪。

至次年底，共歼灭土匪3794人。残存的土匪只剩下4股共40人，已不能在中心地区立足，只能在边沿地带流窜。至此，珠江三角洲的匪患基本肃清，社会治安空前良好。

在1949年12月至1951年底这两年中，珠江三角洲作战指挥部、珠江军分区以及珠江地委的剿匪工作取得显著成绩：总共歼灭土匪13379人，其中俘虏5202人，自新和投诚7204人，缴获大小炮154门、长短枪27435支、轻重机枪和冲锋枪844挺。在剿匪战斗中，解放军伤亡83人，其中牺牲22人、负伤61人，两广纵队第一师一团三营营长邓发在横琴海域执行剿匪任务时牺牲。[①]

在清剿土匪期间，以曾生为书记的珠江地委，还布置公安部门开展

---

① 《曾生回忆录》，解放军出版社1992年版，第590-591页。

肃清国民党特务的斗争。自从珠江三角洲解放后，国民党潜伏的特务与土匪相互勾结，猖狂进行破坏活动。帝国主义侵朝战争爆发后，国民党为实现"反攻大陆"的美梦，派遣特务潜入珠江三角洲进行破坏。1950年，珠江地区公安部门共破获特务案113宗，处决了一批罪大恶极的特务分子。

在清匪肃特的同时，珠江军分区还在宝安县和中山县建立边防管理委员会和边防部队，并把沿海1000余艘渔船和6000多名渔民组织起来，加强边防、海防的建设，捍卫祖国南大门。

此外，以曾生为书记的珠江地委，在新中国成立初期领导珠江三角洲地区人民，建立了县、区人民政权和各种群众团体，把人民群众广泛地发动和组织起来，减租退租，兴修水利，发展生产，征收公粮，统一财经政策，稳定金融物价，实行民主改革，并开展土地改革试点工作。所有这些，为改善人民群众的生活，巩固新生的人民政权，支援野战军前线作战，加强守卫祖国南大门，起到了重要作用。

1951年5月，广东军区改为中国人民解放军华南军区，司令员叶剑英、政治委员张云逸（后为谭政）、副司令员黄永胜、参谋长吴克华、政治部主任肖向荣。华南军区归中南军区建制，领导机关设在广州，统一指挥广东省各军分区、海南军区、广西军区以及驻华南的7个军。曾生被任命为华南军区第一副参谋长。他不再兼任珠江军分区司令员和政委以及珠江地委书记，随即奉命到华南军区工作。

二、就读南京军事学院

1952年12月，曾生离开华南军区，进入位于南京的中国人民解放军军事学院（惯称"南京军事学院"）海军系学习。

曾生入读南京军事学院之前，于1952年春任中南军区赴朝学习团团长，带领全团40人到朝鲜前线参观学习。在朝鲜期间，曾生挂职中国人民志愿军第十二军副军长[①]，作战代号"03"。

学习团的驻地就在朝鲜上甘岭地区志愿军第十二军司令部的坑道里，距离志愿军前方团指挥所仅10多公里，距前沿阵地约20公里。曾生把学习团分成若干小组到前线参观学习。他经常带领学习团成员到志愿军前沿阵地观察美军阵地，每次都是徒步往返。他们有时整个白天都蹲在前沿阵地上，边观察边听取作战部队首长实地介绍坑道防御战的经验，直到天黑才回到团指挥所，晚上就在那里的坑道内睡觉。

1952年，曾生在朝鲜前线学习期间留影

在朝鲜前线，志愿军经常遇到敌机的空袭轰炸。有一个白天，曾生带上警卫员坐吉普车去志愿军第三兵团司令部开会。车子刚开出数公里，就遇到两架敌机紧追而来。曾生果断地命令司机加速前进，开到前面山边拐弯处停车。车子刚停下，敌机就俯冲下来扫射，幸好地形对掩蔽有利，子弹只是在车旁吱吱地擦过。敌机飞走后，曾生一行继续驱车赶路。

赴朝学习期间，曾生对学习团要求严格，经常提醒和教育他们不要违反部队纪律和群众纪律。有一次，曾生坐车去志愿军司令部开会，途中在一户朝鲜老百姓家里住宿。碰巧房东外出逃难，家中无人。警卫员和司机看见屋前屋后有几棵栗子树，地上掉满了成熟的果子，便捡了一

---

① 《曾生同志生平》，《人民日报》1995年12月1日。

些煮来充饥。当警卫员把煮熟的栗子端到曾生面前，曾生批评他们说："房东不在家，你们怎能随便煮他的栗子吃呢？这是违反群众纪律，吃了要赔偿老乡。"那时，在朝鲜前线是没有钞票流通的，当地群众生活非常穷苦，都是通过以物换物的方式交易。用什么方式赔偿给房东呢？警卫员和司机面面相觑。最后，曾生叫他们留下两罐猪肉罐头、一袋饼干，写下字条说明情况，作为交换栗子的价值。事后，曾生严肃地教育他们："要切实遵守群众纪律，不可拿老乡一针一线，房东不在家时更应注意自觉遵守。没有朝鲜人民的支持，志愿军就不能打败美帝国主义侵略军。"①

赴朝学习团在朝鲜前线，耳闻目睹中国人民志愿军在极其困难的条件下，创造的各种各样歼灭敌人的打法。志愿军指战员们崇高的国际主义和爱国主义精神，给大家留下了深刻印象。学习团在朝鲜前线得到了一次实战锻炼，学到了现代化条件下的战争经验，也摸清了拥有现代化装备的美国侵略军的底数。

学习团在朝鲜前线学习了约半年时间才回国。他们离开朝鲜不久，在学习团住过的地方，爆发了举世闻名的上甘岭战役。这是历史上一场罕见的惨烈战役。志愿军第十五军、第十二军以坑道为载体，持续鏖战43天，击退了以美国为首的"联合国军"900多次冲锋，守住了阵地。此役的胜利，打出了中国的国威和军威。

1952年8月，曾生带领赴朝学习团回国，第一站首先回到北京。听说叶剑英在北京养病，曾生便抽空去看望老上级。其时，叶剑英仍任中南军区代司令员。他询问曾生在朝鲜的学习情况，有些什么收获。曾生扼要地作了汇报。接着，叶剑英问曾生今后工作有什么打算。因为华南军区已在一个月前撤销，其领导机关并入中南军区机关，对曾生新的

---

① 李文伟：《跟随曾生司令员在朝鲜前线》，载《怀念曾生同志》，中共广东省委党史研究室1996年12月内部出版，第309页。

工作职务还未作出安排。叶剑英知道，曾生在华南军区工作时，"是受黄永胜排斥的"，而黄永胜刚刚升任中南军区参谋长。叶剑英沉思了一会，问曾生愿不愿意去海军工作。

提到海军，曾生心头涌起一种莫名的兴奋感，顿时想起早年在香港的海员生涯，想起抗战时期自己亲手创建的"土海军"东江纵队护航大队开展海上游击战的往事。他向叶剑英表示，愿意到海军工作。

叶剑英明白了曾生的心思，微微一笑，随即写了一封给海军司令员萧劲光的信，叫曾生带上这封信去见萧劲光。

曾生拿着叶剑英的信找到萧劲光。萧劲光热情接待了曾生，并问他是否愿意先到南京军事学院学习，说军事学院刚刚开设了海军系。曾生正发愁自己对海军业务不熟悉，当即明确表示先到军事学院海军系学习。

1952 年 12 月，曾生办好调动手续后，从广州来到南京，进入军事学院海军系学习。他穿上海军服，住进了学员宿舍。

中国人民解放军军事学院是在原华北军政大学和华东军政大学的基础上，于 1951 年 1 月 15 日建立的。这是一所培养中高级指挥员和参谋人员的解放军最高学府，直属中共中央军委领导。原第二野战军司令员、中共中央西南局第二书记刘伯承为第一任院长兼政治委员。

军事学院海军系设在南京半山园（今海军指挥学院内），这里地处紫金山麓，环境清幽，是个静心读书的好地方。可能是对大海的熟悉，或者是戎马倥偬十几年难得可以坐下来读书的缘故吧，曾生十分珍惜在军事学院学习的机会。

曾生所在的海军系有 60 名学员，系主任是与曾生一同北撤山东的原广东人民抗日解放军参谋长、代司令员谢立全。海军系有数十门课程，包括海军基本知识、水面舰艇、航空兵、海岸炮、潜艇等兵种战术、战役法，还有中共党史、哲学、政治经济学，等等。每学年还要到海上实习。

军事学院当时照搬苏联军事学校的学习制度，每天有 10 个课时，其中上午 6 节课，下午 4 节课。早上 6 时上课，晚上 7 时放学，学员还要每天很早起床出操。这样严格和紧张的军事化学习和生活，连年轻人都有点吃不消，何况对于曾生这个中年人。刚入学时，曾生感到很不适应。但是，他立志成为海军的一员，参加人民海军的建设，尽管学习和生活遇到不少困难，都能以顽强的毅力坚持学习。

在海军系第一届学员中，曾生的年龄最大（当时 42 岁），干部级别最高（正军级）、资历最老（从 1935 年秋参加"中青"算起），而其他学员都是二三十岁的部队基层干部。但曾生并没有因此而摆架子，他时时以普通学员身份要求自己，与其他学员一样，坚持出早操，排队上课、排队就餐，住集体宿舍，从不要求组织照顾和搞特殊化。那些从国民党政府机关转过来的老清洁工人，见到这位老学员没有半点官老爷作风，都感到非常惊奇，于是悄悄向其他学员打听曾生的来历。

曾生一到海军系学习，他的老战友、系主任谢立全就向他打招呼："我的车你随时可以用。"然而，曾生谢绝了这一好意，需要个人外出时，自己掏钱租坐三轮车。学员集体外出听课，坐的都是大卡车，曾生也不例外。每次上车，他总是一只手拿着小板凳，一只手吃力地攀爬上卡车，从不需要任何人帮忙和照顾。

曾生到南京军事学院报到时，已经开学了几个月。为了追补课程，他几乎把每个星期法定假日的时间都用在补习功课上。是什么动力使曾生能够如饥似渴地刻苦学习呢？在他的回忆录里可以找出答案："朝鲜战场美帝国主义凭借所谓海空优势，妄图横行霸道，更增加了我们建设正规化海军的紧迫感。这就使我在几年的学习期间，点滴时间也不肯放过，而且越学兴趣越浓。"①

---

① 《曾生回忆录》，解放军出版社 1992 年版，第 607 页。

1955年，中国人民解放军正式实行军衔制。是年9月，仍在南京军事学院读书的曾生，被授予海军少将军衔。同时获得一级独立自由勋章、一级解放勋章。他的大女儿曾亦兴用开玩笑的口吻问："你不是早就是将军了吗？为什么现在才是少将呢？"曾生坦然一笑，正经地对女儿说："我的资历比较浅，很多老红军还是少将呢。"① 曾生这种不计较名利的思想，使女儿十分感动。

曾生是学员班的班主任，要担负一些社会工作。他于1954年当选第一届全国人民代表大会代表，每年都要到北京开会。这就占用了他不少的学习时间。为了不影响学习进度，他只好加班加点找老师补课。一次，他患了肋膜炎，

1955年，曾生在南京军事学院海军系学习时在舰艇上站岗

持续发高烧。为了不耽误学习，他稍作治疗便带病上课。

由于年龄大，记忆力衰退，学习上的死记硬背不是曾生的强项。然而，他文化程度高，又有丰富的带兵作战经验，善于运用理论联系实际的方法来加深对所学知识的理解，再加上持之以恒地刻苦学习，他的学习成绩一直保持5分（满分），成为海军系3个全优生之一。考毕业试时，他以5分最高分的成绩通过了国家考试。曾生在海军系的同班同学，每当谈起曾生放下将军架子，以普通学员的身份勤学苦练获得优异成绩时，无不啧啧称赞，敬佩不已。

---

① 曾亦兴：《忆爸爸》，载《怀念曾生同志》，中共广东省委党史研究室1996年12月内部出版，第312页。

　　盛夏的南京城，在湛蓝色天空的映衬下，马路两旁高大挺拔、枝繁叶茂的法国梧桐树，挂着一颗颗像铃铛似的球果，呈现出一道亮丽的风景线。1956年7月，曾生结束了在南京军事学院海军系4个学年的学习，顺利毕业。在军事学院举行毕业典礼那天，学院院长兼政委刘伯承元帅到来，祝贺第一批学员毕业，并欢送毕业生走上新的战斗岗位。

三、南海舰队副司令员

　　1956年6月24日，即将在南京军事学院毕业的曾生，被任命为中国人民解放军海军南海舰队第一副司令员，同时被任命为海军党委委员。

　　南海舰队，与北海舰队、东海舰队称为中国人民解放军海军三大舰队。南海舰队的前身是中国人民解放军中南军区海军[①]，1955年8月6日，中华人民共和国国防部发布命令，中南军区海军正式更名为中国人民解放军南海舰队。

　　1956年8月，曾生离开南京军事学院，来到广州石榴岗的南海舰队司令部正式上任。

　　出生在南海之滨，当过海员的曾生，对南海并不陌生。南海，为南中国海（地理水域）、中国南海（中国领海）的简称，位于中国大陆的南方，是太平洋西部海域，中国三大边缘海之一，九段线内海域为中国领海，该海域自然海域面积约350万平方公里，其中中国领海总面积约210万平方公里，为中国近海中面积最大、海底最深的海区。南海诸岛包括东沙群岛、西沙群岛、中沙群岛和南沙群岛。南海中国大陆海岸线长5800多公里，沿海地区包括广东、广西和海南以及台湾。

───────────

① 1950年12月，广东军区江防部队与第四野战军第四十四军指挥机关合并，组成中南军区海军。

南海舰队担负着护渔护航剿匪、防止台湾蒋介石集团的窜扰、防御外国侵略的任务。当时，由于人民海军建设刚刚起步，南海舰队才组建一年时间，力量较弱，担负的任务十分艰巨。面对这种状况，曾生决心把在南京军事学院所学的海军知识运用到实际工作中去，为舰队的建设和发展贡献自己的力量。

1956 年 11 月，南海舰队在广州湾（今湛江市）海域组织了一次以保卫近海交通线为内容的较大规模的实兵演习。这是曾生到南海舰队工作后参加的第一次海上演习。演习结束后，曾生颇有感触，语重心长地对舰队指战员们说："要想制止帝国主义的军舰在我国领海内耀武扬威，遵照毛主席题词指示，我们一定要建立一支强大的海军。可是，我们现在的舰艇还为数不多，而且比较陈旧，吨位也小，海上突击

20 世纪 50 年代，曾生在南海舰队

力量不强，部队的建设还处于初步，很不完备。从训练上来讲，也是刚刚开始上轨道，海军正规化、现代化，还要走很长的一段路，同志们要加倍努力工作啊！"①

按照南海舰队党委的分工，曾生负责舰队作战、训练、舰船修造以及水面舰艇部队的建设。为了加强对各编队的领导，有重点地掌握情况和研究解决问题，党委决定由曾生重点主管混合舰第一支队和快艇第

---

① 谭尧：《回忆曾生司令员在南海舰队》，载深圳市客家文化研究会等编：《百年风华——曾生同志百年诞辰纪念文集》，2010 年 5 月印，第 51 页。

十一支队。这两个支队，是南海舰队当时主要的作战舰艇。

曾生对舰队的军事训练十分重视。他认为，在和平时期，提高海军战斗力的关键在于加强军事训练，必须多到海上去练兵，多在海浪大等复杂气象、复杂海区和夜间进行苦练。

1957年春，南海舰队司令部决定组织一次大规模的抗登陆实兵演习。为了组织好这次演习，舰队进行了为期半年的充分准备。4月，拟定课题，组织广州湾战役方向的实地勘察，编写演习文书。5月，组织抗登陆战役理论集训预讲，由曾生亲自讲课和最后解答提问。6月，进行抗击敌人登陆战斗的图上作业。8月中旬至9月中旬，组织20艘舰艇进行远航训练。

11月11日，南海舰队抗登陆实兵演习正式开始。副司令员曾生、参谋长邵震、政治部主任肖平，组成演习指导部，曾生负总责。这次演习，是南海舰队数年来规模最大的一次。参加演习的舰艇有护卫舰、鱼雷艇、猎潜艇等30多艘舰艇，并有航空兵和岸炮协同，人员共2800余人。演习地点为风浪较大的广州湾硇洲岛海区，以罗村港—水东港为主要突击方向，硇洲岛—东海岛为辅助突击方向。

演习分四步展开：第一步，由指导部召集参加演习的编队指挥员布置任务，明确各个阶段演习的指挥关系。然后，各单位投入紧张的制定基地防御、兵种合练文件及图上导演的准备工作。第二步，实施兵种合练，进行编队运动情况下的单舰和岸炮的测验性射击，猎潜艇引导鱼雷艇夜间攻击；护卫舰、鱼雷艇、航空兵协同攻击；护卫舰编队与岸炮协同对海上活动目标的实弹射击；登陆舰在岸炮掩护下布雷操练；等等。第三步，进行实兵演习前的室内导演。第四步，开展实兵演习。

这是南海舰队第一次比较系统的从理论讲课到图上作业，再到诸兵种合同训练的实兵演习，以及从技术训练、单兵种技术训练到合同训练，首长—司令部的战役训练。抗登陆实兵演习持续29天，至12月9日结束。

1957 年，南海舰队全年组织了 24 次远航集训和锚地集训。通过这些军事训练，舰队官兵的军事素质和作战能力有了明显提高。

由于海军初建，绝大部分干部是从陆军转过来的，缺乏海军知识。故此，南海舰队决定加强对干部的培训。1958 年 3 月 28 日，南海舰队军官军事轮训队第一期开班，曾生兼任第一期轮训队队长，学员有机关部（处）长、编队首长及参谋人员。训练的基本内容有海军知识、海军战术以及海军诸兵种特点和战术技能。曾生亲自挑选教官，亲自授课。他一有空，就来到课堂听学员上课，看学员的作业和推演，参加课堂讨论等教学活动。第一期轮训队于 6 月上旬结束，授课 12 个科目共 665 个课时。学员测验总成绩平均 4.66 分（以 5 分为满分），作业成绩 96% 达到优秀。

第二期开班时，曾生因事务太忙，不再兼任队长，但他仍主管舰队的训练工作。南海舰队后来专门组建了干部轮训大队，定期对干部培训。1959 年底成立联合学校，专门设置干部大队建制，对干部实行常态化的训练。

20 世纪 50 年代，南海舰队的舰艇都是从国民党海军中缴获过来的，比较陈旧，而且近半数舰艇处于维修和待修状态。为了改变这种状况，主管舰艇修造工作的曾生，在舰队中提出"开展技术学习，舰艇小修不进厂"的号召，组织基地舰艇官兵开展"四会"（即会操作、会保养、会拆修、会排故障）活动。指战员们热情高涨，积极投身这一活动。这样就一下子改变了多年来对舰艇只会用不敢动、小故障等待进厂维修的局面。经过短短的一年时间，自修的舰船已接近舰队总船数的 50%。

小修不进厂的做法，大大缩短了修船周期，为国家节约了大笔修船经费；同时，提高了指战员熟练掌握技术的能力，为远海舰艇出海执行任务提供了有力保障。

曾生不但认真抓好舰艇的维修，还积极做好舰艇的建造。1959 年

1月，由南海舰队修理部自行设计的第一艘高速护卫艇在广州黄埔修船厂开工建造。为保证按时按质造好这艘护卫艇，曾生经常到黄埔修理部检查工作进度。有一次，他坐交通艇前去检查工作，从交通艇跨上码头时，因船体摇晃，不慎滑倒，腿部摔伤，无法行走。本来需要住院治疗，但他坚持带伤上班，由警卫员背着上楼到办公室，下班再由警卫员背下楼去。司令部的工作人员看到这些情景，深为感动。

经过半年的努力，高速护卫艇建造成功，于1959年6月11日下水。7月8日试航。那天，曾生登上护卫艇出海参加试航。他在艇上与建造工人座谈，热情赞扬他们为新中国海军建设作出贡献。10月，曾生在汕头海区对高速护卫舰进行各种战术性测试，测试结果达到设计标准。

1959年2月，越南南方吴庭艳集团在美帝国主义支持下，进犯中国西沙永乐群岛，无理抓捕在永乐群岛和琛航岛作业的渔民82人，扣留渔船5艘，撕毁岛上和船上的中国国旗，"勒令"中国渔民不得在西沙海域捕鱼，后来又进一步侵占中国的琛航、晋卿、珊瑚、金银等岛。对此，中国政府提出严正抗议。为保卫我国领海和领土主权，保护渔民正常出海捕鱼，国务院总理周恩来指示，组织海军巡逻西沙群岛。国防部部长彭德怀提出了巡逻西沙群岛的具体要求。3月初，曾生随同南海舰队司令员赵启民来到海南岛榆林基地，召开舰长以上干部会议，部署巡逻西沙群岛的任务。海军司令员萧劲光也出席了这次会议。

由于曾生主管作战，组织西沙巡逻也就成为曾生的主要责任。

3月17日，曾生组织舰艇编队首次巡逻西沙。在1959年全年，南海舰队一共完成了16次对西沙的巡逻。

曾生在南海舰队工作期间，经常登舰出海。每次出海，不管风浪多大，他在舰桥上观察海情，一站就是几个小时。除了南沙群岛外，他几乎走遍了南海的各个主要海湾。南海舰队司令员赵启民对司令部参谋人员说："曾生副司令员很懂海军信号，很有才干，对问题分析很有见解，是海军一位秀才，你们要多听听他的指示。"①

1959 年 11 月 8 日，中国军事技术组出访越南。中国军事技术组有 10 多人，由空军副司令员徐深吉任组长、南海舰队第一副司令员曾生任副组长。其任务是到越南北方进行军事技术考察，协助越南民主共和国人民军进行装备、边防、海防和空防等工作。这是曾生第二次访越。②

11 月 10 日下午，徐深吉、曾生带领中国军事技术组到达越南河内市。11 月 11 日上午，越南人民军总司令武元甲接见了他们，并举行欢迎晚宴。同日，越南人民军副总参谋长黄文泰代表越南民主共和国国防部，与中国军事技术组磋商和安排在越工作计划。11 月 12 日上午，越南民主共和国主席胡志明、总理范文同，在主席府接见了中国军事技术组全体成员。胡志明早年化名李瑞，在中国广州从事革命活动，娶了一位广东姑娘为妻，因此对广东很有感情。他问中国军事技术组："你们这里有没有广东人呀？"曾生回答："我就是广东人。"胡志明听了，点头致意，显得十分亲切。

根据与越方的磋商结果，中国军事技术组在越南的工作分为三个阶段：听取情况介绍；参观考察；交换意见。11 月 19 日，第一阶段工作结束。随后，曾生与徐深吉到武元甲家中商谈第二阶段工作的开展。

武元甲要求中国军事技术组到越南北方各个军区走一走，说需要援助方面很多，数量很大，希望中国军事技术组回国后能如实向中共中央军委汇报。中国军事技术组除越北军区外，其余 4 个军区都去过了，参观了海军、空军、炮兵、军事学校、机场、港湾以及工厂等。越方不断强调，他们国防力量薄弱，困难很多，特别是装备物资方面，对于中

---

① 谭尧：《回忆曾生司令员在南海舰队》，载深圳市客家文化研究会等编：《百年风华——曾生同志百年诞辰纪念文集》，2010 年 5 月印，第 52 页。

② 曾生第一次访越的时间为 1958 年，他担任中国海军访越小组组长，带领小组成员出访越南北方，其任务及具体行程不详。

国的援助寄予很大希望。他们的胃口很大，除了人民军总参谋部提出具体援助要求外，各个军区也提援助要求。中国军事技术组每到一个军区，主要负责人都亲自出面，先来一番汇报，接着就提出要援助的物资清单。清单上列出要求提供物资的数量，比他们当时部队的实际需要多出好几倍，而且写明要求中国分批提供物资的数量和时限。

中国军事技术组去越南之前，解放军副总参谋长张爱萍就已交代过：中国援助越南的态度是，凡是他们需要的，只要我们有都给，但军事技术组对越南提出的具体援助要求，只听不表态。

中国军事技术组在越南访问的两个多月时间里，所到之处，发觉越南人民军装备的大炮、机枪、步枪、手枪，都来自中国。曾生还发现，中国研制的新式半自动步枪，他在国内还未见过，却在越南人民军手里看到了。对于这些情况，曾生并不感到奇怪，因为南海舰队研制出来的新式高速护卫艇，自己还没开始装备，就首先赠送给越南人民军使用了。曾生先后接待过越南人民军海军三批共 774 名接艇人员，并帮助他们在海南岛、东莞虎门进行训练活动。这说明了中国对兄弟国家的真诚援助。

1960 年 1 月 13 日，中国军事技术组在越南的访问工作结束。徐深吉、曾生带领军事技术组离开越南回国。

曾生在南海舰队工作了 4 年多，为南海舰队和新中国人民海军的建设，为捍卫我国领海和领土的主权，为援助越南人民抗击美帝国主义的侵略和统一祖国的斗争，作出了积极的贡献。

第十五章 参与领导广东建设

一、借调广东工作

1960 年 10 月，广东政坛传出一个让人感到突然的消息：南海舰队第一副司令员曾生要转到地方工作，准备担任广东省副省长、广州市市长。

这并非空穴来风。原来，中共广东省委接到中央的通知：广东省副省长兼广州市市长朱光调外交部工作①，由广东推荐一名人选接替朱光的职务。广东省委经过反复研究，认为曾生接替朱光比较合适，于是把曾生作为推荐人选上报。获准中央批复同意后，时任广东省委第一书记陶铸约请曾生到省委机关谈话。

"朱光同志准备调到外交部工作，省委决定推荐你接替他担任副省长兼广州市市长。"陶铸直截了当地说。

曾生听了，感到愕然。他实在不愿意离开部队，便推辞说："我参加革命 20 多年来，基本是在部队度过的，对部队的情况比较熟悉，生活和工作方法都比较适应，而地方工作我从来未做过，情况比较复杂，责任重大又缺乏经验，我害怕干不好会辜负党和人民的期望。"

"你是广东人，对全省情况比较了解，在广东人民和海外华侨、港澳同胞中也有一定的影响，由你来当副省长和广州市市长是比较合适

---

① 朱光原拟出任中国驻捷克斯洛伐克大使，后改任国家对外文化联络委员会副主任。

的。"陶铸鼓励曾生勇敢挑起这副重担。

接着，陶铸又反复说明搞好广州市工作的重要性和有利条件。经过陶铸的耐心开导，曾生觉得服从组织分配，是一个共产党员最基本的组织观念，便不再推辞了。

"那就先干一段时间试试看，确实不行，我再回部队去。"

"好！先作借调吧。"陶铸高兴地说。

1960年11月，曾生正式借调到广东地方工作，其工资关系则留在南海舰队。但这么一"借"，就是6年之久。

11月28日至12月3日，广东省第二届人民代表大会第三次会议在广州召开。会议补选曾生为广东省副省长。此后在1963年12月广东省第三届人民代表大会第一次会议上，曾生继续当选为广东省副省长。

1960年11月29日至12月3日，广州市第四届人民代表大会第一次会议召开。会议选举产生新一届市长、副市长，曾生当选为市长。这是继叶剑英、何伟、朱光，广州解放后的第四任市长。此后在1962年12月的广州市第五届人民代表大会第一次会议以及1965年2月的广州市第六届人民代表大会第一次会议上，曾生继续当选为广州市市长。

1961年12月7日至14日，中共广东省第二次代表大会在广州召开。经大会选举和中共中央批准，产生第二届广东省委，曾生任省委常委。

曾生到广东工作时，正是我国国民经济严重困难时期。"大跃进"和人民公社化运动以来，由于党领导社会主义建设的经验不足，主观愿望是想领导全国人民尽快改变国家"一穷二白"的落后面貌，但对形势的分析和对国情的认识有主观主义的失误，在经济建设上急于求成，违反客观规律，夸大了主观能动性，助长了虚报浮夸，高指标、瞎指挥、强迫命令等不良风气，造成国民经济比例关系严重失调。再加上农业连年遭受旱涝等自然灾害的侵袭，导致国家财政状况极度紧张和人民生活普遍困难，尤其是1959年至1961年，被称为"三年困难时期"。

这个时期，广州也和全国一样，国民经济和人民生活都陷入了困境。主要表现有五个方面：一是国民经济比例关系严重失调。"大跃进"造成的最明显的恶果是农业生产连年下降，工农业生产比例失调，农业产值出现下降趋势。1957年至1960年，广州市农业总产值下降31.33%，同一时期的工业总产值增加1.29倍，农业与工业产值比由过去的1:7变为1:14。二是基本建设规模过大，投资与生产、积累与消费的比例关系失调。1958年至1960年三年中，广州基本建设投资总额比1953年至1957年的广州市发展国民经济第一个五年计划（简称广州市"一五"计划）时期的总和还多出4.47亿元。基本建设投资规模过大，就需增加积累，减少消费，结果造成积累率过高。这三年积累额高达13.52亿元，比广州市"一五"计划时期的积累额增加92%。积累率的不断上升，大大挤占原本属于消费的部分，影响了人民生活的改善。三是高指标、高速度、高消耗的发展造成社会财富极大浪费和经济效益大幅下降。1961年，这种高速度、高消耗、低效益的工农业生产已到了难以为继的地步。四是片面发展全民所有制，使商品生产受到严重影响，造成市场供应十分紧张。五是粮食供应紧张，蔬菜、副食品供应短缺，引发物价大幅度上涨。这种情况造成居民生活水平不断下降，许多市民因营养不良患上水肿病。至1960年5月，广州市郊区、从化、花县的水肿病人达2.5万人，死亡人数也急剧上升，仅黄埔区因水肿病致死亡的就有92人。由于食品短缺、生活困难，群众心理波动大，偷渡外逃香港的现象十分严重。[①]

广州市的困境，是当时广东全省困境的缩影。

曾生就是在这种困境中调到广东地方工作的。他晚年提及此事，曾

---

① 中共广州市委党史研究室：《中国共产党广州历史》（第二卷），中共党史出版社2011年版，第195—197页。

感慨地称自己"受命于困难之际"①。

曾生的工作担子十分繁重,担任中共广东省委常委、广东省副省长和广州市市长,分管省、市的许多工作,并兼任不少职务。在省里,他兼任中国人民保卫世界和平委员会广东省分会副主席、广东省人民委员会②外事办公室主任和党组书记、中国出口商品交易会主任委员、广东省体育运动委员会主任、广州体育学院院长和党委书记等职务,主管全省的国防、外事、统战和体育工作。在市里,曾生在党内的职务是中共广州市委书记处书记(1965年2月升任市委第三书记),兼任广东省军区广州军分区政委和党委第一书记、广州警备区第一政委、广州市人民防空委员会主任、广州市政协副主席、广州市对外友好协会会长、广州市中苏友好协会会长等职务,分管农业(一段时期)、政法、科技、文教、卫生等工作。此外,还有一些临时性的重要工作职务,例如担任广州白云机场扩建工程总指挥部总指挥,参与广东省东深供水工程建设的领导工作,等等。

在广东地方工作那段时间,是曾生一生中工作最为忙碌的时期。

为了做好工作,完成工作任务,曾生废寝忘食,夜以继日。家里的二楼成了他每天下班回家后的"加班工作室",墙上挂满了工作用的各种图表,有世界地图、中国地图、广东省地图,还有广州市政道路建设图、白云机场扩建图、东深供水工程蓝图,等等。他经常一边吃饭一边看文件或图表,思考着工作。晚上在家里加班工作,有时实在太累了,他就来个"音乐减压",走到楼梯口哼几首婉转动听的客家山歌,以此松弛一下紧绷的神经。

曾生的儿子曾世平回忆:"父亲因兼职工作过多,用脑过度,曾一

---

① 《曾生回忆录》,解放军出版社1992年版,第642页。

② 1955年2月,广东省人民政府改称广东省人民委员会。1968年2月,成立"广东省革命委员会"(简称"省革委会")取代广东省人民委员会。1980年1月,重新成立广东省人民政府,撤销广东省革命委员会。

度头发都掉光了，人们曾戏称他为'光头市长'。"①

　　曾生在广东工作初期的秘书王九纲回忆：那时，曾生的工作压力非常大，终因工作繁忙，用脑疲劳过度，原本密密的头发都脱落了下来，身体也日渐消瘦，但他没有因此而休息过一个节假日，仍然不知疲倦地日夜工作着。②

二、苦心为民的广州市市长

　　曾生主政广州，殚精竭虑，勤政为民，被赞誉为"苦心为民的市长"③。

　　广州位于珠江三角洲北缘，是广东省省会，具有悠久历史。从秦朝开始，广州一直是郡治、州治、府治的行政中心，是华南地区的政治、军事、经济、文化和科教中心，是岭南文化的发源地和兴盛地。广州又是一座具有光荣革命传统的城市。在近现代史上，有三元里人民反抗帝国主义侵略的抗英斗争、孙中山领导的反对封建统治的黄花岗起义、中国共产党领导的省港大罢工和广州起义。

　　广州是曾生成长的摇篮。20世纪30年代，他在广州读高中和大学，接受共产主义思想的启蒙教育，投身反帝爱国民主运动。因此，他对广州有着一种特殊的亲切的感情。正是这种感情，激励着他迎难而上，挑起广州市市长的重担。

---

① 曾世平：《回忆我的父亲曾生》，载广东省地方史志办公室编：《父辈的足迹》，岭南美术出版社2009年版，第388页。

② 王九纲：《怀念曾生将军》，载深圳市客家文化研究会等编：《百年风华——曾生同志百年诞辰纪念文集》，2010年5月印，第82页。

③ 罗培元：《曾生的精神力量》，载《怀念曾生同志》，中共广东省委党史研究室1996年12月内部出版，第44页。欧初：《一心忠赤山河见——永远怀念曾生同志》，载深圳市客家文化研究会等编：《百年风华——曾生同志百年诞辰纪念文集》，2010年5月印，第5页。

曾生上任时，广州市即将进入经济严重困难时期的第三年。面对困境，曾生与党同心同德，共克时艰。

从 1961 年起，曾生带领广州市政府一班人，在市委的统一领导下，坚决执行中共中央为恢复与发

1962 年，曾生在广州芳村基围防洪大坝上与群众一起劳动

展国民经济实行的"调整、巩固、充实、提高"的八字方针，压缩基本建设规模，放慢工业发展速度，加强农业生产，调整农业、轻工业、重工业三者的比例关系。同时，大力精减城市人口，减轻城市负担。

经过 1961 年至 1965 年这五年对国民经济各领域的调整，广州市终于走出了经济困境。1962 年至 1965 年这三年间，广州的国民生产总值以每年递增 16.32% 的速度发展，工农业总产值每年递增 15.46%。主要经济指标已全面超过调整前的历史最高水平（1957 年）。[1] 国民经济比例关系基本恢复正常，工农业比例关系基本协调，使工农业生产走上了正轨。财政收入逐年增长，改变了过去财政入不敷出、财政赤字严重的状况。市场供应逐渐好转。1963 年以后，猪肉和蛋类等主要副食品取消了凭票供应规定，多数商品实现敞开供应，人民群众的生活水平得到稳步提高。收入和储蓄有所增长。1964 年，银行新增储户 13 万多户。1965 年全市储蓄存款余额 1.67 亿元，比 1961 年的 1.24 亿元增长 34.8%。[2] 这些显著成效，倾注了曾生许多心血。

---

① 中共广州市委党史研究室：《中国共产党广州历史》（第二卷），中共党史出版社 2011 年版，第 234 页。

② 广州经济年鉴编纂委员会：《广州经济年鉴》（1983 年），第 578 页。

时任中共广东省委第一书记陶铸对广州的城市建设非常重视，他在一次广州市委常委会议上说："广州是祖国南大门，把市政建设搞好了，对生产和人民生活有利，在政治上、经济上均有重大意义。"并指定："广州的市政建设总的是市委挂帅，具体工作由曾生同志挂帅。"①故此，曾生除了负责广州市政府的全面工作之外，还与主管城市建设工作的副市长林西一起，抓好市政建设。

曾生尊重人才、爱护人才，大胆起用一批因"出身成分不好"被清理回农村当农民的高级工程技术人员，让他们在市政建设中发挥专长。同时，曾生认真学习国内外市政建设的先进经验。1964年上半年，曾生结束对埃及的公务访问后，专程飞往法国参观考察国际大都市巴黎的市政建设。他在中国驻法国大使宋之光陪同下，参观了巴黎一些著名建筑和市政设施。巴黎的地下排水设施比较先进，他就走进下水道参观排水设施；巴黎的交通指挥在国际上享有盛名，他就来到闹市区观摩交通警察的指挥。每到一处参观，他都看得十分认真和细致。通过这次参观学习，他认为巴黎的市政建设有许多地方值得广州学习和借鉴。

曾生亲自抓的市政建设并取得显著成效的有以下几个项目：

第一，改善市民居住条件。

广州当时有水上居民万余家，共6万余人。他们以小船为家，长年累月过着漂泊生活。在旧社会，他们被称为"疍民"，遭受官吏、军警、"大天二"（土匪）、恶霸、流氓的重重压迫和歧视，无法上岸居住，成年人无法与陆上人通婚，儿童无法上岸读书。广州解放后，广州市人民政府把水上居民的安置工作纳入城市建设整体规划之中，并着手组织实施。1954年6月底，国务院总理周恩来参加日内瓦会议和访问印度、缅甸后回国途经广州，专门乘船视察黄沙、白鹅潭、沙面等沿江一带水

---

① 《曾生回忆录》，解放军出版社1992年版，第647页。

上居民的生活情况，在天字码头还下到水上居民的小艇上看望他们。周恩来指示陪同视察的广东省、广州市领导人，要迅速帮助水上居民上岸定居，切实解决他们的就业和教育问题。

1958 年至 1960 年，中央、广东省和广州市政府先后共拨款 1420 万元，兴建广州水上居民住宅区。曾生接任广州市市长后，主要是抓好这个建设项目的收尾工作，在水上居民住宅区兴建一些配套设施，如学校、商店等，以解决水上居民的就业、生活和儿童入学等问题。在短短的几年里，广州市政府在滨江路、基立村、大沙头、二沙头等地方建成了 15 个水上居民住宅群，使大部分水上居民实现了上岸定居的梦想。但有部分水上居民过惯了水上生活，不久又从岸上的居所返回水上住艇。针对这种情况，曾生亲自上门做水上居民的思想工作，动员和组织他们返回岸上定居。在人民政府的关爱下，水上居民终于结束了"世世水为乡，年年艇为家"的漂泊生涯，过上了安居乐业的生活。

20 世纪 50 年代，广州市区不少居民的居住条件和环境极差，其中分布在各街区的低矮简陋的木屋就有 2.4 万余间，面积 57.7 万平方米，住户 3.2 万余户共 13.9 万人。也有不少居民杂居在旧祠堂、旧书院里，居住环境就像香港电影《七十二家房客》中描写的那样恶劣。对于这些市民的居住窘境，曾生十分忧心。每逢台风暴雨，他都要派人到木屋区和杂居地视察有无险情。1963 年，曾生提出"自建公助"的办法，即由住户、单位和国家各筹一部分资金，把木屋改造成砖瓦房或混合结构的楼房。实践证明，这确实是一个有效办法。至 1966 年 12 月底，全市已改造木屋 11018 间。此后，又陆续改造了 1 万多间，改造工程费 1000 多万元，净增房屋面积 10.5 万平方米。[1] 这样，就使 20 多万居民的住宿条件和环境得到了改善。

---

① 广州经济年鉴编纂委员会：《广州经济年鉴》（1983 年），第 248 页。

曾生担任广州市市长期间，市政府还在广州的新工业区员村、河南（珠江南岸）、芳村、黄埔等地建设了一批职工宿舍。此外，建成了建设新村、和平新村、凤凰新村、晓港新村等一批居民住宅区。为解决这些新建居民区的日用商品供应问题，曾生以副省长名义向省人民委员会申请拨款，建成了18个商业网点。

这些民生问题的改善，受到了广州市民普遍赞扬。时任广州市常务副市长罗培元评论：在20世纪60年代前五年，正是经济生活困难，广州市财政收入又不充裕的时候，能做出这样的成绩是很不简单的。"当时，不论谁当家都一样困难，既要为群众开门七件事操心，还要解决好数十万工人群众、水上居民等居住条件极差的问题，只有像曾生那样群众观点强，时时把市民的困难放在心上，又干实事的市长才能胜任。"[1]

第二，整治珠江堤岸环境。

珠江横贯广州，南岸称为河南，北岸称为河北。广州解放初期，珠江两岸堤岸杂乱无章，残缺不整，市容很不雅观。20世纪50年代初期，朱光担任广州市市长时，提出"绿化长堤、美化广州"的口号，但由于受到"左"的思想影响和干扰，未能成事。

针对河北的大小码头较多、泊位凌乱的情况，从1964年起，广州市政府首先对长堤码头进行整合，除了保留天字码头和西濠口等几处必要的轮渡码头外，其余码头、泊位一律拆除。然后，对长堤的马路和堤岸进行彻底整治，把影响市容和交通的建筑物拆除掉，把已下沉被毁坏的堤坝修理好。整治路段从大沙头西船栏起至沙面东桥，长达3600米。在沿岸安装铁栏杆，在路边种树，设置休息椅，供市民小憩。将沿江路的路面以及行人道重新修平拉直，把沿江的电力、电信线路全部埋设在地下。又将沿江路的海珠广场、沙面、大沙头这三个地方建设成为绿化

---

[1]　罗培元：《曾生的精神力量》，载《怀念曾生同志》，中共广东省委党史研究室1996年12月内部出版，第47页。"群众开门七件事"，习惯指柴、米、油、盐、酱、醋、茶。

点。整治沿江路历时一年，于 1965 年完成。

在河南堤岸，市政府拆除乱搭乱建的建筑物，修建一条滨江大道。施工过程中，将珠江河道理顺，在特别宽的河道砌石筑坝，在坝内填土修路。此项工程本来早已从 1959 年就开始施工，1961 年因国民经济调整而中途停止，直到 1964 年 10 月才复工。1965 年，滨江大道竣工，全长 4980 米，路面宽 36 米。

整治改造后的珠江两岸，成为广州市一道亮丽的风景线，净化和美化了广州市区的环境。

第三，大力发展城市交通。

广州是一座古老的城市，广州解放前由于兵灾战乱的影响，交通设施陈旧落后。广州解放后经过 10 多年的建设，城市交通设施已有很大改善，但仍跟不上城市发展的需要。

在发展城市交通中，曾生首先抓好道路建设。市政府翻修、扩建和新建了 100 多公里长的公路，主要有南岸公路、河南工业大道、中山一路、芳村工业大道、黄埔大道、大北路至机场公路、环市路和广（州）花（县）路等。拉直和扩宽了东风路。市区的马路路面铺设沥青或三合土（由石灰、黏土和细沙组成）。兴建了一批桥梁。1964 年 4 月 10 日，广州大北路立体交叉桥（简称"立交桥"）建成通车，这是我国第一座大型立交桥。此后，德坭路立交桥和沙河立交桥也相继落成。这 3 座立交桥可同时通火车和汽车，大大提高了这些路段的通行能力，为当时全国城市道路桥梁建筑史书写了光辉的一页。同时，新建一批路河桥，有人民大桥（即第二海珠桥）、山村大桥、从化神岗大桥等。

人民大桥于 1965 年 11 月 4 日正式动工兴建，曾生亲自担任大桥工程建设总指挥。40 米大梁的吊装是这座桥施工的一个重要环节。在吊装大梁预制件时，曾生连续几天亲临施工现场。1967 年 5 月 1 日，人民大桥建成通车。这是一座三孔预应力钢筋混凝土刚构桥，大桥全长

701.2米，主桥长182米、宽18米。如今，这座广州跨江桥梁的"二老大"已服役50余年了，仍然发挥着重要的交通作用。

在航空运输方面，改造和扩建广州白云机场。白云机场是国民党空军留下的残旧机场，位于广州市区西北部白云山西面。机场规模小，不能起降大型喷气式客机，因而未能实现国际通航。1963年，国家民航局决定对广州白云机场按国际机场标准进行扩建，并把它更名为"广州白云国际机场"。同年10月，白云机场扩建委员会和工程总指挥部成立，曾生担任总指挥部总指挥。总共有3.3万人参与机场扩建工程工作，其中由广州市政府组织的民工就有1万多人。

1964年1月3日，白云机场扩建工程正式开工。在施工期间，无论刮风下雨，曾生每天都要到工地巡视一圈，随时处理出现的各种问题。同年4月10日，白云机场扩建工程竣工，从筹建到竣工，前后仅用了5个月时间。扩建后的白云机场，主道从原来的2000米延长到3380米、宽60米，可承受当时世界上起飞重量最大（180吨）的波音720型客机起降。4月26日，中国国际航线首次试航成功，标志着广州白云国际机场实现了国际通航。

第四，兴建一批标志性建筑。

一是兴建新的广州电视塔。曾生任广州市市长前，广州电视塔十分简陋，把发射机和天线安装在越秀山百步梯顶端的中山纪念碑上，1960年7月1日正式启用，发射功率只有1千瓦。1964年，广州市政府拨专款兴建新的电视塔，选址在海拔45米的越秀山山坡上。工程队在施工过程中，发现法兰盘母材有开裂现象。曾生立即指示主管部门及时采取措施加以解决。于是，主管部门成立了有设计、制造、施工单位参加的检查小组，对电视塔的工程质量进行详细检查。恰好当时全国焊接学会的专家在广州开会，曾生诚意邀请他们帮助检查和提出改进意见。检查小组在北京和广州前后召开12次会议，终于解决了塔架主要焊缝（法兰盘焊缝）的安全质量问题。1965 年 9 月，新的广州电视塔建成，塔高 200 米，成为当时全国最高的电视塔。

二是兴建新爱群大酒店（又称"爱群大厦"）。爱群大酒店于 1937 年 7 月建成，分为 15 层，楼高 64 米多，是广州解放前华南最高建筑物。广州解放后，被人民政府接管，作为接待外宾的宾馆。1965 年，中央拨款 300 万元维修爱群大酒店。广州市政府决定用此款在爱群大酒店东侧扩建一座新爱群大酒店。经过 8 个月的施工和装饰，1966 年 3 月，新爱群大酒店落成使用，共 18 层，高 66 米多，成为当时广州乃至华南的最高建筑物。国务院总理周恩来称赞广州市政府，把维修旧爱群大酒店的钱用来兴建新爱群大酒店，此举"很聪明"，既花钱不多，又很实用。

三是兴建广州宾馆。1957 年春，外贸部和广东省人民委员会联合在广州创办中国出口商品交易会，以后每年春、秋两季的进出口商品交易会都在广州举办。来广州做生意的港澳同胞和外国朋友越来越多，但当时广州的宾馆尤其是上档次的宾馆极少，远远不能适应广州工商业日益发展的需要。许多外国朋友不止一次地对曾生说："你们广州什么都好，就是住不好。"曾生把这一意见反映到省和中南局有关领导那里，建议新建一个专门接待外宾的高档宾馆。1965 年底，时任中南局第一书记陶铸向周恩来汇报，得到周恩来等国务院领导的认同。国务院副总理贺龙对宾馆的兴建提出一些好主意。他在陶铸家里对曾生等人说：中国用自己的力量在自己的土地上建高楼，要比帝国主义在中国建的高，就是说比上海的国际饭店（百老汇大厦）还要高，楼层也要比他们多。由此，曾生派人到上海测量国际饭店的高度。广州市政府确定，把这座宾馆建成 27 层（比上海国际饭店多 2 层，总高度高出 3 米多），选址海珠广场，取名"广州宾馆"。

广州宾馆的设计和施工，全部由市政府负责。曾生感到责任重大，尤其是担心这么高的建筑物经不起台风的袭击。1966年1月12日，他主持召开设计方案讨论会，邀请30多位建筑专家和结构专家参加对各种方案的比较和研究。曾生在讨论会上提出三点设计要求：绝对保证安全，高楼经得起七级地震和十二级台风的考验；既要体现我国建筑高层楼宇的水平，又要突出岭南城市特色；在保证质量的前提下加快兴建速度。大楼设计方案后来又经过多次论证修改才确定下来，经陶铸和周恩来批准后，立即施工。1968年1月，广州宾馆落成剪彩，但遗憾的是，曾生那时已在"文化大革命"中被迫靠边站了，未能出席和主持落成仪式。广州宾馆主楼分27层，高86米，总面积2万多平方米，造价750万元，成为当时全国最高层的建筑物。如今，广州宾馆仍然矗立在海珠广场上。

第五，进一步绿化美化广州。

广州解放前，广州的园林建设较为落后，街道树仅有5200株，公园只有4个。广州解放后，市政府重视园林绿化建设。朱光任市长时，兴建和扩建了一批公园、广场、风景点等绿化区。曾生接任市长后，主要是巩固和发展原有的绿化点和绿化带，着重对原有公园进行改造，扩建和扩大绿化面，并加强管理。对有"市肺"之称的白云山，市政府全面铺开生态环境的开发、保护和利用。在原有绿化的基础上，开辟茶园500亩，建设环山公路24公里、水库21座；修复和新建一批名胜古迹和园林建筑，建成了天南第一峰、白云晚望、云涯、双溪别墅、松涛别院、松溪等一批旅游景点，使白云山成为广州市民休闲娱乐、外地游客观光游览的风景旅游区，成为广州市的一张"风景名片"。

在广州市区内，广州市政府对原有的19个公园增添新设施，使公园面貌有了较大改观；同时，新开辟海珠广场、陵园广场等9个大型街区绿化广场，供人们游览憩息。此外，广种绿树，在广州市区280多公里长的道路上共种植路树80多万株。至1965年，广州市区绿化覆盖率由广州解放前的 1.56% 增至 27.3%，居全国各大城市第二位。

伴随着城市道路交通网络建设和绿化建设，古老的广州城焕发了青春，变得越来越靓丽。广州市党史正本《中国共产党广州历史》第二卷充分肯定了曾生主管城市建设的政绩，指出："在曾生主管城市建设期间，广州的市政建设取得了许多成就，市政园林绿化工作也有较大进展。"①

曾生分管政法工作，同样做得非常出色。

1962 年 6 月，广州发生一起群众冲击火车东站（广九车站）的事件，被称为"东站事件"。曾生自始至终负责妥善处理这一事件。

事件起因是这样的：20 世纪 60 年代初，由于连续三年经济困难，人民生活水平普遍下降。在境外敌对势力乘机煽动下，广东沿海地区非法越境活动呈快速上升趋势。1962 年 4 月下旬至 5 月 23 日，各地非法越境往香港的人数共约 6 万人次。5 月底，社会上流传"因英女王生日，粤港边境将从 6 月 1 日至 3 日开放 3 天，内地居民可自由前往香港"的谣言。6 月 1 日凌晨，1000 多名广州市民和外地流散人员，聚集在广州火车东站，要求购票赴港。晚上，聚集人数越来越多，至第二天凌晨已达逾万人。这些人赴港受阻，情绪激动，起哄吵闹，寻衅滋事，掀翻宣传车，围堵火车站，殴打火车站工作人员和公安干警，制造了新中国成立以来罕见的骚乱事件。

"东站事件"发生当晚，曾生前往现场视察，发现聚集人数越来越多。他当即来到省长陈郁家里汇报。陈郁听了觉得事态严重，便问曾生如何应对。曾生果断地说："要采取紧急措施，否则事态发展下去就不好办了。"陈郁马上打电话叫来省委第二书记赵紫阳、副省长林李明、省军区政委宋维栻、广州市委代理第一书记赵武成、广州市副市长兼公

---

① 中共广州市委党史研究室：《中国共产党广州历史》（第二卷），中共党史出版社 2011 年版，第 246 页。

安局局长李广祥等人，召开紧急会议。在会议上，曾生汇报了群众冲击火车东站的情况，提出实行紧急军事戒严的建议。经研究，会议作出决议，严格区分两类不同性质的矛盾，由广东省军区调派一个营兵力，在东站附近实行临时戒严管理。

6月2日凌晨1时许，广州市政府向群众宣布对火车东站实行戒严管理，成立临时指挥机构维持社会治安，派出宣传车劝告群众切勿听信谣言，对鼓动闹事者和一些不听劝告的群众进行扣留审查。由于采取了紧急有力的措施，至6月6日，终于平息了骚乱。

"东站事件"平息后，曾生与有关方面的负责人研究，认为必须加强政法系统的建设，在人员编制、设备技术和后勤保障等多方面予以全力支持，以应对日益严峻的治安形势。

为加强广州的警力，曾生向周恩来请示并获得批复，为广州市公安局增加了2000人的编制。因此，广州市公安干警的编制由原来的5000余人增加到7000余人，这在当时广州市机关精简机构，压缩人员的困难时期，尤为难得。

为解决广州市公安刑侦设备缺乏、老化的问题，市政府拨专款添置一批摩托车，成立摩托车巡逻队，并从国外购置20台"汉堡"牌汽车拨给市公安局使用，因而大大加强了公安队伍的机动力量，提高了工作效率。

在后勤保障方面，广州市政府在桂花岗兴建一批干警家属宿舍，解决了部分干警住房困难问题。同时，给公安干警每人每月增加半斤食油和增加粮食定量。这些切实措施，为广大干警解除了后顾之忧，使他们有了饱满的精神状态和充足的干劲投入本职工作。

此外，经广东省委和广州军区批准，1965年11月成立广州警备区司令部，曾生兼任司令员，广州军分区司令员刘远生、广州市公安局局长李广祥任副司令员。广州警备区司令部的成立，实现了军队与地方执行任务相结合，共同维护了广州的治安秩序。

总之，曾生在担任广州市市长的 6 年多时间里，带领全市人民努力克服国民经济严重困难，广州的经济建设、民生建设、城市建设、政法建设等各方面取得了可喜成果，教育、科技、文化、体育、卫生等各项社会事业有了长足发展。历史已经证明，"受命于困难之际"的市长曾生，向广州人民交出了一份优秀答卷。

三、东深供水工程建设

1965 年 2 月 27 日下午，东莞县塘厦（又名"塘头厦"）彩旗飘扬，锣鼓喧天，鞭炮齐鸣。5000 多名工程建设者和人民公社社员、部分港澳同胞各界人士，在这里隆重集会，热烈庆祝广东省东江—深圳供水灌溉工程（简称"东深供水工程"）胜利建成。

东深供水工程是广东省的一项重大水利建设工程，曾生自始至终参与了工程建设的领导工作。

关于东深供水工程的建设，要从香港淡水供应状况说起。

香港地区山多临海，没有天然湖泊和河流，地下淡水资源极为贫乏，历史上食用淡水靠兴建水塘收集及贮存雨水，经常处于供应不足的状态，每逢干旱之年就会出现严重水荒。20 世纪 60 年代初，香港经济起飞，随着人口增长和工业快速发展，生活与工业用水严重缺乏。

我国政府十分关切香港同胞严重缺少食用淡水的困难。1960 年 3 月，与香港毗邻的宝安县建成深圳水库，11 月与香港当局签订协议，每年由深圳水库向香港供水 2270 万立方米。1961 年 2 月 1 日，深圳水库正式向香港供水。几年来，尽管最多的一年供水达 3632 万立方米，仍远远不能满足香港的用水需求。

1962 年 9 月至 1963 年 5 月，华南地区遭受 70 年间罕见大旱，水塘干枯，江河断流。香港地区水荒更为严重，工农业和服务行业受到严重打击，300多万居民用水极为困难。港英政府宣布限用水量，每4天供水一次，每次4小时，平均每人每天仅得20升水。香港居民每天提着水桶排队等水的长龙有数里路之长。港英当局不得不派出船只到日本等地运淡水，同时向广东省人民委员会求援。于是，广东省人民委员会允许香港派船到珠江免费汲取淡水，并同意由深圳水库增加供水317万立方米。

为了从根本上解决香港同胞的用水困难问题，广东省人民委员会决定兴建东江—深圳供水灌溉工程，从东江引水供给香港。

由东江至深圳的引水路线最初有3个设计方案：一是从东江引水，沿珠江口海边修建一条渠道提水输入深圳水库；二是从东江引水，经东莞企石到常平后，再沿广深铁路线用钢管输水至深圳水库；三是从东江引水，沿东莞石马河多级提水至雁田水库，然后跨越分水岭流入深圳水库。经过分析比较，由于第三方案工程量和投资最小，兼有灌溉和排涝效益，且施工方便、工期短，省人民委员会决定采用第三方案。

1963年12月8日，周恩来出访非洲路过广州，在时任中南局第一书记兼广东省委第一书记陶铸家里召集有关人员开会，讨论东深供水工程的具体方案。出席会议的有陶铸、广东省委第二书记赵紫阳、广东省省长陈郁、副省长林李明和曾生、广东省水利电力厅厅长刘兆伦等人。周恩来认真听取汇报后，表示同意广东省提出的第三方案，并指示随行的国家计划委员会（简称"国家计委"）负责人：这项重大工程由中央人民政府拨专款兴建，有关省、市和部门要大力支持。

为了使工程尽快开工，广东省人民委员会与港英当局共同派出代表进行两次商谈，取得了一致意见。曾生虽然不直接参加商谈，但一直都在指导这一工作的进行。

1964年4月22日，粤港双方代表在广州正式签订《关于从东江取水供给香港、九龙的协议》，曾生出席签字仪式，在签字前会见了港方代表，签字后以广东省人民委员会名义设宴招待双方代表以及出席签字仪式的各界知名人士。这份协议规定：从 1965 年 3 月 1 日起，每年供给香港原水 150 亿加仑（即 6820 万立方米）；如港英当局需额外增加供水量，广东省视供水设备能力可适当增加；额外增加的供水量由双方代表另行协议决定；供水期由每年 10 月 1 日至下年 6 月 30 日，共 9 个月时间；水费每立方米人民币一角钱。

东深供水工程，要在东莞境内的东江支流石马河，兴建 6 个拦河坝梯级和 8 座电力抽水站；扩建和加固雁田、深圳两座调节水库；并在东莞与宝安交界的白泥坑开凿一条长 2.75 公里、宽 80 米的新河道，以代替石马河原有的出口；还要修建一条长 16 公里的人工渠道。这样，东江水经新开挖的河道引到桥头（地名），然后经抽水站逐级通过渠道以及石马河把水位提升共 46 米，流入雁田水库，再跨流域流入深圳水库，最后由直径 1.4 米、长 3.5 公里的压力钢管输送到深圳三叉河交水点由港方接收。同时，需要安装抽水机 33 台，总装机容量 6975 千瓦，除向香港供水外，还能满足沿线东莞、宝安总共 11.89 万亩农田的灌溉和 0.62 万亩农田的排涝，以及向深圳镇每年供应生活用水 73 万立方米。因此，这项重大水利工程定名为"广东省东江—深圳供水灌溉工程"。这项水利工程规模宏伟，任务艰巨，从工程量来看，仅土方工程就达 200 多万立方米，如果堆成一条 1 立方米厚的堤坝，长度相当于广州至深圳路程的 10 多倍。

东深供水工程由省长陈郁全面负责，主管农林水系统的副省长林李明和主管外事工作的副省长曾生协助抓。

东深供水工程于 1964 年 2 月 20 日开始施工。为了解决劳动力问题，从广州动员 5000 名待业知识青年，从东莞、宝安等地动员 5000 名民工投入施工。由于工程项目多，地点分散，机械不足，施工多以人力为

主，高峰时投入的劳动力达2万多人。整个工程的土建项目都是在汛期
施工的，许多基础工程在水下5～10米的困难条件下进行。5月至10
月，在施工过程中，连续遭遇5次台风暴雨的袭击。尤其是1964年10
月13日的第23号强台风，引发了50年一遇的特大洪水，给施工增加
了极大困难。但建设者并没有因此而退缩。每次台风暴雨到来，工地上
的上万名干部、民工自动组成抢险队，坚守坝基和围堰。坝基和围堰一
次次被洪水冲垮，他们就一次次地把它重新筑起来。

各级政府尤其是广东省人民委员会对工程十分重视，省长陈郁、副
省长林李明和曾生，先后亲临工地视察。工程所在地的东莞、宝安两
县，在人力、物力方面大力支持。全国各有关部门、有关地区亦鼎力帮
助。为工程加工制造机电设备的上海、西安、哈尔滨等14个省、市的
五六十家工厂，广东省内的几十家工厂以及铁路、公路、水运、民航等
部门，优先为工程设备进行加工和运输安装。

1964年冬，曾生（左一）视察东深引水工程

在工程进入关键时刻，1964年11月29日至12月2日，曾生前往
工地视察工程进展情况，并带去齐齐哈尔市马戏团，向奋战在工地的建
设者进行了三场慰问演出。随同曾生视察的有广东省水利电力厅厅长刘

兆伦、《羊城晚报》总编辑杨奇以及新华社香港分社副社长梁上苑等人。他们在工程总指挥曾光陪同下，沿着 83 公里长的各工段，视察了全部工程，包括引进东江水的新开河道、要让石马河和雁田水倒流的 6 处拦河坝、8 个抽水站、两个扩建加固的水库以及变电站、高压线路等。在抗日战争时期，这些地区都是东江纵队活动的地方，曾生率领部队经常在这里行军作战，如今重踏旧地，别有一番兴味。

曾生每到一处工地视察，总要到民工和当地群众中了解情况，检查工程质量，征询施工意见，并勉励建设者"善始善终，加倍努力，高速度、高质量地完成建设任务"①。在塘厦，曾生还召开有工程总指挥部各部门领导干部参加的工作会议，听取他们对工程进展情况的汇报。当曾生一行来到东莞樟木头旗岭工地慰问时，那里的气氛瞬时活跃起来了。原来，旗岭工地的 500 名建设者，就是由广州市政府动员来的广州待业知识青年。他们见到老市长，便纷纷围拢过来。曾生与他们互相问候，那种亲热情景，大家终生难忘。青年们得知老市长带来了齐齐哈尔马戏团为大家表演，高兴得跳跃欢呼起来。因为他们早就知道这个马戏团享誉国内外，都想一睹其风采。果然，马戏团不负众望，其精彩表演博得了青年们的热烈鼓掌和喝彩。

经过一年奋战，闯过重重难关，东深供水工程按期完工。工程总造价 3584 万元，没有超出预算。1965 年 2 月 23 日，国家验收委员会对工程进行检查验收，认为工程质量良好，达到建设工程的目的和要求。

1965 年 2 月 27 日下午，广东省人民委员会举行东深供水工程落成庆祝大会。庆祝大会在工程第四级抽水站、工程总指挥部所在地东莞塘厦举行。广东省副省长林李明、曾生、郭棣活、邓文钊、黄洁出席庆祝大会。出席大会的还有广东省政协副主席张酜村、冯燊、谭天度、肖隽

---

① 《东江—深圳供水工程通水在望》，《南方日报》1964 年 12 月 13 日。

英、蚁美厚、黄友谋、罗明、罗浚、王越和各人民团体负责人，以及惠阳专署和东莞、宝安县的负责人。香港、澳门同胞各界人士200多人，也专程前来庆祝，他们当中，有高卓雄、何贤、郑铁如、王宽诚、黄彝民、陈耀材、马万祺等知名人士。

下午2时，庆祝大会正式开始。林李明主持大会。曾生首先讲话。他代表广东省人民委员会，对参加工程建设的人员表示祝贺和慰问，对全国各地支援建设的单位表示感谢，对专程前来参加落成大会的香港、澳门同胞各界人士表示欢迎。

曾生说：东深供水工程是一项庞大、艰巨、复杂的建设工程，它的特点是要河水倒流，让河水上山。这样艰巨的工程在一年的时间里能按质按量完成，鲜明地显示出我国社会主义制度的优越性，显示出鼓足干劲、力争上游、多快好省地建设社会主义总路线的无限威力，显示出我国人民自力更生、奋发图强的革命精神的伟大力量。

曾生指出：建设这项工程有很大的意义。它可以使东莞、宝安两县10多万亩农田得到充足的灌溉，工程所架设的输电线路可以向附近农村提供电力；同时这项工程还可以向香港输送大量淡水，使香港同胞的用水困难得到解决。因此，它的建成不仅为广东人民所欢迎，也为香港300多万同胞所欢迎。

曾生最后说：东深供水工程的建设工作已经胜利完成，但是祖国伟大的社会主义建设事业中许多项目还等待着我们去努力。我们应该很好地总结这项工程建设的经验，使我们自己有所前进有所提高，以便在新的建设岗位上更好地完成任务，在工农业生产新高潮中做出更大的成绩。

接着，广东省水利电力厅厅长刘兆伦介绍工程建设的经过。

港九工会联合会会长陈耀材、香港中华总商会会长高卓雄也在大会上讲话。陈耀材在讲话中，衷心感谢祖国政府和人民对港九同胞无微不至的关怀，表示要饮水思源，更加热爱伟大的社会主义祖国。高卓雄也激动地说：东深供水工程的建成，使港九同胞得以解决食水问题，免除制水痛苦，对工商百业及港九同胞的生活，都有莫大裨益。对于祖国人民的关怀和爱护，我们港九同胞致以十二万分的感谢，并对参加工程建设的全体人员致以最崇高的敬意和感谢。①

港九工会联合会、香港中华总商会向庆祝大会赠送两面锦旗，上面分别绣着"饮水思源、心怀祖国"和"江水倒流，高山低首；恩波远泽，万众倾心"的金色大字，表达了香港同胞对祖国政府和人民的无限感激之情。②

最后，林李明走向闸坝剪彩，并由他按动电钮开机抽水。瞬间，电动抽水机启动运行。这时，机器的转动声、哗哗的流水声、人们的欢呼声和震耳的鞭炮声，汇成一首欢快雄壮的交响曲，久久回荡在石马河谷上空。

同年3月1日，按供水协议，广深供水工程开始向香港供水。这天，香港洋溢着节日气氛，人们兴高采烈地在街头上耍龙灯和舞狮子欢庆。

此后，随着经济社会的发展，为满足香港、深圳、东莞等地的用水要求，东深供水工程分别于1976年、1981年、1990年以及2000年，先后进行三次扩建和一次改造。

东深供水工程建成以来，发挥了显著的经济效益和社会效益。它既改变了香港长期存在严重缺乏淡水的困境，促进了香港的经济发展和社会稳定，又为沿线深圳、东莞两地的供水、灌溉、排涝、防洪、发电等方面发挥了综合作用。这一切，有着曾生的一份功劳。

---

① 《庆祝东江—东深供水工程胜利建成——昨日在塘头厦隆重举行落成大会》，《南方日报》1965年2月28日。

② 广东省东江—深圳供水工程管理局编：《东江—深圳供水工程志》，广东人民出版社1992年版，第4页。

四、广东省体委主任

曾生于 1962 年 10 月①兼任广东省体育运动委员会(简称"省体委")主任。他尽管身居中共广东省委常委、广东省副省长和广州市市长等要职,工作繁忙紧张,并没有放松抓好全省体育运动工作。在他任内,广东体育运动工作取得了可喜成绩。

曾生接手省体委领导工作时,由于国民经济出现暂时困难,广东的体育事业正处于调整阶段,收缩了体育活动规模,减少了竞赛。一些体育项目不但没有发展,而且出现倒退状况。面对这种窘境,曾生冷静地思考:新中国成立以来广东好不容易才组建起一支体育队伍,如果这支队伍在我手里垮了,如何向广东人民交代呀?无论有多大困难,也要把体育队伍、机构和场地保存下来,留得青山在,不怕没柴烧。因此,他千方百计克服各种困难,为以后经济形势好转时广东体育事业的发展积蓄了力量。

曾生非常关心体育运动员的身体和生活。当他得知运动员因粮食、副食品不够吃而影响训练的情况后,便以广州市市长的名义,专门召集广州市有关部门领导开会研究,由市粮食局给运动员增加口粮、食油,由市属东平农场为运动员供应副食品。

曾生认为,运动员要取得好成绩,必须有强健的体质和充沛的精力。他批准在比赛时为运动员提供人参作为营养品,又为健将级运动员每月增加 2 斤食油、10 斤大米。这种做法,对运动员鼓舞很大,他们十分感激党和政府的关怀爱护,决心在赛场上夺取最佳成绩为祖国争光。以

---

① 广东省地方史志编纂委员会:《广东省志·体育志》,广东人民出版社 2001 年版,第 28 页。《曾生回忆录》记载为 1961 年,有误。

今天的眼光来看，这些都是微不足道的生活小事，但在经济困难时期是件大事，而且只有市长亲自出面才能得以解决。然而，曾生为运动员所做的这些好事、实事，在"文化大革命"中却被列为搞"物质刺激"和"修正主义"的一条"罪状"，受到了批判。

1963 年 4 月 6 日至 12 日，全省体育工作会议在广州召开，曾生以副省长兼省体委主任的身份出席会议并作讲话。会议总结了全省体育工作的经验教训，认为市、镇是体育工作的重点，又是主要阵地，应以训练为中心来安排各项体育工作，并以此带动农村体育活动。曾生的讲话妙趣连连。他指出，现在运动员训练缺乏"绝招"，例如篮球赛中的远投，是球赛中的远距离射门，却较少见。他以东江纵队训练射击手打击日本侵略者为例，说明体育运动员拥有"绝招"的重要性：抗日战争时期，东江纵队训练了一批远距离射手，在千米以内就能把骑在马上的日本指挥官打下来，这对打胜仗起了很大作用。①

这次体育工作会议结束后，全省各地认真贯彻落实"以训练为中心，以城镇为重点"的体育工作方针。

曾生亲自抓好训练基地的建设。在兴建广州西村工人体育场时，因场地纠纷影响了兴建进度。曾生来到现场，召集有关单位进行协商，克服了互相扯皮现象，妥善解决了场地纠纷，使西村工人体育场得以顺利建成使用。广州体育俱乐部（今称"广东体育馆"）是全省的重点体育项目训练基地，位于珠江二沙岛，交通不便，运动员进出都得坐船。曾生根据运动员的意见，修建一座桥把二沙岛和珠江北岸连接起来，作为出入通道。

曾生兼任省体委主任的同时，还兼任广州体育学院院长、党委书记。广州体育学院原校址在珠江二沙岛，1960 年与广东体育学院合并后搬

---

① 罗衍平：《体育战士怀念您——曾生同志》，载《怀念曾生同志》，中共广东省委党史研究室 1996 年 12 月内部出版，第 206–207 页。

到广州沙河顶（现天河北路），由于正值国家经济困难时期，新校舍的许多基建被迫下马，致使学院的生活设施严重不足，只好在游泳馆的过道上搭床作为临时学生宿舍。为解决学院学生宿舍紧缺的困难，曾生亲自找到省高教局副局长袁溥之（陈郁夫人），争取省高教局拨款扩建校舍。扩建校舍的经费解决了，又遇到征地矛盾。曾生只好去找省长陈郁，请他出面做有关方面的工作，才得以妥善解决征地矛盾。在曾生的奔波下，广州体育学院扩建了一批校舍，学生们再也不用在游泳馆的过道里睡觉了。

曾生重视省、市体育运动队的建设。20世纪60年代初，广东省对体育系统作了一些调整，把原属于广州市体委管的广州体育学院和广州市体育专业队划给广东省体委直管。广州市对此有意见。为缓和矛盾，曾生建议：帮助广州市重新组织体育专业队伍，已划给省管的体育专业队就作为广州市向省输送的体育人才。这一建议得到了大家的赞同，结果省、市体育部门双方皆大欢喜。

在重组广州市体育专业队时，曾生提出要不拘一格选拔人才，可以在本市、本省乃至全国各地物色体育人才。根据这一方针，广州市体委从广州市的业余体育队、业余体育学校挑选了一批体育苗子，也从省下放的体育专业队中物色了一批人才，又在全国各地选拔了一批运动员。经过一段时间的筹备，广州市很快就组织起足球、乒乓球、篮球、羽毛球、游泳、棋类、划船、航模等项目的体育专业队，总共有200多人。

1964年10月，全国甲级足球队联赛在广州举行。曾生参加了这次赛事的组织领导工作。这次联赛将根据各队的比赛成绩决定升降级。在联赛中，广东队成绩欠佳，由甲级队降为乙级队。曾生为此心情紧张，只好把晋级的希望寄托在新组建的广州足球队身上，使广东能够保持一支甲级足球队。果然，广州足球队以初生牛犊不怕虎之势，战胜了国家队，晋升为甲级队。广东观众看到这一喜讯，欢呼雀跃。曾生也情不自禁地从主席台上走下球场，与浑身沾满泥巴的广州足球队队员紧紧相拥。赛后，曾生等 6 位广州市正、副市长联名设宴招待广州足球队全体队员和教练，祝贺他们取得联赛佳绩。

曾生主管全省体育工作，重视普及与提高的关系。他认为：普及，就是要求各县成立体育运动委员会，有专门的体育机构，有条件的县、市要办业余体育学校、业余体育培训班，组织好群众性的各项体育活动。提高，就是要组织专业体育队伍，抓好训练和科研工作。只有做到两个轮子一齐转，才能推动全省体育事业的发展。为此，省体委为省人民委员会起草了《关于开展群众体育运动，提高体育运动技术水平的指示》。1964 年 7 月 18 日，以广东省人民委员会的名义发出这份文件。之后，广东全省掀起了新中国成立以来的第二个群众性体育运动和训练竞赛热潮。

20 世纪 60 年代中期，广东体育运动蓬勃发展，走在全国各省前列，其中举重、游泳、乒乓球等体育项目达到世界先进水平。广东体育运动队在国内外的重要赛事活动中，取得了优异成绩。

1963 年 11 月 10 日至 22 日，第一届新兴力量运动会在印度尼西亚首都雅加达举行，这是一次世界性的运动会。广东派出 34 名运动员参加中国队。赛前三个月，中国队、越南队、朝鲜队集中广州进行热身训练。为解决这三个国家队的训练场地和装备以及运动员的食宿，曾生花费了不少心思。比赛期间，中国队的广东运动员参加 9 个项目的比赛，共获金牌 23 枚、银牌 19 枚、铜牌 5 枚，有 3 人 4 次破全国纪录。[①]

1964 年 5 月 18 日，在上海举行的全国举重暨八单位击剑锦标赛中，广东举重选手陈镜开以 151.5 公斤的成绩，打破次轻量级挺举世界纪录。这是陈镜开第九次打破世界纪录。同年 6 月，中南区游泳锦标赛在东莞

---

① 广东省地方史志编纂委员会编：《广东省志·体育志》，广东人民出版社 2001 年版，第 28–29 页。

县举行，广东队获30项冠军，并获风格奖。

1965年，曾生（右）接见广东运动员陈镜开

同年10月18日至25日，广东省第三届运动会在广州举行，参加比赛的有9个专区的代表团共1954名运动员。这届省运会共进行了田径、游泳、体操、篮球、排球、足球、乒乓球、羽毛球、射击、航空模型、航海模型、无线电收发报、棋艺、跳水、水球、举重、武术17个项目的比赛，以及团体操、举重、武术、水球、跳水、摩托车、航空模型、滑冰8个项目的表演赛。共有11人10次破9项全国纪录，42人56次破39项全省纪录。来自"举重之乡"——东莞石龙镇的举重选手叶浩波，以108.5公斤的成绩，打破最轻量级抓举世界纪录，开创了在省运会上打破世界纪录的先河。①

1965年9月11日至28日，第二届全国运动会在北京举行。曾生担任广东体育代表团团长，率领广东运动员252人参加比赛。赴京参赛前，曾生忙碌地做好各项准备工作：对运动员进行思想教育、强化运动员赛前训练、解决比赛装备，等等。由于广东在三年经济困难时期设法保留了一批体育运动专业队伍，又开展了扎实的群众性体育活动，加上代表团组成后能够抓紧赛前训练，因而广东体育代表团在第二届全运会中取得了好成绩。广东运动员参赛18个项目，共夺得金牌23枚、

---

① 广东百科全书编纂委员会、中国大百科全书出版社编辑部编：《广东百科全书》（上卷），中国大百科全书出版社2008年版，第640页。

银牌 21 枚、铜牌 17 枚，奖牌总数 61 枚。^①叶浩波先后以 113 公斤和 115 公斤的成绩，连续两次打破最轻量级抓举世界纪录。与第一届全运会成绩相比，广东代表团总成绩仍排名全国第四，居解放军代表团、北京代表团和上海代表团之后。

1966 年"文化大革命"前夕，广东的体育事业仍然是一片欣欣向荣的景象。这年 5 月，在东莞举行的全国春季游泳锦标赛中，广东队获得成年组 18 项冠军。1966 年下半年，由于"文化大革命"冲击，广东体育界与其他系统一样，陷入了十分混乱的局面。此时还未被群众组织"夺权"的省体委主任曾生，顶住各方面的压力和干扰，认真做好选拔广东体育运动员参加第一届亚洲新兴力量运动会比赛的工作。1966 年 11 月 25 日至 12 月 6 日，第一届亚洲新兴力量运动会在柬埔寨首都金边举行，广东有 21 名运动员加入中国体育代表团，参与 9 个项目比赛，仍能发挥被"文化大革命"冲击后的"余威"，总共获得 32 枚金牌、11 枚银牌、5 枚铜牌。^②

1967 年 1 月下旬，省体委机关及下属单位被"造反派"夺权，全省体育工作陷于瘫痪，曾生被迫离开兼职 4 年多的省体委领导岗位。然而，人们并没有忘怀他对广东体育事业作出的贡献。

---

① 广东百科全书编纂委员会、中国大百科全书出版社编辑部编：《广东百科全书》（上卷），中国大百科全书出版社 2008 年版，第 629 页。此数据与广东人民出版社 2001 年出版的《广东省志·体育志》第 29 页的记载略有出入。

② 广东省地方史志编纂委员会编：《广东省志·体育志》，广东人民出版社 2001 年版，第 29 页。

第十六章　在交通部工作

一、疾风知劲草

1966 年，全副身心致力于广东工作的曾生，受到"文化大革命"（简称"文革"）狂飙的冲击。他与许多领导干部一样，无辜遭受林彪、江青反革命集团的迫害。然而，他历经磨难，始终忠诚于党、忠诚于人民，始终保持对共产主义的坚定信念。他复出后，仍然初心不改，砥砺奋进，以忘我精神加倍工作。所有这些，表现出一个共产党人的高风亮节。

"文革"开始后，林彪，江青一伙出于篡党夺权的需要，指使其在广东的爪牙"大揪南方叛徒网"，要把东江纵队打成"叛徒、特务、土匪部队"。于是，他们首先对曾生下手。1967 年 2 月初，曾生从广州被押送到北京通县一个部队的团部关禁起来。

1968 年 5 月，曾生被转到北京秦城监狱关押。开头那几年，他被"东江纵队专案组"问讯了数百次，问来问去都是围绕当年东江纵队与盟军合作抗日等一些问题。曾生坚信东江纵队与盟军合作抗日的做法没有错，因此每次"问讯"都实事求是地说明历史事实真相。

1974 年 7 月，在"文革"中被关押了 7 年半之久的曾生获得释放。出狱后，他暂住中央组织部招待所等候分配工作。期间，他到首都医院体检和留医，身体逐渐康复，这为他日后重新工作创造了身体健康的条件。

曾生从来不主动与任何人谈及"文革"中受迫害的事情。有一次，大女儿曾亦兴好奇地问他在秦城监狱被关押的遭遇。他淡淡地只说了一句话："整天听到打铁的声音就够受了。"①女儿不明白，再问。他什么也不说了。

1974年9月30日，曾生出席周恩来主持的庆祝中华人民共和国成立25周年招待会。在第二天的各大报纸上，曾生的名字列入参加国庆招待会的老同志名单之中。

1975年1月13日至17日，第四届全国人民代表大会第一次会议在北京召开，曾生出席会议，并被选为第四届全国人大常委会委员。

这两次高规格的"亮相"，意味着中央已经为曾生公开平反和恢复名誉。

1975年10月，京城之秋别有一番景致：阴霾吹散，碧空万里，银杏黄灿，枫树火红。曾生接到中央组织部的通知：到交通部担任副部长。至此，曾生正式恢复工作和领导职务。

第四届全国人民代表大会第一次会议结束后，国务院对一些部门作了调整，其中把交通部重新分开（1973年铁道部与交通部合并为交通部），组成交通部和铁道部。交通、铁道分家后，交通部主管海运、公路和内河航运，铁道部主管铁路运输。

中央组织部和国务院认为：曾生当过海员和中共香港海委书记、南海舰队第一副司令员，熟悉海航，安排他到交通部工作是合适的。

福建省委原第一书记叶飞复出后，担任交通部部长。曾生与叶飞比较熟悉。全国解放战争时期，曾生率领两广纵队在参加豫东战役和淮海战役中，时任华东野战军第一纵队司令员兼政委叶飞，多次指挥过两广纵队。1949年2月，两广纵队编入第三野战军第十兵团战斗序列，而叶飞正是第十兵团司令员。因此，叶飞也算是曾生的老上级。

---

① 曾亦兴：《忆爸爸》，载《怀念曾生同志》，中共广东省委党史研究室1996年12月内部出版，第314页。

　　曾生接到中央组织部的任命通知，就像当年要他由部队转到地方工作一样，感到十分意外。他想：我过去的经历虽然对大海熟悉，却不懂航运业务，对于交通部工作更是门外汉。但自己已年过花甲，受林彪、江青一伙的迫害，已耽误了8年多的工作时间，要珍惜这个为党为人民工作的最后机会，服从组织安排，加倍努力在工作中学习和熟悉交通业务，为国家交通事业的发展作出贡献。

1975 年，曾生（右二）在英国伦敦参加国际海协会议期间与国际友人交流

　　在交通部工作的那几年里，他多次出国访问或参加一些国际会议。1975 年秋，他上任不久，先后两次访问英国。第一次，他率领中国交通代表团访问英国，拜访了英国政府有关部门负责人，参观了一些交通运输项目和设施，其中有船厂，试乘了船厂生产的气垫船。第二次，他率领中国海运代表团，到英国伦敦参加国际海协会议。其间，英国三叉戟飞机制造厂负责人为了表示友好和推销他们的飞机，邀请中国海运代表团参观飞机制造厂和观看飞机表演。参观完后，曾生又因盛情难却接受邀请乘坐他们生产的小型客机，结果遇到一场惊险意外。这架小型客机起飞不久，一群海鸥撞入发动机内，造成机械故障。幸好驾驶员经验

丰富，镇定地驾驶飞机开往机场外一条公路上准备紧急降落，并提醒曾生等人待飞机一着陆，就即刻打开机舱门往外跳。曾生打开机舱门往外逃时，摔倒在公路旁的草地上。飞机在公路上滑行了 20 多米后爆炸。由于机上全部人员及时跳出，才避过一场灾难。曾生摔伤了腰部，行动不方便，仍坚持出席会议，按计划参加外事活动。

通过出国访问和开会，曾生开阔了视野，掌握了国际交通行业信息，见识了外国先进的交通设施和技术，深深感到自己国家的交通事业远远落后于世界先进国家。他暗下决心：一定要为振兴祖国的交通事业而努力工作。

经过两年的学习和熟悉工作后，1977 年 10 月，曾生担任交通部第一副部长、党组副书记，协助部长叶飞主管全面工作。

1978 年 2 月 26 日至 3 月 5 日，曾生出席第五届全国人民代表大会第一次会议，当选为全国人大常委会委员。五届全国人大常委会一次会议结束后，他被安排到新疆参观核爆炸试验。由于多年牢狱的摧残和对试验地区环境的不适应，他身体虚弱，行走缓慢，仍然跟着大队伍坐汽车颠簸几百公里进入试验场。在那里，他见到了也来参观的老部属、时任解放军陆军第十九军副参谋长何通。何通发现曾生精神欠佳，站立困难，便每天去宿舍看望他，帮他端水泡脚，并劝他去基地医院检查治疗。曾生谢绝了他的好意，说："我失去了 8 年，见识太少，难得这个机会，一定要坚持到底。"[①]

3 月 15 日中午，曾生在何通的搀扶下，慢慢走上参观点，戴上护目镜。中午 1 时正，原子弹准时爆炸，一团蘑菇状的火球升上天空。此刻，曾生心情十分兴奋，叫何通扶着他站了起来，对着冲天的蘑菇云看了许久。由于长途跋涉，过度疲劳，当天晚上，他得了脑血栓被紧急送回北京。

---

① 何通：《典范长存》，载《怀念曾生同志》，中共广东省委党史研究室 1996 年 12 月内部出版，第 146 页。

他在北京医院治疗了三个多月，还未消除后遗症，就急着出院投入紧张的工作。

1979 年 2 月，叶飞调任海军第一政委、海军党委第一书记。曾生接任交通部部长、党组书记，成为中华人民共和国成立后的第九任交通部长。他带领交通部领导班子坚决贯彻执行党的十一届三中全会的路线、方针和政策，继续管理好部属大批企业，并扭转忽视地方交通的倾向，切实为地方交通发展办实事，协助地方政府搞好地方交通运输事业。

原交通部部长叶飞评价曾生在交通部工作 5 年半的业绩："他为排除'四人帮'造成的危害，发展国内和远洋交通，开发蛇口工业区等事业作出了很大的努力。"①

二、整顿交通企业

曾生到交通部工作时，邓小平主持的全面整顿已经全面铺开。曾生积极支持和协助部长叶飞抓好交通部直属企业的整顿。

1975 年 1 月，邓小平恢复了工作，担任中共中央副主席、国务院第一副总理、中央军委副主席兼中国人民解放军总参谋长。四届全国人大一次会议闭幕后，他接替病重的国务院总理周恩来，相继主持国务院和党中央的日常工作。面对"文革"造成的混乱局面，为挽救濒临崩溃的国民经济，邓小平与"四人帮"展开针锋相对的斗争，雷厉风行地对各方面展开整顿。

1975 年的整顿，首先从工交系统开始。工交系统的整顿又从破坏最严重、派性斗争最复杂的铁路运输部门入手。2 月 25 日至 3 月 8 日，

---

① 叶飞：《怀念曾生同志·序》，中共广东省委党史研究室 1996 年 12 月内部出版，序言第 2 页。"四人帮"，指在中共中央和国务院任职的江青、张春桥、王洪文、姚文元 4 人，他们为篡夺党和国家的最高领导权，相互勾结在一起，被毛泽东称为"四人帮"。

中央在北京召开专门解决铁路问题的全国工业书记会议。3月5日，中共中央和国务院批准下发《中共中央关于加强铁路工作的决定》（通称"中央九号文件"）。铁路系统的整顿不到一个月就取得突破性的进展，邓小平随即在工交系统推广铁路整顿的经验。

曾生在交通部工作期间，在一次会议上讲话

交通部全面贯彻全国工业书记会议精神和中央九号文件，对部属企业进行整顿。

在"四人帮"横行的年代里，交通运输事业跟其他各项事业一样，遭到了严重破坏。由于"四人帮"对所谓唯生产力论的批判，以及在这个"批判"中散布的反动谬论，搞乱了人们的思想。当时，上海有人贴出《要做码头的主人，不做吨位的奴隶》的大字报，在广大运输工人中影响很坏，造成了无政府主义思潮的泛滥。许多技术骨干被视为"业务篓子""臭老九"，下放到班组劳动或下放到"五七干校"接受再教育。各级领导干部由于受到批判，对工作不敢抓、不敢管，各项规章制度破而不立，导致生产无章可循，生产逐年下降。

交通部领导小组研究决定，对部属企业分期分批进行整顿。第一批整顿上海、天津、大连、秦皇岛、青岛等华东和华北各主要港口；同时，派出工作组配合长江航运管理局党委整顿所属的武汉、芜湖、重庆三地的企业。交通部机关工作人员实行三班制，即三分之一的人员到企业蹲点，三分之一的人员跑面，三分之一的人员留守机关坚持日常工作。整顿主要解决四个问题：一是解决领导班子软、懒、散的问题，通过调整干部，把有能力、敢抓敢管的干部提拔到领导班子里；二是解决派性问题，发动群众与"四人帮"煽动的无政府主义及资产阶级派性作坚决斗争，增强广大职工的纪律性和团结；三是清理复查冤假错案，认真落实老工人、老模范、老干部和技术骨干的政策，安排好他们工作；四是解决生产秩序混乱问题，恢复和建立企业管理的规章制度，并建立强有力的生产系统。

经过整顿，交通部直属企业大都建立了坚强的领导班子，正气开始上升，安定了政治局面，使交通运输业得到了发展。然而，整顿企业刚刚收到一些成效，就遇到了1975年底开始的"反击右倾翻案风"的干扰和破坏。"四人帮"逼交通部承认整顿企业是"复辟"，是"右倾翻案"，是"管、卡、压"，是"矛头向下"，硬要交通部作"检讨"。面对"四人帮"的压力，叶飞坚持原则，顶住压力不作"检讨"。曾生坚决支持叶飞不"检讨"的主张。

1976年10月6日，华国锋、叶剑英等代表中共中央政治局，执行党和人民的意志，对江青、张春桥、王洪文、姚文元实行隔离审查。粉碎"四人帮"的胜利，结束了"文革"灾难。在肃清"四人帮"在各行各业的流毒中，交通部继续整顿企业，并结合揭批"四人帮"的罪行，提出新的要求。

粉碎"四人帮"后，交通运输特别是远洋运输有了较大发展，但十年内乱造成的危害也很快暴露出来了：1977年1月到10月，中国远洋运输公司的船舶先后发生碰撞、搁浅、失火和机件损坏等事故共有56起，损失约1200万元。同年12月，国务院财政部的《财政简报》（增刊第10期）刊登《我国远洋船舶连续发生事故》的文章，报道了上述情况。1978年初，中共中央副主席李先念在这份简报上作了较长的批示，强调："要认真总结经验，制定出好的发展规划，总结出一套科学管理的经验来。"

曾生看了这份简报和李先念的批示，深深感到：严密的指挥制度、严格的岗位责任制、详尽的航行制度和操作管理，是安全顺利完成远航任务的保证。远洋船舶连续发生事故，说明交通系统在十年内乱中被破坏得太严重了，企业的整顿还须花大气力去抓好，要抓出成效。于是，他向叶飞建议，召开党组会议专门研究，迅速采取措施，防止和减少海运事故的发生。叶飞采纳了这一建议。

在党组会议上，大家认为："文革"使党的优良传统和人民的道德风尚在相当程度上被毁弃了，无政府主义、极端个人主义、资产阶级派性严重泛滥。而远洋船队由于接触资本主义世界，更容易受到资产阶级思想意识和生活方式的影响，这个问题必须引起足够的重视。

会议查找了事故发生的原因，主要有三个方面：一是忽视船舶的维修和保养；二是船舶不遵守航行制度，港务部门配合较差；三是没有认真按照岗位责任制和操作规程办事。会议认为，必须强化规章制度，严格执行岗位责任制和操作规程。会议决定，对港务部门进行必要的整顿，成立港口管理局；并决定在3月中旬召开以整顿货运质量为主要内容的全国港口工作会议。

交通部在整顿企业的同时，加快普及大庆式企业的步伐。1978年5月31日，交通部在北京召开全国交通系统工作会议，研究贯彻此前召开的全国交通系统学大庆会议精神。会议决定，要在本年度内，把上海港务局和长江航运管理局整顿好，创建大庆式企业或学大庆先进企业。同时，交通部党组正式作出决定：上海港务局整顿和创建工作由叶飞挂帅、副部长彭德清协助；长江航运管理局的整顿和创建工作，由曾生挂帅、政治部主任汪少川协助。

全国交通工作会议结束后，叶飞、曾生分别带领工作队进驻上海港务局和长江航运管理局。

曾生率领工作队抵达在武汉的长江航运管理局后，立即召开干部职工动员大会。曾生在大会作了关于深入整顿，创建大庆式企业的动员讲话。会后，在工作队的指导下，长江航运管理局所属各单位摆问题、找差距，订措施、抓落实，掀起了创建大庆式企业的新高潮。在短短几个月时间里，收到了明显成效，企业的运输生产和质量逐月提高。

1978 年底，上海市、湖北省按照《交通部大庆式企业检查标准》，分别对上海港务局和长江航运管理局进行严格的检查验收，确认符合标准。随后，交通部和上海市委授予上海港务局为"大庆式局"称号；交通部和湖北省委授予长江航运管理局为"大庆式企业"称号。

三、发展远洋船队

曾生在交通部工作经历的最大一次风波，就是"顶风"买船，贷款发展远洋船队。

叶飞是 1975 年 1 月底到交通部报到上任的。上任之初，国务院总理周恩来、副总理邓小平向他提出抓紧远洋船队建设的要求。一次，叶飞向他们汇报工作时谈到，国家远洋船队总共有 400 多万吨船，一半以上的运输任务靠租外轮才能完成。邓小平听了连连说："靠租外轮，吃亏了，吃亏了！照我推算，我国远洋船队目前要有 1000 万吨船，以后要有 2000 万吨到 3000 万吨才能担负得起外贸运输任务。"①

这是叶飞到交通部工作后领受的第一个具体任务，也是当时最敏感、最棘手的任务。

购买船只，发展远洋船队，本来是交通部职责所在，但事实上并不是那么简单的事。原因有两个：一是当时我国造船能力小，况且承担着建造军舰的任务，发展远洋船队只能买外国的船。而这是政治上"犯忌"的。1974 年，交通部买了一艘外国打捞船，"四人帮"成员、中共中央副主席王洪文就在一份文件上批阅："买船就是卖国。"二是买船需

---

① 《叶飞回忆录》（下册），解放军出版社 2014 年版，第 30 页。

要经费、需要外汇。经费从何而来？无非是靠国家投资、调拨基建经费。但按当时国家的财力，难以满足这一需求。如果从境外贷款，会被视为"有损国体"，与社会主义计划经济"既无内债又无外债"的目标相违背。

交通部经过调查获悉：由于受国际经济形势动荡影响，欧洲一些国家的船舶价格处于低谷；同时，香港中国银行吸收了600亿美元的游资，正在寻找贷款客户，也乐意把款贷给交通部买船。据此，叶飞在部领导小组上提出买船的主张，得到了曾生等人赞同。于是，交通部决定向香港中国银行贷款，购买远洋船舶，以后从远洋营运收入中分期还本付息。

1975年7月31日，交通部向国务院上报《关于继续利用贷款买船及有关问题的请示》。该请示在充分说明买船设想、贷款方式的基础上，具体提出：根据周恩来总理关于"力争1975年基本改变主要依靠租用外轮局面"的指示精神，1975年远洋船队规模要达到800万吨。李先念接到请示的当天就批复："增加买船，减少租船，节省开支"，并迅速给中央政治局其他成员阅批。三天之内，叶剑英、邓小平等批准这一请示。江青、张春桥、王洪文等也在该请示上画圈，没有表示异议。

贷款买船的请示获得批准后，交通部立即成立买船小组，叶飞提议并经交通部领导小组决定，由刚刚担任交通部副部长的曾生担任买船小组组长，在交通部香港招商局里挑选一些既有政治头脑、又有学识和经验的船舶专家作为组员。

1975年11月下旬，中央在北京召开有130多名党政军领导干部参加的"批邓打招呼会"，此后，所谓"反击右倾翻案风"的运动从北京逐渐扩大到全国。叶飞预感迟早要殃及买船，便迅速与曾生、彭德清两位副部长商量，决定利用到手的经费，抢在"禁令"下达之前，赶快买、大批买，能买多少算多少。于是，曾生和彭德清带领买船小组，抓紧时机，加快速度，四处奔跑，艰苦谈判，尽量多买一些船。

1975年，交通部成批买船三次。第一次，经国家计委报国务院批准贷款2亿美元，从国外买船22艘，载重113万吨。第二次，国家贷款5000万美元，从国外买中、小船17艘，载重10.5万吨，用款3600万美元。第三次，国务院又批准贷款9.2亿美元，从国外买船162艘，载重326万吨，用款6.39亿美元。此外，还购买国内造的船16艘，载重26万吨，用款1.5亿美元。剩余的贷款用于远洋船队配套建设，购买了浮船坞、拖轮、集装箱、滚作船、港作船等特殊用途的船舶。1975年的购船，使我国远洋船队规模不动声色地翻了一番。

果然不出所料。从1976年2月下旬起，中共中央召集各省、市、自治区和各大军区负责人会议，"继续打招呼"。会议传达了"反击右倾翻案风"的指导性文件《毛主席重要指示》，并部署各地各部门的"反击右倾翻案风"运动。3月3日，中央印发毛泽东关于"批邓、反击右倾翻案风"的谈话。"批邓、反击右倾翻案风"运动在全国强行展开。在这种压力下，3月20日，国务院领导直接打电话给叶飞，说国务院正式通知暂停买船。但此时批准的贷款已全部用于签订买船合同，大部分船舶已交付了。况且按照规矩，一手交钱一手交货的买船交易，还得继续进行下去。因此，交通部真正停止买船的时间是1976年8月。此时，我国远洋船队的规模，又比1975年增长了近一倍。

有了船，中国远洋船队规模迅速扩大，不但结束了我国外贸货物长期靠租用外轮的历史，而且为跻身航运大国打下了坚实基础。

1976年7月6日，全国计划工作座谈会在北京召开，国务院各部委和各省、市负责人出席。会前，"四人帮"经过精心策划和部署，炮制了涉及国家计委、外贸部、交通部等12个部委的20多份材料，指使党羽准备在会上向国务院领导和各部委发难。会议期间，王洪文先后四次跑到会议驻地，向安插在各组的亲信了解情况，面授机宜。

国务院副总理谷牧开场讲话一结束，就遭到"四人帮"党羽的抨击，说他的发言"自我批评轻描淡写，是一篇官样文章"。接下来，各部委的发言，也大多数被批为"避重就轻，很不像样"。

"四人帮"一直都在伺机控制交通部。因此，交通部也就成为他们这次攻击的重点。交通部代表的发言稿是经交通部党组集体讨论并由叶飞审改过的。这个发言，被"四人帮"党羽批为"空洞无物"，"连什么是'条条专政'都没有搞清楚"。"四人帮"控制的上海、辽宁等地的交通部直属企业单位的代表，按照"四人帮"的旨意，对交通部一年多来的工作进行了系统的批判，说交通部买船是搞"洋奴哲学""卖国主义"，整顿是"搞右倾翻案和复辟"，并要交通部领导到场表态。

从7月8日开始至7月27日，交通部党的领导小组每天晚上开会，根据白天全国计划工作座谈会的情况商议对策。

面对"四人帮"党羽在全国计划工作座谈会上一次次排炮式的攻击，出席座谈会的交通部代表有些顶不住了。在交通部党的领导小组会上，有人提出对"四人帮"党羽抓住不放的"整顿"和"贷款买船"等问题，在会上作一个应付式的"检讨"。

叶飞不同意"检讨"，尤其是对于买船问题。他说："买船的问题是中央叫办的，是中央决定的。这个问题不能在计划工作座谈会上讲，要讲到政治局去讲，由我去讲。政治局决定的事情，我们无权检讨。那个报告，政治局成员全画了圈嘛，江青也画了圈的嘛！"[1]

"我支持叶飞同志的意见！买船问题不能检讨。"[2]曾生明确表态。

"在我国造船工业还不发达的情况下，我们抓住资本主义世界远洋运输业不景气的时机，以低价买进船舶来发展我国的远洋船队，这是有利于我国社会主义建设的大好事，有什么错呢？"曾生阐述自己的观点。

由于曾生等人坚决支持叶飞的意见，交通部党的领导小组团结一

[1]　《叶飞回忆录》（下册），解放军出版社2014年版，第62页。

[2]　《曾生回忆录》，解放军出版社1992年版，第748页。

致，顶住了"四人帮"的压力。7月28日凌晨，唐山发生大地震。为做好抗震救灾工作，全国计划工作座谈会提前于8月1日草草收场。

四、创办蛇口工业区

说起中国改革开放的历史，人们不能不提到深圳蛇口工业区。蛇口工业区是中国实行对外开放政策的产物，是中国大陆第一个出口加工区。曾生是蛇口工业区的决策者和创建者之一。

蛇口位于深圳市西南的南头半岛南端，背靠大南山，面临深圳湾，与香港新界隔海相望。"蛇口"因地形而得名，南头半岛南高宽北低窄，形似出洞的蛇头，东侧山嘴像张口的蛇口。

蛇口工业区的全称应为"香港招商局蛇口工业区"。香港招商局是何方神圣？中国改革开放前，人们对它比较陌生，尤其是不知道它是中华人民共和国的国有企业。招商局诞生于1872年12月，是中国创办最早，规模最大的航运企业，是中国民族工商业的先驱。1949年5月27日，上海解放，共产党从国民党政府手里接管了招商局（上海总公司），以后将其更名为中国人民轮船总公司，迁往北京，招商局在内地的各地分支机构划归中华人民共和国交通部属下的各水运管理机构。

1950年1月15日，招商局设在香港的分公司——香港招商局，全体员工共600余人，带同13艘海轮正式宣布起义，回归祖国。同年9月2日，中华人民共和国交通部给香港招商局颁发证书，沿用原有名称，正式确认其为交通部属下企业。

蛇口工业区的创办，始于1978年。

袁庚于1975年10月恢复工作，任交通部外事局副局长。1978年6月，交通部党组派袁庚去香港，对香港招商局进行全面考察。8月初，袁庚回到北京。8月10日，交通部党组听取了袁庚的考察报告后，认为香港招商局很有发展前途，要放手利用。并决定立即组织起草给中央的关于充分利用香港招商局问题的请示。

8月30日，交通部党组又专门召开会议，原则上通过了关于充分利用香港招商局问题的请示讨论稿，决定作进一步修改后呈报中央。

会议还作出一项重大决定：对香港招商局领导机构进行调整，组成新的董事会，由交通部第一副部长、党组副书记曾生兼任香港招商局董事长，交通部外事局副局长袁庚任常务副董事长并驻香港主持日常工作。

袁庚的任职，是曾生推荐并力排众议促成的。曾生回忆：

我提议由交通部外事局局长袁庚担任常务副董事长，主持招商局的日常工作。袁庚同志在抗日战争期间担任过东江纵队的联络处长，在解放战争期间担任过两广纵队司令部作战科科长、炮兵团团长，是一位经过考验，有胆识、有能力的干部，我相信他能把招商局的事情办好。[1]

曾生与袁庚有着不解之缘。在东江纵队和两广纵队里，俩人是战友兼上下级关系。"文革"期间，俩人因同一历史冤案被关押在同一监狱里。俩人复出后同在交通部工作，又成了同事兼上下级关系。这次香港招商局领导机构调整，使俩人成为香港招商局第17任第一、第二"掌门人"[2]。这些不寻常的经历，使他们彼此了解，彼此默契，相互信任，相互支持。

1978年10月9日，交通部党组正式向中共中央、国务院呈送《关于充分利用香港招商局问题的请示》。

这份请示指出：充分利用交通部香港招商局，以加强在港澳的经济力量与发展远洋运输事业，是极为有利的。香港招商局今后的经营方式

① 《曾生回忆录》，解放军出版社1992年版，第749—750页。

② 招商局集团网站：《招商局历代掌门人》。

是"立足港澳，背靠国内，面向海外，多种经营，买卖结合，工商结合"。"建议授权可以一次批准招商局动用当地贷款500万美元的权限，从事业务活动；可以批准从港澳派去海外进行业务活动的人员，不必再报国家审批。"[1]

10月12日，主持经济工作的中共中央副主席李先念在该请示上批示，"拟同意这个报告"。中共中央主席华国锋和副主席叶剑英、汪东兴、邓小平，以及国务院副总理纪登奎、余秋里、谷牧、康世恩批阅同意。

10月中旬，袁庚赴香港接手香港招商局工作。临行前，曾生找他共商招商局今后发展大计。曾生问袁庚敢不敢在广东宝安县靠近香港的地方搞一个香港招商局的出口加工区，在那里建立与交通航运有关的工业和后勤服务项目。

"好呀！只要有你们的支持，我就敢搞，但你要给我一点自主权。"袁庚爽快地回答。

"可以！"[2]曾生随即表态。

接着，曾生告诉袁庚：之前他在广州与原两广纵队政治部副主任、时任广东省委书记兼广东省革委会副主任刘田夫交换过看法，已有初步共识。他吩咐袁庚，到香港工作后，尽快去广州找刘田夫商议落实此事。

曾生、袁庚两人的临别商谈，确定了香港招商局要在内地创办工业区的设想。

11月22日，袁庚到香港工作仅一个多月时间，就带领香港招商局属下的香港远洋轮船公司总经理张振声、香港招商局发展部经理梁鸿坤等人，专程来广州找刘田夫。

---

[1] 《关于充分利用香港招商局问题的请示》，载香港招商局编：《广东省深圳特区招商局蛇口工业区文件资料汇编》（第一集），内部资料（未署编印时间），第3页。

[2] 肖观任：《将军情怀永照人间——接待曾生将军的回忆》，载深圳市客家文化研究会等编：《百年风华——曾生同志百年诞辰纪念文集》，2010年5月印，第44-45页。

刘田夫当时主管全省经济建设，他安排袁庚一行在省革委会小会议室开会。广东省参加这个会议的除了刘田夫外，还有省革委会副秘书长陆茨、办公厅副主任杨青山、省外贸局局长冯学彦、省计委加工装配办公室副主任王奇等人。

刘田夫与袁庚是两广纵队老战友，大家谈得十分愉快。

袁庚说，中央批准了交通部关于香港招商局问题的请示，香港招商局致力于发展工业，同时进行多种经营，但苦于香港地价高，成本大，想在广东沿海选个地方筹建工业区，发展与航运相关的工业和后勤服务项目。

刘田夫当时听了袁庚介绍香港招商局的经营方针和筹建工业区的构想之后，十分兴奋，觉得他们的构想很有胆识和气魄，与广东省建立出口加工基地的设想不谋而合。因为那时广东正在酝酿利用毗邻港澳优势发展经济，为办出口加工基地而操心，老是考虑如何开局树立几个样板的问题，刘田夫还为此专门到过宝安县和中山县考察，如今香港招商局主动找上门来，这真是求之不得的好事。因此，刘田夫当即表示鼎力支持，问袁庚有些什么困难，他尽量想办法帮助解决。

袁庚听到刘田夫表态支持，开心地说："曾生同志曾经向我交代，在广东宝安筹建工业区之事，如果刘田夫同志支持就干，不支持就不干。"①

刘田夫也笑着说："这是大好事，有利于国家和广东现代化建设，我当然支持！"

会议商定：原则上同意在宝安县沿海选址建香港招商局工业区，该工业区将由香港招商局参考香港的做法进行经营管理。待交通部部长叶飞下个月出国考察回来经香港到广州时，再作进一步商定。

12月14日，叶飞和国家经济委员会副主任郭洪涛结束在西欧的访

---

① 《勇当改革开放的排头兵——刘田夫访谈录》，载中共广东省委党史研究室编：《广东改革开放决策者访谈录》，广东人民出版社2008年版，第105页。

问到达香港。12月16日，叶飞、郭洪涛听取了袁庚等人关于与广东省领导协商在宝安县沿海选择一个地方建工业区的情况汇报。叶飞当即表示同意，郭洪涛也表示赞同。

12月18日，叶飞与郭洪涛、香港招商局总经理金石以及张振声等人到达广州。此时，从北京先期到达的曾生已在广州等候。当天，他们与刘田夫、王全国（广东省委书记、省革委会副主任）在省委招待所磋商筹建工业区的问题。

这次会议已转入实质性的商谈。主要是讨论工业区的选址，初期用地面积，原材料、产品购销和境外技术人员进出工业区的手续，所需非技术工人数额等问题。经双方商定，工业区地址在宝安县沙头角、蛇口、大鹏三个公社中选择一处。刘田夫态度积极，他表示：征地、用地、拆迁、基建、招工等问题，凡是省革委会权力范围内解决的问题，我们都全力帮助解决。会议最后商定，根据商谈情况，双方联合向中央写个报告。

会后，叶飞返回北京，曾生暂时留下跟进此事。

12月21日至23日，香港招商局和省革委会办公厅的干部，在宝安县有关领导陪同下，前往宝安县蛇口、沙头角、大鹏三个公社实地考察。经过比较，考察组一致认为，蛇口白坭湾和虎地（即六湾）两处海滩条件较好，易于开发，建议将蛇口作为创建工业区的地点。

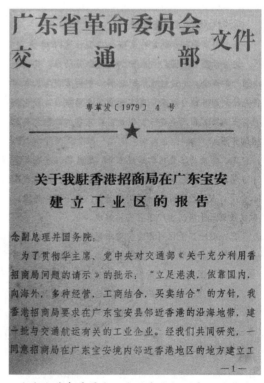

广东省革命委员会
交 通 部 文件

粤革发〔1979〕4 号

★

关于我驻香港招商局在广东宝安
建 立 工 业 区 的 报 告

念副总理并国务院：

为了贯彻华主席、党中央对交通部《关于充分利用香港招商局问题的请示》的批示："立足港澳，依靠国内，向海外，多种经营，工商结合，买卖结合"的方针，我香港招商局要求在广东宝安县邻近香港的沿海地带，建一批与交通航运有关的工业企业。经我们共同研究，一同意招商局在广东宝安境内邻近香港地区的地方建立工

—1—

广东省革命委员会、交通部上报国务院的文件

曾生和刘田夫听取考察组的汇报后，同意了选址蛇口。

1979 年 1 月上旬，由香港招商局和省革委会共同起草《关于我驻香港招商局在广东宝安建立工业区的报告》。这份报告经曾生审阅修改，刘田夫、王全国等广东省领导审阅签批后，招商局于 1 月 10 日派专人送往北京。叶飞审阅后，召开交通部党组会议通过，即呈送国务院。

《关于我驻香港招商局在广东宝安建立工业区的报告》提出：招商局初步选定在宝安县蛇口公社境内建立工业区，以便利用国内较廉价的土地和劳动力，利用国外的资金、先进技术和原材料，把两者的有利条件充分利用并结合起来，对实现我国交通航运现代化和促进宝安边防城市工业建设，以及对广东省的建设都将起积极作用。工业区的建设项目初期有集装箱制造厂、钢丝绳厂、玻璃纤维厂、拆船厂、氧气厂等，基础工程的建设由香港招商局负责投资。工业区可作为宝安县的一部分，其建设和管理体制则由香港招商局负责。香港招商局将按照"参照香港特点，照顾国内情况"的原则进行管理。此外，还提出工业区有关人员的出入边境签证手续应从简，有关建设、生产上使用的物资进口及产品出口应参照国务院有关规定免税放行等。

1 月 31 日上午，交通部派出袁庚和交通部副部长彭德清两人到中南海向李先念和谷牧汇报开发蛇口工业区的构想。其间，袁庚摊开一张香港出版的《香港明细地图》，向李先念、谷牧介绍香港与内地边界线上的情况，要求在蛇口划出一块地段作为香港招商局的工业用地。

李先念仔细审视了地图，说："给你一块地也可以。"他接过袁庚递上的铅笔，在地图上南头半岛与陆地交界处，画出了粗粗的两条线，又说："就给你这个半岛吧。"他征求了一下谷牧的意见，然后在这份报告上批示：

拟同意。请谷牧同志召集有关同志议一下，就照此办理。

李先念

一九七九年一月卅一日 [①]

李先念用铅笔在地图上划的那两根线条，"划"地面积包括整个南头半岛，约 36 平方公里。但袁庚只要了蛇口 2.14 平方公里，开发用地约 300 亩。

1979 年 2 月，香港招商局正式开始筹建蛇口工业区。4 月 1 日，蛇口工业区筹建指挥部成立，袁庚担任筹建指挥部总指挥。工业区先期开发 1 平方公里的荒坡。建设大军陆续进场。

曾生觉得开发面积不够大，有点不满意，对袁庚说："一平方公里太小了，胆子要再放大些，眼光要放远些。"

"司令呀！你不要忘了战争年代我们打生打死，'文革'时你蹲了 8 年监狱、我也蹲了 6 年监狱的教训。现在国内外体制不同，我们没有时间再去蹲监了。"袁庚感慨地说。

曾生听了，笑着说："你先大胆干吧，不要怕。" [②]

袁庚晚年反思开发蛇口工业区有"三大遗憾"，其中第一大遗憾就是不敢拿下整个南头半岛。 [③]

曾生担任交通部部长和党组书记后，尽管肩上的担子重了，工作更繁忙了，仍然满腔热情地关心、支持蛇口工业区的开发和建设。他如同战争年代把指挥所设在战斗最前线那样，一度将自己的办公点从北京移

---

① 中共广东省委办公厅：《李先念副主席、谷牧副总理听取关于招商局建立工业区汇报纪要》，粤办字〔1979〕14 号文。

② 肖观任：《将军情怀永照人间——接待曾生将军的回忆》，载深圳市客家文化研究会等编：《百年风华——曾生同志百年诞辰纪念文集》，2010 年 5 月印，第 44—45 页。

③ 涂俏：《袁庚传·改革现场》，海天出版社 2016 年版，第 53 页。

到深圳迎宾馆和广州迎宾馆，以方便随时指导蛇口工业区的开发建设，及时帮助蛇口工业区同广东省政府的沟通合作。他还先后三次到蛇口调研，组织有关人员座谈，听取专家意见，帮助蛇口工业区协调各方面的关系，为蛇口工业区排忧解难。

1981年3月，曾生任国务院顾问，不再担任交通部部长和党组书记。同年5月，曾生卸任香港招商局董事长职务。他以国务院顾问的身份，一如既往地关注蛇口工业区建设的进展，多次前往蛇口工业区视察。

曾生的秘书陈小平回忆：

我曾数次陪同曾老前往蛇口工业区视察并亲临指导工作。可以讲，蛇口工业区的每一步掘进都离不开曾老的措心积虑；每一个时期的发展都有曾老尽职、尽力的心血！迄今我还清晰地记得：每当来到蛇口，他老人家首先直奔的地方就是施工工地、职工宿舍、职工食堂，他十分关注职工的生活。同时，他的心思基本都投放在工业区的发展蓝图上。他每到一处，就认真听取工业区领导的工作汇报，并将有些问题一一记录下来，直接向有关方面反映，给予实质性的解决。①

蛇口工业区的开发，走的是一条前人没有走过的路，具有很大的风险。曾生深知袁庚的压力和艰辛，要"悉心挑选一个能补袁庚不足的副手，协助袁庚打好这个酝酿中的工业区攻坚战"②。这个人选就是第一机械工业部办公厅副主任、原东江纵队司令部军需副官许智明。他设法通过中央组织部把许智明调到交通部，然后安排去香港招商局任办公室副主任，再派到蛇口工业区担任建设指挥部副总指挥。

① 陈小平：《怀念老首长》，载深圳市客家文化研究会等编：《百年风华——曾生同志百年诞辰纪念文集》，2010年5月印，第43页。

② 《许国威给涂俏的信》，载涂俏：《袁庚传·改革现场》，海天出版社2016年版，第315页。

关于曾生物色许智明担任袁庚助手的情况，许智明儿子许国威给《袁庚传》作者涂俏的信中披露了一些细节：

父亲解放后长期在机械工业部担任领导工作，有着丰富的筹建、管理大型现代工业企业的实践经验和极强的组织能力；他生于香港、长于香港，曾长期在香港、广东生活和工作，熟知广东、香港的风土人情，讲得一口标准而流利的普通话、广东话和客家话，又有长期从事外贸、外事的工作经验，而这些都是开发工业区所需要的。曾司令十分了解我父亲，认定他就是出任袁庚副手最合适的人选。我父亲落入曾部长的视线，司令点将，我父亲慨然应命。1978 年 12 月，我父亲经中组部调入交通部后，他就知道他唯一的任务就是协助袁庚抓好工业区的开发建设。曾司令对他说：任务艰巨，是场硬仗，你没有退路，只能成功，不能失败。

1979 年 5 月，父亲正式出任蛇口工业区建设指挥部副总指挥，成为袁庚最得力的助手。父亲对袁董不计个人荣辱，义无反顾地支持，不仅仅是因为个人友谊和战友之情，更多的是源自对党的事业的共同追求和对改革开放的一种承担，其中也饱含着对党和对老首长（曾司令）信任的报答！创建的过程异常艰难，斗争也远比预期更为惨烈，所幸的是父亲终能不辱使命，没有辜负曾司令的重托。[1]

蛇口工业区的开发和建设，是从最艰苦的"五通一平"（通路、通水、通电、通航、通信和平整建筑用地）基础工程开始的。1979 年 7 月 8 日，蛇口工业区基础工程正式动工，首先大规模炸山填海，其爆炸声被誉为中国改革开放的"第一声开山炮"。

袁庚在蛇口工业区进行了一系列改革试验。改革项目包括：管理体

<hr>

[1] 《许国威给涂俏的信》，载涂俏：《袁庚传·改革现场》，海天出版社 2016 年版，第 316 页。

制、基建体制、干部体制、用工制度、工资制度、住房制度、经营者选用制度等。在那个计划经济年代，以上每一项改革都是石破天惊的。改革的每一步，都遇到重重阻力，受到种种责难。这些阻力和责难，有来自内部的，也有社会上的。袁庚回忆："那时候招商局内部多数人不赞成办工业区，交通部也有人说我们不务正业，会人财两空。"甚至中央高层也有人对此非难，党内理论权威、中央政治局委员胡乔木到蛇口视察时，对袁庚说："戴你资本主义的帽子嘛也不好，说你是社会主义？全国都这样那还行吗？"①

曾生排除各种阻力，坚决支持袁庚办好蛇口工业区。他晚年回忆：

在1979年春，我国对如何对外开放，引进外资来开办工业区还没有现成的经验。在这样的情况下，我们在蛇口开办引进外资的工业区，是要冒很大风险的……当时，社会上以至交通部内部对我们开发蛇口工业区的做法议论纷纷，有的同志认为交通部是搞交通运输的，搞工业区是不务正业。在叶飞同志调离交通部后，这种议论就更多了，主管工业区开发的袁庚同志面临着很大的压力，一度使工业区的筹建工作受到影响。我接任部长职务后，继续执行党组的决定，排除各种议论，坚决支持招商局把工业区办下去，明确指出必须全力办好工业区，支持袁庚的工作。②

叶飞调离交通部后，仍然密切关注蛇口工业区的建设，他也指出："说怪也不怪，在交通部也是遭到一些人反对和抵制的，特别是在我调离交通部后，议论更多，压力更大。接任的交通部长曾生同志和招商局蛇口工业区的拓荒者们，顶住压力，集中主要资金，以很大的决心和毅

① 何文辉：《袁庚访谈录》，《广东党史》1998年第6期，第24页。

② 《曾生回忆录》，解放军出版社1992年版，第751–752页。

力进行了艰苦卓绝的工作。"①

曾生的大力支持，为袁庚顺利开展工作创造了条件，使袁庚摆脱了不少条条块块的牵制和束缚，在蛇口这块中国改革开放的前沿放开手脚大干，创出了奇迹。

不出几年，蛇口8平方公里的荒滩秃岭变成了一座现代化的海港工业小城，数百家"三资"（中外合资、中外合作、外商独资）企业平地而起，到处是一派生机勃勃的景象。蛇口不要国家拨款，自筹资金，自担风险，高速度地发展工业的模式，已被称为"蛇口模式"。1984年1月26日，中国改革开放的总设计师邓小平视察蛇口工业区，肯定了蛇口的发展。

蛇口工业区成为中国经济体制改革的"试管"，对外开放的"窗口"。它对后来深圳特区以及其他特区的建设，对推动我国的改革开放事业，发挥了重要的作用。曾生为创办和建设蛇口工业区作出了很大贡献。

---

① 《叶飞回忆录》（下册），解放军出版社2014年版，第233页。

第十七章　晚霞风采

一、为东江纵队平反

曾生晚年有三个心愿，第一个心愿就是：编写东江纵队史，为东江纵队恢复名誉；举行东江纵队成立 40 周年纪念大会，为东江纵队广大指战员公开平反。

"文革"结束的最初几年，林彪、江青诬蔑东江纵队为"叛徒、特务、土匪部队"的流毒还没得到肃清，东江纵队的历史名誉还没得到恢复。曾生决心为此事拨乱反正。他一方面委托东江纵队老战士到广东联络，一方面亲自出面请示叶剑英等中央领导人，争取他们的同意和支持。

编写东江纵队史的工作以及筹备东江纵队成立 40 周年纪念活动，得到了中央领导人以及中共广东省委和广东省军区的大力支持。1982年 3 月 26 日，中共广东省委办公厅批复同意省委党史研究委员会关于开展东江纵队成立 40 周年纪念活动的请示。随后，正式启动东江纵队史的编写工作和纪念活动的筹备工作。中共广东省委书记、原东江纵队政委尹林平担任编写工作领导小组组长，抽调华南师范大学政治系教师黄慰慈、冯鉴川、张正 3 人组成编写组。4 月 29 日，曾生从北京赶来广州参加由尹林平主持召开的东江纵队领导人座谈会。座谈会总共开了 4 天，与会人员回顾了东江纵队的战斗历程。

1982 年 5 月初，广东省军区副司令员、原东江纵队北江支队支队长邬强带领调查组人员到北京搜集东江纵队史料。他们在廖承志的帮助下，用了一个多月的时间，在中共中央档案馆查阅到大量有关东江纵队的历史资料。其中关于东江纵队与盟军的合作问题，发现了当年林平、曾生向中共中央、毛泽东报告以及毛泽东批示的电文原件。这就反驳了林彪、江青一伙诬蔑东江纵队"向美帝出卖情报""曾生是美国战略情报特务"的谎言。邬强带上这些重要电文的复印件来到曾生家里。曾生拿着这些复印件，惊喜得双手发颤，热泪盈眶。①他吩咐夫人阮群英立即刽鸡磨豆腐，举行家宴，以表示感谢和庆贺。

11月，广东人民出版社印发《东江纵队史稿》，作为纪念东江纵队成立40周年的一项活动，并借此广泛征求修改补充意见。1985年7月27日，中共中央军委办公厅批复：军委领导同意《东江纵队史》由广东人民出版社出版。中共中央政治局常委、中央军委副主席叶剑英元帅题写书名，第五届全国人大常委会副委员长廖承志逝世前为《东江纵队史》撰写序言。《东江纵队史》第1版于1985年7月出版发行，第2版（修订本）于1995年10月出版发行。

1983年12月2日，是东江纵队成立40周年的日子。进入仲冬的广东，没有一点寒意，只见树木葱茏，杜鹃花开，弥漫着春天的气息。从11月底至12月初，广州、东莞、惠州、深圳、博罗、增城、龙门、海丰、陆丰等地，先后隆重举行纪念东江纵队成立40周年活动。

中共中央政治局委员、中央军委副主席聂荣臻元帅发来祝贺信。中共中央政治局委员、中央军委副主席徐向前元帅题词："向具有光荣革命传统的东江人民致敬"。中共中央政治局委员、中央军委常务副主席兼秘书长杨尚昆题词："东江纵队是华南人民抗战的一面光荣旗帜"。中共中央政治局委员、中央军委常委王震题词："南域先锋，海外蜚声，艰苦风范，永继永存"。

① 黄业：《深切怀念邬强同志》，载中共英德市委党史研究室编：《怀念邬强同志》，1994年11月印，第35页。

在东江纵队成立40周年纪念活动期间，曾生忙得不亦乐乎。11月中旬，他提前从北京赶到广州，住在广州迎宾馆里，每天都有不少老战友来看望他。他的接见活动时间安排得满满的。这种情形持续了10多天。

东江纵队成立40周年纪念大会一地接一地举行。曾生首先在广州烈士陵园出席广州地区东江纵队老战士举行的纪念大会，然后到各地参加纪念活动。

11月27日，曾生来到东莞。11月28日至29日，他到东莞的虎门、厚街汪潭村、大岭山等地看望老区人民。在虎门，他参观了鸦片战争虎门人民抗英纪念馆，并为纪念馆题词："继承和发扬虎门人民反帝斗争的革命精神"。在汪潭村，他和战友们凭吊汪潭战斗旧址，向革命烈士纪念碑献花圈。探望村里的抗日老民兵和"堡垒户"群众，并与他们合影留念。在大岭山，曾生一行瞻仰了大岭山革命烈士纪念碑，向革命烈士献花圈。然后，来到大王岭村的广东人民抗日游击队第三大队干部会议室旧址，一起回忆当年开辟大岭山抗日根据地的艰苦斗争。大王岭村的群众听说曾生来了，纷纷围拢过来，拉着曾生的手问长问短："曾大哥身体可好？""曾大哥这次回来能住几天？"曾生等原东江纵队的领导干部与村里的抗日自卫队老队员、烈士家属亲切座谈，并合影留念。

11月30日上午，中共东莞县委在东莞人民公园举行纪念东江纵队成立40周年大会。东江纵队领导人曾生、尹林平、王作尧、杨康华与900多名东江纵队老战士以及东莞县直属机关干部出席。在大会上，东莞县委副书记李近维宣读中央领导人的贺信和题词；县委书记莫淦钦代表县委、县政府讲话，他向牺牲在东莞的东江纵队烈士表示深切的悼念，向东江纵队老同志表示崇高的敬意。曾生、尹林平、王作尧、杨康华先后在大会上讲话。

曾生撇开党史部门事先为他准备的讲稿，在主席台上站起来即席发言，回顾了东江纵队的成立、战斗历程以及抗战功绩。他声音洪亮，异常激动：

我们之所以开这个大会，是因为大家受林彪、"四人帮"迫害，也迫死一些人，现在要为他们平反。这个会议是个平反的大会。我们不是土匪，是堂堂正正的中共中央领导的抗日部队。林彪、"四人帮"出于反党的需要，装着革命的样子，他们干的事情，大家都清楚！①

曾生的讲话，说出了东江纵队广大老战士的心声。在他的只有 20 分钟的讲话内容中，总共获得了 19 次热烈掌声。许多老战士被曾生的讲话深深地打动了，一边听一边暗暗落泪。当曾生讲话结束时，全场掌声经久不息。

1983 年，曾生在东江纵队成立 40 周年纪念大会上讲话

12 月 2 日，中共惠阳地委在惠州市举行纪念大会，曾生、尹林平、王作尧、杨康华与 1400 多名东江纵队老战士参加。出席大会的还有在广东的中共中央顾问委员会委员，广东省党政领导人刘田夫、梁灵光、杨应彬、吴有恒、梁威林、杨德元；也有广州军区、广东省军区的负责人。曾生在大会上讲话。广东省委书记、省长梁灵光代表省委、

---

① 《曾生同志在东莞纪念东江纵队成立四十周年座谈会上的讲话》，载中共东莞县委党史办公室编：《东莞烽火》第 4 册，1983 年 12 月印，第 21 页。

省政府讲话，充分肯定了东江纵队为抗日战争胜利和民族解放事业作出的历史贡献。梁灵光强调指出：十年动乱中，林彪、江青反革命集团出于篡党夺权的需要，诬蔑东江纵队是"叛徒、特务领导的土匪部队"，对东江纵队成员进行残酷的迫害，这完全是颠倒是非，混淆黑白。东江纵队的光荣历史和战斗业绩，有力地驳斥了这些野心家、阴谋家的无耻谰言。

随后，曾生像走马灯似的，又先后出席了深圳、增城、博罗、龙门等地的纪念大会或座谈会。在深圳，他回到坪山和土洋村，亲切会见乡亲和老区群众。在博罗，他回到罗浮山冲虚观东江纵队司令部旧址，观看了东江纵队史展览。

在纪念活动期间，曾生、尹林平、王作尧、杨康华分别在《人民日报》《南方日报》《羊城晚报》上发表纪念文章。曾生在 1983 年 11 月 23 日的《人民日报》上，发表《坚持华南战场抗战的一面旗帜——回忆东江纵队的战斗历程》，全文约 1 万字，足足占了报纸的一个版面。这些回忆文章，对帮助广大干部群众认识东江纵队的光荣历史起到了重要作用。

东江纵队成立 40 周年纪念大会的召开，《东江纵队史》的公开出版发行，中央领导人和老帅们的贺信和题词，使东江纵队及其广大指战员沉冤昭雪。老战士们奔走相告，扬眉吐气。对此，曾生感到十分欣慰，这个期待已久的心愿终于实现了。

二、探望华侨与港澳同胞

曾生晚年的第二个心愿，就是趁自己还能走动，到海外与香港、澳门探望曾经热情支持自己开展革命工作、鼎力援助东江纵队进行敌后抗战的华侨与港澳同胞。

1982 年 9 月，曾生出席中共第十二次全国代表大会。会议成立中央顾问委员会（简称"中顾委"），曾生当选为第一届中顾委委员。此时，已过古稀之年的曾生，探望海外华侨和港澳同胞的心情越来越迫切。

1983 年 10 月，曾生对前来探望他的回国参加国庆观礼的美国惠州侨胞谈及这一心愿。年底，美国纽约的客籍侨胞以纽约惠州工商会的名义，邀请曾生到美国访问。加拿大、日本和香港、澳门的亲友，获悉曾生受邀访美的消息，也向曾生发出了邀请。

1984 年 5 月 13 日，曾生偕夫人阮群英以及随行秘书黄慰慈 3 人从广州出发，先后到香港、美国、加拿大、日本以及澳门进行访问。

访问的第一站是香港。他们先后与霍英东、任锡伍、钟庭基、王志亨、王仲铭、张念平、王光英、王华生、赖玉祺等知名爱国商人，廖安祥、叶锋、陈达明、袁庚等老战友聚会。

5 月 21 日，曾生一行在香港永富国际有限公司主席赖玉祺的陪同下，到新界的西贡、乌蛟腾、九华径等地参观访问。在西贡，他们听取了乡事会负责人介绍西贡乡建设发展的情况。一位老人还讲述了当年东江纵

1984 年 6 月，曾生在香港海员工会欢迎会上

队港九大队在西贡地区英勇抗击日军的事迹。乡事会负责人提出要在西贡建一座抗日英烈纪念碑，请曾生为纪念碑题字。曾生欣然应允。午饭后，他们在西贡参观了当年港九大队活动的地方。下午2时半抵达乌蛟腾村。乌蛟腾是港九大队的根据地之一。1943年2月，中共广东省临委和广东军政委员会在这里召开联席会议，这就是广东抗战史上有名的"乌蛟腾会议"。原港九大队队员李汉邀请当地几位老人与曾生一起座谈，并带领他们参观当年港九大队的宿营地。下午4时在回程途中进入九华径村，他们参观了曾生当年在这里当过教师的养正学校的旧址。

6月2日下午，曾生一行应邀来到香港九龙佐敦道香港海员工会会所参观，与香港部分老海员和工会工作者叙会。在那里，曾生见到了吴理广、欧阳维等香港海员工会的老同事、老朋友，还见到了东江纵队港九大队短枪队队长刘黑仔（刘锦进）的哥哥刘添，以及原海华学校（曾生出资创办的学校）的学生、时任香港海员工会常委兼秘书主任许旭明。大家久别重逢，分外高兴。

访问的第二站是美国，逗留时间最长。

6月9日，曾生3人在曾生的表弟、香港振美实业有限公司董事长钟庭基、侄孙曾日升的陪同下，飞赴美国檀香山。檀香山是美国夏威夷的首府，著名的国际游览胜地。他们在那里停留了8天。

在檀香山期间，曾生拜会了一批华侨、华人和亲友，还出席了夏威夷州副州长约翰·希尔的晚宴。席间，希尔自我介绍其祖母是中国人。他提出：华侨长期以来对夏威夷的发展作出了贡献，

1984年6月，曾生出访夏威夷，夏威夷州副州长约翰·希尔与曾生亲切握手

1986年我们要举行华侨移民夏威夷200周年的纪念活动。夏威夷的华侨绝大多数是广东人，我们州政府希望夏威夷同广东结成姐妹省、檀香山和广州市结成姐妹城市，以加强两地经济文化的联系和交流。曾生觉得这是一件好事，便表示回国后向广东省和广州市的领导转达这一建议，乐意为增进两地人民的友谊尽一份力量。曾生信守诺言，回国后分别与广东省和广州市有关负责人汇报了此事，并将信息反馈给希尔，使希尔的建议不久就成为事实。1985年5月21日，广东省和夏威夷州缔结友好省州关系。

6月16日，曾生一行抵达三藩市，华侨、华人称其为旧金山。他们在那里停留4天。

6月17日下午，曾生出席旧金山崇正会举行的欢迎会。崇正会是海外客籍侨胞的民间组织，总会设在香港。欢迎会由旧金山崇正会会长傅其敏主持。他说："我们能够欢迎来自祖国大陆的乡亲、著名抗日名将曾生先生，是我们客家人的光荣。"曾生作简短的发言，介绍了祖国和家乡实行对外开放政策后的新面貌，希望乡亲们回家乡观光，更希望能够在祖国的首都北京与乡亲们再相会。

6月18日下午，曾生一行出席惠东宝乡亲欢迎宴会。中国驻三藩市总领事馆领事杨宗良、古华明、严小明也应邀出席。

在三藩市期间，曾生还会见了中山大学的一些老校友。

6月20日下午，曾生一行飞往洛杉矶，他们在那里停留了3天，主要是观光游览，没有访问活动。

6月24日上午，曾生一行飞往纽约，在那里停留了48天。纽约是美国最大的城市和全国经济、文化中心，联合国总部也设在那里。其时市区人口约800万，其中华侨、华人35万。

6月25日下午，他们应邀出席纽约的惠州工商会、崇正会、福建同乡会、华人协会、大陆总商会等侨团的联合欢迎茶话会。以上各侨团的负责人和元老、中国驻纽约总领事馆领事孔浩洲以及惠东宝的乡亲们100多人出席。惠州工商会会长方成主持欢迎会。曾生用客家话致简短答词，转达了祖国对纽约华侨同胞的问候，介绍了祖国和家乡实行对外开放以来的发展和巨大变化，希望乡亲们有空能回去看看家乡的新面貌。

领事孔浩洲也讲了话。他说："当年曾生将军领导东江游击队在敌后与日本侵略军斗争时，东江人民和海外华侨是游击队的坚强后盾。纽约华侨曾汇款支持曾将军领导的游击队。曾将军领导东江人民进行抗日救国斗争的业绩，是与海外华侨的支持分不开的。今天，曾将军和东江人民在海外的元老乡亲欢聚一堂，实在是一件喜事。"在座的同胞们听后，深有感触，报以热情的掌声。

6月26日至29日，曾生一行应费城崇正会的邀请，前往费城和华盛顿参观访问。6月26日下午，他们在费城崇正会会长杨维善陪同下，参观了费城崇正会会所、费城的中国街和国会大厦、自由之钟。晚宴结束后，曾生夫妇被几位坪山乡亲热情地拉着到他们家里做客。6月27日中午，曾生一行抵达美国首都华盛顿。华盛顿也有唐人街，其时有华侨、华人1万多人。下午3时，曾生夫妇和黄慰慈以及几位客家籍侨领，应邀到中国驻美国大使章文晋寓所做客，一起座谈。当纽约惠州工商会会长方成谈到计划组织侨团回国观光，以促进侨胞对祖国的了解和联系时，章文晋说："这很好，希望各地的侨领多做这方面的工作，以加深海外侨胞对祖国的了解。加强海外侨胞和祖国亲人的联系，促进和加强中国人民与美国人民的联系和友谊。"6月28日，他们游览了华盛顿市容和名胜建筑。6月29日上午返回纽约。

7月2日下午6时，曾生一行应邀出席纽约惠州工商会举行的欢迎晚宴。惠州工商会会长方成在致欢迎词时说："曾生伉俪来美，在百忙中前来看望海外侨胞，说明祖国对侨胞的关怀，中国政府与海外侨胞手连着手，心连着心。我们要团结一致，努力促进祖国实现统一，共同振兴中华。"曾生在热烈掌声中致答词。

7月4日上午，曾生一行出席美东纽约崇正会的欢迎茶话会。美东纽约崇正会是纽约最大的客籍侨团，拥有3000多名会员，在美国的侨团中有一定的影响。曾生用客家话与他们亲切交谈，共叙乡情。

7月9日下午，曾生一行出席纽约大陆总商会的欢迎晚宴。

曾生在纽约与客籍同胞欢聚的活动，纽约几家中文报刊分别作了大量报道，在纽约唐人街产生了不同寻常的反响。这些消息，引起了当地各报记者的浓厚兴趣。曾生应邀出席一次小型记者座谈会。曾生接受记者的提问，简单地谈了他的个人经历和东江纵队的战斗历程。然后，由黄慰慈介绍美国人民对中国抗战的支持、美国华侨对祖国抗战的贡献，并介绍中国尤其是广东实行改革开放政策以来的新景象。

记者座谈会结束后，纽约的中文报刊先后发表《纪念"七七"访问抗日将领曾生》《曾生纵横戎马半生》《鏖战沙场屡立奇功，脱下征袍从政为民——访问抗日将领曾生》《中央对外开放政策，广东取得五大好处》等文章。

此外，曾生还让黄慰慈在纽约《华侨日报》、三藩市《时代报》分别发表《中美人民反法西斯斗争中的友谊——东江纵队营救美国飞行员》《美国人民对中国抗战的支持》《美国华侨对祖国抗战的贡献》等几篇学术文章。这些文章的发表，引起了各界的热烈反应。哈佛大学的费正清东亚研究中心主任傅高义①在报纸看到这些报道和文章后，通过中国驻美使馆盛情邀请曾生一行到哈佛大学访问。

---

① 傅高义，美国人，1930年7月生。1963年在哈佛大学任教，是一位专门研究东亚国家特别是中国和日本的专家。中美建交后，他多次到中国进行考察。1987年至1988年，他在广东作了8个月的实地考察，于1989年写成《先行一步——改革中的广东》一书，被学术界称为"外国学者研究和报导中国改革的第一本书"。

7月10日下午，曾生一行在纽约唐人街出席美东中山大学校友会的欢迎宴会，曾生见到了几位阔别40多年的老同学。大家在异国重逢，格外愉快。这些老同学仍亲切地叫曾生为"曾大哥"。

7月22日，曾生夫妇及其在美国留学的小女儿曾克南，加上黄慰慈共4人，应傅高义教授邀请，到哈佛大学访问，并住在傅高义家里。傅高义陪同他们到波士顿郊区北美独立战争古战场参观，到哈佛大学校园游览。双方还一起进行座谈。应傅高义请求，曾生介绍了广东抗日战争和中华人民共和国成立初期广东和广州的情况。傅高义指出，西方国家不少人由于长期对中国缺乏了解，因而对中国的看法是不全面的，希望美国人都能够对中国有一个正确的认识和态度，这样两国人民的友谊才能够健康发展。7月25日，曾生一行离开哈佛大学，乘车返回纽约，傅高义驾车送了他们很长一段路程才握手告别。

结束了对美国的访问后，曾生一行于8月10日到加拿大访问，在那里停留了10天。其时加拿大有人口2300万，其中华侨、华人约50万。

在加拿大，他们访问了华侨、华人聚居最多的多伦多、温哥华和维多利亚3个城市。8月13日，应邀访问维多利亚华侨联谊会。8月18日晚，与中国驻加拿大温哥华总领事馆总领事朱毅，到温哥华中山大学校友林活的寓所参加校友小型聚会。8月19日上午，参观中国驻温哥华总领事馆；晚上出席温哥华中山大学校友会举行的欢迎晚宴。

访问的第四站是日本，在那里停留了7天。

8月20日下午，应中国驻日本大使宋之光邀请，曾生一行从温哥华乘飞机前往日本访问。他们参观了东京、横滨两座城市。

在横滨，曾生会见了日本知名人士西园寺公一。西园寺公一是中国人民的老朋友。中华人民共和国成立后，他长期在中国居住，直到"文革"中期才回日本。他为改善中日关系，促进中日两国人民的友谊做了大量工作。曾生任广州市市长时与他认识，时有往来。他告诉曾生，已接到中国政府的邀请，9月底到北京参加中华人民共和国成立35周年庆祝活动，到时大家再相会。曾生向他介绍了中国近年来发展变化的情况。他听了激动地说："中国地大物博，又有勤劳勇敢的人民，我相信中国人民经过不懈的努力，一定可以把中国建设成为一个繁荣富强的国家。我希望中日两国的睦邻友好关系能够长期稳定地发展，共同为亚太地区和全世界的和平与进步事业作出贡献。"

结束了对日本的访问，曾生一行于8月28日回到香港。根据霍英东的建议和安排，他们于8月30日转到澳门休息。

在澳门休息了9天。其间，曾生会见了柯正平、马万祺、李成俊等一批澳门知名爱国人士、老战友和老朋友。9月8日，曾生一行离开澳门回到广州，结束了为期近4个月的出访行程。

曾生在这次长达数月的出访中，接触了许多海外华侨和港澳同胞以及国际友人，为增进海外华侨对祖国的热爱和了解，为加强祖国亲人与海外侨胞的联系和团结，为促进中国人民与美国、加拿大、日本人民的沟通和友谊，作出了特殊贡献。

三、情系老区

在抗日战争中，曾生与东江人民鱼水情深。他晚年第三个心愿是：退出领导岗位后，到革命老区走走，看望老区人民，为老区建设出一把力。

大岭山抗日根据地是曾生亲手创建的。他对大岭山抗日根据地怀有一种特殊的感情。早在20世纪60年代初期，他担任广东省副省长和广州市市长时，就经常抽空到东莞看望大岭山老区人民。1963年冬，他来到大岭山公社，与当地干部座谈，语重心长地对他们说："大岭山在抗日战争时期是个堡垒户，现在要把它变为宝贝山，为社会主义作出贡献。"

1983 年盛夏，东莞蝉鸣荔熟。曾生和部分东江纵队老战士来到大岭山看望老区群众。由于在"文革"中被囚禁，复出后在北京工作，他已有十几年没回大岭山了。这次回来，看见大岭山经济发展快速，

1983 年，曾生在东莞大岭山看望老区群众

水果生产远近闻名，他感到十分欣慰。他与战友们商量："过去我们在大岭山打过游击，对大岭山有深厚感情，我建议大家集资在这里办个果场，留下一条根，让我们的子孙后代记住这个地方。"这一建议得到了大家的赞成。于是，曾生和战友们总共集资十几万元，在大岭山办起了一个占地 40 多亩的果场，取名为"东联果场"。数年后，果场树大根深，枝繁叶茂，果实累累，成了东江纵队老战士与大岭山人民联络感情的好去处。

1983 年 11 月下旬至 12 月初，东江地区举行东江纵队成立 40 周年纪念活动。曾生又趁此机会到东莞、宝安、惠阳、博罗、增城等地探望老区人民。由于那时东莞县城至大岭山还未开通公路，道路难走，一些老战士便劝他："曾司令，你身体不好，不要去大岭山吧！"曾生语带坚决地说："一定要去，大岭山是根据地的根据地，怎能不去！没有大岭山地区人民的支持，就没有那时部队的发展和胜利啊！"① 他一到大岭山，就向群众问寒问暖，并建议县里的领导修筑从东莞县城到大岭山的公路。

---

① 张英：《怀念我们的好司令员——曾生同志》，载《怀念曾生同志》，中共广东省委党史研究室 1996 年 12 月内部出版，第 180 页。

在此后的几年里，曾生几乎每年都要返回大岭山，了解老区的建设以及老区人民的生活状况。他得知大岭村的群众饮水有困难，便要求镇政府给予解决。镇政府拨款铺设了自来水管，使那里的群众饮用上了自来水。当他了解到大王岭村通往圩镇的道路还没有修好，制约了经济的发展，他便不顾年老体弱，上下奔波，请广东省和东莞市①领导以及有关部门帮助解决。后来，省、市拨款 70 万元，为大王岭村修建了一条长 3.6 公里、宽 6 米的水泥公路。他发现大岭山学校的校舍破旧，立即找市、镇领导商量，由市拨款 15 万元，镇筹集 3.8 万元，重新修建了占地 18 亩的校舍。新校舍建成时，曾生题写了校名。

1985 年春，曾生来到广州疗养。其间，要周伯明、黄秉两位老战友陪同他去惠东县高潭老区访问。5 月上旬，曾生与周伯明、黄秉以及秘书陈小平先到深圳市住下。5 月 16 日，在惠东县政府的安排和深圳市接待办公室干部肖观任的陪同下，他们坐车前往高潭镇。

高潭地区是土地革命战争初期东江革命根据地的重要组成部分，这里诞生生了中国工农红军第二师和全国最早的区级苏维埃政权。高潭中洞曾被称为"东江红都"②1940 年 3 月，曾生率领东江抗日游击队东移海陆丰时，被国民党顽军围追堵截，到达高潭后，分散在中洞等地活动。中共高潭党组织和高潭群众冒着生命危险，帮助游击队抢救伤员，掩护失散人员，为游击队提供粮食和情报，使游击队渡过了难关。这些战斗经历，曾生终生难忘。

半路上，曾生由于午饭吃了狗肉消化不良，引起严重腹泻，只好临时住进惠东县平山医院治疗。过了两天，不再拉肚子了，曾生执意出院赶路。平山至高潭的路程 60 多公里，山路崎岖，满是泥泞。车子驶到宝口镇离高潭不远的地方，山上滑下来的泥土挡住了去路。随同的惠东

① 东莞县于 1985 年 9 月撤县设市（县级），1988 年 1 月升格为地级市。

② 钟贻谋：《海陆丰农民运动》，广东人民出版社 1957 年版，第 95 页。

县政府负责人叫人开来一台拖拉机开路，并拖着小车继续前进。此情此景，曾生不禁感慨地说："老区人民的日子过得很艰苦呀！没有路走怎么发展？"他吩咐肖观任和陈小平，回到深圳后立即起草一个报告给省政府，请求解决高潭老区的修路和建桥资金。

车子一路颠簸来到高潭圩镇，曾生兴奋异常，亲切会见了早已等候在那里的烈军属和各界代表。在欢迎会上，曾生发表热情洋溢的讲话，高度赞扬高潭人民的革命精神，感谢高潭人民当年对东江纵队的大力支持和帮助，勉励他们继续发扬艰苦奋斗的光荣传统，把高潭建设好。欢迎会结束后，曾生一行来到革命烈士纪念碑前献花、植树，再坐车到中洞参观革命遗址。在返回深圳的路上，曾生不顾疲劳，会见了宝口、多祝镇的负责人，鼓励他们多为老区人民作贡献。

回到深圳后，肖观任、陈小平很快就拟好了给广东省政府要求拨款为高潭老区修建公路和桥梁的报告。曾生在这份报告上签上自己的名字，并写下一段文字给省长叶选平：

选平同志，我最近在惠东三多祝和高潭老区考察，发现多祝河两岸和高潭老区交通十分不便，道路崎岖，请给落实三百万元修老区的公路和桥梁，为宝口至高潭的路段拓宽一条公路和帮多祝镇建一座大桥。[①]

叶选平收到这份报告，很快就批复同意拨款。省财政厅按照审批手续，叫惠东县政府再写一份报告，然后把300万元拨到惠东县政府的账户里。后来，惠东县政府根据曾生的提议，再请省政府追加拨款75万元修建高潭镇水口村一座小桥。

1986年初，由省政府拨款修建的宝口到高潭的公路拓宽工程、多

---

① 肖观任：《将军情怀永照人间——接待曾生将军的回忆》，载深圳市客家文化研究会等编：《百年风华——曾生同志百年诞辰纪念文集》，2010年5月印，第47页。

祝大桥以及水口桥（取名"锦江桥"）竣工。1月31日，曾生应邀参加剪彩仪式，得以重访高潭老区。在高潭镇的干部群众大会上，他向大家讲述一件往事：1940年春，他率领游击队东移海陆丰，在高潭一带活动时被国民党顽固派军队包围。游击队在撤离过程中，由于人地生疏，处处被动挨打。在这危急关头，一个农民阿哥自告奋勇为游击队带路，这才使游击队化险为夷，安全撤退。46年过去了，曾生已记不起这位农民阿哥的名字，但一直记得他的形象：背着一只竹篓，手提一双烂草鞋，身体结实。讲完这段难忘的经历，曾生激动地说："在生死攸关的时刻，如果不是高潭人民保护我们，我们的损失将难以估计了，高潭对革命有很大的贡献！"[1]

1987年10月25日至11月1日，曾生出席中共第十三次全国代表大会，当选为第二届中顾委委员。次年夏，曾生从北京回到广州定居养老。从此，他探望老区人民以及东江纵队老战士的机会就更多更方便了。

曾生十分重视运用东江纵队历史和老区革命斗争史对青少年进行革命传统教育，并把它作为振兴革命老区的精神动力。

1988年12月，东江各地举行东江纵队成立45周年纪念活动。曾生在广州出席由中共广东省委党史研究室和广东省武装斗争史编纂办公室联合主办的"东江纵队成立45周年学术研讨会"后，马不停蹄地到各地参加纪念活动，看望东江纵队老战士和老区人民。

12月4日，曾生提前来到深圳市坪山纪念大会会场，趁开会前与老战士和乡亲们亲切交谈。在大会上，他从主席台上站起来，即兴讲话。他高高举起紧握拳头的右手，慷慨激昂地说："过去我们为了打日本鬼，保卫祖国，保卫家乡，团结一致，不怕困难，不怕牺牲；今天为了建设祖国，还要团结一致，发扬革命传统，发挥余热，作出力所能及的

---

[1] 《高潭：首个区级苏维埃政府诞生地》，《惠州日报》2016年6月30日。

贡献！"① 此时，全场响起
了热烈的掌声。

随后，曾生到惠东县
参加纪念大会以及"东纵
边纵惠东县老战士联谊会"
成立大会，并作讲话。

1988 年 12 月，曾生在东江纵队、粤赣湘边纵队惠
阳县老战士联谊会成立大会上讲话

12 月 9 日，曾生到惠
阳新县城淡水参加纪念惠
宝人民抗日游击总队成立
50 周年暨东江纵队、粤赣湘边纵队惠阳县老战士联谊会成立大会。500
多名老战士和许多群众列队欢迎曾生等老领导进入会场。当小车驶进欢
迎队伍时，双腿不够灵活的曾生，不顾医生和秘书的劝阻，坚持下车步
行跟老战士们一一亲切握手。在大会上，曾生作简短讲话。他说："我
们老同志思想不能老化，革命意志不能衰退，要保持晚节，为群众树
立廉洁奉公的精神。支持改革开放，为建设繁荣昌盛的新惠阳而作出贡
献。"②

从 1988 年开始，曾生在中共广东省委党史研究室、广东省武装斗
争史编纂委员会等单位的支持下，在老战士和地方党史工作者的协助
下，撰写《曾生回忆录》。他的回忆录，坚持实事求是的原则，不争功，
不诿过。协助他起草回忆录的黄慰慈、邓汀、叶青茂回忆：

他在撰写回忆录时，对自己为东江纵队的发展和他在革命斗争的各
个阶段、各个岗位上作出的重大贡献，都加以淡化，从不炫耀个人的功

① 深圳市东江纵队老战士联谊会：《深切的关怀，谆谆的教诲》，载《怀念曾生同志》，中
共广东省委党史研究室 1996 年 12 月内部出版，第 255 页。
② 东纵边纵惠阳市老战士联谊会：《鞠躬尽瘁为人民》，载《怀念曾生同志》，中共广东省
委党史研究室 1996 年 12 月内部出版，第 240 页。

绩，而是强调归功于党的正确领导和广大干部及群众流血牺牲，英勇奋斗。而对工作的一些失误，他都认真地引咎负责，深刻检讨，并十分诚恳对待来自各方的批评。他这种严于律己、光明磊落的态度，确是令人肃然起敬。①

《曾生回忆录》历时5年写成，近50万字，于1992年2月由解放军出版社出版发行。这部巨著，成为了解和研究东江纵队史、两广纵队史以及我国社会主义建设史的珍贵史料，也成为对青少年进行革命传统教育的生动教材。

1993年12月，东江各地举行东江纵队成立50周年纪念大会，邀请曾生出席。但曾生已重病缠身，无法出行。他深感遗憾，托人送去"弘扬东纵革命精神，支持改革开放大业"的题词以及书面发言稿，请老战友代为宣读。在给东莞会场的书面发言稿中，他表达了对东莞老区人民的亲切问候，衷心祝愿东莞老区人民在改革开放和经济建设中取得更大成就。在给深圳市坪山会场的书面发言稿中，流露出对老战士们的牵挂、关怀和爱护。他勉励大家：要保持和发扬东江纵队的光荣传统和作风，用实际行动写完自己一生革命的历史，为子孙后代树立一个好榜样，留下一笔宝贵的精神财富。

1994年冬，曾生确诊患了肝癌，住进广东省人民医院，但仍然一往情深地牵挂着各地的老战友和老区人民。

1995年是中国人民抗日战争和世界反法西斯战争胜利50周年，各地的东江纵队老战士联谊会和老区的许多单位请曾生题词，他一一应允。2月19日，东纵边纵惠阳市老战士联谊会派人到广州探望曾生，并请他为纪念抗战胜利50周年题词。他写下了"八年抗战，功在人民"

① 黄慰慈、邓汀、叶青茂：《海纳百川，壁立千仞》，载《怀念曾生同志》，中共广东省委党史研究室1996年12月内部出版，第133页。

的条幅。4月，深圳市东江纵队老战士联谊会与《深圳特区报》共同组织"沿着东江纵队的脚印采访活动"，曾生为采访队书写了"东江烽火，光照后人"的祝词。中共东莞市委党史研究室出版纪念抗战胜利50周年专刊，曾生寄去了"八年抗战洗国耻，千秋建设为人民"的题词。东莞市的凤岗、塘厦、厚街等老区镇修建革命烈士纪念碑，曾生均应邀为纪念碑题字。

以上这些题字和题词，是曾生在病情恶化，时日无多的情况下书写的。料想不到抗战胜利50周年纪念活动结束后两个多月，曾生溘然长逝。东江纵队老战士和老区人民看着他的那些遗墨，内心万分悲痛。

四、魂归故里

在深圳市福田区北环大道婆岭，有一座省级重点烈士纪念建筑物，这就是深圳革命烈士陵园。陵园内东侧有一个小墓园，竖着一块墨绿色大理石墓碑，碑身正面上方的浮雕是曾生戎装遗像，遗像下镌刻"曾生"两个金色大字，碑身背面刻有曾生的生平事迹。曾生的骨灰安放在墓碑之下。

从1993年开始，曾生的健康状况欠佳，动作迟缓，走路要靠拐杖。这年2月春节过后，83岁高龄的曾生和夫人阮群英最后一次回到深圳。他俩参加完龙华大浪英泰工业村奠基仪式后，由几位东江纵队老战友陪同，去深圳革命烈士陵园凭吊牺牲的战友。在革命烈士纪念碑前，曾生深情地对着自己于1983年8月题写的"革命烈士永垂不朽"八个大字，沉思良久，然后转过身来，对老战友和阮群英说："我过世后也希望和牺牲的老战友在一起。"战友们望着这位风烛残年的老司令员，心底涌起莫名的伤感：这难道是他的身后遗愿？

此后，曾生多次向阮群英提及，他去世后希望能把骨灰埋在深圳革命烈士陵园内，与牺牲的战友长眠在一起。

1994年11月9日至16日，时任中共中央政治局常委、书记处书记胡锦涛到广东视察，其间专门抽出时间到曾生家中看望曾生，代表党中央向他致以亲切问候。

1995年入秋之后，躺在广东省人民医院病床上的曾生，病情日渐严重。11月10日，他开始发烧，不能进食，并进入昏迷状态。他病重期间，中共广东省委、省人民政府负责人前往医院探望。他的战友、亲友以及老区的群众代表前来探望他。

曾生弥留之际，他的战友何通等人悲痛地与阮群英商量后事。受阮群英的委托，何通等人向在医院探望曾生的广东省委副书记张帼英提出，曾生一旦去世，将他的骨灰安置回深圳革命烈士陵园内。张帼英表示："曾生同志对革命有很大贡献，在广东党史有重要地位，这个要求合理，我个人完全支持。"①

1995年11月20日早上6时35分，曾生在广东省人民医院病逝。

11月24日，《人民日报》发表新华社23日题为《曾生同志逝世》的电讯：

中国共产党的优秀党员、无产阶级革命家、国务院原顾问、原中共中央顾问委员会委员、交通部部长曾生同志，因病医治无效，于1995年11月20日6时35分在广州逝世，终年85岁。

曾生逝世后，中共中央总书记、中央军委主席江泽民，中共中央政治局常委、中央军委副主席刘华清，中共中央政治局常委、中央书记处书记胡锦涛，全国政协副主席叶选平、霍英东，老同志杨尚昆、万里、

① 何通：《典范长存》，载《怀念曾生同志》，中共广东省委党史研究室1996年12月内部出版，第148页。

宋平、薄一波、宋任穷、张震、迟浩田、罗干、洪学智、王首道、李德生、张爱萍、王平、叶飞、吕正操、张全景、周南、任仲夷等，广东省党政领导人林若、王宗春、卢瑞华等，国务院、中共中央组织部、国务院办公厅，中共广东省委、省人大常委会、省政府、省政协、省纪委，交通部、中国人民解放军海军、广州军区和军区领导机关、南海舰队、广东省军区、新华社香港分社、新华社澳门分社，山东省等省、市，海外华人社团、友人等，以不同方式向曾生家属表示慰问，对曾生的逝世表示深切哀悼。

曾生生前好友、澳门爱国人士、全国政协副主席马万祺惊悉曾生逝世，作《悼曾生同志》诗一首，敬献于曾生灵前。诗曰："驰骋东江敌寇惊，雄师北撤为和平。广州解放归旋日，港澳腾欢爱国情。抗美援朝经考验，羊城南海志峥嵘。饱尝患难知肝胆，痛惜良朋寿未赓。"[①]

11月30日上午，中共广东省委在广州殡仪馆隆重举行曾生遗体告别会。中共中央、国务院和江泽民、胡锦涛、叶选平等敬送花圈。

中共中央和国务院有关部门、广东省委和省政府等，曾生生前好友、东江纵队和两广纵队老战士等，也敬送了花圈或挽联。其中以东江纵队、两广纵队全体老战士名义献上的挽联为："半生戎马战东江驰鲁豫淮海挥师曾伏虎，一代豪雄拯桑梓固南疆终身奋斗为腾龙"。

中共中央政治局委员、广东省委书记谢非受中共中央委托，前往广州殡仪馆为曾生送别。全国政协副主席叶选平、马万祺，国务院副秘书长杨景宇，中共中央组织部副部长李铁林，交通部副部长刘松金，广东省党、政负责人朱森林、郭荣昌、张帼英、黄华华等，广州军区及有关部队负责人李希林、文国庆、王同琢、张榛盛，新华社澳门分社负责人柯正平、柯小刚，老同志刘田夫、王德、吴南生、焦林义、张根生、梁威林、陶汉章、邱国光、龙书金、阳震、钟明等也前往送别，并向曾生

---

① 《怀念曾生同志》，中共广东省委党史研究室1996年12月内部出版，第395页。

夫人阮群英及其子女表示慰问。

11月30日上午9时，曾生遗体告别会正式开始。由于参加悼念活动的人员早早到达，人数不断增多。因此，告别会比原定时间提前一个小时进行。从当天上午9时到中午11时，前来参加告别会的人们仍然络绎不绝。

当天中午，曾生遗体在广州殡仪馆火化。在中央有关部门负责人、广东省委和深圳市委负责人的支持下，根据曾生遗愿及其家属的要求，曾生的骨灰安置深圳革命烈士陵园内。

当天下午，曾生的骨灰由杨景宇、李铁林、广东省委副书记黄华华等人陪同曾生家属，护送到深圳革命烈士陵园。在安放仪式上，广东省委常委、深圳市委书记厉有为致辞。庄严简朴的仪式结束后，曾生的骨灰安放在陵园东侧的草地下，上面覆盖着一块刻有"曾生1910—1995"的大理石卧碑。

12月1日，《人民日报》《解放军报》《南方日报》《羊城晚报》《广州日报》刊登经中共中央审定的《曾生同志生平》，文中对曾生的一生作出高度评价，称曾生为"中国共产党的优秀党员、久经考验的忠诚的共产主义战士、无产阶级革命家"。文章回顾了曾生一生为中国人民解放事业和社会主义建设事业作出的重要贡献，赞扬了他的崇高品德和优良作风：

曾生同志的一生，是革命的一生，战斗的一生。在党中央的领导下，他为中国人民的解放和新中国的繁荣富强奋斗了半个多世纪，鞠躬尽瘁，贡献自己的一生。他一生忠于党，忠于人民，对共产主义事业充满必胜的信念。他入党近60年来，始终以共产党员的标准严格要求自己，服从革命需要，勇挑革命重担，不畏艰难险阻，努力完成党交给的任务；他识大体顾大局，为了党和人民的最高利益，把个人的一切置之度外；

他坚持原则，明辨是非，爱憎分明，敢于向一切危害革命利益的错误言行作坚决的斗争。

曾生同志是一位品德高尚的人。他作风正派，艰苦朴素，谦虚谨慎，平易近人；他秉公办事，廉洁奉公，全心全意为人民服务；他光明磊落，旗帜鲜明，襟怀坦白，诚恳待人，爱护同志，关心干部；他密切联系群众，关心群众的疾苦，反映群众的呼声，帮助群众解决困难，受到干部和群众的爱戴，并在华侨和港澳同胞中享有很高的威望。[①]

各地的东江纵队、两广纵队老战士联谊会，曾生曾经战斗过的老区，举行悼念活动。其中北京地区的东江纵队老战士，于12月2日召开悼念曾生座谈会。

不少海外华侨和港澳同胞也以不同形式开展悼念活动。12月12日下午，美东地区客属侨团众多成员在美国纽约崇正会礼堂举行曾生追悼会，出席追悼会的有：中国驻纽约总领事馆侨务领事陈浩琦、薛忠新，纽约崇正会、大鹏同乡会、大鹏育英社、惠州工商会、崇山会馆、大陆总商会、师公工商总会、东安公所，八和会馆、费城崇正会等客属侨团的负责人。纽约崇正会会长朱天长在致悼词时说："曾生将军是客家人的儿子，是一位品德高尚的人。他的逝世是客家人的重大损失。我们悼念曾生将军，就是要学习他忠于祖国、忠于人民、为祖国的建设和统一大业作出贡献的精神。"[②]

陈浩琦代表中国驻纽约总领事馆致悼词。他指出："曾生将军的事迹不仅是客家人的光荣，也是中国人民的光荣，他品德高尚，廉洁奉公，全心全意为人民服务，所以受到中国人民及海外侨胞的爱戴。纽约客属乡亲举行此次悼念仪式，意义十分重大，也证明了他的精神感人之深。

---

① 《曾生同志生平》，《人民日报》1995年12月1日。

② 《美华埠隆重举行曾生将军追悼会》，《澳门日报》1995年12月14日。

相信这次活动，将会进一步激发包括客家乡亲在内的炎黄子孙的民族感情，完成其未竟的事业。"①

1996 年 5 月，中共中央办公厅、国务院办公厅正式批准：曾生的骨灰在深圳革命烈士陵园东侧安放并修建墓碑。10 月，深圳市人民政府在曾生的墓上竖立了一块庄严简朴的墓碑，并修整了小墓园。

烈士陵园，松柏苍翠。墓园周围，鲜花簇拥。为党为人民奋斗了 60 年的曾生，魂归故里，回到了生养他的家乡，

深圳革命烈士陵园内的曾生墓

回到了当年抗击日本侵略者的地方，回到了牺牲的战友的身边。

曾生与世长辞了。他的光辉业绩，永垂青史；他的高尚情操，千古留存。

---

① 《美东地区客属侨团追悼曾生将军》，美国纽约《华侨日报》1995 年 12 月 13 日。

曾生生平简表
（1910—1995）

1910 年（出生）

12 月 19 日　生于广东省惠阳县坪山乡石灰陂（现属深圳市坪山区坪山街道坪山社区），名振声。

1916 年（6 岁）

秋　入石灰陂知新书室（私塾）接受启蒙教育。

1917 年（7 岁）

秋　转入龙岗圩沙梨园小学读书。

1920 年（10 岁）

夏　初小毕业，到香港超然学校读高小。

秋　返回家乡坪山学校（今坪山中心小学）重读高小一年级。

1923 年（13 岁）

8 月　高小毕业后，离开家乡到澳大利亚悉尼市随父生活。

10 月下旬　在悉尼基督堂书院补习英语。

1924 年（14 岁）

4 月　转学到悉尼中西学校继续补习英语。

10 月　在悉尼优等公立学校读初中。

1925 年（15 岁）

4 月　入读悉尼炮台街初级技校，学习商业和技术课程。及翌年底修完商科课程。

1927 年（17 岁）

是年　先后在悉尼中央技校和效能汽车学校学习，主修汽车机械和维修课程。

1928 年（18 岁）

年初　入读悉尼沙特尔商学院，主修簿记、打字、广告、通识教育等课程。

11 月　与父亲离开悉尼，回家乡坪山定居。

1929 年（19 岁）

秋　与坪山乡谢陂村女子黄萍结婚。

1930 年（20 岁）

春　入广州百粤补习学校补习中文。

夏　考入广州国立中山大学附属高中读书。

冬　被广东军阀陈济棠的军警错抓进监狱。不久取保释放。

1933 年（23 岁）

秋　高中毕业后直升中山大学文学院教育系学习。

1935 年（25 岁）

夏　与黄萍自愿离婚。

秋　参加中国共产党的外围组织——中国青年同盟（后改称中国青年抗日同盟，简称"中青"）。

12 月 12 日　参与组织广州地区第一次学生抗日示威大游行，任游行总指挥。

12 月 30 日　在中山大学抗日大会上当选全校抗日大会主席团主席。

12 月 31 日　参与领导广州地区第二次学生抗日示威大游行。

1936 年（26 岁）

1 月 6 日　在中山大学抗日大会上被推举为中山大学员生工友抗日救国会执行委员会主席。

1 月 9 日　参与组织和领导广州市民抗日救国大会和广州第三次学生抗日示威大游行。在广州市民抗日救国大会上被推举为广州市学生抗日救国联合会主席。

1 月中旬　因在广州第三次学生抗日示威大游行中带领部分队伍砸了广东省教育厅，被广东国民党当局通缉；被中山大学停止学籍；被"中青"领导人停止"中青"组织生活。到香港寻找中共组织。

春　在"日本皇后"号轮船当海员工人。

10 月　在广州加入中国共产党。根据党组织安排，一面在广州继续读书，一面到香港秘密从事海员工人运动。在香港改姓名为"曾生"。

12 月　中共香港海员工作委员会成立，曾生负责组织工作。

1937 年（27 岁）

7 月　在中山大学毕业。随即到香港投身海员工运工作。与阮群英结婚。

8月15日　香港海员工会成立，任组织部部长。

8月　出资创办香港海员子弟学校——海华学校，任校长。

1938年（28岁）

年初　任中共香港海员工作委员会书记。

4月　中共广东省委员会成立，被选为省委候补委员。

10月24日　中共粤东南特别委员会成立，任执委委员。同日，受八路军驻香港办事处主任廖承志派遣，带领60多人的队伍从香港回到家乡惠阳坪山开展抗日斗争。

10月30日　中共惠（阳）宝（安）海（陆丰）工作委员会（同年12月改为中共惠宝工作委员会）成立，任书记。

12月2日　惠宝人民抗日游击总队成立，任总队长。

1939年（29岁）

5月　惠宝人民抗日游击总队改编为第四战区第三游击纵队新编大队（简称"新编大队"），任大队长。

同月　任中共东江军事委员会委员。

1940年（30岁）

3月8日　率新编大队突破国民党顽军包围，东移海陆丰地区，部队严重受挫。

8月中旬　按照中共中央"五八指示"，率领东移部队回到惠东宝敌后地区。

9月中旬　参加由中共东江前线特别委员会召开的游击队干部会议（上下坪会议）。会议决定成立广东人民抗日游击队，原新编大队改编为广东人民抗日游击队第三大队（简称"第三大队"），曾生任大队长。

10月　第三大队挺进东莞大岭山，创建大岭山抗日根据地。

11月　率领第三大队抗击进犯大岭山区汪潭村的日军，毙伤日军30多人。

1941 年（31 岁）

6月11日　参与指挥大岭山抗日根据地军民在大岭山中心地区百花洞抗击日军进犯的战斗，取得胜利，毙伤日军50余人，其中击毙日军大队长长濑。战后，华南日军头目称"这是进军华南以来最丢脸的一仗"。

9月下旬　指挥大岭山抗日根据地军民反击国民党顽军的进攻。因寡不敌众，率第三大队两个中队转移外线作战，留下一个中队坚持斗争。

11月　率领第三大队第一中队向惠阳坪山推进，与惠阳的游击队会合，创建以坪山为中心的惠宝边抗日根据地。

1942 年（32 岁）

1月下旬　中共广东军政委员会（又称东江军政委员会）成立，任委员。广东人民抗日游击队扩编为广东人民抗日游击总队，任副总队长。

春　参与指挥秘密营救困留香港的文化界进步人士和爱国人士，并在宝安县游击区负责接待工作。

6月　广东人民抗日游击总队领导重新分工，曾生负责惠宝边和港九地区的敌后抗战领导工作，不再兼任第三大队大队长。

1943 年（33 岁）

1月　续任调整后的中共广东军政委员会委员。

2月　任广东人民抗日游击总队总队长。

12月2日　广东人民抗日游击队东江纵队（简称"东江纵队"）成立，

任东江纵队司令员。

1944 年（34 岁）

1 月至 5 月　指挥东江纵队路东（广九铁路以东地区）部队，粉碎国民党顽军对大鹏半岛根据地的三次进攻。

上半年　指挥东江纵队在广九铁路两侧开展破袭战，使日军的"广九铁路全线通车"计划落空。指挥东江纵队在大鹏湾、大亚湾沿海一带以及港九地区袭日、伪军。

7 月 15 日　中共中央军委致电曾生、冯白驹等人，赞誉东江纵队和琼崖纵队为"广东人民解放的旗帜"。

12 月 2 日　在庆祝东江纵队成立 1 周年大会上发表讲话，回顾东江纵队 1944 年的战绩，指出东江纵队已成为华南敌后战场的重要力量、反击日本侵略军的一支生力军。

是年至次年 8 月　经中共中央批准，指挥东江纵队与盟军合作抗日，抢救盟军飞行员，向盟军提供军事情报。

1945 年（35 岁）

1 月底　派遣部队向东挺进，创建海陆丰抗日根据地和惠东抗日根据地。

2 月下旬　派遣东江纵队北江支队、西北支队向粤北挺进，开辟北江抗日根据地。

5 月下旬　率领东江纵队领导机关离开东江南岸地区，进驻罗浮山抗日根据地。

6 月下旬　执行中共中央关于开辟五岭根据地的战略任务，派遣挺进粤北部队北上。

7 月　任中共广东区委员会委员。

8月11日　与林平、王作尧、杨康华联合向所属部队指挥员发布紧急命令：立即坚决执行延安总部总司令朱德命令，开进附近敌据点，解除日、伪军武装。

8月15日　日本宣布无条件投降。朱德以中国解放区抗日军总司令名义，致电命令侵华日军总司令冈村宁次投降。其中命令："在广东的日军，应由你指定在广州的代表至华南抗日纵队东莞地区，接受曾生将军的命令。"

8月16日　以中国解放区抗日军华南抗日纵队司令名义，命令日本南支派遣军最高指挥官田中久一派遣代表到东莞、宝安、惠阳一带地区向东江纵队投降。

同日　派遣第一批北上部队北上粤北，准备与八路军南下第一支队会合，共同创建以五岭为中心的湘粤赣桂边战略根据地。

8月下旬　率领东江纵队领导机关部分人员回到东江南岸地区，布置受降工作。

11月至12月　针对国民党军队对东江解放区的进攻，指挥东江纵队进行自卫还击。

1946 年（36 岁）

春　指挥东江纵队分散坚持斗争。

4月4日　以中共华南武装人员代表身份，到广州参加军调部第八执行小组关于东江纵队北撤具体问题的谈判。

5月21日　达成广东中共武装人员北撤山东的具体协议。任军调部第八执行小组江南支组中共代表，于5月25日到惠州参与调处中共武装人员北撤的各项工作。

6月下旬　任中共北撤部队军政委员会书记。

6月30日　率领以东江纵队为主的广东武装人员 2583 人，乘坐美国军舰北撤山东烟台解放区。

7月6日　在烟台市举行记者招待会，介绍东江纵队的发展过程以及抗战八年的战绩，揭露国民党当局破坏协议纠集军队进攻东江纵队并阻挠北撤的罪行，报告东江纵队胜利北撤的经过。

8月1日　与王作尧、杨康华、林锵云等联名向东江解放区人民发出《东江纵队北撤人员重要通电》，号召东江解放区人民团结一致，实行自卫，制止国民党广东当局破坏协议捕杀东江纵队复员人员以及扰乱地方的罪行。

9月10日　在中共中央华东局召开的会议上，汇报北撤部队的情况，提出北撤部队今后工作意见："学习本领准备打回去，东纵旗帜希保留。"

10月下旬　任华东军政大学副校长，仍保留东江纵队司令员职务，负责管理北撤人员的学习和训练。

1947 年（37 岁）

3月31日　被中共中央华东局任命为中国人民解放军两广纵队司令员、山东渤海区党委副书记兼渤海军区副司令员。

8月1日　中国人民解放军两广纵队（简称"两广纵队"）正式成立，任两广纵队司令员。

9月27日至28日　在两广纵队党委举行的第一次会议上，就两广纵队的建军方针和任务作长篇发言。

1948 年（38 岁）

6月至7月　率领两广纵队参加豫东战役，负责机动阻击任务。其间到华北接收兵员和武器，受到刘少奇、朱德等中央领导人接见。

9月中旬至下旬　率领两广纵队参加济南战役，胜利完成攻占长清县城的作战任务。

11 月初至次年 1 月 10 日　率领两广纵队参加淮海战役，胜利完成牵制、阻击、追击敌军的任务。

1949 年（39 岁）

3 月下旬至 5 月　到河北省平山县西柏坡向中共中央军委汇报工作，随即到北平主持接收和平解放的原国民党军第六十二军一五七师官兵。其间受到中共中央、中央军委领导人毛泽东、朱德、周恩来、叶剑英等人的接见。

7 月 25 日　两广纵队从河南省襄城南下，准备参加解放广东的战斗。9 月 27 日抵达江西赣州附近待命。

9 月　任中共中央华南分局委员。在江西赣州参加由叶剑英主持召开的解放广东的一系列会议。

10 月 2 日　广东战役打响。人民解放军分左、右、南三路大军入粤作战。其中以两广纵队、粤赣湘边纵队和粤中纵队组成南路军，由曾生、雷经天、林平统一指挥，3 人组成中共广东战役南路军前线委员会，统一指挥南路军的作战行动。

10 月 10 日　南路军指挥部指挥南路军兵分三路向广州东南挺进，先后解放河源、博罗、惠州、东莞等县、市，迫使国民党第一〇九军一五四师等部起义，并切断敌沿珠江南逃的通道。

10 月 20 日　兼任广州市军事管制委员会委员，参与广州解放后的军管工作。

10 月 29 日　任珠江三角洲作战指挥部司令员、中共珠江三角洲作战指挥部前线委员会书记，指挥两广纵队、粤赣湘边纵队和珠江三角洲地方部队，歼灭珠江三角洲地区的残敌。

11 月 6 日　任广东省人民政府委员。

11 月 17 日　任中国人民解放军广东军区第三副司令员，仍兼任两广纵队司令员，率领两广纵队驻守珠江三角洲，开展剿匪工作。

11 月下旬　任广东军区党委委员。

11 月底　兼任中共珠江三角洲地方委员会（后改称中共珠江地方委员会）书记。

1950 年（40 岁）

2 月　兼任广东军区珠江军分区司令员、政治委员。指挥珠江军分区部队继续剿匪。

1951 年（41 岁）

5 月　广东军区扩为华南军区，任华南军区第一副参谋长。不再兼任珠江军分区司令员和政委、珠江地委书记。

1952 年（42 岁）

春　任中南军区赴朝鲜学习团团长，带队到朝鲜前线参观学习，挂职中国人民志愿军第十二军副军长。8 月回国。

12 月　入中国人民解放军军事学院海军系学习。

1954 年（44 岁）

9 月 15 日至 28 日　出席第一届全国人民代表大会第一次会议。

1955 年（45 岁）

7 月 5 日至 30 日　出席第一届全国人民代表大会第二次会议。

9 月　被授予中国人民解放军海军少将军衔，一级独立自由勋章、一级解放勋章。

1956 年（46 岁）

6 月 15 日至 30 日　出席第一届全国人民代表大会第三次会议。

6 月 24 日　任中国人民解放军海军党委委员、海军南海舰队第一副司令员。

7 月　在中国人民解放军军事学院海军系毕业，被分配到南海舰队工作。

1957 年（47 岁）

6 月 26 日至 7 月 15 日　出席第一届全国人民代表大会第四次会议。

11 月 11 日至 12 月 9 日　组织南海舰队抗登陆实兵演习。

1958 年（48 岁）

2 月 1 日至 11 日　出席第一届全国人民代表大会第五次会议。

是年　任中国海军访越小组组长，带领小组成员出访越南民主共和国。

1959 年（49 岁）

3 月 17 日　根据周恩来指示，组织南海舰队首次巡逻西沙。全年南海舰队完成了 16 次对西沙的巡逻。

4 月 18 日至 28 日　出席第二届全国人民代表大会第一次会议。

11 月 8 日至次年 1 月 13 日　任中国军事技术组副组长，与组长徐深吉带队到越南民主共和国访问。

1960 年（50 岁）

3 月 30 日至 4 月 1 日　出席第二届全国人民代表大会第二次会议。

10 月下旬　借调广东工作，其工资关系仍在南海舰队。

12 月　在广东省第二届人民代表大会第三次会议上，补选为广东省副省长。在广州市第四届人民代表大会第一次会议上，当选为广州市市长。

同月　任中共广州市委书记处书记（1965 年 2 月任广州市委第三书记）。

年底　兼任广东省军区广州军分区政治委员、党委第一书记。

1961 年（51 岁）

2 月 21 日　出席广州地区抗议美帝国主义及其走狗杀害刚果总理卢蒙巴的群众大会，并代表广州市政府发表讲话。

4 月 22 日　出席广州各界支援古巴人民反对美帝国主义的正义斗争大会，并代表广州市政府发表讲话。

10 月　接待到访广州的尼泊尔国王马亨德拉及王后。

12 月　任中共广东省委常委。

1962 年（52 岁）

3 月 27 日至 4 月 16 日　出席第二届全国人民代表大会第三次会议。

5 月　兼任广东省人民委员会外事办公室主任、中国出口商品交易会主任委员。

10 月　兼任广东省体育运动委员会主任、广州体育学院党委书记和院长。

12 月　在广州市第五届人民代表大会第一次会议上，继续当选广州市市长。

1963 年（53 岁）

1 月初　接待到访广州的锡兰（今斯里兰卡）总理班达拉奈克夫人。

2 月　接待到访广州的柬埔寨国家元首西哈努克亲王。

4月至8月　先后三次到湛江港迎接、慰问被印度尼西亚政府迫害的数千名归国华侨，并对这些归侨作了妥善安置。

10月　兼任广州白云机场扩建工程总指挥部总指挥。经过5个多月的扩建，白云机场实现了国际通航。

11月17日至12月3日　出席第二届全国人民代表大会第四次会议。

12月　在广东省第三届人民代表大会第一次会议上，继续当选广东省副省长。

1964年（54岁）

1月10日　出席广东省、广州市各界支援巴拿马人民收回运河主权的集会，并代表广东省、广州市政府发表讲话。

春　接待到访广州的日本共产党总书记宫本显治。

4月29日　率领中国友好访问团，乘坐中国—巴基斯坦直达民用航线开航首次航班，前往巴基斯坦进行为期8天的访问。

4月　参与广东省东江—深圳供水灌溉工程建设领导工作。此项广东省重大水利工程于次年2月竣工，3月1日开始向香港供水。

5月20日　率领中国代表团乘坐中柬（广州—金边）首航班机，前往柬埔寨进行为期7天的访问。

6月至7月　率领广东黄埔港和湛江港的负责人，到阿尔巴尼亚进行访问，受到阿尔巴尼亚劳动党第一书记霍查的接见。

11月上旬　接待到访广州的阿富汗国王穆罕默德·查希尔·沙阿及其王后。接待到访广州的马里总统英迪博·凯塔。

12月21日至次年1月4日　出席第三届全国人民代表大会第一次会议。

1965年（55岁）

1月21日　率领中国代表团乘坐中国—印尼直达民用航线开航首

次航班，前往印度尼西亚进行为期 8 天的访问。

2 月　在广州市第六届人民代表大会第一次会议上，继续当选广州市市长。

4 月　接待到访广州的阿联（埃及）副总统萨布里。

5 月 28 日　在广州陪同国务院总理周恩来、副总理陈毅，与到访的印度尼西亚第一副总理兼外交部部长苏班德里会谈。

9 月　任广东体育代表团团长，率领广东运动员到北京参加第二届全国运动会。

11 月　广州警备区司令部成立，兼任广州警备区司令员。

1966 年（56 岁）

5 月 16 日　率领中国广东访日友好代表团前往日本，进行为期一个月的访问。

6 月中旬　从日本回国后，投身由毛泽东亲自发动的"文化大革命"。

8 月 18 日　参加中共广州市委召开的市、区党政机关全体干部大会。会议宣读由市委书记处焦林义、曾生等 6 位书记于 8 月 12 日写的《欢迎同志们贴我们的大字报》。

9 月 20 日　在广州市干部大会上，代表市委作《在毛泽东思想伟大红旗指引下，夺取革命和建设的双胜利》的报告。要求全市干部一手抓革命一手抓生产；还强调要执行党的政策，停止随便搜查干部宿舍的现象。

10 月　到湛江港迎接、慰问被印度尼西亚政府迫害的归国华侨，并对归侨作了妥善安置。

1967 年（57 岁）

2 月初　林彪在广东的党羽、广州军区司令员黄永胜密谋"大揪南方叛徒网"和"审理广东地下党组织",曾生首当其冲,在广州越秀宾馆出席市委会议时被广州军区保卫部人员带走。数天后被押往北京通县,在北京卫戍区一个团部里关押了一年零三个月。

1968 年（58 岁）

5 月 18 日　被转到北京秦城监狱监禁,受到非人道折磨,被"提审"300 多次。

1972 年（62 岁）

8 月 3 日　小女儿曾克南通过写信给周恩来,获准家人进秦城监狱探视。

1974 年（64 岁）

夏　获准被送往公安部所属的北京复兴医院治病,仍受监禁。

7 月 16 日　获得释放出狱。至此,已在秦城监狱被监禁了六年零两个月。出狱后最初住北京前门饭店,不久搬进中央组织部招待所,等候分配工作。

9 月 30 日　出席周恩来主持的国庆 25 周年招待会。在第二天的各大报纸上,被列入参加国庆招待会的老干部名单之中。

1975 年（65 岁）

1 月 13 日至 17 日　出席第四届全国人民代表大会第一次会议,当选第四届全国人大常委会委员。

10 月　担任交通部副部长。参与对交通部直属企业的整顿工作。兼任交通部买船小组组长,负责贷款买船,以发展中国远洋船队。

秋　先后率领中国交通代表团和中国海运代表团到英国访问及参加

国际海协会议。

1977 年（67 岁）

10 月　任交通部第一副部长、党组副书记。

1978 年（68 岁）

2 月 26 日至 3 月 5 日　出席第五届全国人民代表大会第一次会议，当选第五届全国人大常委会委员。

6 月　带领工作队进驻长江航运管理局，进行整顿和创建"大庆式企业"。

8 月　兼任交通部香港招商局董事长。并提议袁庚担任香港招商局常务副董事长，主持香港招商局日常工作。

10 月中旬　与袁庚商议香港招商局发展大计，提出在广东找靠近香港的地方办一个与交通航运有关的招商局出口加工基地，并要袁庚尽快到广州找广东省领导刘田夫商议，争取广东省的大力支持。

12 月 18 日　与交通部部长叶飞、国家经委副主任郭洪涛以及袁庚等人，到广州同刘田夫、王全国等广东省领导人磋商筹建香港招商局工业区事宜。

1979 年（69 岁）

1 月 10 日　经曾生审阅修改的《关于我驻香港招商局在广东宝安建立工业区的报告》，由广东省革委会、交通部联合上报国务院。中共中央副主席李先念于 1 月 31 日批复同意这一报告。

2 月　升任交通部部长、党组书记。

6 月 18 日至 7 月 1 日　出席第五届全国人民代表大会第二次会议。

8 月 18 日　就恢复发展与台湾的通航问题，在《人民日报》发表答记者问。

是年　顶住各方压力，排除各种干扰，坚决支持香港招商局蛇口工业区的创建。多次到蛇口调研，帮助蛇口工业区排忧解难。

是年　扭转交通部过去忽视地方交通的倾向，协助地方政府发展地方交通运输事业。

是年到次年　率领中国交通代表团先后到法国、意大利、泰国和菲律宾等国访问以及洽谈海运业务。

1980 年（70 岁）

8 月 30 日至 9 月 10 日　出席第五届全国人民代表大会第三次会议。

1981 年（71 岁）

3 月 6 日　任国务院顾问，不再担任交通部部长、党组书记职务。

5 月　不再担任香港招商局董事长职务。

11 月 30 日至 12 月 13 日　出席第五届全国人民代表大会第四次会议。

1982 年（72 岁）

4 月 29 日　到广州出席为期 4 天的东江纵队领导人座谈会，回顾东江纵队的战斗历程。

9 月 1 日至 11 日　出席中共第十二次全国代表大会。当选第一届中央顾问委员会委员。

11 月 26 日至 12 月 10 日　出席第五届全国人民代表大会第五次会议。

1983 年（73 岁）

11 月 23 日　在《人民日报》发表回忆文章《坚持华南战场抗战的

一面旗帜——回忆东江纵队的战斗历程》。

11月下旬至12月初　在广东参加广州、东莞、惠州、惠阳、深圳、增城、龙门、博罗等地举行的东江纵队成立40周年纪念活动。

1984 年（74 岁）

5月13日至9月8日　应邀先后到香港、美国、加拿大、日本、澳门进行为期近4个月的访问，会见华侨社团、国际知名人士、中山大学校友、港澳同胞爱国人士代表，宣传中国改革开放取得的成就。

1985 年（75 岁）

5月中旬　访问革命老区惠东县高潭。写报告给广东省省长叶选平，要求拨款300万元为惠东县老区修建道路和桥梁。

1986 年（76 岁）

1月31日　到惠东县老区参加道路拓宽工程、桥梁竣工剪彩仪式，并重访高潭。

4月下旬　在广州参加《两广纵队史》审稿会。

1987 年（77 岁）

5月　出席在广州召开的《广东人民武装斗争史（抗日战争时期）》编写工作会议。

10月25日至11月1日　出席中共第十三次全国代表大会，当选第二届中央顾问委员会委员。

12月25日　在广东迎宾馆出席纪念叶挺暨《叶挺研究史料》出版座谈会。

1988 年（78 岁）

夏　从北京回到广州定居养老。

12 月初　在广州出席东江纵队成立 45 周年学术研讨会。到深圳、惠州、惠东等地参加东江纵队成立 45 周年纪念活动。

1990 年（80 岁）

11 月 27 日　中共中央总书记江泽民在深圳参加深圳经济特区建立 10 周年庆祝活动时，会见曾生。

1992 年（82 岁）

2 月　《曾生回忆录》由解放军出版社出版发行，全书近 50 万字。

10 月 12 日至 18 日　出席中共第十四次全国代表大会。大会同意不设中央顾问委员会的建议。

1993 年（83 岁）

2 月　最后一次到深圳老区访问。参加深圳市龙华大浪英泰工业村奠基典礼。

12 月　因重病缠身，未能应邀出席各地举行的东江纵队成立 50 周年纪念活动，托人送去"弘扬东纵革命精神，支持改革开放大业"的题词以及书面发言稿。

1994 年（84 岁）

11 月中旬　中共中央政治局常委、书记处书记胡锦涛在广东视察时，上门看望曾生，代表党中央向他致以慰问。

年底　病重，入广东省人民医院留医。

1995 年（85 岁）

11 月 10 日　病情恶化，进入昏迷状态。重病期间，中共广东省委、省政府负责人前往医院探望。

11 月 20 日　早上 6 时 35 分在广东省人民医院病逝。

11 月 30 日　上午，中共广东省委在广州殡仪馆举行曾生遗体告别会。中共中央、国务院和中共中央组织部、国务院办公厅、交通部等部厅，中共中央总书记江泽民、中共中央政治局常委胡锦涛、全国政协副主席叶选平等中央领导人，敬送花圈。中共中央政治局委员、广东省委书记谢非受中共中央委托，前往广州殡仪馆为曾生送行。下午，曾生骨灰由国务院、中共中央组织部、中共广东省委有关负责人陪同曾生家属护送到深圳革命烈士陵园安放。中共广东省委常委、深圳市委书记厉有为主持骨灰安放仪式。

12 月 1 日　《人民日报》《解放军报》刊登经中共中央审定的《曾生同志生平》，对曾生的一生作出高度评价，称曾生为"中国共产党的优秀党员、久经考验的忠诚的共产主义战士、无产阶级革命家"。

主要参考文献

1.《曾氏简辉公世系总谱》，曾氏坪山简辉公世系族谱编辑委员会主编，2012年5月印。

2.《曾氏深圳市坪山石灰陂家谱》，曾马权编，2008年印。

3.《曾生回忆录》，解放军出版社1992年版。

4.《怀念曾生同志》，中共广东省委党史研究室编，1996年12月印。

5.《老中大的故事》，黄仕忠编，江苏文艺出版社1998年版。

6.《广东青年运动史》，广东青运史研究委员会、共青团广东省委员会著，广东高等教育出版社1994年版。

7.《广东青年运动回忆录》，广东青运史研究委员会办公室编，广东人民出版社1986年版。

8.《一二九运动在广州》，中共广州市委党史研究室等编，广东人民出版社1994年版。

9.《广州外县工委史料》，中共广州市委党史研究委员会编，广东人民出版社1988年版。

10.《怀念钱兴》，中共怀集县委党史办公室编，广东人民出版社1988年版。

11.《中国共产党广东地方史》（第一卷），中共广东省委党史研究室著，广东人民出版社1999年版。

12.《走出历史的困谷——广东一二九青年的群体走向与党组织的重建》，曾庆榴著，中共党史出版社2001年版。

13.《王均予》，中共广州市委党史研究室编，广东人民出版社

1999 年版。

14.《历史自传》（未刊稿），王均予著，1954 年 10 月 30 日。

15.《杨康华回忆录》，广东人民出版社 2001 年版。

16.《怀念温焯华同志》，中共广东省委党史研究室编，香港荣誉出版有限公司 2003 年版。

17.《国立中山大学日报》，1935 年 12 月、1936 年 1 月。

18.《八十回眸》，叶锋著，2004 年印。

19.《怀念杨康华》，中共广东省委党史研究室编，广东人民出版社 1994 年版。

20.《中国共产党惠阳地方史》，中共惠阳区委党史研究室等编，中国社会出版社 2004 年版。

21.《省港大罢工》，卢权、禤倩红著，广东人民出版社 1997 年版。

22.《广东区党团研究史料（1921—1926）》，广东省档案馆、中共广东省委党史研究委员会办公室编，广东人民出版社 1983 年版。

23.《中共广东省组织史资料》（第二辑），中共广东省委组织部等编，1986 年 2 月印。

24.《广东革命历史文件汇集》甲 36、甲 37、甲 41、甲 44、甲 46，中央档案馆、广东省档案馆编，1986 年至 1987 年印。

25.《广东党史资料》第 2 辑、第 3 辑、第 10 辑、第 13 辑、第 14 辑、第 16 辑、第 17 辑、第 28 辑，中共广东省委党史研究室编，广东人民出版社出版。

26.《广东党史通讯》1985 年第 4 期、第 11 期，中共广东省委党史研究室主办。

27.《广东民国史》（下册），丁身尊主编，广东人民出版社 2004 年版。

28.《大亚湾风云》，中共惠阳县委员会、惠阳县人民政府编，广东人民出版社 1992 年版。

29.《南粤抗战纪事》，中共广东省委党史研究室编，中共党史出版社 2016 年版。

30.《东莞抗日实录》，中共东莞市委党史研究室编，中共党史出版社 2006 年版。

31.《永远的丰碑——惠阳惠东大亚湾抗战实录》，中共惠州市惠阳区委党史研究室等编，社会科学文献出版社 2008 年版。

32.《广东人民武装斗争史》（第三卷），广东省人民武装斗争史编纂委员会著，广东人民出版社 1994 年版。

33.《广州抗战纪实》，何邦泰主编，广东人民出版社 1995 年版。

34.《中国抗日战争正面战场作战记》（修订版），郭汝瑰、黄玉章主编，江苏人民出版社 2015 年版。

35.《粤桂黔滇抗战——原国民党将领抗日战争亲历记》，全国政协《粤桂黔滇抗战》编写组编，中国文史出版社 1995 年版。

36.《张文彬》，叶文益著，中共党史出版社 2016 年版。

37.《两广纵队情系珠江》，王吉伦著，军事科学出版社 2007 年版。

38.《东江纵队史》，东江纵队史编写组著，广东人民出版社 1995 年版。

39.《东江纵队志》，东江纵队志编委会编，解放军出版社 2003 年版。

40.《华南抗日游击队》，中国人民解放军历史资料丛书编纂委员会编，军事科学出版社 2008 年版。

41.《吴有恒传》，贺朗著，花城出版社 1993 年版。

42.《中共宝安人物传》，深圳市宝安区史志办公室编，中国文联出版社 2004 年版。

43.《勇赴国难》，郑戈著，2001 年 3 月印。

44.《东纵一叶》，王作尧著，广东人民出版社 2009 年版。

45.《烽火岁月》，邬强著，广东人民出版社 1993 年版。

46.《东江党史资料汇编》第 9 辑，中共惠阳地委党史办公室、中共惠州市委党史办公室编，1987 年 12 月印。

47.《东江纵队史料》，广东省档案馆编，广东人民出版社 1984 年版。

48.《廖承志文集》（上册），廖承志文集编辑办公室编，人民出版社 1990 年版。

49.《父辈的足迹》，广东省地方史志办公室编，岭南美术出版社 2009 年版。

50.《南方局党史资料·党的建设》，南方局党史资料征集小组编，重庆出版社 1990 年版。

51.《周恩来年谱（1898—1949）》，中共中央文献研究室编，中央文献出版社 2007 年版。

52.《大岭山丰碑》，中共东莞市委党史研究室、中共大岭山镇委员会编，广东人民出版社 2005 年版。

53.《东江星火》，曾生等著，广东人民出版社 1993 年版。

54.《铁骨凌霜——尹林平传》，王曼、杨永著，花城出版社 1998 年版。

55.《香港抗战——东江纵队港九独立大队论文集》，香港历史博物馆编，香港康乐及文化事务署 2004 年版。

56.《南北征战录》，陈一民主编，广东经济出版社 1998 年版。

57.《征途拾零》，郭际著，2009 年 5 月印。

58.《抗日战争》（第 2 卷），王树增著，人民文学出版社 2015 年版。

59.《香港作战》，日本防卫厅研究所战史室编，中华书局 1985 年印。

60.《南方局党史资料·统一战线工作》，南方局党史资料征集小组编，重庆出版社 1990 年版。

61.《胜利大营救》，廖承志等著，解放军出版社 1999 年版。

62.《脱险杂志》，茅盾著，香港时代图书有限公司 1980 年版。

63.《见证两大历史壮举》，杨奇著，人民出版社 2011 年版。

64.《谭天度纪念文集》，中共广东省委党史研究室编，中共党史出版社 2002 年版。

65.《东纵回忆录》，李征著，1996 年 8 月印。

66.《东江纵队图文集》，中共广东省委党史研究室、广州地区老游击战士联谊会编，中共党史出版社、广州出版社 2015 年版。

67.《宝安——香港大营救》，吴德文主编，花城出版社 2003 年版。

68.《粤港抗战文化史论稿》，袁小伦著，广东人民出版社 2005 年版。

69.《刘黑仔传奇》，林华新著，花城出版社 2000 年版。

70.《香港抗日游击队》，陈达明著，（香港）环球出版有限公司 2000 年版。

71.《香港大屿山抗日游击队》，陈达明著，广州出版社 2015 年版。

72.《前进报》1943 年、1944 年、1945 年。

73.《解放日报》1944 年、1945 年、1946 年。

74.《新华日报》1946 年。

75.《前进文萃》（第 3 辑），1946 年。

76.《正报》1946 年 7 月、8 月。

77.《大众日报》1946 年 7 月。

78.《烟台日报》1946 年 7 月、8 月，1947 年 8 月。

79.《华商报》1946 年。

80. 中央档案馆馆藏史料第 175 卷、第 176 卷。

81.《黄克回忆录》，2011 年 11 月印。

82.《中国共产党东莞历史》（第一卷），中共东莞市委党史研究室著，中共党史出版社 2011 年版。

83.《克尔日记——香港沦陷时期东江纵队营救美军飞行员纪实》，东江纵队历史研究会、深圳海德文化传播有限公司编，香港创意有限公司 2015 年 6 月印。

84.《记忆的刻度——东纵的抗战岁月》，张黎明著，群众出版社 2006 年版。

85.《中国共产党东江地方史》，中国共产党东江地方史编纂委员会著，广东人民出版社 2001 年版。

86.《不能忘却的硝烟——东莞抗战画史》，中共东莞市委党史研究室编，中共党史出版社 2015 年版。

87.《东纵北江支队战斗历程》，本书编写组著，广东人民出版社 1992 年版。

88.《抗日战争时期的侵华日军》，耿成宽、韦显文编，春秋出版社 1987 年版。

89.《中共中央文件选集》第 15 册，中央档案馆编，中共中央党校出版社 1991 年版。

90.《华南党组织档案选编（1945—1949）》，广东省档案馆编，1982 年 3 月印。

91.《中国共产党历史》（第一卷），中共中央党史研究室著，中共党史出版社 2011 年第 2 版。

92.《东江纵队北撤斗争纪实》，中共广东省委党史研究室、广州地区老游击战士联谊会编，1996 年 12 月印。

93.《南方局党史资料·军事工作》，南方局党史资料征集小组编，重庆出版社 1990 年版。

94.《中共中央南方局的军事工作》，中共广东省委党史研究室著，中共党史出版社 2009 年版。

95.《方方研究》，中共广东省委党史研究室等编，广东人民出版社 1996 年版。

96.《方方文集》，中共广东省委党史研究室编，广东人民出版社

1990 年版。

97.《刘田夫回忆录》，中共党史出版社 1995 年版。

98.《回顾东纵北撤》，中共宝安县委党史办公室编，1986 年 7 月印。

99.《叶剑英传》，叶剑英传编写组著，当代中国出版社 2006 年版。

100.《两广纵队史》，两广纵队史编写领导小组著，广东人民出版社 1988 年版。

101.《两广纵队史》，深圳市史志办公室编，中共党史出版社 2010 年版。

102.《两广纵队史料》，广东人民武装斗争史编纂委员会办公室、中共宝安县委党史办公室编，未署编印日期。

103.《淮海战役亲历记（原国民党将领的回忆）》，全国政协文史委员会编，文史资料出版社 1983 年版。

104.《平津战役亲历记（原国民党将领的回忆）》，全国政协文史委员会编，中国文史出版社 1989 年版。

105.《粤赣湘边纵队史》，中共惠州市委党史研究室著，广东人民出版社 1989 年版。

106.《解码边纵——粤赣湘边纵队口述史》，张黎明著，海天出版社 2008 年版。

107.《回忆华南分局》，中共广东省委党史研究室编，2000 年 8 月印。

108.《广东人民武装斗争史》（第四卷），广东省人民武装斗争史编纂委员会著，广东人民出版社 1995 年版。

109.《中国共产党深圳历史》（第一卷），深圳市史志办公室著，中共党史出版社 2012 年第 2 版。

110.《中共中央华南分局文件汇集》，中央档案馆、广东省档案馆编，1989 年 11 月印。

111.《粤赣湘边区革命史料》，广东省档案馆、中共惠州市委党史研究室编，广东人民出版社 1989 年版。

112.《粤中纵队史》，中共江门市委党史研究室著，广东人民出版社 1992 年版。

113.《壮丽的篇章——原 131 师解放万山群岛战斗历程》，王荧、刘纬武主编，2002 年 5 月印。

114.《纪念万山群岛海战六十五周年》，广州地区老游击战士联谊会编，2015 年 5 月印。

115.《怀念曾文同志》，中共惠阳市委党史研究室编，中国社会出版社 2002 年版。

116.《中山解放实录——纪念中山解放五十周年》，中共中山市委党史研究室、中山市老战士联谊会编，1999 年 9 月印。

117.《佛山市党史资料选辑》（1949.10—1971.2），中共佛山市委党史研究室编，2008 年 8 月印。

118.《百年风华——曾生同志百年诞辰纪念文集》，深圳市客家文化研究会等编，2010 年 5 月印。

119.《中华人民共和国大事记》，新华月报社编，人民出版社 2004 年版。

120.《中国共产党历史大事记》，中共中央党史研究室编，中共党史出版社 2006 年版。

121.《中国共产党历史》（第二卷），中共中央党史研究室著，中共党史出版社 2011 年版。

122.《中国共产党广东历史》（第二卷），中共广东省委党史研究室著，中共党史出版社 2014 年版。

123.《中国共产党佛山历史》（第二卷），中共佛山市委党史研究室著，中共党史出版 2012 年版。

124.《中国共产党中山历史》（第二卷），中共中山市委党史研究室著，中共党史出版社 2016 年版。

125.《中国共产党广州历史》（第二卷），中共广州市委党史研究室著，中共党史出版社 2011 年版。

126.《广州大事记》，广州市档案馆编，广州出版社 1996 年版。

127.《广州经济年鉴》（1983 年），广州经济年鉴编纂委员会编，1983 年 12 月印。

128.《东江—深圳供水工程志》，广东省东江—深圳供水工程管理局编，广东人民出版社 1992 年版。

129.《广东省志·体育志》，广东省地方志编纂委员会编，广东人民出版社 2001 年版。

130.《广东百科全书》，广东百科全书编纂委员会、中国大百科全书出版社编辑部编，中国大百科全书出版社 2008 年版。

131.《袁庚之谜》，陈禹山、陈少京著，花城出版社 2005 年版。

132.《袁庚传——改革现场》，涂俏著，海天出版社 2016 年版。

133.《"文化大革命"简史》，席宣、金春明著，中共党史出版社 1996 年版。

134.《岁月回眸》，何瑛著，中国图书出版社 2015 版。

135.《叶飞回忆录》，解放军出版社 2014 年版。

136.《世纪星座——叶飞纪念文选》，吴殿卿、叶葳葳主编，解放军出版社 2014 年版。

137.《邓小平文选》（第三卷），人民出版社 1993 年版。

138.《谷牧回忆录》，中央文献出版社 2009 年版。

139.《中国经济特区的建立与发展·深圳卷》，深圳市史志办公室著，中共党史出版社 1997 年版。

140.《广东省深圳特区招商局蛇口工业区文件资料汇编》（第一集），香港招商局蛇口工业区管委会办公室编，未署编印时间。

141.《广东改革开放决策者访谈录》，中共广东省委党史研究室编，广东人民出版社 2008 年版。

142.《怀念邬强同志》，中共英德市委党史研究室编，1994 年 11 月印。

143.《东莞烽火》第 4 册、第 7 册，中共东莞县委党史办公室编，1983 年 12 月、1985 年 5 月印。

144.《东江纵队成立四十周年纪念专辑》，广东人民武装斗争史编纂办公室编，1989 年印。

145.《广东人民武装斗争史编写工作纪念册》，广东人民武装斗争史编纂委员会编，1996 年 1 月印。

146.《人民日报》1983 年 11 月，1995 年 11 月、12 月，2015 年 7 月。

147.《南方日报》1964 年 12 月、1965 年 2 月、1995 年 12 月。

后 记

　　曾生将军的一生，与现代中国革命和建设的历史联系在一起，他是一位重要的中共党史人物。

　　我从 1982 年 7 月开始从事地方党史研究工作。最初在中共肇庆市委党史研究室工作时，就已对曾生的革命事迹有所了解。1987 年 12 月 25 日，我应邀到广州参加纪念叶挺暨《叶挺研究史料》出版座谈会，在会上第一次见到崇敬已久的曾生将军。次年 12 月，我到广州参加东江纵队成立 45 周年学术研讨会，又一次见到这位在华南敌后战场上叱咤风云的抗日名将。至今我还珍藏着这两次会议曾生与我们参会人员合影的照片。

　　1993 年 5 月，我调到中共东莞市委党史研究室工作。东莞是东江纵队的发源地之一和重要活动地区之一。东江抗日根据地的重要组成部分——东莞大岭山抗日根据地就是曾生亲手创建的。日本宣布无条件投降时，延安总部总司令朱德命令侵华日军总司令冈村宁次投降，其中明确指出："在广东的日军，应由你指定在广州的代表至华南抗日纵队东莞地区，接受曾生将军的命令。"可见，东莞地区在华南敌后抗战中有着十分重要的历史地位。我在征集、整理、研究、编纂东莞地方党史的过程中，先后访问过东江纵队的老同志李东明、周伯明、杨奇、何瑛、谭天度、张江明、叶锋、陈达明、陈一民、黄业、袁鉴文、赵学、何通、张英、李南、王文魁、张持平、杜襟南、祁烽、邓汀、王月仙、黄克、冼燊、袁康、郑伟灵、吕苏、郭际、陈文慧、何佳等 30 多人，并协助一些老同志整理部分回忆录。同时，从档案馆、博物馆和图书馆中查阅并复印了不少文献资料。从而掌握了有关曾生以及东江纵队抗战的许多第一手资料。

1993年至2015年，我先后在省级刊物和出版社出版的书刊发表了《中国共产党与华南抗战》《土洋会议与华南人民抗日武装斗争的发展》《广东党组织对抗日战争胜利的特殊贡献》《论粉碎日军万人"扫荡"的历史经验和意义》《东江抗日根据地研究》《百花洞歼敌记》《老虎山五少年英雄》《闪光的足迹——曾生在东莞的革命活动》等30多篇论文和专题文章。其间，还参与筹建广东省文化建设重点工程项目——广东东江纵队纪念馆，负责史料馆文物的征集以及陈列大纲的编写；参与东莞市纪念曾生诞辰100周年纪念活动的筹备工作，并从中采访了东江纵队一些老同志和曾生的亲属。

所有这些，为我日后撰写《曾生传》创造了有利条件，打下了扎实的史料基础。

2015年1月，中共广东省委党史研究室和广东中共党史人物研究会把撰写《曾生传》的任务交给我。由于曾生的一生时空跨度大，要写好这部传记谈何容易！

其时我已退休，接下任务后，单枪匹马重新到有关省、市档案馆和图书馆、广东的3个东江纵队纪念馆（东莞、深圳、博罗馆）、曾生的家乡坪山及其战斗过的地方搜集资料，查阅了200多卷（本）有关历史档案、书刊、报纸。同时，我带着在写作中遇到的新问题，通过面谈、信件和电话等形式，重新多次采访杨奇、何瑛、冼粼、曾马权、曾亦兴、曾德平、阮佩仪、陈小平、肖观任等东江纵队老同志以及曾生的亲属、乡亲、秘书和好友。因而，获得了许多新的重要的史料。

对于在写作中所使用的具有争议性的史料内容，我作了反复核实考证，力求还原历史真相。在写作中碰到的疑难问题，我虚心与广东党史学界的同仁李森翔、林益、刘子健、黄玲、黄穗生、何焕昌、毛剑锋、贺红卫等进行探讨，交换看法，从中获得启发。

初稿写出来后，我把一些章节分别寄给曾马权、曾亦兴、曾德平、陈小平、肖观任等当事人和知情者，请他们提出修改补充意见，以减少书稿的谬误。

经过四年半的艰苦努力，至 2019 年 6 月，《曾生传》终于完稿，我如释重负，个中甘苦，唯有自知。

把这部传记写成史料翔实、评论客观，既具学术性，又有可读性的著作，是我的愿望。然而，由于水平有限，加上史料掌握不全，尽管作了努力探索，仍未感到满意，书稿中也难免有错漏和失当之处。因此，尚希专家和广大读者不吝赐教，批评指正。

陈立平

2019 年夏至·东莞